(Fortsetzung Umschlag hinten)

Erläuterungen und Beispiele (Auswahl)

OPERATOREN	ERLÄUTERUNGEN	BEISPIELE
Anforderungsbereich I (Reproduktion: wiederholen, wiedergeben usw.)		
nennen **aufzählen**	bestimmte Informationen zusammentragen, ohne sie zu erläutern	– Nenne Merkmale des Absolutismus in Frankreich (uneingeschränkte Herrschaft ohne die Stände, zentrale Verwaltung, stehendes Heer, staatlich gelenkte Wirtschaftsordnung, Einbindung der katholischen Kirche).
beschreiben **aufzeigen**	historische Sachverhalte auf das Wichtigste reduzieren	– Beschreibe die Struktur der französischen Gesellschaft im 18. Jahrhundert (Teilung in drei Stände: 1. Stand: Klerus, 2. Stand: Adel, 3. Stand: Nichtprivilegierte; Differenzierung der Stände).
schildern **skizzieren**	geschichtliche Aussagen und Probleme erkennen und zutreffend formulieren	– Schildere deinen Eindruck von der Verhaftung Ludwigs XVI. (für den König entwürdigende Situation, Machtlosigkeit ...). – Skizziere die Vorgänge in Berlin usw. im Frühjahr 1848 (Gewaltanwendung, politische Forderungen, Monarchen weichen zurück).
zusammenfassen **wiedergeben**	das Erfragte aus geschichtlichen Aussagen in Quellen oder Darstellungen erkennen und nennen bzw. aufschreiben	– Fasse zusammen, wie Vauban die französische Gesellschaft beschreibt (soziale Lage: ein Zehntel bettelt, fünf Zehntel am Rande des Bettelns usw., auch im letzten Zehntel geht es relativ wenigen gut; Land wird aber nur gestützt durch untere Schicht). – Gib die Auffassung von Adam Smith mit eigenen Worten wieder. (Das Streben des Einzelnen nach seinem eigenen Vorteil nützt dem ganzen Land. Er ist dem Gesetzgeber oder Staatsmann bei der Kapitalverwendung überlegen.)
Anforderungsbereich II (Reorganisation und Transfer: erschließen, einordnen, übertragen usw.)		
herausarbeiten **erarbeiten**	aus Materialien bestimmte Sachverhalte herausfinden, die nicht alle ausdrücklich genannt werden	– Erarbeite, wie der Autor die Frage nach der „Übernahme und Nachahmung der Technik" beantwortet (Textilindustrie: Übernahme und Nachahmung; Eisenindustrie: Teilmodernisierung, Kombination aus Übernahme und eigener Weiterentwicklung).
analysieren **untersuchen**	Materialien nach bestimmten Methoden oder Kriterien (Merkmalen) erschließen	– Analysiere mithilfe der Methode „Bilder vergleichen" M... (Vorgehen nach den Arbeitsschritten und auf die Gegenstände bezogen Antworten zu den Schritten formulieren, z. B. Robert Koehler, Der Streik, 1886: Konfrontation Fabrikbesitzer/Arbeitervertreter, Spannung, Gewaltbereitschaft, Ängste usw.). – Untersuche die Entwicklung der Frauenrolle vom Mittelalter bis zur Frühen Neuzeit (z. B. nach den Kriterien „Bildung und Beruf": kaufmännische Bildung auch für Frauen, Universitätsstudium nur für Männer, Ausnahmen in der Frühen Neuzeit; erste „Risse" in der patriarchalisch-ständischen Gesellschaft).
erklären	geschichtliche Sachverhalte in einen Zusammenhang einordnen und ggf. begründen	– Erkläre, was der Reformer Hardenberg unter einer „Revolution im guten Sinn" verstand (Festhalten am Alten befördere die Revolution, die jedoch mit der Weisheit der Regierung und ohne Gewalt verlaufen sollte; „Demokratie in der Monarchie").
erläutern	wie erklären (s. o.), aber durch zusätzliche Informationen und Beispiele verdeutlichen	– Erläutere: Triebkräfte der imperialistischen Expansion (Hinweis auf Multikausalität des Imperialismus; verschiedene Triebkräfte, unterschiedlich gewichtig in den einzelnen imperialistischen Staaten, z. B. Russland: Schwäche der Peripherie-[Rand-]Staaten, militärische Macht- bzw. imperiale Interessen, gering: Sozialdarwinismus).

Europa heute

Abkürzungen in Europa:

A. = Albanien
B. = Bosnien-Herzegowina
Bel. = Belgien
Bul. = Bulgarien
K. = Kosovo
(zzt. nur von 62 Staaten anerkannt)
Kro. = Kroatien
Lux. = Luxemburg
M. = Montenegro
Ma. = Mazedonien
Mol. = Moldawien
Ndl. = Niederlande
Öst. = Österreich
Rum. = Rumänien
S. = Schweiz
Sk. = Slowakei
Sl. = Slowenien
Srb. = Serbien
Tsch. = Tschechien
Ung. = Ungarn
Zyp. = Zypern

Abkürzungen in Afrika:

Ä.Gu. = Äquatorial Guinea
Be. = Benin
Bu. = Burundi
Ru. = Ruanda
To. = Togo

Abkürzungen in Amerika:

Dom. Rep. = Dominikanische Republik

Abkürzungen in Asien:

Arm. = Armenien
Aser. = Aserbaidschan
Ba. = Bahrain
Isr. = Israel
Jord. = Jordanien
K. = Katar
Ku. = Kuwait
Lib. = Libanon
Syr. = Syrien
V.A.E. = Vereinigte Arabische Emirate

Forum Geschichte 2

Schleswig-Holstein, Hamburg, Bremen

Von der Frühen Neuzeit
bis zum Ersten Weltkrieg

Herausgegeben von
Hans-Otto Regenhardt

Cornelsen

Forum Geschichte

Band 2 wurde erarbeitet von:
Thomas P. Eichhorst, Franz Hofmeier, Hans-Joachim Langbehn, Hans-Otto Regenhardt, Dr. Arnulf Siebeneicker, Claudia Tatsch, Ursula Winberger

Didaktische Beratung: Hans-Joachim Langbehn, Flensburg
Anne Paulsen, Heikendorf

Redaktion: Birgit Hackfeld
Bildassistenz: Dagmar Schmidt
Grafik: Arnold & Domnick, Verlagsproduktion, Leipzig; Peter Herlitze, Berlin
Karten: Carlos Borrell, Berlin
Layout und technische Umsetzung: Arnold & Domnick, Verlagsproduktion, Leipzig
Umschlaggestaltung: Klein & Halm Grafikdesign, Berlin

Umschlaggestaltung unter Verwendung eines Bildes vom sogenannten „Rassler“-Denkmal in Pforzheim. Das Denkmal wurde von dem Bildhauer Fritz Theilmann (1902–1991) 1982 geschaffen und soll an die Schmuckwarenarbeiter erinnern, die seit Mitte des 19. Jahrhunderts aus der ländlichen Umgebung in die Stadt pendelten. Der Name „Rassler“ ist auf die Geräusche zurückzuführen, die die genagelten Schuhe beim Laufen auf dem Kopfsteinpflaster erzeugten.

www.cornelsen.de

1. Auflage, 1. Druck 2011

Alle Drucke dieser Auflage sind inhaltlich unverändert
und können im Unterricht nebeneinander verwendet werden.

Druck: CS-Druck CornelsenStürtz, Berlin

ISBN 978-3-06-064258-8

Inhalt gedruckt auf säurefreiem Papier aus nachhaltiger Forstwirtschaft.

1. Neue Welten – neue Horizonte

2. Der Durchbruch des modernen Staates: „Absolutismus“, Aufklärung und Französische Revolution

3. Industrialisierung und gesellschaftlicher Wandel

4. Deutschland und Europa zwischen Restauration und Revolution

5. Das Deutsche Kaiserreich 1871 bis 1918

6. Imperialismus und Erster Weltkrieg

Anhang

Liebe Schülerin, lieber Schüler!

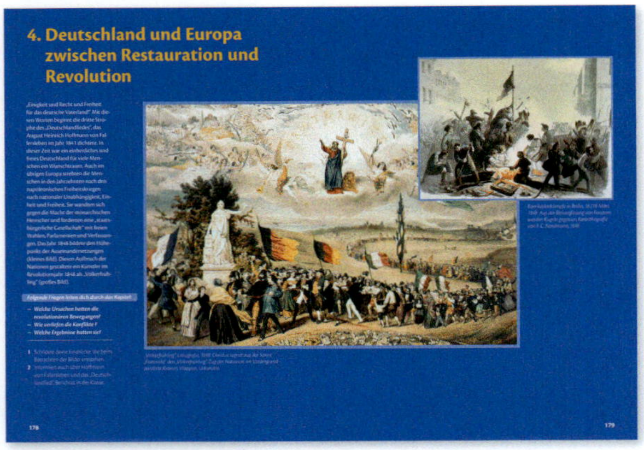

Vor dir liegt Band 2 von **Forum Geschichte**, mit dem du in der nächsten Zeit arbeiten wirst. Die Verfasserinnen und Verfasser des Buches haben für dich viele Quellen und Informationen zusammengestellt. Diese geben Auskunft darüber, was Menschen vor langer Zeit bewegt hat und womit sie sich heute noch beschäftigen.

Auftaktseiten

Jedes Kapitel beginnt mit einer Auftaktdoppelseite. Bilder und Leitfragen geben dir eine erste Vorstellung von den Themen und Fragen, um die es in den folgenden Geschichtsstunden gehen wird.

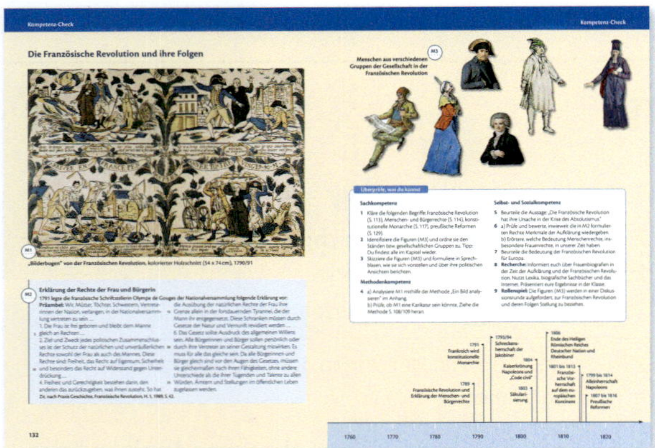

Kompetenz-Seiten

Jedes Kapitel teilt sich in Themenabschnitte, die mit einer **Orientierungsseite** beginnen. Du findest hier eine Übersicht über die Fähigkeiten („Kompetenzen"), die du in diesem Abschnitt erwerben und anwenden kannst.

Der Themenabschnitt endet mit einer **Kompetenz-Checkseite**, auf der du deine Fähigkeiten überprüfen kannst. Die **Lösungen** findest du im Anhang.

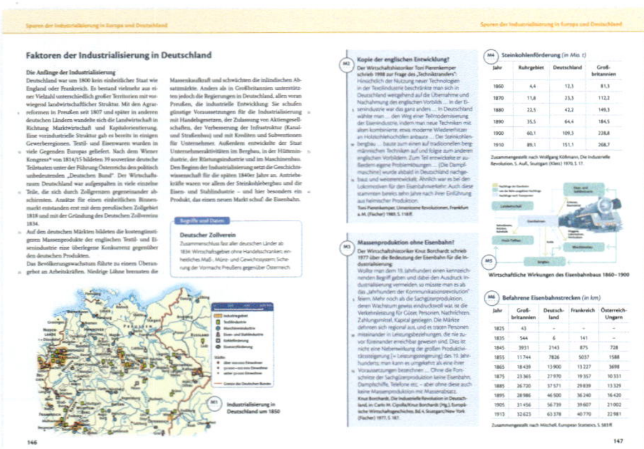

Themenseiten

Die Themenseiten bilden den Kern des Kapitels. Meistens kannst du auf einer Doppelseite eine Themeneinheit zu einem wichtigen Problem aus der Geschichte erarbeiten. Dazu findest du Materialien wie schriftliche Quellen, Bilder, Karten, Schaubilder und Tabellen, die du mithilfe von Arbeitsaufträgen befragst und auswertest. Der Darstellungstext am Beginn der Themeneinheit vermittelt dir einen Überblick über das Thema. Er gibt dir einen roten Faden in die Hand, der dich durch die Arbeit mit den Materialien leitet.

M1

Alle **Textmaterialien** sind hellblau unterlegt. Sie haben – ebenso wie Bilder, Karten, Schaubilder und Tabellen – einen blauen Materialpunkt.

Methoden- und Werkstattseiten

In den Kapiteln findest du Werkstatt- und Methodenseiten. Auf den **Methodenseiten** kannst du lernen, mit welchem „Handwerkszeug“ du aus den Materialien Erkenntnisse und Urteile gewinnst. Du findest hier Arbeitsschritte, mit deren Hilfe du zum Beispiel ein Bild, eine Karte oder eine schriftliche Quelle auswertest. Auf den **Werkstattseiten** kannst du immer etwas selbst machen.

Zusammenfassung

Am Ende des Kapitels kannst du dir mithilfe eines längeren Textes und eines Schaubildes noch einmal die wichtigsten historischen Zusammenhänge verdeutlichen.

Anhang

- **Methodenübersicht**
  Im Anhang kannst du die Arbeitsschritte noch einmal nachschlagen, die du auf den Methodenseiten von Band 1 und 2 kennen gelernt hast.
- **Lexikon**
  Auf den Themenseiten sind manche Wörter mit einem * gekennzeichnet. Sie werden im Lexikon erklärt.
- **Register**
  Das alphabetische Register am Ende des Buches hilft dir, Informationen über Personen, Ereignisse und wichtige Begriffe im Buch schnell zu finden.

Webcode

Zu vielen Themen in diesem Buch haben wir zusätzliche Informationen für dich unter www.cornelsen.de/forumgeschichte zusammengestellt. Auf dieser Website ist ein Feld, in das du die Zahlenkombination von der Buchseite eingibst, zum Beispiel FG642588-015.

Webcode: FG642588-015

Die **Kästen**, die mit einem blauen Balken gekennzeichnet sind, informieren dich über wichtige Personen, Begriffe, Daten oder Ereignisse. Sie geben dir aber auch Medientipps.

Begriffe und Daten

Medientipp

Die **Arbeitsaufträge** erkennst du an einer blauen Zahl. Einige Themen könnt ihr zu zweit oder in Gruppen erarbeiten. Darauf wirst du an entsprechender Stelle hingewiesen.

1
2
3

Vorschlag für eine Gruppenarbeit

Operatoren

Die Erläuterungen und Beispiele im vorderen und hinteren Buchumschlag helfen dir bei der Bearbeitung von Arbeitsaufträgen.

Historische Sachverhalte beschreiben und erörtern

Im hinteren Buchumschlag findest du Anregungen und Hilfen, wie du bei der Bearbeitung der Arbeitsaufträge historische Sachverhalte angemessen darstellen kannst.

1. Neue Welten – neue Horizonte

Was sehen wir auf diesem Bild? Zwei Männer – links ein Diplomat, rechts ein Gelehrter und Kirchenmann, umgeben von einer Anzahl von Gegenständen: Wir sehen ein Kruzifix, einen Himmelsglobus, eine Sonnenuhr, einen Zirkel, einen Globus, eine Rechenlehre, eine Laute, Flöten und ein Gesangbuch. Im Vordergrund ist ein Totenschädel zu erkennen – so verzerrt, dass man nur aus spitzem Winkel von links unten etwas sehen kann.
Der Maler Hans Holbein der Jüngere stellte 1533 diese Männer und diese Dinge nicht zufällig zusammen. Wir können seine Komposition als „Schlüssel" für eine neue Zeit betrachten, die im 13. Jahrhundert begann. Es war die große Zeit der Entdeckungen „neuer Welten" und „neuer Horizonte". Naturforscher, Astronomen, Mediziner, Künstler und Seefahrer veränderten das Weltbild mit ihren bahnbrechenden Erfindungen, Entdeckungen und revolutionären Erkenntnissen. Es war aber auch eine Zeit, in der unterschiedliche Kulturen aufeinanderstießen und Konflikte und Kriege um Glaubensfragen und Macht ausbrachen.

Folgende Fragen leiten dich durch das Kapitel:

- ***Wo liegen die Ursprünge der „neuen" Zeit und welche Merkmale kennzeichnen sie?***
- ***Wie veränderte sich das Welt- und Menschenbild durch die Erfindungen und Entdeckungen?***
- ***Welche Ursachen und Folgen hatte die Spaltung der römischen Kirche?***

1 Erarbeitet, welche Informationen über die „neue Zeit" den Abbildungen zu entnehmen sind. Zieht den Darstellungstext heran.

2 Diskutiert in der Klasse, ob sich in den Bildern etwas finden lässt, was ihr als „modern" bezeichnen würdet.

Die Gesandten, Gemälde (200 × 200 cm) von Hans Holbein dem Jüngeren, 1533

Der Reformator Martin Luther, Altarbild von Lucas Cranach dem Älteren (Ausschnitt), um 1550

Fahnenträger des historischen „Bundschuh" im Bauernkrieg von 1525

Renaissance und Humanismus

Wissen • Beurteilen und Handeln • Methoden anwenden

Am Ende dieses Unterkapitels kannst du

- den Wandel der Gesellschaft in den italienischen Stadtstaaten im 14. Jahrhundert erläutern
- Merkmale der Renaissance nennen
- darlegen, inwieweit Leonardo da Vinci als Beispiel eines „Renaissancemenschen" gelten kann
- die Verbindung von politischer und wirtschaftlicher Macht am Beispiel der Republik Florenz erklären
- am Beispiel der Fugger Merkmale des Frühkapitalismus nennen
- Merkmale des Humanismus als geistige und kulturelle Bewegung der Renaissance erläutern
- **Methode** Bilder vergleichen

Italienische Stadtstaaten im 14. Jahrhundert

Mittelalter – um 500 bis 1500

Renaissance und Humanismus – um 1300 bis 1600

Neuzeit – seit um 1500

Städtische Herrschaft und Kultur in Italien

M1 Handelsverbindungen Venedigs um 1500

M2 Eine neue Gesellschaft?

Der Historiker Volker Reinhardt schrieb 1990 über die Entstehung der Renaissance in Italien:

Bereits im 14. Jahrhundert zeigen sich fundamentale [grundlegende] Veränderungen im Gefüge der Apennin-Halbinsel: ... Obwohl uralte Lehnsgesetze Stadtrepubliken wie Florenz nach wie vor an den Kaiser binden, verwalten diese sich nunmehr weitestgehend selbst ... Die städtische Elite steigt auf, wird reich und selbstbewusst ... Intellektuelle [prägen] ein neues Bild vom Menschen ... Gelehrte wie Francesco Petrarca schulen ihre Sprache am Latein Ciceros ... Bald wird man sie Humanisten nennen, und sie prägen das Bildungsideal des Abendlandes bis heute ... Die politischen Verhältnisse in der italienischen Staatenwelt stabilisieren sich ... Im Zuge dieser Entwicklung bilden sich ab etwa 1430 Fürstenhöfe eines völlig neuen Typs ... Die Höfe müssen Prunk und Glanz produzieren, um sich die nötige Legitimation [Rechtfertigung] zu verschaffen. Dazu werden alle verfügbaren Medien genutzt: ... kunstvoll komponierte Fresken, monumentale Bauten und antikisierende Statuen ... [Die Renaissance] formt eine neue Gesellschaft, ... [in der] sich eine schmale ... Oberschicht durch den Kult der schönen Dinge über das Volk erhebt, das es zu beherrschen gilt ... Für die kleinen Leute aber gibt es keine Renaissance.

Volker Reinhardt, Aufbruch zu neuen Horizonten, in: Geo Epoche (19), 2005, S. 22 f.

Begriffe und Daten

Renaissance

(franz., nach ital. rinascimento = Wiedergeburt). Bezeichnung für die Wiederentdeckung der Epoche der Antike. Die Bewegung der Renaissance begann im ausgehenden 13. Jahrhundert in den italienischen Stadtstaaten und breitete sich über etwa 300 Jahre lang in ganz Europa aus. Diese Zeitspanne wird heute als der Übergang vom Mittelalter zur Neuzeit gesehen. Als wesentliche Merkmale der Renaissance gelten: ein Bewusstsein von der individuellen Persönlichkeit, ein neuer Kunststil in der Malerei, Bildhauerei und Architektur, ein verstärktes Interesse an den Naturwissenschaften und ein wirtschaftlicher Wandel (Entstehen großer Handelsgesellschaften, Bankhäuser, Geldwirtschaft, Ausweitung der Handelsräume).

1 Liste die gesellschaftlichen Veränderungen auf, die der Autor von M2 nennt.

2 Prüfe, ob der Kasten ergänzende Merkmale zur Beschreibung der Renaissance enthält.

3 Beschreibe anhand der Karte auf S. 10 die territoriale Struktur in Italien im 14. Jahrhundert.

4 Erkläre, ausgehend von M1, warum sich in den Stadtstaaten eine neue Oberschicht herausbilden konnte.

Webcode: FG642588-011

Bilder vergleichen

Bilder zeigen Veränderungen

Das Neue an der Malerei der Renaissance lässt sich gut erkennen, wenn wir sie mit einer Darstellung aus dem Mittelalter vergleichen. Die Künstler der Renaissance verwendeten andere Techniken und verbanden mit ihrer Arbeit auch ein anderes Ziel: Sie wollten Menschen in ihrer realen Umgebung zeigen. Deshalb sollten die Figuren und Räume täuschend echt erscheinen. Jetzt malten sie nicht mehr flächig, sondern räumlich. Jede Einzelheit ihres Bildes hatte eine besondere Bedeutung, die dem Betrachter etwas über sich selbst sagen sollte und über seine Beziehung zu anderen Elementen des Bildes.

M1

Bernger von Horheim, mittelalterliche Illustration aus einer Sammlung von Minneliedern, 14. Jh. Der abgebildete Bernger von Horheim stand im Dienst der Staufer. Er gehörte zwischen 1180 und 1190 zum Kreis des Minnesängers Friedrich von Hausen, der zu den bekanntesten Dichtern des 12. Jahrhunderts zählte.

M2

Hochzeitsbild des Ehepaares Jakob Fugger und Sibylla Artzt, Gemälde von Thomas Burgkmair, 1498. Jakob Fugger war 39 Jahre alt, als er Sibylla Artzt heiratete. Ihr Geburtsdatum ist nicht urkundlich bekannt, aber man nimmt an, dass sie im Jahr 1480 geboren wurde. Sibylla war an Musik, Kunst und Wissenschaften interessiert. Sie stammte aus einer wohlhabenden Augsburger Patrizierfamilie. Die Ehe zwischen ihr und Jakob Fugger blieb kinderlos.

1 Vergleiche die beiden Paardarstellungen mithilfe der Arbeitsschritte. Achte bei Schritt 1 darauf, wie in den Bildern deutlich gemacht wird, dass die Personen ein Paar sind.

Webcode: FG642588-013

Arbeitsschritte

1. Schritt: Einzelheiten der Bilder erfassen

- Darstellung von Personen, Gegenständen und Umgebung: Wirken sie lebensecht? Gibt es Merkmale, die den Charakter, bestimmte Eigenschaften, Beruf oder die Vermögensverhältnisse erschließen lassen?
- Aufbau des Bildes: Wie wird der Blick des Betrachters auf das Bildzentrum gelenkt? Wie gestaltet der Künstler den Hintergrund des Bildes? Gibt es eine Verbindung zwischen Vorder- und Hintergrund, zwischen Mittelpunkt und Umgebung?

2. Schritt: Gemeinsamkeiten und Unterschiede erarbeiten

Notiere die Unterschiede, die du zwischen beiden Bildern gefunden hast, in einer Tabelle.

3. Schritt: Die Aussage der Bilder erschließen

- Wer sind die Personen, die dargestellt sind? Waren sie z. B. arm oder reich, unbekannt oder berühmt, machtlos oder mächtig?
- Wie zeigt sich die Einstellung des Künstlers zu den abgebildeten Personen?
- Lebten die abgebildeten Personen wirklich?
- Unter welchen Bedingungen sind die Bilder entstanden? Informationen über Künstler, Auftraggeber und Absicht findest du z. B. in der Bildlegende.

4. Schritt: Gesamtaussage vergleichen

Gib die Aussage der beiden Bilder wieder. Mache deutlich, was der Künstler jeweils ausdrücken wollte. Weise insbesondere auf Unterschiede zwischen beiden Bildern hin und finde eine Erklärung.

Leonardo – ein Mensch der Renaissance

Ein Genie für alle Fälle

Wenn Leonardo auf dem Gerüst an einer Wandmalerei arbeitete, dann legte er den Pinsel von Sonnenaufgang bis Sonnenuntergang nicht aus der Hand – so wird berichtet. Manchmal soll er aber auch sein Werk tagelang nicht angerührt haben, um stattdessen stundenlang in kritischer Versunkenheit die Figuren zu betrachten. Leonardo da Vinci war Italiener und wurde wegen seiner universellen Begabung „ein Genie für alle Fälle", und ein „uomo universale" (ital. ein Universalgelehrter) genannt. Von seiner Hand stammen Studien zur Anatomie des Menschen, Landkarten, mathematische Formeln und viele Skizzen utopischer Objekte. Sie erinnern uns an Segelflugzeuge, Hubschrauber oder Panzer. 6000 Blätter mit Notizen und etwa 100 000 zum Teil winzige Skizzen sind erhalten geblieben.

Biografie

Leonardo da Vinci (1452–1519)

Der italienische Maler, Bildhauer, Architekt, Naturforscher, Ingenieur und Kunsttheoretiker gilt als Universalgenie. Er arbeitete am Mailänder Hof, in Florenz, Rom und Frankreich. Berühmt wurde Leonardo durch ungewöhnliche Beobachtungsschärfe, sensibles Naturgefühl und psychologisches Einfühlungsvermögen, wie sie in seinen Werken deutlich werden. Viele seiner Werke blieben unvollendet. Unklar ist auch, ob das abgebildete „Selbstporträt" nur eine Vorstudie für eine Gemälde-Figur ist.

M1

Mona Lisa (oder: La Gioconda), Gemälde von Leonardo da Vinci, 1503–1506

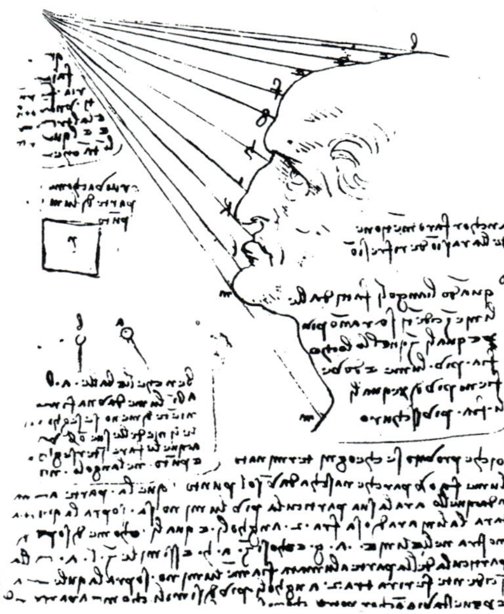

M2

Profilbild eines Mannes, Zeichnung von Leonardo da Vinci, 1490. Leonardo versah seine technischen Zeichnungen mit Spiegelschrift. Er notierte: „Da bewiesen ist, dass jedes bestimmte Licht von einem einzigen Punkt stammt oder zu stammen scheint, wird die von ihm beleuchtete Seite ihr hellstes Licht in dem Abschnitt haben, auf den die Linie des Lichtstrahls senkrecht fällt … und dieser Abschnitt der beleuchteten Seiten wird dort weniger hell sein, wo die Einfallslinie ihn zwischen zwei ungleichen Winkeln trifft."

M3

„Mailänder Abendmahl“, Wandgemälde von Leonardo da Vinci im Kloster Santa Maria delle Grazie in Mailand, 1495–1497, 460 × 880 cm. Leonardo verwendet die heute noch gebräuchliche Zentralperspektive. Diese Abbildungsart lässt durch das Vorhandensein eines Fluchtpunkts auf einer Fläche den Eindruck einer dreidimensionalen „Welt“ entstehen. Der Fluchtpunkt befindet sich beim Abendmahl in der Schläfe der Christusfigur im Zentrum des Bildes und ist zugleich der Punkt, in dem sich alle (perspektivischen) Strahlen treffen. Leonardo hat die Strahlen mittels eines Nagels und gespannter Schnüre ermittelt.

M4

„Die wahren Wissenschaften“

Leonardo da Vinci schrieb 1508:

Doch die wahren Wissenschaften sind diejenigen, die dank der Erfahrung durch die Sinne gegangen sind ... und die ihre Erforscher nicht mit Träumen abspeisen, sondern immer, aufgrund von ersten, wahren und bekannten Prinzipien, Schritt für Schritt fortschreiten mit wahren Folgerungen bis zum Ende, wie dies in den ersten mathematischen Wissenschaften offenbar ist, das heißt bei Zahl und Maß, genannt Arithmetik und Geometrie ... Hier wird man nicht herumstreiten, ob zweimal drei mehr oder weniger als sechs ausmachen oder ob ein Dreieck weniger als zwei rechte Winkel hat, sondern mit ewigem Schweigen wird jeder Streit erstickt, und friedlich erfreuen sich (an diesen Wissenschaften) ihre Anhänger, was die lügnerischen, rein verstandesmäßigen Wissenschaften nicht erreichen können.

Zit. nach Hagen Schulze/Ina Ulrike Paul (Hg.), Europäische Geschichte, München (bsv) 1994, S. 663.

1 Untersuche M1 und M3 mithilfe der Methode „Bilder vergleichen“ (siehe S. 12 f.). Nenne Merkmale der Renaissance.

2 Erkläre, welche Absicht Leonardo mit der Zeichnung M2 verfolgte.

3 Untersuche, wie Leonardo in M4 die Rolle der Erfahrung bei der Gewinnung von wissenschaftlichen Erkenntnissen sieht. Nimm begründet dazu Stellung.

4 Begründe: Leonardo – ein „Renaissancemensch“.

5 **Recherche:**

a) Sucht Beispiele für die Tätigkeiten Leonardos als Maler, Bildhauer, Naturforscher und Architekt. Stellt sie der Klasse vor (Lexika, Sachbücher, Internet).

b) Leonardos „Mona Lisa“ gehört zu den berühmtesten Gemälden der Welt. Recherchiert, warum das Bild eine solche Bedeutung erlangt hat.

Webcode: FG642588-015

Florenz – Stadt der Renaissance

Eine andere Renaissance?

Die oberitalienischen Stadtstaaten wie Genua, Mailand, Venedig und Florenz hatten sich im 12. und 13. Jahrhundert die Freiheit der Selbstverwaltung erkämpft. Um 1300 zählte Florenz zu den bedeutendsten Städten in Europa, gemessen an Bevölkerungszahl und Wirtschaftskraft. Wollproduzenten, Großkaufleute und Bankiers förderten den Reichtum der Stadt. Politische Instabilität und soziale Spannungen beeinträchtigten jedoch ihren inneren Zustand: So konnten nur männliche Angehörige der Zünfte politische Ämter übernehmen. Das waren rund 4000 innerhalb der gesamten Bevölkerung von etwa 60 000. Der oberste Rat, der die Stadt regierte, bestand aus neun Mitgliedern. Da sieben der neun Mitglieder aus den mächtigen Zünften der Bankiers und Großkaufleute kommen mussten, lag die Macht bei wenigen patrizischen Familien.

Im Kampf zwischen der städtischen Oberschicht (Optimaten) und den Vertretern des Volkes (Popolani) gelang es der Bankiersfamilie der Medici, die Macht in Florenz zu übernehmen. Cosimo der Ältere (1389 bis 1464) lenkte geschickt die Politik der Republik, ohne ein eigenes Amt innezuhaben. Dies gelang ihm, indem er ein enges Netz an Beziehungen und finanziellen Abhängigkeiten knüpfte und gezielt Kredite und Spenden vergab. Der oberste Rat entschied über die Wahlausschüsse, welcher Bürger von Florenz wählbar war und welche Namen überhaupt in den Losbeutel (Wahlbeutel) kamen. Deshalb war es machtpolitisch äußerst wichtig, einen Rat zu schaffen, der den Medici freundlich gesonnen war. 1434 hatte es Cosimo dann geschafft: Für den Wahlbeutel kamen nur noch 50 Kandidaten infrage, die er nach seinen Wünschen ausgesucht hatte. Der Enkel Cosimos, Lorenzo de Medici (1449 bis 1492), festigte die Macht der Familie mithilfe von Gesetzen und Steuern, die seine Gegner schädigten.

M1

Ansicht von Florenz, Darstellung aus der Werkstatt des Künstlers Francesco Roselli, 1490

M2

Lorenzo de Medici (1449–1492) war 1469 bis 1492 Stadtherr von Florenz. In seiner Zeit war Florenz Wirkungsstätte u. a. von Leonardo da Vinci, Michelangelo und Botticelli.

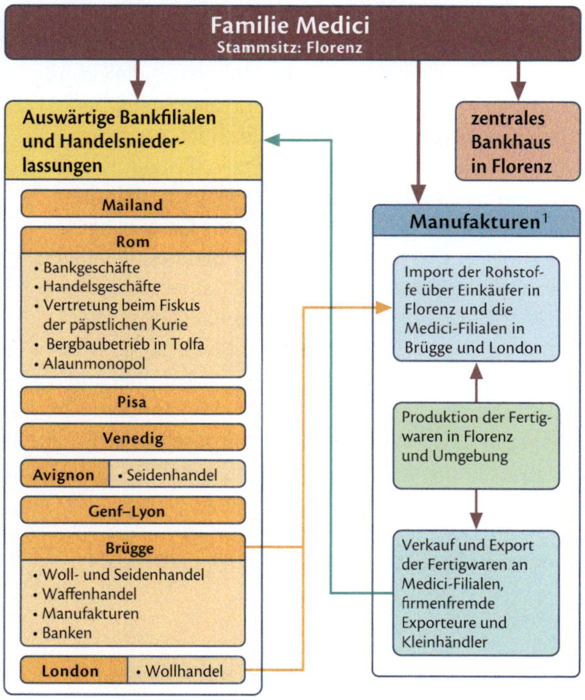

[1] Manufaktur: handwerkartiger Betrieb mit stärkerer Arbeitsteilung und Massenanfertigung

M3 **Das Handelshaus der Medici**

1 Beschreibe M1. Nenne Merkmale, die über den Eindruck einer mittelalterlichen Stadt hinausweisen könnten.

2 a) Stelle anhand des Darstellungstextes, M3 und M5 die politischen und wirtschaftlichen Aktivitäten der Medici zusammen.

b) Beurteile die Motive der Familie.

3 Lebten die Menschen in der Renaissance in dem Gefühl, dass ein neues Zeitalter angebrochen sei? Erarbeite, welche Position der Historiker Reinhardt (M4) zu dieser Frage einnimmt.

4 Beantworte die Frage in der Überschrift des Darstellungstextes.

M4 **Bewusstsein von einer „neuen Zeit"?**

Der Historiker Volker Reinhardt schrieb 2007:

In den Aufzeichnungen des florentinischen Gewürzhändlers Luca Landucci zwischen 1450 und 1516 etwa ist so gut wie nichts vom Glanz des mediceischen Florenz, sehr viel dagegen vom Elend des Alltags eingefangen. Geschichte erscheint hier als Kreislauf von Krieg, Hungersnot, Überschwemmungen, Hinrichtungen und anderen Kalamitäten [Notlagen], die Gott als Strafe für die Sünden, speziell den Hochmut, des Menschen verhängt … Die wahre Größe des Menschen aber ist die Demut vor Gott, der allein die Geschichte lenkt … Doch ist auch dieser prinzipienfeste Kleinbürger nicht völlig immun gegen deren Wirkungen, wie sein Nachruf auf Lorenzo de Medici im April 1492 zeigt. Bevor er sich über die Nichtigkeit irdischer Herrlichkeit ergeht, listet er nämlich die Erfolge des Verstorbenen in so hohen Tönen auf, dass dieser seine Freude daran gehabt hätte. Mit aller Vorsicht lässt sich dieses Beispiel verallgemeinern: Zwischen oben und unten findet, zumindest in den Städten, Kommunikation der verschiedenen Art, auch Austausch von Ideen und Wertbegriffen statt. Dabei treffen die kleinen Leute ihre Beobachtungen und ziehen ihre Schlüsse, die sie dann in ein sehr eigenständiges, traditionellen Werten verpflichtetes Weltbild … einfügen.

Volker Reinhardt, Die Renaissance in Italien, 2. Aufl., München (C. H. Beck) 2007, S. 115 f.

M5

Geld- und Wechselgeschäfte in einem Florentiner Bankhaus, später kolorierter Holzschnitt, 1490. Der Wechsel ist ein Wert-(Kredit-)papier, das eine Verpflichtung beinhaltet, eine festgelegte Geldsumme an einen bestimmten Inhaber des Wechsels, z. B. über eine Bank, zu zahlen.

Webcode: FG642588-017

Renaissance in Schleswig-Holstein – Schloss Glücksburg

M1

Schloss Glücksburg

Der Kunsthistoriker Wolfgang J. Müller schrieb 1988:

1A „Gott gebe Glück mit Frieden“

Als jüngerer Bruder des dänischen Königs Friedrich II. (reg. 1559–1588) erbte Herzog Hans d. J. erst nach dem Tode seines Onkels Johann d. Ä. nach mühsamen Verhandlungen mit den Adligen, die in den Herzogtümern Schleswig und Holstein staatsrechtlich dem dänischen König zugehörten. Zum Erbteil gehörte auch das Gebiet des ehemaligen Zisterzienserklosters Rüdekloster, das nach Einführung der Reformation im Königreich Dänemark (1536) aufgehoben worden war. Herzog Hans ... schloss ... einen Vertrag mit dem Baumeister Nikolaus (Nickel) Karies zur Errichtung eines „Hauses“ auf einem nahegelegenen Bauplatz. Getreu seinem Wahlspruch „Gott gebe Glück mit Frieden“ nannte er dieses Haus fortan „Glücksburg“ und machte es zu einem machtvollen Zeichen seiner Landesherrschaft gegenüber den adligen Ständen ... Betätigt hat sich Herzog Hans besonders mit dem Ausbau, der Abrundung seines verstreuten Landbesitzes. Bäuerliche und adlige Untertanen zwang er rücksichtslos zum Verkauf ihres Grundbesitzes, um wirtschaftliche Macht und staatsrechtliche Stellung zu stärken. Denn auf Betreiben der Adligen war er, trotz seiner Zugehörigkeit zur Königsfamilie, als „abgeteilter Herr“ von der Erbfolge ausgeschlossen worden.

1B Die Bedeutung des Quadrats

Die Ausgestaltung der Glücksburger Ecktürme zu Wohnräumen weist deutlich darauf hin, dass Bauherr und Baumeister ... einer neuzeitlichen, sozusagen modernen Auffassung fürstlichen Bauens gefolgt sind ... Die Wahl eines sorgsam gegliederten Quadrates für ein Fürstenschloss ... ist jedoch keine „Erfindung“ ... des 16. Jahrhunderts; schon der griechische Philosoph Plato (427–347 n. Chr.) hat das Quadrat in seinen verschiedenen, genau errechneten Unterteilungen als die Grundlage der menschlichen Gestalt und aller Menschenwerke in Kunst und Technik bezeichnet. Auch der römische Baumeister Vitruvius Pollio, Zeitgenosse der Kaiser Caesar und Augustus im 1. Jh. v. Chr., hat diese Entdeckung ... als vorbildlich für jede Gestaltung bezeichnet. ... Herzog Hans und sein Baumeister wollten ein architektonisches Denkmal für das neue fürstliche Selbstbewusstsein (auch eines kleinen Landesherrn) errichten. Der Wille und die Absicht, fürstliche Erhabenheit auf der Grundlage antiker Philosophie und Herrschergeschichte für Untertanen und andere Fürsten zu veranschaulichen, hat auch zur selbstherrlichen Umgestaltung der Landschaft um das Schloss Glücksburg geführt.

M1A und M1B zit. nach Wolfgang J. Müller, Schloss Glücksburg als Herrschaftszeichen, in: Praxis Geschichte, H. 4, 1988, S. 52 f. und S. 54.

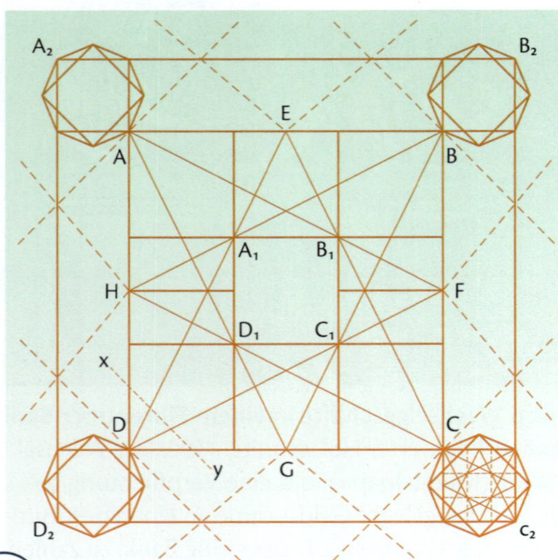

M2 **Konstruktionszeichnung des Glücksburger Schloss-Grundrisses**

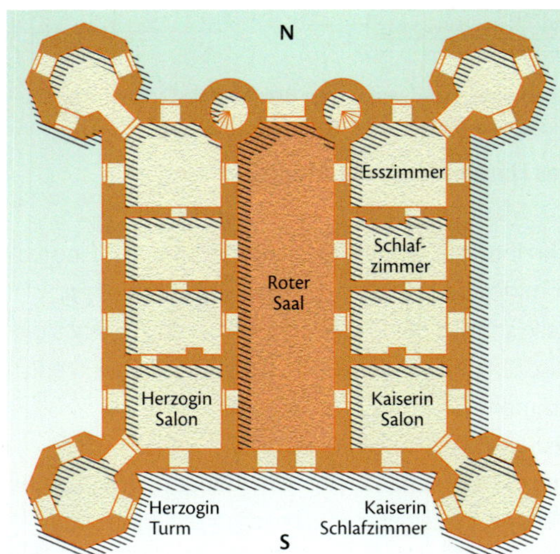

M3 **Grundriss des 1. Obergeschosses**

M4

Schloss Glücksburg (dänisch Lyksborg Slot), erbaut 1582 bis 1587, in der Nähe von Flensburg gelegen, gehört zu den bedeutendsten Schlossanlagen Nordeuropas, Fotos, 2008

M6

Der Erbauer des Schlosses, Herzog Johann III. (genannt Hans) von Schleswig-Holstein-Sonderburg. Gemälde, 16. Jahrhundert

M5

Schloss Glücksburg, Roter Saal, der Mittelpunkt des Schlosses, Foto, 2002

1 Partnerarbeit:

a) Untersucht anhand der Informationen auf dieser Doppelseite und mithilfe der Arbeitsschritte „Eine Sachquelle untersuchen" im Anhang das Schloss Glücksburg. Zieht zur geschichtlichen Einordnung des Schlosses weitere Informationen heran, z. B. Kunstführer, Lexika, Internet (siehe Webcode).

b) Prüft, welche Bezüge sich zwischen dem Schloss Glücksburg und den Epochen Renaissance bzw. Antike herstellen lassen.

c) Erläutert die Überschrift von M1A.

2 Erörtert in der Klasse: Schloss Glücksburg – ein Herrschaftszeichen?

Webcode: FG642588-019

Die Fugger: Von der Handelsgesellschaft zum Großunternehmen

Eine Ausbildung zahlt sich aus

Hans Fugger, ein Weber, war 1367 in die süddeutsche Stadt Augsburg gekommen. In kurzer Zeit erwarb sein Familienunternehmen Reichtum und Ansehen durch Erfolge im Verlagswesen, im Fernhandel und durch Einheirat in die alteingesessenen Familien der Stadt. Sein Enkel, Jakob Fugger (1459–1525), erhielt in Italien eine Ausbildung zum Kaufmann. Von dort brachte er neue Methoden mit: Die doppelte Buchführung zum Beispiel erleichterte die Leitung des Unternehmens erheblich. Nach dem Tod seiner beiden Brüder übernahm Jakob Fugger die Firma. Er vervielfachte das Firmenkapital durch gewinnbringende Handelsgeschäfte, vor allem mit Textilien, Metallen und Gewürzen, mit Bankgeschäften und im Bergbau. Seine Handelsgesellschaft hatte Niederlassungen unter anderem in Lissabon, Antwerpen, Rom und Krakau. Handel, Bankwesen und Politik waren durch ein enges Netz aus „silbernen Fäden“ – mit Geld also – miteinander verbunden.

Edelmetalle – Schlüssel zur Macht

Fürsten und Kaiser führten ein aufwändiges Leben und waren die Hauptabnehmer teurer Luxusartikel. Fast immer hatten sie Zahlungsschwierigkeiten, besonders wegen der Kosten der Kriegsführung. Davon profitierte Jakob Fugger: Er gewährte ihnen Kredit und ließ sich als Sicherheiten deren Schürfrechte in Silber- und Kupferminen übertragen. Fugger hatte erkannt, dass die Ausweitung des Handels immer mehr Geld, d.h. Silbermünzen, erforderte. Auch Kupfer war als Rohstoff in der Silbergewinnung und Waffenproduktion sehr begehrt und brachte hohe Gewinne. Jakob Fugger ließ in seinen Bergwerken moderne Förderanlagen errichten und verfügte deshalb über große Mengen an Edelmetallen. Er bot sie zu günstigeren Preisen an als alle anderen Handelsgesellschaften. Deshalb beherrschte er bald als einziger Anbieter den europäischen Kupfermarkt und besaß damit ein Monopol. Zwar verabschiedete der Reichstag 1523 ein Monopolgesetz gegen zu große Handelsfirmen, doch Kaiser Karl V. (1519–1556) verhinderte die Anwendung dieses Gesetzes.

M1 **Aufbau einer Handelsgesellschaft um 1500**

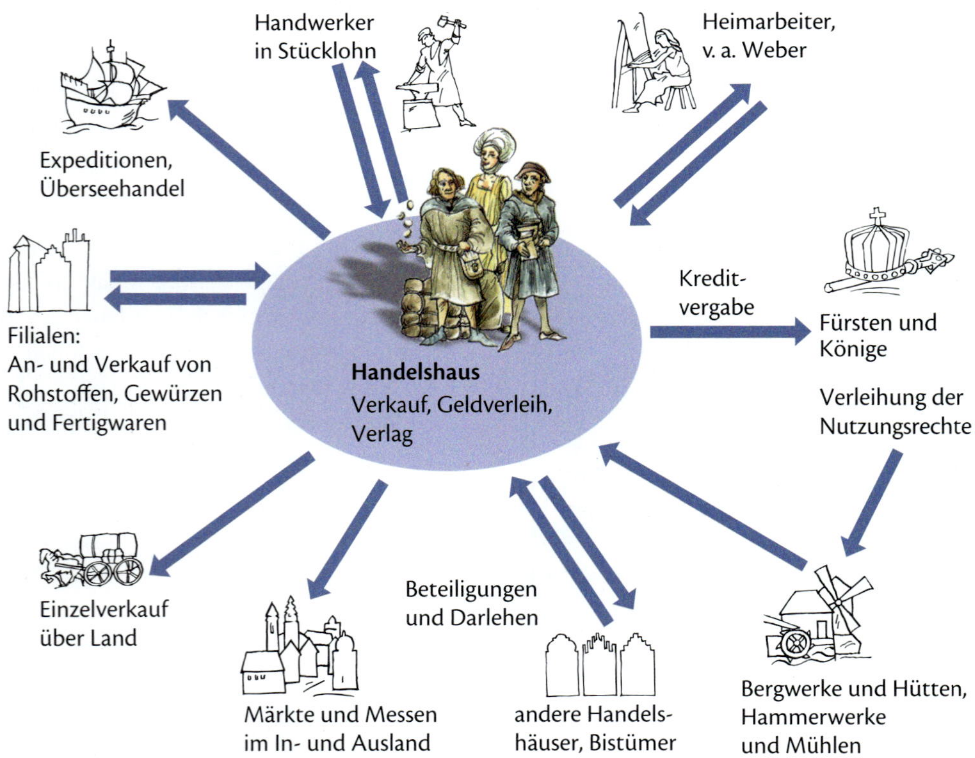

M2

Jakob Fugger schreibt an Kaiser Karl V.

1519 fiel die Wahl des deutschen Königs und erwählten römischen Kaisers dank eines Kredits von Jakob Fugger auf Karl I., ein Mitglied der österreichischen Fürstenfamilie. Karl hatte sich mit Fuggers Geld die Stimmen der Kurfürsten erkauft. Er bestieg als Kaiser Karl V. den Thron. Verlierer war der französische König Franz I. Jakob Fugger schrieb 1523 folgenden Brief an Karl V.:

Eure Kaiserliche Majestät tragen ungezweifelt gut Wissen, wie ich und meine Neffen bisher dem Haus Österreich zu dessen Wohlfahrt und Aufstieg in aller Untertänigkeit zu dienen geneigt sind. Deshalb haben wir uns auch mit … Kaiser Maximilian, Eurer Kaiserlichen Majestät Ahnherrn, eingelassen und zur Erlangung der römischen Krone für Eure Kaiserliche Majestät uns gegen etliche Kurfürsten verschrieben, die ihr Trauen und Glauben auf mich und vielleicht sonst niemanden setzen wollten. Auch haben wir … ein trefflich Summa Geldes dargestreckt, die ich nicht allein bei mir und meinen Neffen, sondern auch bei anderen meinen guten Freunden mit großem Schaden aufgebracht … So hab ich auch hierin meinen eigenen Nutzen nicht angesehen. Dann wo ich von dem Hause Österreich abstehen und Frankreich fördern hätte wollen, würd ich groß Gut und Geld, wie mir dann angeboten worden, erlangt haben. Was aber Eurer Kaiserlichen Majestät und dem Hause Österreich für Nachteil daraus entstanden wäre, das haben Eure Majestät aus hohem Verstande wohl zu erwägen … So ist an Eure Kaiserliche Majestät mein untertäniges Bitten, die wolle solche meine getreuen, untertänigen Dienste … gnädiglich bedenken und verordnen, dass mir solch mein ausliegend Summa Gelds samt dem Interesse ohne längeren Verzug entrichtet und bezahlt werde.

Zit. nach Jakob Strieder, Augsburger Wirtschaftsleben und Wirtschaftsgeist im Zeitalter der Fugger, in: Heinz F. Deininger (Hg.), Das reiche Augsburg, München (Duncker & Humblot) 1938, S. 77 f.

M3

Jakob Fugger und sein Hauptbuchhalter Matthäus Schwarz, Zeichnung, 1525. Die Fugger arbeiteten mit „doppelter Buchführung". Jeder Geschäftsvorgang wurde dabei auf zwei Konten verrechnet, einmal als Belastung und einmal als Gutschrift. So konnten Gewinne und Verluste einer Firma sofort erkannt werden.

Begriffe und Daten

Frühkapitalismus

Bezeichnung für die vom 15. bis zum 18. Jahrhundert in Europa bestehende Wirtschaftsform. Mit der Ausbildung der Stadtwirtschaft bildete sich neben der Landwirtschaft eine kapitalintensive Wirtschaftsweise heraus, in der das sogenannte Verlagssystem bedeutend wurde: Einzelne Unternehmer oder Handelsgesellschaften (Verleger*) besitzen alle notwendigen Mittel zur Herstellung und zum Verkauf von Waren wie Geld, Gebäude, Werkzeuge und Rohstoffe. Den Personen, z. B. Handwerkern oder Heimarbeitern, die die Waren produzieren sollen, werden diese Mittel zur Verfügung gestellt. Die Bedingungen diktiert der Verleger (z. B. Höhe des Lohns, Arbeitszeit, Preis des Produkts). Wichtige frühkapitalistische Produktionsbereiche waren der Bergbau, das Verlagswesen und ein sich erweiternder Fernhandel.

1. Stelle anhand des Darstellungstextes, M1 und M3 die wesentlichen Veränderungen in der Wirtschaft des 14./15. Jahrhunderts zusammen.
2. Erschließe aus dem Brief M2 die Beziehung zwischen dem Hause Fugger und Karl V. Berücksichtige den gesellschaftlichen Rang der beiden.
3. Erkläre den Begriff „Frühkapitalismus" (Kasten) an den Beispielen der Medici und der Fugger (S. 16–17 und S. 20–21).

Webcode: FG642588-021

Der Buchdruck: Neues Denken durch neue Medien

Medienwandel in der Frühen Neuzeit

In der Antike und im Mittelalter schrieben die Menschen Bücher mit der Hand ab, um sie weiterzuverbreiten. Im 14. Jahrhundert lernten die Europäer dann ein chinesisches Druckverfahren kennen, bei dem seitenweise Schriftzeichen in Holztafeln eingeschnitzt und gedruckt wurden. Johannes Gutenberg (um 1397 bis 1468), ein Mitglied der Mainzer Goldschmiedezunft, entwickelte in jahrelanger Arbeit ein völlig neues Verfahren: das Drucken mit einzelnen beweglichen Lettern aus einem Blei-Zinn-Gemisch und mit einer Druckerpresse.

Gutenbergs Drucktechnik (um 1450 nachweisbar) verbreitete sich innerhalb von zehn Jahren in ganz Europa. Die Drucker, die in Mainz ausgebildet worden waren, zogen in die Handelszentren diesseits und jenseits der Alpen, um dort eigene Druckereien zu eröffnen. In Venedig gab es Ende des 15. Jahrhunderts 150 Druckerpressen. Zu dieser Zeit begannen die Drucker, auf Papier zu drucken anstatt auf teurem Pergament.

Zunächst wurden hauptsächlich theologische und juristische Bücher hergestellt: Das erste Buch, das Gutenberg druckte, war eine Bibel (1455). Aber immer stärker drängten naturwissenschaftliche, historische und philosophische Werke auf den Markt.

Aktuelle Nachrichten wurden nun ebenfalls schriftlich verbreitet durch Flugblätter, die mit Holzschnitten illustriert waren. Wichtig für den Medienwandel wurden auch die Entwicklung der Papierherstellung in Italien und die ersten Papiermühlen in Deutschland im 14. Jahrhundert sowie die Gründung der Post durch Franz von Taxis (1490).

Heute behaupten Wissenschaftler, mit dem Vordringen des Internets werde ein neues Zeitalter eröffnet. Aber bereits 1969, als Fernsehgeräte Eingang in fast alle Haushalte gefunden hatten, sprach der Amerikaner Marshall McLuhan davon, dass nun das Ende der „Gutenberg-Galaxie“ gekommen sei. Damit meinte er das Ende einer Epoche, die mit der bahnbrechenden Erfindung des Mainzer Bürgers Johannes Gutenberg in der Mitte des 15. Jahrhunderts begonnen hatte: mit dem Drucken von Büchern und ihrer massenhaften Verbreitung.

M1

Das Gießen von Lettern nach dem Gutenberg-Verfahren, Rekonstruktionszeichnung, 1997

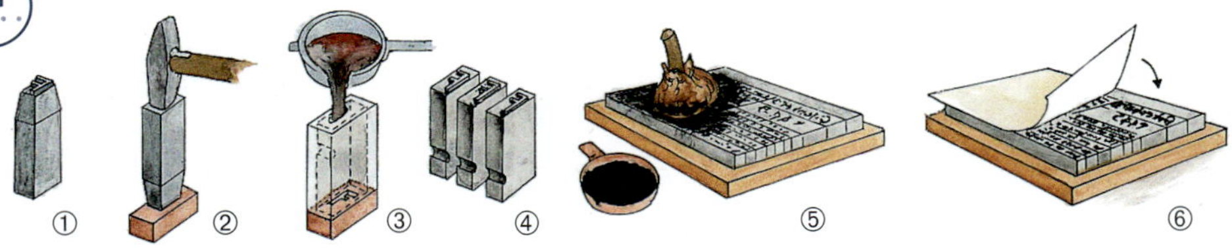

M2

Druckerwerkstatt, Kupferstich, 16. Jh. Für den Druckvorgang waren immer mehrere Personen zuständig. Bücher wurden nicht Seite für Seite gedruckt, sondern viele Seiten nebeneinander auf einem großen Bogen, der dann auseinandergeschnitten wurde.

M3 Medienwandel im 15. und 16. Jahrhundert

Der Medienwissenschaftler Werner Faulstich schrieb 2006:

Die wichtigsten Medien dieser Epoche waren der *Brief* (erst als handschriftliche Mitteilung, dann als gedruckter Ablassbrief und schließlich als Vorform der Zeitung); das *Flugblatt* im politischen Bereich; die Flugschrift im religiös-kirchlichen Sektor; der *Kalender* auf dem Land; und – gesamtgesellschaftlich – die *Zeitung* … Indem traditionelle Medien ihre Funktionen an neue Medien abgaben, verloren sie vielfach ihren genuinen [echt, rein] Mediencharakter und bildeten sich zurück … Was sich änderte, waren einmal die Medien selbst und dann vor allem ihre zentralen Funktionen … Neue Leitbilder waren angesagt: der individuelle Künstler, der singuläre Händler und Unternehmer, der Erfinder und Entdecker, der einzelne Gläubige in seiner direkten persönlichen Beziehung zu Gott, der absolutistische Herrscher und Fürst, nicht zuletzt auch der frühbürgerliche Zeitungsleser …

Der *Brief* schließlich, längst Medium individueller Korrespondenz oder privat-intimer Kommunikation, wurde in Gestalt des lateinischen Humanistenbriefs für eine begrenzte Zeit zum Schlüsselmedium für den Meinungsaustausch der Renaissancegelehrten …

Die Ausweitung des Fernhandels, die Erschließung neuer Märkte, die Ausbildung internationaler Messen und die Entstehung weit ausgreifender Handelsgesellschaften … erforderten ein Kommunikationssystem, das mit einem auf Teilöffentlichkeit beschränkten Botenwesen allein nicht mehr zu bewältigen war … Mit diesem neuen Bedarf entwickelte sich der Handels- und Kaufmannsbrief … Schließlich institutionalisierte sich zur Wende vom 15. zum 16. Jahrhundert die Post als privatkapitalistisches Gewerbe … Auf der Grundlage neuer Wegkarten entstand ein europaweit funktionierendes Netz für den Brief-, Zeitungs- und Personentransport mit Relaisstationen alle fünf Meilen.

Werner Faulstich, Mediengeschichte von den Anfängen bis 1700, Göttingen (Vandenhoeck & Ruprecht) 2006, S. 123, 124, 127, 129.

M4 **Buchherstellerin,** Foto, 2011. Die Vorlagen für den Druck werden heute am Computer erstellt.

1 Werte den Darstellungstext unter der Fragestellung aus, wie sich die Informationsvermittlung durch die Erfindung des Buchdrucks veränderte.

2 Skizziere mithilfe von M1 und M2 die Buchherstellung im 16. Jahrhundert. Ordne dabei folgende Tätigkeiten den Nummern in M2 zu: Setzen, Sortieren, Korrekturlesen, Trocknen, Drucken, Schwärzen, Einlegen.

3 **Partnerarbeit:**
a) Listet anhand von M3 die neuen Medien auf und notiert ihre jeweilige Funktion.
b) Entwerft eine Strukturskizze, in der ihr Zusammenhänge zwischen den Medien und Veränderungen in Gesellschaft und Wirtschaft darstellt.

4 Vergleiche M2 und M4. Überlege, welche Arbeitsschritte der Buchproduktion sich seit 1500 verändert haben.

5 Ermittelt in eurer Klasse eure Lesegewohnheiten. Stimmt die Behauptung, dass Computerbenutzer keine Bücher mehr lesen?

6 **Recherche:** Findet heraus, welcher Buch- oder Zeitungsverlag sich in eurer Nähe befindet. Organisiert eine Erkundung (siehe Arbeitsschritte im Anhang).

Webcode: FG642588-023

Humanismus: Der Mensch im Mittelpunkt

Ein „neuer" Mensch in einer „neuen" Welt?

Der Humanismus ist Teil der Renaissance. Er hat seinen Ursprung im 14. Jahrhundert, das Zeitgenossen als eine sehr unglückliche Epoche beklagten: Kriege, Verwüstungen und Massensterben, wie z. B. durch die Pest, erschütterten ganz Europa. In dieser Zeit prägten Gelehrte das neue humanistische Menschenbild: Danach sollten die Menschen ein gottgefälliges Leben führen in einer Welt des Friedens, zum Besten ihrer Mitmenschen und der Gesellschaft.

M1

Optimismus für die Zukunft?

Der Humanist Erasmus von Rotterdam schrieb 1517:

Da ich sehe, dass die mächtigsten Fürsten der Erde ... alle Kriegsvorbereitungen von Grund aus aufgegeben und das Band des Friedens fest und ... unzerreißbar geknüpft haben, habe ich die bestimmte Hoffnung, dass nicht nur die guten Sitten und die christliche Frömmigkeit, sondern auch die geläuterte, echte Wissenschaft und die schönen Künste teils wieder aufblühen, teils in vollem Glanze sich zeigen.

Zit. nach Hagen Schulze/Ina Ulrike Paul (Hg.), Europäische Geschichte, München (bsv) 1994, S. 666.

M2

Womit sich Schüler beschäftigen sollen

In seinem Buch „Gargantua und Pantagruel" gab der humanistische Schriftsteller François Rabelais (um 1494–1553) den Brief eines Vaters an seinen Sohn wieder:

Alle Künste und Wissenschaften sind bei uns wieder heimisch, vorab das Griechische, ohne das kein Gelehrter bestehen kann, und mit ihm das Hebräische und das Lateinische ... Darum ermahne ich dich, geliebter Sohn, deine Zeit ersprießlichen Studien zu widmen, und wünsche mir, dass du diese Sprachen vollständig lernst. Im Griechischen bilde deinen Stil an Platon, im Latein an Cicero. Vervollkommne dich in Geometrie, Arithmetik und Musik, erforsche auch die Astronomie ... Vertiefe dich ernsthaft in die Naturkunde, damit dir kein Fisch, kein Gewässer, kein Vogel, Baum, Busch, Gesträuch, Metall und Edelgestein fremd bleibt.

François Rabelais, Gargantua und Pantagruel, München (Biederstein) 1955, S. 327.

M3

Sind Wissenschaften und Künste schädlich?

Der Naturphilosoph und Okkultist (Okkultismus = Lehre von vermuteten übersinnlichen Kräften) Agrippa von Nettesheim urteilte über Wissenschaften und Künste 1530:

Ich aber ... halte dafür, dass nichts Schädlicheres, nichts Giftigeres ... erfunden werden könne als eben die Künste und Wissenschaften ... Nun bedenke doch, wenn die Wissenschaften auf einen bösen Menschen fallen, so tut er Schaden ... Nichts aber ist unseliger als eine von Gottlosigkeit herrührende Kunst und Wissenschaft ... Denn nicht die Wissenschaft, sondern der gute Wille vereinigt den Menschen mit Gott, und die Wissenschaften, die äußerlich gebraucht werden, tun nichts anderes, als dass sie uns etlichermaßen Gelegenheit zu einem besseren Leben geben ... Aber darf ich mich erkühnen, die rechte reine Wahrheit zu sagen, so muss ich frei bekennen, ... dass es weit sicherer ist, nichts [zu] wissen, als was [zu] wissen ... [mit dem Prediger Salomo gesagt:] ... aber ein Mensch kann das Werk [Gottes] nicht finden, das unter der Sonne geschieht, je mehr der Mensch arbeitet zu suchen, je weniger er findet, wenn er gleich spricht: ich bin weise und weiß es, so kann er es doch nicht finden.

Zit. nach Agrippa von Nettesheim, Die Eitelkeit und Unsicherheit der Wissenschaften und die Verteidigungsschrift, hrsg. von Fritz Mauthner, Bd. 1, München (Georg Müller-Verlag) 1913, S. 13 ff.

M4

Humanistischer Schulunterricht, Holzschnitt, 1496

M5

„Die Schule von Athen", Ausschnitt aus einem Wandgemälde im Vatikan von Raffael, 1510. In der Mitte des Bildes sind die beiden bedeutendsten Philosophen der Antike, Platon und Aristoteles, dargestellt.

M6

Frauen als Künstlerinnen

Der italienische Kunsttheoretiker Giorgio Vasari schrieb 1550 über die Malerin und Dichterin Properzia de' Rossi (1491–1530):

Sicherlich hat man aber in keinem anderen Zeitalter dies besser erkennen können als in dem unseren, in welchem die Frauen sich größten Ruhm erworben haben, zunächst durch Beschäftigung mit der Literatur, wie es die Frauen Vittoria del Vasto, Veronica Gambara … und hundert andere getan haben, welche in der Vulgärsprache[1] sowohl als im Lateinischen und Griechischen von großer Gelehrsamkeit waren; aber auch auf allen anderen Gebieten haben sie sich hervorgetan. Als ob sie uns den Ruhm der Überlegenheit nehmen wollten, haben sie sich keineswegs geschämt, mit ihren zarten und weißen Händen die mechanischen Gewerbe, den rauen Marmor und das scharfe Eisen anzugreifen, um ihren Ehrgeiz zu befriedigen und Ruhm davonzutragen, so wie es in unseren Tagen Properzia de' Rossi aus Bologna tat …, sodass nicht nur die Frauen, sondern alle Männer gegen sie voller Neid waren.

Zit. nach Hagen Schulze/Ina Ulrike Paul (Hg.), Europäische Geschichte, München (bsv) 1994, S. 678.

[1] Volks-, Umgangssprache

Begriffe und Daten

Humanismus

(von lat. humanus = menschlich, menschenfreundlich, gebildet). Mit dem Begriff wird eine Lebensanschauung bezeichnet, die unter den Gelehrten im Zeitalter der Renaissance vorherrschte. Die Humanisten traten für eine umfassende Bildung des Menschen ein. Sie studierten die Quellen der antiken Schriftsteller und beschäftigten sich wissenschaftlich mit Sprachen, Geschichte und Philosophie. Der Humanismus hat seinen Ursprung im 14. Jahrhundert in Italien und breitete sich von dort im Laufe der beiden folgenden Jahrhunderte nach Europa aus.

1 a) Erarbeite anhand des Darstellungstextes, M1 und M4, welche Vorstellungen aus Sicht der Humanisten das Leben bestimmen sollten. b) Vergleiche mit M3.

2 Werte M2 aus: Warum sollten sich Schüler in den genannten Fächern bilden?

3 Begründe, warum es sich bei M5 um ein typisches Bild aus der Zeit der Renaissance und des Humanismus handelt. Nimm den Kasten zu Hilfe.

4 Ordne M6 in die Renaissancebewegung ein.

Webcode: FG642588-025

Renaissance und Humanismus

M1

Krönung des Dichters Enea Silvio Piccolomini zum „poeta laureata", Fresko von Bernardino Pinturicchio, 1507. In der Renaissance wurde der antike Brauch, hervorragende Dichter mit einem Lorbeerkranz zu ehren, wieder aufgenommen.

M2

Die Entdeckung des Blutkreislaufs

Der französische Mediziner Fabiani schrieb 2004:

Als der Engländer William Harvey (1578–1657) 1628 seine Theorie vom Blutkreislauf vorbrachte, stieß er auf heftigen Widerspruch, denn die Idee stand im Widerspruch zu den Lehren Galens ... Doch auch wenn einige ... Beobachtungen [Galens] richtig waren, erwiesen sich insbesondere seine Hypothesen zur Blutversorgung als falsch. Ein steter, von einer physiologischen Pumpe angetriebener Strom entsprach nicht seiner Vorstellungswelt. Vielmehr sollte das Blut in einem Organ entstehen und in anderen verbraucht werden ... Als Quelle sah er die Leber: Aus den Eingeweiden nehme sie verdaute Nahrung in Form von „Milchsaft" auf und verwandle sie in Blut ... Allerdings nahmen arabische Ärzte – vom Abendland nahezu unbemerkt – bedeutende Korrekturen vor. So beschrieb der 1211 in Damaskus geborene Ibn an-Nafis den kleinen Blutkreislauf, auch Lungenkreislauf genannt ... Nach Vesalius versuchten sich noch weitere Mediziner und Anatomen in der Beschreibung zumindest des kleinen Blutkreislaufs. Doch den entscheidenden Schritt vollzog William Harvey.

Als Versuchsobjekt dienten Harvey oft „Kaltblüter" wie Frösche, Schlangen und Fische, deren Herz von Natur aus langsamer schlägt, wodurch sie sich gut zur Beobachtung eignen. Er band zum Beispiel Hohlvene und Hauptschlagader ab, um so die Fließrichtung des Bluts zu ermitteln. Dabei erkannte der Forscher, dass das Herz als Motor des Kreislaufs dienen musste.

Jean-Noël Fabiani, Herz oder Leber?, in: Spektrum der Wissenschaft Spezial, Nr. 4, 2004, S. 78 ff.

M3

Rekonstruktion eines von Leonardo da Vinci (1452–1519) entwickelten Fluggeräts, Foto, 1994

M4

Weltgrößtes Passagierflugzeug Airbus 380, Foto, 2010.
Technische Daten: Länge ca. 73 m, Spannweite ca. 80 m, Treibstoffkapazität 310 000 l, Reichweite 14 800 km, ca. 555 Passagiere

Überprüfe, was du kannst

Sachkompetenz

1 Erläutere die Begriffe Renaissance (S. 11), Frühkapitalismus (S. 21) und Humanismus (S. 25).

2 Zeige anhand von M2, welche Bedeutung Beobachtung und Experiment für Harvey hatten.

Methodenkompetenz

3 Untersuche M1 und prüfe, ob die Merkmale eines Renaissancegemäldes zutreffen. Ziehe die Methodenseiten 12 f. heran.

Selbst- und Sozialkompetenz

4 In der Schule soll das Fach Humanismus eingeführt werden. Stelle zusammen, was Schülerinnen und Schüler in diesem Fach alles lernen sollten.

5 In der Geschichtswissenschaft wird die Meinung vertreten, Renaissance und Humanismus hätten dazu beigetragen, dass sich die Menschen aus den Zwängen der Natur befreiten. Diskutiert diese These in der Klasse, indem ihr von M3 und M4 ausgeht. Zieht eure Kenntnisse aus dem Kapitel heran.

um 500 bis 1500 Mittelalter

um 1300 bis 1600 Renaissance und Humanismus

14. Jahrhundert Blütezeit der italienischen Stadtstaaten

14. bis 18. Jahrhundert Frühkapitalismus

1449 bis 1492 Lorenzo de Medici

um 1450 Gutenberg-Drucktechnik

1452 bis 1519 Leonardo da Vinci

1459 bis 1525 Jakob Fugger

seit um 1500 Neuzeit

1519 bis 1556 Kaiser Karl V.

1523 Reichstag verabschiedet Monopolgesetz

500 | 1300 | 1350 | 1400 | 1450 | 1500 | 1550

Forschung, Entdeckung und Eroberung

Wissen • Beurteilen und Handeln • Methoden anwenden

Am Ende dieses Unterkapitels kannst du

- die „empirische“ Arbeitsweise Galileis nachvollziehen
- erklären, wie sich in der Frühen Neuzeit das Weltbild der Menschen veränderte
- Voraussetzungen und Folgen der Entdeckung Amerikas darstellen
- Methoden der Kolonisierung in Amerika im 15./16. Jahrhundert beurteilen
- Sichtweisen bei der Beurteilung von Entdeckung und Eroberung unterscheiden
- **Methode** Historische Karten lesen und vergleichen

Entdeckungsreisen im 15./16. Jahrhundert

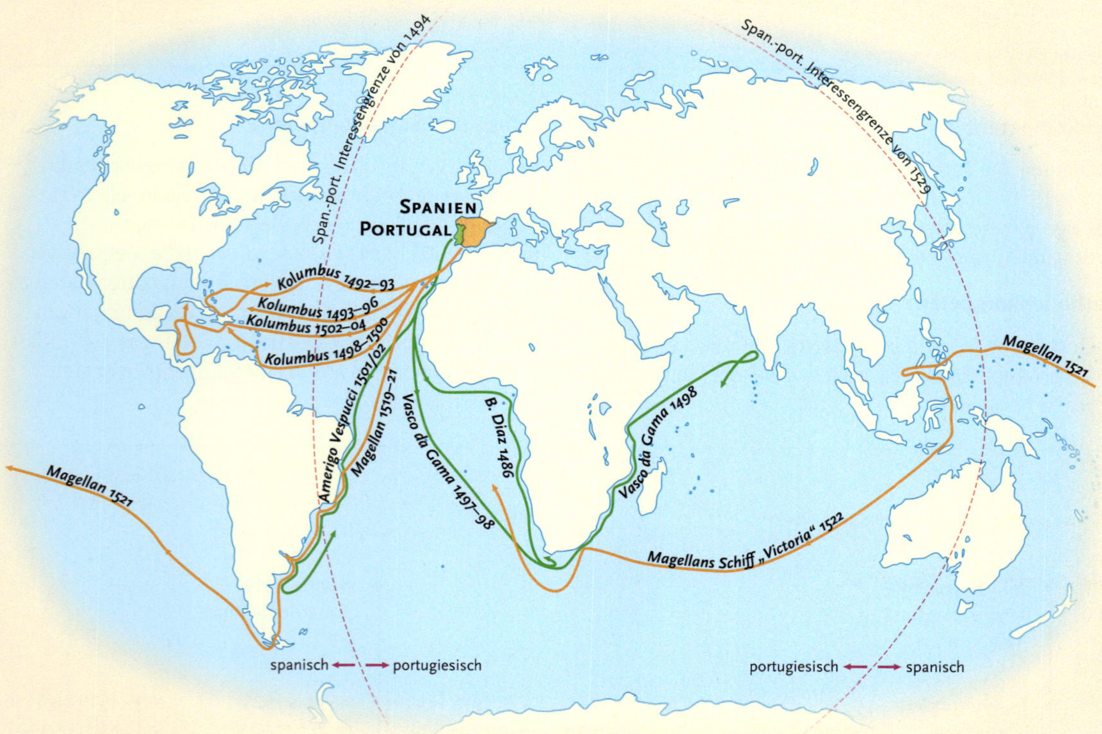

seit 1200 – Reiche der Inka und Azteken

seit 1492 – Eroberung und Kolonisierung Amerikas durch die Europäer

Galileo Galilei – die Entdeckung des Experiments

Biografie

Galileo Galilei

Der Forscher (1564–1642) lehrte an der Universität von Padua Mathematik, als er 1610 seine astronomischen Beobachtungen veröffentlichte und damit heftige Diskussionen unter Wissenschaftlern und mit der Kirche auslöste. Fünf Jahre später wurde Galilei vom höchsten kirchlichen Gericht ermahnt, die Ansichten von der um die Sonne kreisenden Erde aufzugeben. Obwohl er immer wieder das Gespräch mit führenden Kirchenvertretern suchte, wurde Galilei 1632 nach Rom befohlen und dazu verurteilt, seinen „Ketzereien“ abzuschwören. Unter Hausarrest gestellt, hielt er trotzdem Briefkontakt zu anderen Wissenschaftlern im Ausland und veröffentlichte zwei wissenschaftliche Schriften. Erst 1979 zeigte sich die katholische Kirche bereit, Galileis Ansehen wiederherzustellen: Papst Johannes Paul II. (im Amt 1978–2005) würdigte ihn in einer Gedenkrede für Albert Einstein.

M1

Forschungsinstrumente des Galileo Galilei, 1. Hälfte 17. Jh., Foto, 1998

M2

Das Experiment der „schiefen Ebene“

In dem Roman „Sofies Welt“ (1993) von Jostein Gaarder stellt der Philosophielehrer Alberto Knox dem Mädchen Sofie die Forschungen und Ergebnisse Galileo Galileis vor:

„Das Wichtigste aber war, dass Galilei das sogenannte Trägheitsgesetz entdeckte ... Jeder Körper verharrt im Zustand der Ruhe oder der gleichförmigen Bewegung in geradliniger Bahn, solange er nicht durch von außen wirkende Kräfte gezwungen wird, diesen Zustand zu ändern.‘“ [Alberto Knox holte eine Holzplatte, die am einen Ende einige Millimeter dick und am anderen ganz dünn war. Neben die Holzplatte legte er eine Murmel.] „Was, glaubst du, wird geschehen, wenn ich die Murmel hier oben loslasse, wo die Platte am dicksten ist?“ Sofie seufzte. „Ich wette zehn Kronen, dass sie auf den Tisch hinunterkollert und am Ende auf den Boden fällt.“ ... Alberto ließ die Murmel los und sie verhielt sich genau so, wie Sofie prophezeit hatte ...

„Jetzt werde ich versuchen, die Murmel quer über die schiefe Ebene zu rollen“, sagte er. „Sieh dir genau an, wie sie sich bewegt.“ Er bückte sich und zielte ... Er griff zu einem Filzstift und färbte die Murmel schwarz. Dann ließ er sie wieder rollen. Sofie konnte die Bahn der Murmel auf der schiefen Ebene genau erkennen, denn sie hatte eine schwarze Spur hinterlassen. „Diese Figur nennt man Parabel ... Warum bewegt sich die Kugel genau so?“ Sofie dachte gut nach. Schließlich sagte sie: „Weil die Platte eine Neigung hat, wird die Kugel von der Schwerkraft zu Boden gezogen.“ „Ja ... du hast gesehen, was passiert, wenn zwei Kräfte gleichzeitig auf denselben Gegenstand einwirken.“

Jostein Gaarder, Sofies Welt, übers. von Gabriele Haefs, München (Hanser) 1993, S. 245 ff.

1 Besorgt euch das in M2 beschriebene Material und gestaltet das Experiment nach.

2 Galileis Arbeitsweise wird oft als „empirische“ (= auf Erfahrung beruhende) Methode bezeichnet. Erläutere den Begriff aufgrund deiner Erkenntnisse aus M2.

3 Stelle Vermutungen an, was Galilei mit seinen Werkzeugen (M1) erforscht haben könnte.

4 Prüfe, ob Leonardo auch empirisch arbeitete.

Himmelsbeobachtungen verändern das Weltbild

Das neue Denken – ein Angriff auf die Kirche?

Für uns ist es heute selbstverständlich: Naturerscheinungen lassen sich mit wissenschaftlichen Gesetzen erklären, die immer wieder überprüft und weiterentwickelt werden müssen. Für die Menschen der Renaissance aber war das eine neue Erkenntnis: Nicht die kirchliche Obrigkeit, sondern allein die eigene Beobachtung und Vernunft sollten das Denken, Handeln und Forschen bestimmen. Der Astronom Nikolaus Kopernikus (1473–1543) veröffentlichte kurz vor seinem Tod das Buch „Über die Kreisbewegung der Körper". Darin behauptet er, dass alle Planeten, also auch die Erde, die Sonne umkreisten. Deshalb spricht man von einem heliozentrischen Weltbild (griech. helios = Sonne). Ein halbes Jahrhundert später bestätigte der italienische Mathematiker und Physiker Galileo Galilei aufgrund eigener Arbeiten die Aussagen von Kopernikus. Galilei benutzte für seine astronomischen Forschungen ein extrem starkes Fernrohr. Er hatte es selbst entwickelt und dazu die Erfindung eines niederländischen Linsenmachers genutzt.

Wie argumentierte die römische Kirche?

Die Kirche wertete Forschungen von Naturwissenschaftlern wie Kopernikus und Galilei als Angriff auf das geozentrische Weltbild der Bibel, nach dem sich die Erde im Mittelpunkt des Universums (griech. ge = Erde) befindet. Vertreter der vatikanischen Glaubensbehörde argumentierten so: Mit der neuen Auffassung provoziere man alle Philosophen und Theologen. Man schade dem Glauben, wenn man die Heilige Schrift als unwahr hinstelle. Die Bibel könne nicht lügen, wenn man ihren wahren Sinn erfasst habe. Selbst wenn ein tatsächlicher Beweis für die Sonne als Mittelpunkt der Welt vorliege, solle man Bibelstellen, die das Gegenteil sagen, verteidigen. Sie seien nicht falsch, wir könnten sie nur nicht richtig verstehen.

M1

Neue Messinstrumente

In der Antike und im Mittelalter fuhren die Schiffe meist in Küstennähe. Die Entdeckungsreisen der Frühen Neuzeit waren nur mit der Hilfe neuer Messinstrumente möglich:

1A Mit einem Nocturnum (Nachtweiser) wurde in der Nacht die Ortszeit geschätzt. Der Polarstern wurde durch die Öffnung in der Mitte des Nocturnums angepeilt und der lange Zeiger des Instruments auf den umlaufenden Stern gerichtet. Die Zeit wurde auf der gezackten Stundenscheibe abgelesen.

1B Der Seemann hielt ein Ende des Jakobsstabes an sein Auge und richtete das andere auf die Sonne oder einen Stern. Dann setzte er auf den Stab ein Querstück. Aus dem Winkel zwischen Stern und Horizontlinie errechnete er die Position des Schiffes.

1C Der Quadrant (Höhenmesser) bestand aus einem aus Holz oder Messing ausgeschnittenen Viertelkreis. Eine Person peilte durch die Visierlöcher die Sonne oder einen Stern an, während eine zweite den vom Lot angezeigten Höhenwinkel ablas.

1D Das Astrolabium wurde mit einer Kordel senkrecht zur Meeresfläche aufgehängt; dann peilte man durch zwei kleine Löcher in den Platten des verstellbaren Ableseschiebers einen Stern an. Die Höhe des Sterns wurde von der Gradeinteilung am Rand abgelesen.

Nach Richard Humble, Die Entdecker, übers. von B. Sauerwein-Reznicek, 4. Aufl., Amsterdam (Time-Life Books) 1987, S. 94 f.

M2

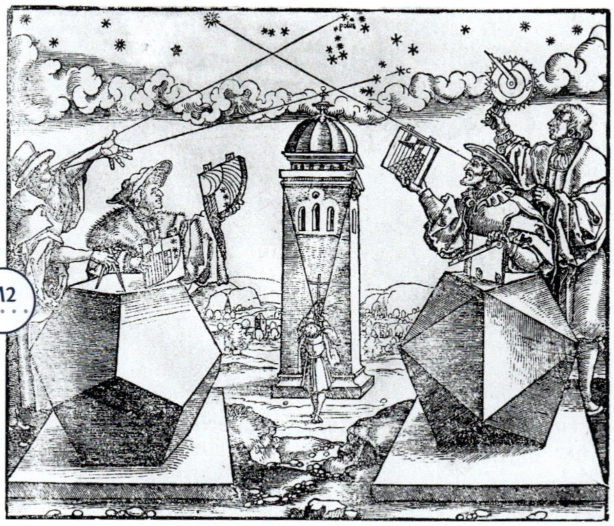

Positionsbestimmung auf See, Kupferstich, 1533.
Das Titelblatt des „Instrumentbuchs" von Peter Apian zeigt mehrere Verfahren, mit deren Hilfe Seefahrer prüften, ob ihr Schiff noch auf dem geplanten Kurs war.

M3

Ein neues Weltbild für „einfache Leute“?

Der deutsche Dramatiker Bertolt Brecht (1898 bis 1956) verfasste 1938 das Schauspiel „Leben des Galilei“. Darin äußert ein Mönch gegenüber Galilei:

Ich bin als Sohn von Bauern … aufgewachsen. Es sind einfache Leute. Sie wissen alles über den Ölbaum, aber sonst recht wenig … Sie schöpfen die Kraft, ihre Körbe schweißtriefend den steinigen Pfad hinaufzuschleppen, Kinder zu gebären, ja zu essen aus dem Gefühl der Stetigkeit und Notwendigkeit, das der Anblick des Bodens, der jedes Jahr von neuem grünenden Bäume, der kleinen Kirche und das Anhören der sonntäglichen Bibeltexte ihnen verleihen können. Es ist ihnen versichert worden, dass das Auge der Gottheit auf ihnen liegt …, dass das ganze Welttheater um sie aufgebaut ist, damit sie … sich bewähren können. Was würden meine Leute sagen, wenn sie von mir erführen, dass sie sich auf einem kleinen Steinklumpen befinden, der sich unaufhörlich drehend im leeren Raum um ein anderes Gestirn bewegt? … Wozu ist die Heilige Schrift noch gut, die alles erklärt und als notwendig begründet hat, den Schweiß, die Geduld, den Hunger, die Unterwerfung, und die jetzt voll von Irrtümern befunden wird?

Bertolt Brecht, Leben des Galilei, 56. Aufl., Frankfurt a. M. (Suhrkamp) 1998, S. 63.

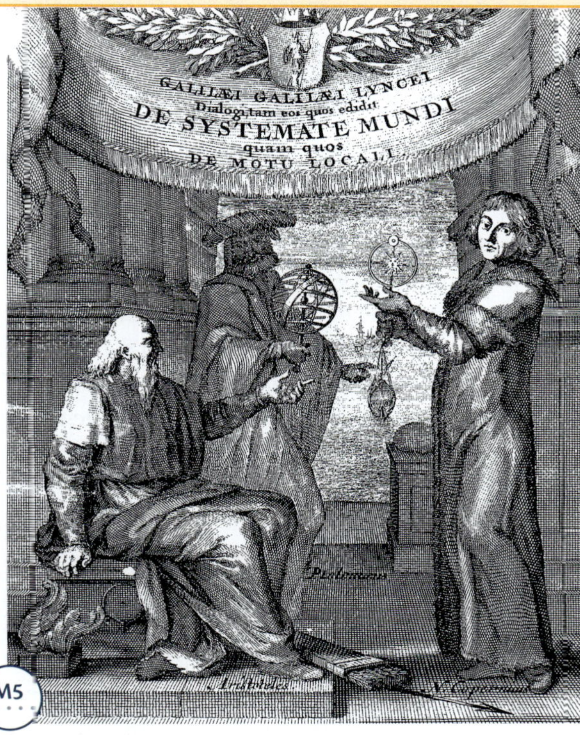

M5

Zwei Weltbilder, Kupferstich, 1700. Das Titelbild von Galileis Schrift „Dialog über die zwei Weltsysteme“ zeigt in der Mitte den Astronomen Ptolemäus (um 100 bis 160 n. Chr.) mit einem Modell des geozentrischen Weltbildes, rechts Nikolaus Kopernikus mit einem Modell des heliozentrischen Weltbildes. Sitzend: der antike Philosoph Aristoteles.

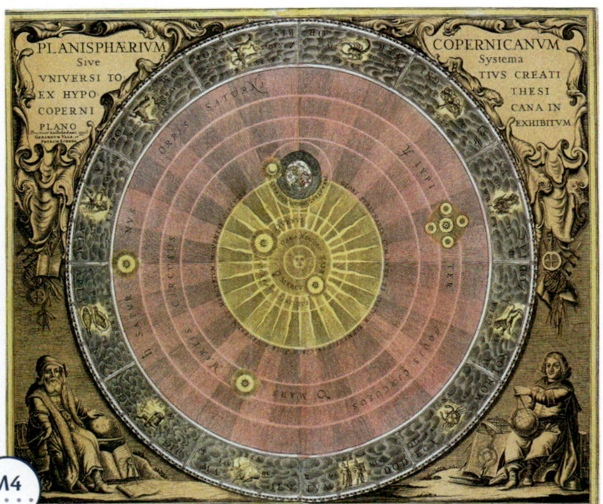

M4

Weltgebäude nach der Vorstellung von Nikolaus Kopernikus, Buchmalerei aus der „Harmonica Macrocosmica“ des Andreas Cellarius, 1660

1 In M1 werden vier Messgeräte vorgestellt, von denen drei in M2 abgebildet sind.
a) Finde heraus, zu welchem Instrument welche Erläuterung passt.
b) Suche in Lexika oder in diesem Buch eine Abbildung des vierten Messgerätes.

2 Verfasse zu M3 einen Antwortbrief, den Galilei dem Mönch geschrieben haben könnte.

3 a) Erstelle im Heft eine Skizze zum Bildaufbau von M5 und beschrifte die einzelnen Elemente.
b) Formuliere eine mögliche Aussage, die der Künstler mit diesem Bild machen wollte.

4 Beschreibe M4 und stelle einen Bezug zu M5 her.

5 a) Beantworte die Frage in der Überschrift des Darstellungstextes. b) Nimm zur Argumentation der römischen Kirche begründet Stellung.

Webcode: FG642588-031

Christoph Kolumbus – eine Fahrt nach Westen

Die schnellste Route nach Asien?

Christoph Kolumbus war Seefahrer und stammte aus einer genuesischen Wollweberfamilie. Als er am 3. August 1492 Kurs nach Westen nahm, hoffte er, für die spanische Monarchie eine neue Route nach Indien zu finden. Denn die alten Wege waren durch die Ausdehnung des Osmanischen Reiches versperrt, nachdem dessen Heere 1453 Konstantinopel erobert hatten. Die Seewege um Afrika hatte Spanien 1479 Portugal zugesprochen.

Am 12. Oktober 1492 kam endlich Land in Sicht. Doch Kolumbus hatte nicht Indien erreicht, sondern eine der Bahama-Inseln. Sie hieß in der Sprache ihrer Bewohner Guanahaní. Kolumbus nannte sie zu Ehren Gottes San Salvador („Heiliger Erlöser"). Er ließ die spanische Fahne hissen und nahm das Land im Namen der spanischen Könige in Besitz. Die von ihm als „Indianer" bezeichneten Einheimischen waren ab sofort spanische Untertanen.

Doch der aus Florenz stammende Seefahrer Amerigo Vespucci bezweifelte bald, dass es sich bei dem entdeckten Land um Asien handeln sollte. Und als der Spanier Vasco Núñez de Balboa 1513 über eine Landenge von Mittelamerika den Pazifik erreichte, wussten die Europäer es sicher: Kolumbus hatte einen unbekannten Kontinent entdeckt, der zu Ehren von Amerigo Vespucci „Amerika" genannt wurde.

M2

Brief des Toscanelli an Kolumbus

Der Gelehrte Paolo Toscanelli schrieb an Christoph Kolumbus (um 1480):

Unzweifelhaft ist die Reise ehrenvoll und vermag unberechenbaren Gewinn und höchsten Ruhm in der ganzen Christenheit zu bringen ... Eine derartige Reise führt zu mächtigen Königreichen, berühmten Städten und Provinzen, die alles im Überfluss besitzen, was wir benötigen, auch alle Arten von Gewürzen in reicher Fülle sowie Edelsteine in großer Menge aufweisen. Die Fürsten und Könige, zu denen man gelangt, dürften noch erfreuter als wir sein, dass sie mit Christen unsrer Länder in Verbindung kommen, da viele von ihnen Christen sind, und auch weil sie mit gelehrten, geistvollen Männern von hier über die Religion und Wissenschaft sich werden unterhalten können.

Zit. nach Eberhard Schmitt (Hg.), Dokumente zur Geschichte der europäischen Expansion, Bd. 2, Die großen Entdeckungen, München (C. H. Beck) 1984, S. 99.

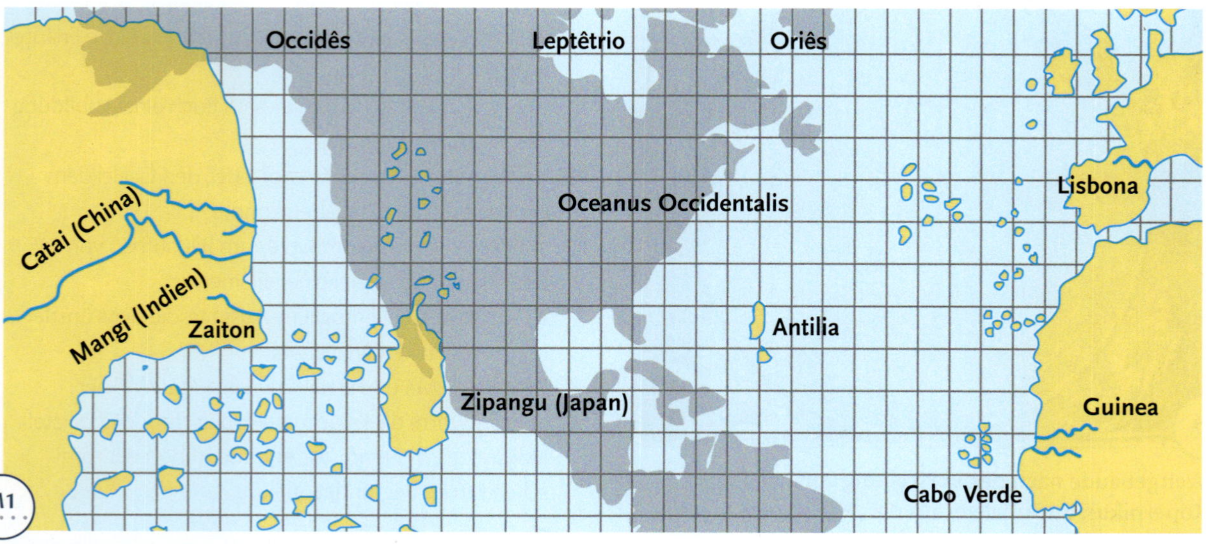

M1

Rekonstruktionszeichnung der Weltkarte von Toscanelli, um 1470. Die Umrisse Amerikas (grau) wurden nachträglich eingezeichnet.

M3 Die Begegnung der Einheimischen mit den Seeleuten

Von der Landung der Spanier auf Guanahani 1492 wissen wir nur aus dem Bordtagebuch des Kolumbus, mit dem er seine Auftraggeber über die Expedition informieren sollte. Der Portugiese Pero Vaz de Caminha berichtete 1500 als königlicher Chronist über seine Ankunft in Brasilien:

3A Kolumbus (1492): Sie nahmen einfach alles und gaben bereitwillig von allem, was sie besaßen. Aber mir schien es, als seien sie in jeder Hinsicht außerordentlich arme Leute. Sie gehen allesamt nackt herum … Ich sah keinen, der älter als dreißig Jahr gewesen wäre: Sie waren sehr gut gebaut, von sehr schöner Gestalt und sehr angenehmen Gesichtszügen; ihre Haare waren fast so dick wie die von Pferdeschwänzen und recht kurz. Sie tragen sie vorn bis zu den Augenbrauen, hinten lassen sie einige Strähnen länger wachsen, die sie niemals abschneiden … Sie tragen keine Waffen und kennen sie auch nicht, denn ich zeigte ihnen Schwerter und sie fassten sie an der Schneide und schnitten sich aus Unwissenheit … Sie sind sicher hervorragende Arbeitskräfte; sie haben einen aufgeweckten Verstand, denn ich sehe, dass sie sehr schnell alles nachsagen können, was man ihnen vorspricht. Außerdem glaube ich, dass man sie leicht zum Christentum bekehren könnte, denn es scheint mir, dass sie noch keine Religion haben.

3B Vaz de Caminha (1500): Der Kapitän saß, als sie kamen, auf einem Stuhl … Aber sie machten keine Ehrerbietungen, sie sprachen weder zum Kapitän noch zu jemand anderem. Einer warf jedoch den Blick auf die Kette des Kapitäns und begann, mit der Hand zum Land zu weisen und dann zur Kette, als wollte er sagen, dass es dort Gold gäbe. Er blickte auch zu einem silbernen Leuchter und zeigte gleichermaßen zum Land und zum Leuchter, als ob es dort auch Silber gäbe. Man zeigte ihnen einen grauen Papagei, den der Kapitän mit sich führte; sie nahmen ihn gleich in die Hand und winkten zum Land … Man zeigte ihnen ein Schaf; sie kümmerten sich nicht darum. Man zeigte ihnen ein Huhn; sie hatten fast Angst davor: Sie wollten es nicht anfassen; später nahmen sie es und wirkten sehr erschreckt.

M3A zit. nach Eberhard Schmitt (Hg.), Dokumente zur Geschichte der europäischen Expansion, Bd. 2, Die großen Entdeckungen, München (C. H. Beck) 1984, S. 113 f.
M3B zit. nach Emir Rodriguez Mondegal (Hg.), Die Neue Welt, Frankfurt a. M. (Suhrkamp) 1982, S. 78 f.

M4 **Die Landung des Kolumbus 1492,** kolorierter Kupferstich von Theodor de Bry, 1594. Die Spanier nehmen die Insel Guanahaní in Besitz.

Begriffe und Daten

Entdeckungen

Die Entdeckungen 1492 und 1513 lockten nicht nur viele Europäer in die „Neue Welt", sondern sie führten auch zu politischen Spannungen zwischen Spanien und Portugal. Im Vertrag von Tordesillas (1494) wurde zwischen den beiden Mächten vereinbart und vom Papst bestätigt, die „Neue Welt" in einen spanischen und einen portugiesischen Einflussbereich zu teilen. Die Trennlinie verlief – von Pol zu Pol – 370 Meilen westwärts von den Kapverdischen Inseln (siehe Karte S. 28).

1 Schreibe eine Erzählung zu dem Ereignis, das der Kupferstecher in M4 darstellte. Lässt sich eine bestimmte Einstellung des Künstlers erkennen? Ziehe den Darstellungstext heran.
2 Untersuche, welche Erwartungen durch M1 geweckt werden.
3 Stelle einen Zusammenhang zwischen M1 und den von Toscanelli geäußerten Erwartungen in M2 her.
4 Notiere nach M3A und M3B, was über die Begegnung mit Einheimischen in Amerika jeweils überliefert wurde. Berichte.

Webcode: FG642588-033

Historische Karten lesen und vergleichen

Wie sah das geografische Wissen vergangener Zeiten aus?
Die Geschichtswissenschaft unterscheidet zwischen Geschichtskarten und historischen Karten. Geschichtskarten zeigen aktuelle Ergebnisse der Geschichtswissenschaft (siehe S. 28). Historische Karten dagegen sind in der Vergangenheit entstanden und heute nicht mehr aktuell. Doch sie geben uns als Quellen Aufschluss über das geografische Wissen vergangener Zeiten, über die technischen Möglichkeiten der Vermessung und über die Absichten der Auftraggeber und Kartenzeichner (Kartografen). Wenn wir historische Karten vergleichen, erkennen wir, wie in der Zeit der Entdeckungen und Eroberungen allmählich ein genaueres Bild von der „Neuen Welt“ entstand.

M1

Die „Neue Welt“ (linke Hälfte der Weltkarte des Juan de la Cosa), Santa Maria/Cádiz, 1500. Das Material der Karte ist Ochsenhaut, gezeichnet wurde in Tinte und Aquarelltechnik. Juan de la Cosa begleitete Kolumbus 1492 als Lotse und nahm später an drei weiteren Fahrten zur Nordküste Südamerikas teil. Er starb bei einer Auseinandersetzung mit Indianern. Unten: der entsprechende Ausschnitt aus einer modernen Karte.

1 Bearbeite die Karten M1 und M2 mithilfe der Arbeitsschritte.
2 Finde heraus, über welche geografischen Kenntnisse der Zeichner von M2 im Gegensatz zu Kolumbus verfügte.

Arbeitsschritte

1. Schritt: Jede Karte einzeln erschließen

Untersuche jede Karte einzeln:
- Was ist das Thema der Karte (Inhalt, Raum und Zeit)?
- Welche Informationen gibt die Bildunterschrift?
- Ist die Karte genordet?
- Welches Gebiet ist dargestellt, wo ist z. B. Land oder Wasser?
- Welche Zeichen, Symbole, Farben sind zu erkennen? Was könnten sie bedeuten?
- Zu welchem Zweck könnte die Karte angefertigt worden sein; gab es z. B. Auftraggeber?
- Welche Gesamtaussage hat die Karte?
- Welche Fragen sind nur mithilfe weiterer Informationen zu beantworten?

2. Schritt: Gemeinsamkeiten und Unterschiede feststellen

- Vergleiche die Einzelheiten der beiden Karten, z. B. die Datierung, die Art der Darstellung, das Land-Wasser-Verhältnis, die Küstenverläufe, die Lage von Inseln.
- Vergleiche dann die Gesamtaussage beider Karten.

3. Schritt: Ergebnisse auswerten

- Gibt es Veränderungen (z. B. im geografischen Kenntnisstand)?
- Was bedeuten die Veränderungen für das Weltbild in der damaligen Zeit?
- Welche Folgen hatte der veränderte Kenntnisstand (z. B. für die Politik, für die Seefahrt, für die Wirtschaft, die Wissenschaft)?
- Welche weiteren Informationen über die Karten hinaus sind noch vorhanden (z. B. in Begleittexten zu den Karten, in Sachbüchern)?

M2

Nord- und Mittelamerika aus dem nautischen Atlas des Antonio Millo (Ausschnitt), 1586. Millo war für den Stadtstaat Venedig als Schifffahrtsbeauftragter im östlichen Mittelmeer tätig.

Die Völker des altamerikanischen Kontinents

M1 **Kulturformen auf dem amerikanischen Kontinent 1492**

Alte Kulturen in der „Neuen Welt“

Die Spanier glaubten, sie wären die ersten Europäer, die vor dem amerikanischen Kontinent ankerten und an Land gingen. Ausgrabungen beweisen jedoch: Bereits 1000 n. Chr. haben die Wikinger, Seefahrer aus Nordeuropa, Handelsfahrten an die Küste Neufundlands unternommen.

Die Karten des 16. Jahrhunderts bezeichnen die entdeckten Gebiete als „Neue Welt“. Für die Spanier und Portugiesen war es tatsächlich eine „Neue Welt“, die sie betraten und eroberten. Aber „neu“ war dieser Erdteil natürlich nicht – und er war auch nicht von Fabelwesen bewohnt, wie es zeitgenössische Darstellungen den Menschen in Europa vermittelten. Während und nach der letzten Eiszeit (vor ca. 10 000 Jahren) waren Einwanderer aus Asien über die zugefrorene Beringstraße nach Amerika gekommen und in Gruppen von Norden nach Süden gezogen. Im Laufe der Jahrtausende war so eine Vielzahl von indigenen (= einheimischen, eingeborenen) Völkern entstanden, die auf unterschiedliche Weise das Leben in ihren Gemeinschaften organisierten. Überlieferte Bilderhandschriften schildern uns das Leben in den Hochkulturen der Maya, Azteken und Inka mit den Pflichten und Tätigkeiten, die für den Einzelnen genau festgelegt waren.

M2 **Tenochtitlán,**
Wandgemälde (Ausschnitt) des mexikanischen Künstlers Diego Rivera, 1945. Rivera hat die Stadt so gemalt, wie sie zu Beginn des 16. Jh. ausgesehen haben könnte. Sie war damals mit ca. 300 000 Einwohnern die größte Stadt des amerikanischen Kontinents. Als Vorlage für sein Bild dienten Rivera zeitgenössische spanische Berichte.

Was wissen wir von der Lebenswelt der Azteken?

Zur Zeit der spanischen Eroberung hatten die Azteken im Gebiet des heutigen Mexiko die größte Macht. Den Kern des Reiches bildete ein Dreistädtebund um die Hauptstadt Tenochtitlán. Um den Städtebund gruppierten sich zahlreiche Provinzen, die genau berechnete Tribute entrichten mussten: Gold, Waren und Menschen – zur Verstärkung der Truppen und als Opfer für den Sonnen- und Kriegsgott Huitzilopochtli. Um ihre militärischen Erfolge zu sichern, glaubten die Azteken, Huitzilopochtli milde stimmen zu müssen. Deshalb opferten sie in ihren pyramidenförmigen Tempeln unzählige Menschen, deren Herz und Blut dem Gott neue Kraft geben sollten. Die meisten der Getöteten waren Kriegsgefangene.

Die Grundlage der aztekischen Wirtschaft war der Feldanbau. Bohnen, Mais und Kürbis gehörten zu den wichtigen Anbauprodukten. Auch der Handel war bedeutend. Die Handwerker arbeiteten in Berufen, die Schulung und Fachkenntnis voraussetzten. Ihre technischen Geräte fertigten sie aus Holz oder Stein. Eisen jedoch war ihnen ebenso unbekannt wie das Rad.

Die Lebenswelt der Inka

Das Reich der Inka erstreckte sich zu Beginn des 16. Jahrhunderts an der Westküste des südlichen Teils des Kontinents entlang. Die Bewohner gehörten verschiedenen Volksgruppen an, die alle ihre eigene Sprache, Religion und Lebensweise hatten. Dies machte es nach Ansicht der Inka notwendig, das Reich straff zu organisieren. Sie bauten eine staatliche Verwaltung auf, die in ihrer Zeit einzigartig war. Durch ein dichtes Netz gepflasterter Straßen und Wege sorgten sie dafür, dass Nachrichten, Waren und Armeen in kürzester Zeit von einem Ort zum anderen gelangten. Entlang der Straßen befanden sich Raststätten. Boten transportierten Befehle, Berichte, Abrechnungen und Bedarfslisten als verschlüsselte Botschaften in Form von Knotenschnüren („Quipu“).

So straff wie die Verwaltung wurde auch die Wirtschaft gesteuert: Jede Arbeit war zentral organisiert. Alle Steuerzahler mussten beim Bau von Tempeln, Festungen und Städten helfen, in der Armee dienen, auf den Feldern und in den Bergbauminen des Herrschers arbeiten. Die Landwirtschaft unterstand ebenfalls staatlicher Kontrolle. Auch die Inka kannten weder das Rad noch Eisen.

M3

Der Markt von Tenochtitlán

Der spanische Hauptmann Bernal Díaz kam 1519 nach Tenochtitlán. Über den Markt der Stadt schrieb er:

Dort fanden wir eine unerwartet große Menge Menschen, zahlreiche Verkaufsstände und eine ausgezeichnete Ordnungspolizei ... Jede Warengattung hatte ihre Plätze. Da gab es Gold- und Silberarbeiten, Juwelen, Stoffe aller Art, Federn, Baumwolle und Sklaven ... Dann kamen die Stände mit einfacheren Waren, mit grobem Zeug, mit Zwirn und Kakao zum Beispiel. Ganz Neu-Spanien bot hier seine Erzeugnisse an ... Da gab es Sisalstoffe, Seile und Strickschuhe ... Es gab rohe und gegerbte Häute von Tigern, Löwen, Schakalen ... In den Ständen der Töpfer fanden wir von großen irdenen Gefäßen bis zum kleinsten Nachttopf alles. Wir gingen an den Verkäufern von Honig, Honigkuchen und anderen Leckereien vorbei, an Möbel-, Holz- und Kohlehändlern ... Ich [habe] das Papier, die Röhren mit dem flüssigen Eukalyptusöl und mit dem Tabak, die wohlriechenden Salben und die Hallen mit Heilkräutern gesehen ... Es gab übrigens auch eine Art Marktgericht mit ... drei Richtern und mehreren Gehilfen, die für die Warenschau verantwortlich waren.

Zit. nach Eberhard Schmitt (Hg.), Die großen Entdeckungen, Bd. 2, München (C. H. Beck) 1984, S. 328.

Lesetipp

John Tully, Das gläserne Messer, Weinheim (Beltz & Gelberg) 2004.
Tic ist auserwählt, um den Göttern geopfert zu werden. Die Geschichte führt ins Südamerika vor der Ankunft der Europäer.

1 Erkläre mithilfe von M1 den Zusammenhang zwischen der Lebensweise altamerikanischer Völker und den Bedingungen von Klima, Pflanzenwelt und Landschaft. Nimm gegebenenfalls einen Atlas zu Hilfe.

2 Vergleiche die Lebenswelt der Inka und der Azteken.

3 Verfasse anhand der Befunde, die du M2 und M3 entnehmen kannst, eine Reportage über die Stadt Tenochtitlán in der Zeit um 1500.

4 Prüfe die Behauptung, die Azteken- und Inka-Reiche seien „Hochkulturen“ gewesen.

5 Formuliere eine Stellungnahme zur These von der „Neuen Welt“.

Die Ankunft der „weißen Götter"

Konquistadoren – Freunde oder Feinde?

Sie wurden Konquistadoren, also Eroberer (spanisch: Conquista = Eroberung), genannt und standen unter der Führung des spanischen Kommandanten Hernán Cortés. 1519 landete seine Flotte in Mexiko, dem Land der Azteken, mit dem Auftrag, das Gebiet zu erkunden und Handel zu treiben. Aber er hatte noch andere Motive: Cortés wollte das Reich der Azteken mit seinen unermesslichen Goldschätzen erobern.

Seit Jahrzehnten hatten die Azteken über die Völker des mexikanischen Hochlandes geherrscht und Angst und Schrecken verbreitet. Doch beim Einmarsch der Fremden zeigten sie sich merkwürdig unentschlossen. Als Cortés' Truppen Tenochtitlán erreichten, empfing der aztekische Herrscher Moctezuma sie mit großen Ehren. Denn für ihn und sein Volk schien nun eine Voraussage in Erfüllung zu gehen: Die Rückkehr der Götter, die nach alter aztekischer Überlieferung vor langer Zeit im Osten verschwunden waren. Tatsächlich hatten die spanischen Ankömmlinge Ähnlichkeit mit dem Bild, das sich die Azteken von ihrem Gott Quetzalcóatl machten: Er hatte weiße Haut und trug einen Bart. Zufällig hatten die Spanier Tenochtitlán genau zu dem Zeitpunkt erreicht, an dem nach aztekischem Kalender mit der Rückkehr der Götter zu rechnen war.

Die Stimmung unter den Einwohnern schlug jedoch um, als die Spanier begannen, Tempel zu plündern, Götterbilder umzustürzen und viele Azteken umzubringen. Cortés ließ wenige Tage nach seiner Ankunft Moctezuma in dessen Palast als Geisel nehmen. Aber auch die aztekische Bevölkerung wandte sich gegen Moctezuma: Sie warf ihm Verrat an seinem eigenen Volk vor. Moctezuma kam wenige Tage später ums Leben, als die Azteken die Spanier angriffen.

Je länger die spanische Besetzung Tenochtitláns dauerte, desto größer wurden die Spannungen zwischen den Einwohnern und den spanischen Besatzern. Im Juni 1520 gelang es den Azteken, die Spanier für einige Monate zu vertreiben. Cortés verstärkte daraufhin sein Heer mit Soldaten aus nahen spanischen Kolonien und Hilfstruppen der verbündeten Stämme. Fast drei Monate lang belagerte er Tenochtitlán. Schließlich ergaben sich die Azteken – geschwächt durch Krankheiten, die die Spanier eingeschleppt hatten, ausgehungert und verzweifelt. Tausende Männer, Frauen und Kinder wurden getötet. Die Spanier machten die Stadt dem Erdboden gleich und bauten an ihrer Stelle Mexiko, die Hauptstadt von Neu-Spanien.

M1 **Cortéz mit seinem Gefolge auf dem Wege zu Moctezuma,** Bilderhandschrift, 16. Jh.

M2

Quetzalcóatls Traum – ein Gedicht

Die 1948 in Nikaragua geborene Schriftstellerin Gioconda Belli beschäftigt sich in vielen ihrer Texte mit der Eroberung Lateinamerikas durch die Europäer. In einem Gedicht fragt sie nach den Folgen der Conquista für die Gegenwart:

Wer sind wir?
Wer sind diese Männer, diese Frauen ohne Sprache,
verspottet aufgrund ihrer Farbe,
ihrer Haut, ihrer Federn und ihres Schmuckes wegen?
Damit wir nur ihre Schriften lasen,
verbrannten sie die unseren auf hohen Scheiterhaufen.
Unsere Geschichte, unsere Dichtung,
die Annalen unserer Völker,
sie füllten mit Rauch uns die Höhlen der Augen,
sie füllten mit Tränen unsere Eingeweide.
Es brannten die Amátes[1], sorgsam von Schreibern bemalt.
Es brannten die Geschichten, die uns zu dem gemacht,
was wir waren.
Wie heulten die Alten auf den Plätzen,
als sie brennen sahen die Namen ihrer Väter im Feuer.
O lange Nacht, Noche Triste[2] der Asche.
Nacht, in der wir unsere Hände verloren,
unsere Sprache und unser Gedächtnis
verwandelt in Sklaven*, nachtwandelnde Schatten.

Gioconda Belli, Wenn du mich lieben willst, Wuppertal (Peter Hammer Verlag) 1993, S. 13.

[1] Inka oder Maya schrieben ihre Geschichte, aber auch wissenschaftliche Erkenntnisse in Form von Bildern auf mit Kalk bestrichene Baumrinde oder auf Hirschleder. Ein großer Teil dieser Handschriften (Amátes) wurde auf Anordnung des spanischen Bischofs Diego de Landa verbrannt.

[2] Traurige Nacht

M3

Moctezuma und Cortés bei ihrer ersten Begegnung, mexikanische Darstellung auf einem Baumwolltuch, 1590

M4

Der Empfang der Spanier in Tenochtitlán

Der Geschichtsschreiber am spanischen Königshof, Peter Martyr von Anghiera, berichtete 1520 vom ersten Zusammentreffen Moctezumas mit Cortés:

[Moctezuma sprach:] „Alle Reiche, die wir besitzen, gehören euch. Wer immer du auch sein magst, der du als Führer hierhergeschickt worden bist, du sollst als Fürst über alle Reiche gebieten, die bislang mir untertan waren ... Meine Schatzhäuser bergen goldenen Schmuck. Der gehört dir ...“ Als er geendet hatte, tröstete Cortés ihn und machte ihm Hoffnung auf einen guten Ausgang.
Hiernach verließ Moctezuma mit ziemlich heiterem Antlitz den Palast ... Ob man gewaltsam aufgedrängte Gäste gern aufnimmt, dazu mögen die etwas sagen, die darin Erfahrung haben ... Unter Tränen ... hatten sie [die Fürsten des Reiches] den Vorgang hingenommen.

Zit. nach Eberhard Schmitt (Hg.), Dokumente zur Geschichte der europäischen Expansion, Bd. 2, München (C. H. Beck) 1984, S. 326 f.

1 Beschreibe die Abbildung M1. Schildere, welche Eindrücke die abgebildeten Personen bei dir erwecken.

2 Vergleiche M4 auf S. 33 mit M1.

3 Beschreibe M3. Finde mithilfe des Darstellungstextes heraus, was dort gezeigt wird.

4 Erkläre das Verhalten Moctezumas (M4). Beachte den Urheber (Autor) des Textes.

5 Erläutere anhand des Darstellungstextes Einstellung und Verhalten der spanischen Eroberer sowie die Erwartungen der Azteken.

6 Erörtert gemeinsam die Aussage des Gedichts M2. Welche Folgen hatte die Conquista nach Ansicht der Dichterin?

Im Auftrag von Krone und Kreuz: Die Kolonialherrschaft

Aus Eroberern werden Grundbesitzer

Wirtschaftlicher Gewinn war von Anfang an das Hauptziel der spanischen Eroberungen. Das sagenhafte Goldland („Eldorado“), von dem viele Spanier geträumt hatten, fanden sie zwar nicht. Aber die Gewinne aus dem Metallbergbau füllten mit beträchtlichen Summen die Staatskasse. Allein die Bergwerke von Potosí und Guanajuato (im heutigen Mexiko) lieferten innerhalb eines halben Jahrhunderts mehr Silber als gleichzeitig alle Bergwerke der „Alten Welt“ zusammen.

Die meisten Siedler, die nun jedes Jahr in der „Neuen Welt“ eintrafen, erhofften sich schnellen Reichtum zu günstigen Bedingungen. Nachdem die Spanier Ländereien in Besitz genommen hatten, planten sie ihre Herrschaft so, wie sie es aus den ländlichen Gebieten Europas kannten: als System von Grundbesitz und Abgaben. Der Grundbesitzer (Encomendero) übernahm den Schutz eines oder mehrerer Dörfer. Dafür mussten sich die Einwohner als Arbeitskräfte zur Verfügung stellen. In Peru gab es die Curacas, das waren Stammeshäuptlinge, die kurz vor der spanischen Eroberung von den Inka unterworfen worden waren. Sie arbeiteten als Aufseher für die Encomenderos und vermittelten ihren Herren Einheimische als Arbeiter. Die meisten Encomenderos zwangen die Einheimischen, ohne Lohn zu arbeiten. Sie handelten dabei in dem Glauben, als Christen den heidnischen Ureinwohnern überlegen zu sein. Viele weigerten sich sogar, die Indianer als Menschen anzuerkennen.

M1

Die Einführung des Encomienda-Systems

Die folgende Bestimmung erließ die spanische Königin Isabella 1503 nach Beschwerden darüber, dass die Eingeborenen der Insel Hispaniola die Arbeit und den Kontakt mit den Spaniern scheuten:

Weil Wir wünschen, dass die genannten Indianer sich zu Unserem heiligen katholischen Glauben bekehren und darin unterrichtet werden, dies sich aber besser tun lässt, wenn die Indianer mit auf der Insel wohnenden Christen in Berührung kommen ..., beide einander helfen und so die Insel kultiviert, bevölkert und ertragreich gemacht wird, auch Gold und Metalle gefördert werden und Meine Königreiche und deren Bewohner daraus Nutzen ziehen, so ... befehle [Ich] hiermit Euch, Unserem Gouverneur, dass Ihr ... jedem Kaziken (Häuptling) auferlegt, eine bestimmte Anzahl Indianer bereitzuhalten, um sie jeweils da, wo es nötig ist, zur Arbeit einsetzen zu können, und damit sie sich ... zusammenfinden, um an den dafür bestimmten Orten über die Dinge des Glaubens zu hören und darin unterrichtet zu werden, dass jeder Kazike die von Euch vorgeschriebene Zahl von Indianern beibringt und an die von Euch benannten Personen zur Arbeit überlässt, gemäß näherer Anweisung dieser Personen und gegen einen von Euch festzusetzenden Tagelohn. Die genannten Verpflichtungen sollen sie als freie Personen leisten, die sie ja sind, nicht als Sklaven.

Urs Bitterli (Hg.), Die Entdeckung und Eroberung der Welt, Bd. 1, München (C. H. Beck) 1980, S. 76 f.

M2

Im Innern des Silberbergs von Potosí, Kupferstich von Theodor de Bry, 1601. Mehr als 200 Jahre lang versorgte der Silberberg von Potosí Europa mit riesigen Silbermengen. 1545 war hier, auf 4000 m Höhe, Silber entdeckt worden. Die Spanier ließen eine Stadt errichten, in der zeitweise mehr als 150 000 Menschen lebten. Innerhalb weniger Jahrzehnte starben Millionen Menschen im Bergbau.

M3

Die „Indianerfrage"

In den spanischen Regierungskreisen gingen die Meinungen in der Frage des Umgangs mit der eingeborenen Bevölkerung auseinander. Zu den Anführern der Auseinandersetzung im 16. Jahrhundert gehörten der Theologe und Jurist Juan Ginés de Sepúlveda und der Bischof von Chiapas (Mexiko), Bartolomé de Las Casas:

3A Sepúlveda (1544): So behaupte ich, dass diese Barbaren nicht nur eingeladen, sondern auch zum Guten genötigt werden sollen, d. h. zur Gerechtigkeit und zur Religion, vor allem, wenn das Unternehmen mit so geringem Aufwand und so geringen Verlusten auf beiden Seiten bewerkstelligt werden kann und diese Barbaren unterworfen werden können ... [Ich] behaupte, dass die Barbaren nicht nur beherrscht werden müssen, damit sie den Predigern zuhören, sondern auch, damit sich zu Lehre und Ratschlägen die Drohungen gesellen und ihnen Schrecken eingejagt werde, was der heilige Augustinus bestätigt.

3B Las Casas (1551): Ich bestehe darauf, dass die Spanier sich der Ausübung solcher Exzesse[1] gegen andere Völker, wenn diese auch barbarische Götzendiener und von allen Lastern befallen sein mögen, enthalten ... Denn es gibt keinen Unterschied mehr zwischen Mann und Frau, „Griechen und Juden, Beschnittenem und Unbeschnittenem, Barbaren und Skythen, Sklaven und Freiem, weil Christus in allem ist" (Kol 3,11)[2] ... Da nun die Natur der Menschen in allen diese be ist und alle von Christus gerufen sind in derselben Weise und auch nicht auf verschiedene Weise berufen werden wollen, darf man die Indios nicht auf andere Weise zum Eintritt in die Kirche einladen als alle anderen Menschen auch.

M3A und M3B zit. nach Mariano Delgado (Hg.), Gott in Lateinamerika, Düsseldorf (Patmos) 1991, S. 104 ff., übers. v. Bruno Pockrandt.

[1] Maßlosigkeiten
[2] Bibelzitat aus dem Brief an die Kolosser des Apostels Paulus

1 Ziehe aus M2 Rückschlüsse auf die Arbeitsbedingungen der Einheimischen. Beziehe die Bildunterschrift mit ein.

2 Gib in eigenen Worten wieder, was die Königin in M1 anordnet und wie sie dies begründet.

3 Vergleiche das Gesetz (M1) mit der im Darstellungstext beschriebenen Praxis.
a) Mit welchen Maßnahmen verstießen die Siedler gegen das Gesetz?
b) Nenne mögliche Gründe, warum die spanischen Siedler so handeln konnten.

4 Erschließe M3. Lies zu Las Casas den rechten Darstellungstext auf S. 42.

5 Beschreibe M4 und erarbeite, was der Künstler mit Bild und Text aussagen wollte.

6 **Szenisches Spiel:**
a) Formuliert einen Dialog zwischen zwei Encomenderos: Einer stimmt Sepúlveda (M3A) zu, der andere Las Casas (M3B).
b) Tragt den Dialog szenisch vor und bewertet die Argumentation.

M4

Die Behandlung der Indios, kolorierter Kupferstich von Theodor de Bry, 1594. Der Künstler notierte in der Bildunterschrift: „Der Oberst der Kriegsleute ... hat vier Tausend gefangene leibeigene Indianer mit sich gebracht, wo nicht ihrer zu viel durch Müdigkeit, Mangel an Nahrung und Bekümmernis großen Herzeleids auf dem Wege verschmachtet und gestorben, zum Teil von den Spaniern erstochen und umgebracht wären, als sie dem Haufen ... nicht geschwind nachfolgen konnten."

Folgen der Eroberung

Die Lage der einheimischen Bevölkerung

Die harte Arbeit auf den Feldern und in den Bergwerken überforderte die Indios, die bereits durch Krankheiten wie Masern, Pocken und Grippe geschwächt waren. So starben 1545 allein in der Umgebung Mexikos 400 000 Indios an den Pocken. Nach neuen Schätzungen lebten im Aztekenreich vor dem Einmarsch der Spanier rund 25 Millionen Ureinwohner. 1568 waren es nicht mehr als drei Millionen. Ähnlich verhielt es sich in den anderen eroberten Gebieten. Der Dominikaner Bartolomé de Las Casas (1474–1566) war zunächst selbst ein Encomendero. Dann aber richtete er von 1514 an sein ganzes Wirken darauf, die Indios zu schützen und für ihre Rechte zu kämpfen. 1542 verbot auch Kaiser Karl V., Indios zu Sklaven zu machen oder als solche zu halten. Als jedoch die Siedler protestierten, wurden die Bestimmungen zurückgenommen.

Afrikanische Sklaven in der „Neuen Welt“

Las Casas’ Bemühen, die Lage der Ureinwohner zu verbessern, war vergebens. Tatsächlich hatte sein Einsatz für die Indianer schreckliche Folgen für die Afrikaner: Las Casas behauptete nämlich, dass afrikanische Sklaven widerstandsfähiger wären und damit für die Arbeit besser geeignet als Indios. Gegen seinen Willen trug er mit dieser Aussage dazu bei, dass innerhalb der nächsten dreihundert Jahre mehr als zehn Millionen Sklaven von Afrika in die „Neue Welt“ gebracht wurden. Sie mussten nicht nur die Indianer ersetzen, sondern einen wachsenden Bedarf an Arbeitskräften decken. Dieser ergab sich aus der Einführung der Plantagenwirtschaft: Großgrundbesitzer ließen auf riesigen Flächen Pflanzen anbauen, deren Produkte in Europa großen Gewinn versprachen: Zucker, Tabak, Kaffee und Kakao.

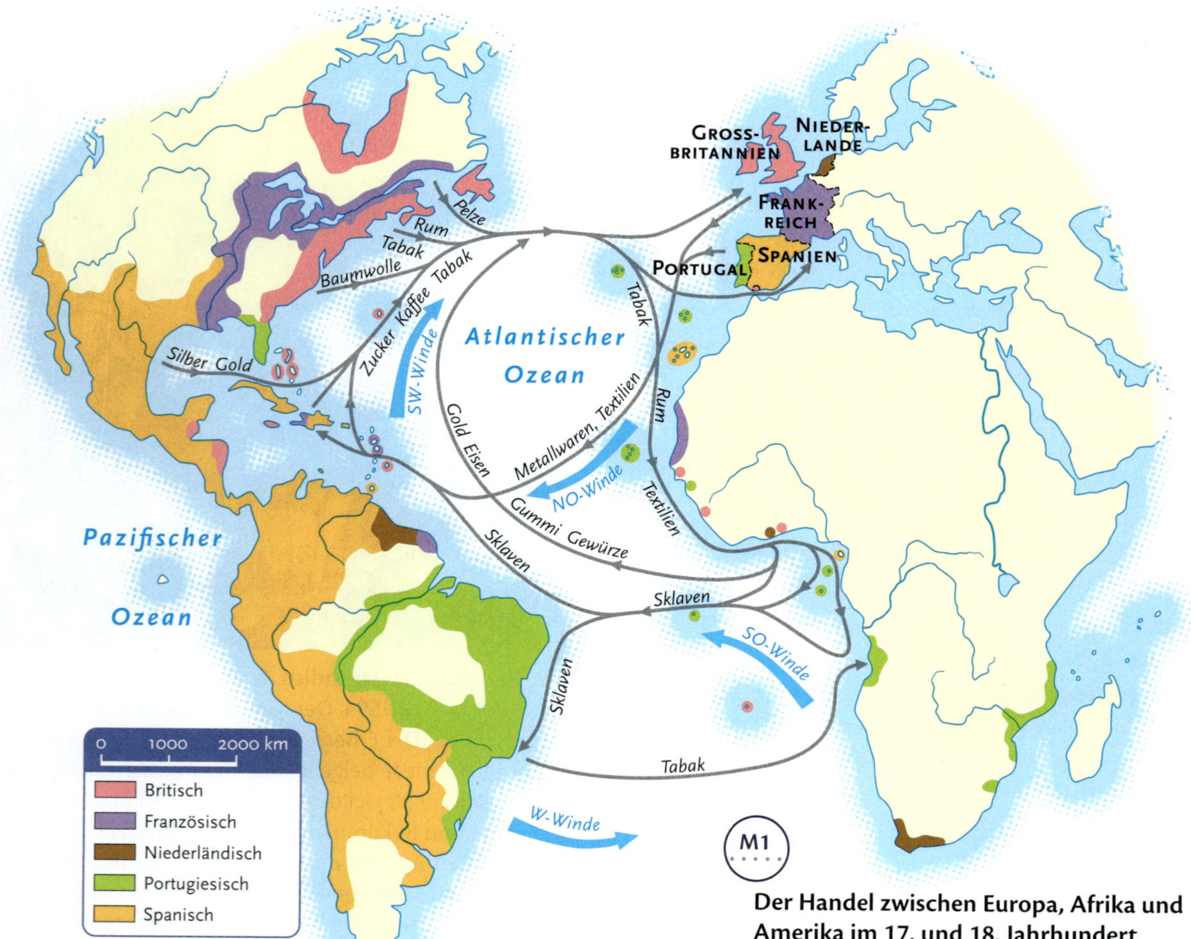

Der Handel zwischen Europa, Afrika und Amerika im 17. und 18. Jahrhundert

M2 Die Kolonialisierung im Urteil heute

Der Historiker Reinhard Wendt (2000):

2A Der Aufbau formeller Kolonialherrschaft wurde immer wieder von Widerstand begleitet. In den Kernzonen war er zwar nicht erfolgreich, doch das Schwarz-Weiß-Bild von den einheimischen Opfern, die der Willkür kolonialer Täter wehrlos ausgeliefert gewesen seien, lässt sich nicht aufrechterhalten. Manche Bevölkerungsgruppen entdeckten durchaus Vorteile in einer Kooperation mit den Europäern. Da die vorkoloniale Zeit keineswegs frei von Gewalt und Unterdrückung war, fanden Spanier und Portugiesen immer wieder Verbündete. Von den ökonomischen Möglichkeiten, die Kontakte mit dem Westen boten, profitierten auch Einheimische. Für manche mag das Christentum plausiblere Antworten auf geistliche Probleme gegeben haben als vorkoloniale Glaubensvorstellungen. Westliches Wissen erwies sich nicht selten auch für einheimische Interessen als nützlich ... Am anderen Ende der Skala ist das Aussterben amerikanischer Völker zu beklagen, die dem Zusammenstoß mit den Europäern nichts entgegenzusetzen hatten.

Reinhard Wendt, Seit 1492. Begegnung der Kulturen, in: Anette Völker-Rasor (Hg.), Frühe Neuzeit, München (Oldenbourg) 2000, S. 81 f.

Die Historikerin Claudia Schnurmann (1998):

2B Der amerikanische Einfluss auf Europa erwies sich weniger spektakulär als die Aktionen, die Europäer in Amerika vollzogen hatten: Keine Indianer landeten in Sevilla oder London und suchten die Europäer zum Glauben an ihre Götter und Geister zu bekehren ... Der Einfluss Amerikas auf Europa bediente sich europäischer Vermittlung, konzentrierte sich auf Naturstoffe und brauchte eine Weile, um sich durchzusetzen. Indigene [einheimische] amerikanische Nutzpflanzen wie Tabak, Mais oder Kartoffeln und in Amerika angebaute altweltliche Pflanzen wie Zuckerrohr, nach Europa gelieferte Waren wie Zucker, Reis und Kaffee veränderten Europa für immer. Der Anbau von Kartoffeln und Mais in Europa war von einschneidender Bedeutung für die Landwirtschaft ... Sie verbesserten nachhaltig die chronisch prekäre [schwierige] Ernährungslage in Europa und damit die Leistungsfähigkeit der europäischen Arbeiter und Bauern, wodurch wichtige Grundlagen zu den agrarischen und industriellen Entwicklungsschüben des späten 18. und frühen 19. Jahrhunderts geschaffen wurden.

Claudia Schnurmann, Europa trifft Amerika, Frankfurt a. M. (Fischer) 1998, S. 225.

M3 Die Bevölkerung der Karibischen Inseln 1991 (ungefähre Angaben in %)

Insel	Schwarze	Mischlinge	Asiaten	Weiße
Jamaika	77	19	3	1
Dominica	90	10	–	0,03
Haiti	65	30	–	5[1]
Kuba	11	51	1	37[2]

[1] darunter Indios
[2] meist spanische Abstammung

Zusammengestellt nach Fischer Weltalmanach 2005, Frankfurt a. M. (Fischer) 2004.

1 Kläre anhand des Darstellungstextes
a) den Zusammenhang zwischen wirtschaftlichen Interessen und Unterdrückung,
b) die Folgen des Eintretens Las Casas' für die Rechte der einheimischen Bevölkerung.

2 Beschreibe mithilfe von M1 die Handelsströme zwischen Europa, Amerika und Afrika. Notiere diese in einer Liste.

3 Untersuche anhand von M3, inwiefern die Geschichte des Sklavenhandels die Bevölkerungsstruktur der Karibischen Inseln heute noch prägt.

4 a) Stelle die Aussagen aus M2A und M2B über die Folgen der Eroberung für Amerikaner bzw. Europäer zusammen.
b) Vergleiche die Positionen und nimm begründet Stellung zu den beiden Auffassungen.

Webcode: FG642588-043

Wer hat Amerika entdeckt und besiedelt?

Woher kamen die ersten Amerikaner?

Die Entdeckung Amerikas ist von der Besiedlung des Kontinents zu unterscheiden. Unter Entdeckung wird allgemein die erste Sichtung des Kontinents durch Seefahrer, z. B. aus Europa oder Asien, verstanden – ohne unmittelbare Landnahme. Die Besiedlung umfasst dagegen die Einwanderung von Völkern und die dauerhafte Ansiedlung auf dem Kontinent. Gesichert ist: Eine Besiedlung des amerikanischen Kontinents fand bereits vor der Entdeckung durch europäische oder asiatische Seefahrer statt.

Längere Zeit wurde angenommen, die Besiedlung des amerikanischen Kontinents sei gegen Ende der letzten Eiszeit über eine damals bestehende Landbrücke zwischen Asien und Amerika erfolgt, also vor etwa 18 000 bis 13 000 Jahren. Ein Teil der Einwanderer soll entlang der vom warmen Japanstrom umspülten nordamerikanischen Festlandküste südwärts gezogen sein. Andere wählten den Weg nach Süden durch das langsam abtauende Binnenland. Die ältesten, etwa 11 000 Jahre alten Funde entstammen der altindianischen Clovis-Kultur. Deren Angehörige benutzten als Jäger nur Speere mit Steinspitzen zum Jagen von Mammuts und Bisons. Die Besiedlung Südamerikas müsste also zu einer späteren Zeit erfolgt sein, als die aus dem Norden kommenden Menschen das Land besiedelten. Diese Auffassung wird in neuerer Zeit infrage gestellt: Funde im Gebiet des Monte Verde in Südchile weisen ein Alter von 13 000 Jahren auf. Mithilfe der 14C-Methode zur Altersbestimmung des Kohlenstoffs in organischen Resten gelang der Nachweis, dass Holzkohlestückchen in drei Feuergruben der Siedlung etwa 33 000 Jahre alt sind.

Mit einiger Wahrscheinlichkeit war der Wikinger Leif Eriksson der erste Europäer, der von Grönland aus Amerika erreichte. Die Wikinger entdeckten ein Küstengebiet, das sie Vinland (= Weinland) nannten. Möglicherweise handelt es sich dabei um das heutige Neufundland. Darauf deuten archäologische Funde hin. Ob die Wikinger auch das amerikanische Festland erreichten und in das Landesinnere vordrangen, ist bisher nicht nachweisbar.

Webcode: FG642588-044

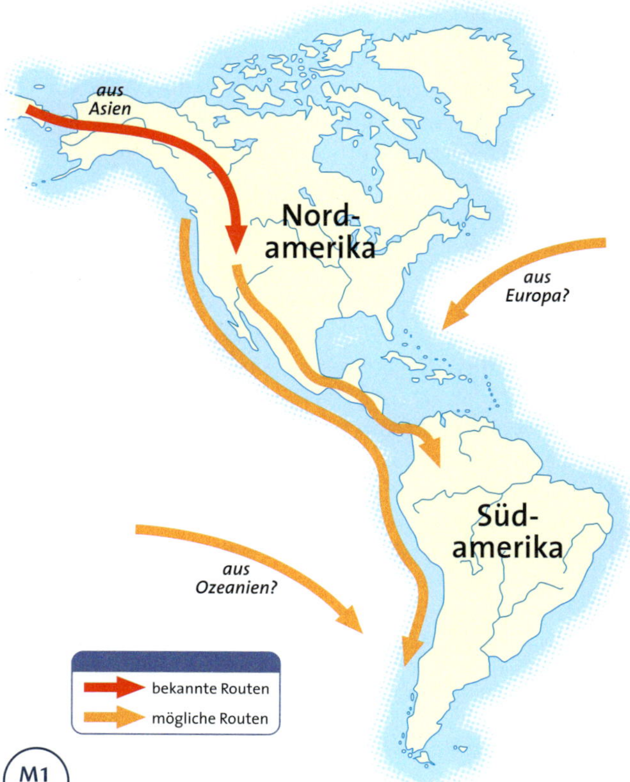

M1 **Routen der Einwanderung und Besiedlung Amerikas bis etwa 6000 v. Chr.**

M2 **Rekonstruktion einer Wikingersiedlung in Vinland in L'Anse aux Meadows (Neufundland),** Foto, 2004

M3 **Die Reisen des Admirals Zheng He (1371–1433)**

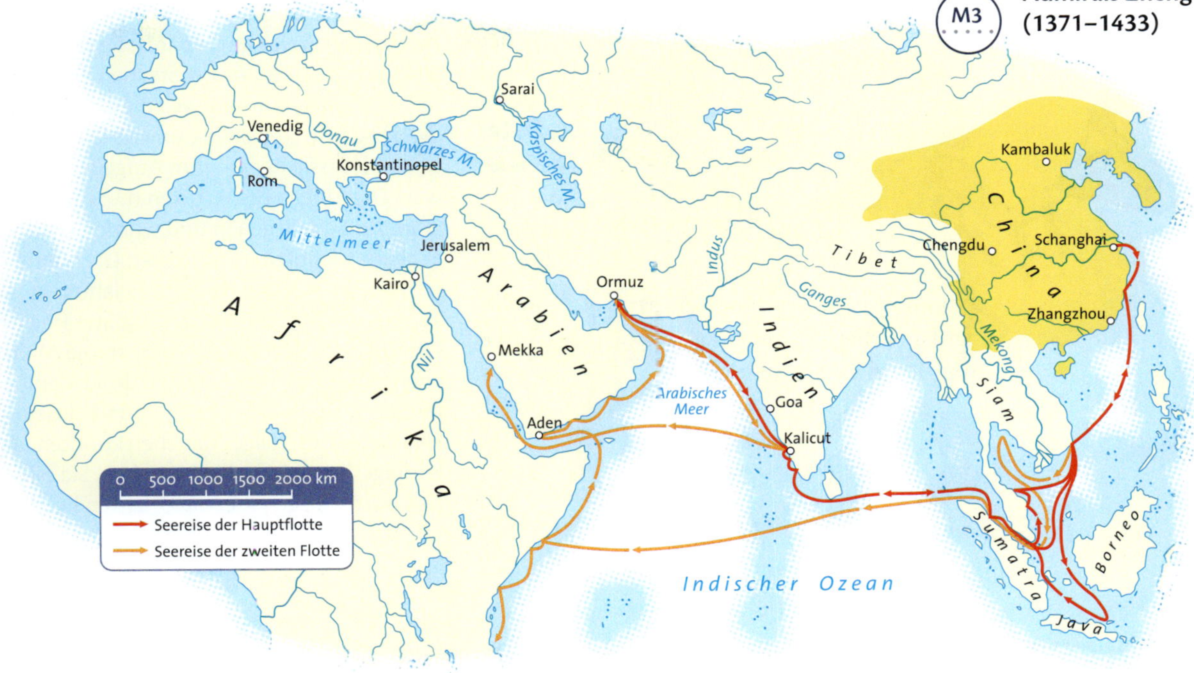

M4

„1421 – als China die Welt entdeckte"

Aus einem Internet-Artikel des TV-Senders ProSieben vom 21. Mai 2006:

Alle Geschichtsbücher der Welt müssen umgeschrieben werden, wenn Gavin Menzies recht hat. Er sagt: Nicht Christoph Kolumbus hat Amerika entdeckt, sondern ein Chinese. Zheng He, chinesischer Seefahrer und Nationalheld, soll schon 71 Jahre vor dem Seefahrer aus Genua die neue Welt betreten haben. Fest steht: 1421 führte Zheng He eine riesige Flotte mit 300 Schiffen und 28 000 Mann über die Weltmeere. Aber eine so große Flotte hinterlässt Spuren. Und einige davon findet Menzies 600 Jahre später in den Vereinigten Staaten. Akribisch dokumentiert er sie in seinem Bestseller „1421– Als China die Welt entdeckte". Sein wichtigstes Beweisstück ist eine chinesische Landkarte aus dem Jahre 1418 [angeblich als Kopie aus dem Jahre 1763]. Auf dieser Karte sind alle Kontinente der Erde verzeichnet – auch Amerika. Doch ist diese Karte echt? Stammt sie wirklich aus dem Jahr 1418? Angeblich haben alle Seefahrer nach Zheng He diese Karte für ihre Entdeckungsreisen benutzt – auch Kolumbus.

www.prosieben.de/lifestyle_magazine/www/themenarchiv/themen_1_n/25644 (Stand: 17. Juni 2007)

M5

Weltkarte, angeblich eine 1763 für den Kaiser erstellte Kopie der Karte von 1418. Die Kontinente und Ozeane sind vorhanden, die britischen Inseln fehlen, Kalifornien ist als Insel gezeichnet.

1 **Partnerarbeit/Recherche:** Informiert euch – ausgehend von den Informationen auf dieser Doppelseite – über den neuesten Erkenntnisstand zur Frage der Besiedlung und Entdeckung Amerikas (Internet, neueste Fachliteratur). Unterscheidet dabei nach gesicherten Kenntnissen und Vermutungen. Berichtet in der Klasse.

2 Diskutiert, warum die historische Frage, ob Chinesen Amerika entdeckt haben, heute als weltpolitisch wichtig angesehen werden könnte.

Forschung, Entdeckung und Eroberung

M1

Aztekische Erziehung, spanische Buchmalerei, 16. Jh. Zwei Priester stechen einen dritten mit Agavendornen, weil dieser, so lautet die Beischrift, „rebellisch, unverbesserlich und nachlässig in dem ihm Aufgegebenen war". Die Jungen der Azteken mussten zwei Jahre zur Schule gehen und wurden dort auch im Kämpfen unterrichtet. Die Söhne adliger Familien wurden mit 15 Jahren in Tempelschulen geschickt, um später Priester, Offizier oder Beamter zu werden. Die Mädchen gingen nicht zur Schule; sie lernten bei ihren Müttern kochen, weben und andere Hausarbeiten. Adlige Mädchen konnten allerdings Tempelschulen besuchen. Sie blieben dort, bis sie mit etwa 17 Jahren heirateten oder Priesterinnen wurden.

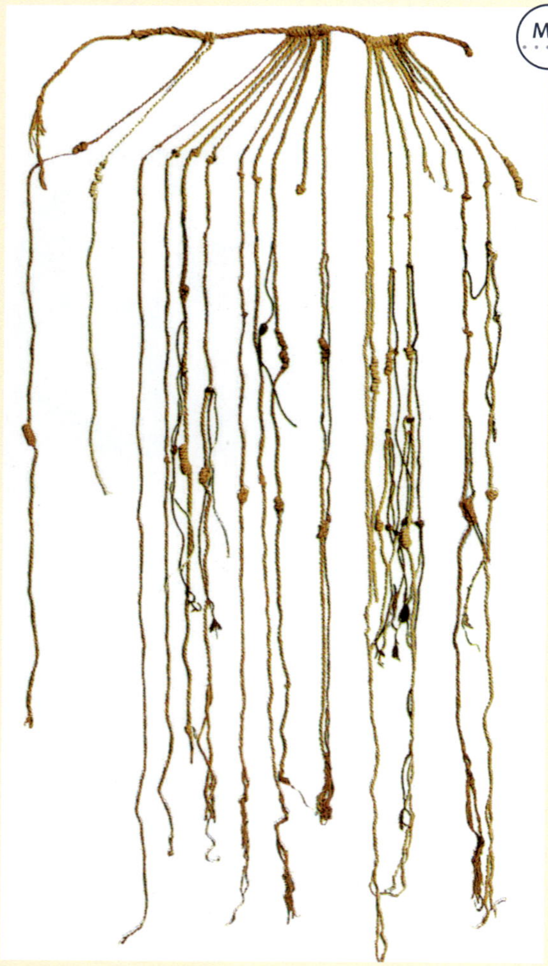

M2

Quipu, 15. Jh. Mit diesen Knotenschnüren wurden Nachrichten überbracht. Die Nachricht ergab sich aus der Länge der Hauptschnur, der Anordnung und Farbe einzelner Schnüre, der Art und Zahl der Knoten. Den „Code" kannte allerdings nur derjenige, der den Quipu geknüpft hatte, bzw. derjenige, der von ihm eingeweiht worden war.

M3

Encomendero, Curaca und Priester, spanische Bilderhandschrift, 16. Jh. Die Szene ist einer Chronik von Peru entnommen.

M4 Karikatur von 1992

Überprüfe, was du kannst

Sachkompetenz

1 Stelle aus den Seiten 29–37 Erfindungen und Entdeckungen zusammen, die das Weltbild der Menschen im Vergleich zum Mittelalter entscheidend veränderten.

2 Erkläre den Begriff „empirische Arbeitsweise“ (S. 29–31).

3 Erschließe die Aussage von M4. Worin siehst du den wahren Kern, worin Übertreibung?

4 a) Beschreibe die Funktion von M2.
b) Welche Bedeutung hatte das Nachrichtenmittel für die Herrschaft?

5 Kläre, ob sich in M3 Anordnungen der Königin (M1, S. 40) wiederfinden.

Selbst- und Sozialkompetenz

6 Nimm zur aztekischen Erziehung Stellung (M1).

7 Prüfe und beurteile die folgenden Aussagen: – Ruhmsucht und Gier nach Gold haben Kolumbus angetrieben. – An der Ausbeutung der Kolonien ist er mitschuldig. – Er hat die Weltraumfahrer angespornt.

8 Fasse schriftlich zusammen, wie sich für dich das Zusammentreffen der Kulturen der europäischen Eroberer und der altamerikanischen Völker darstellt. Beurteile Einstellung und Verhalten der Eroberer (S. 32–43).

9 Von manchen Geschichtswissenschaftlern wird das Verhalten der Europäer in der Frühen Neuzeit als „Kultur der Neugier“ bezeichnet. Nimm dazu begründet Stellung.

Methodenkompetenz

10 Übe die Arbeit mit historischen Karten an der Abbildung S. 45, M5.

1200 Die Reiche der Inka und Azteken entstehen

1453 Eroberung Konstantinopels

1492 Entdeckung Amerikas durch Christoph Kolumbus

seit 1492 Eroberung und Kolonisierung Amerikas durch die Europäer

1520 Gründung Mexiko-Stadt nach Zerstörung Tenochtitláns

1610 Galileo Galilei: Veröffentlichung zum heliozentrischen Weltbild

1200 1300 1400 1500 1600

Reformation: Glaubensstreit und Machtkampf

Wissen • Beurteilen und Handeln • Methoden anwenden

Am Ende dieses Unterkapitels kannst du

- die Lehre Luthers von der der römischen Kirche unterscheiden
- Grundsätze und Folgen der Reformation nennen
- die Gegenreformation der Kirche erläutern und bewerten
- den Bauernkrieg von 1525 in die Zeit der Reformation einordnen
- die Folgen des Dreißigjährigen Krieges darstellen und seine Bedeutung für Europa bewerten
- die Hexenverfolgung und ihre wissenschaftliche Darstellung beschreiben
- **Methode** Einen historischen Spielfilm analysieren

Konfessionen in Europa um 1570

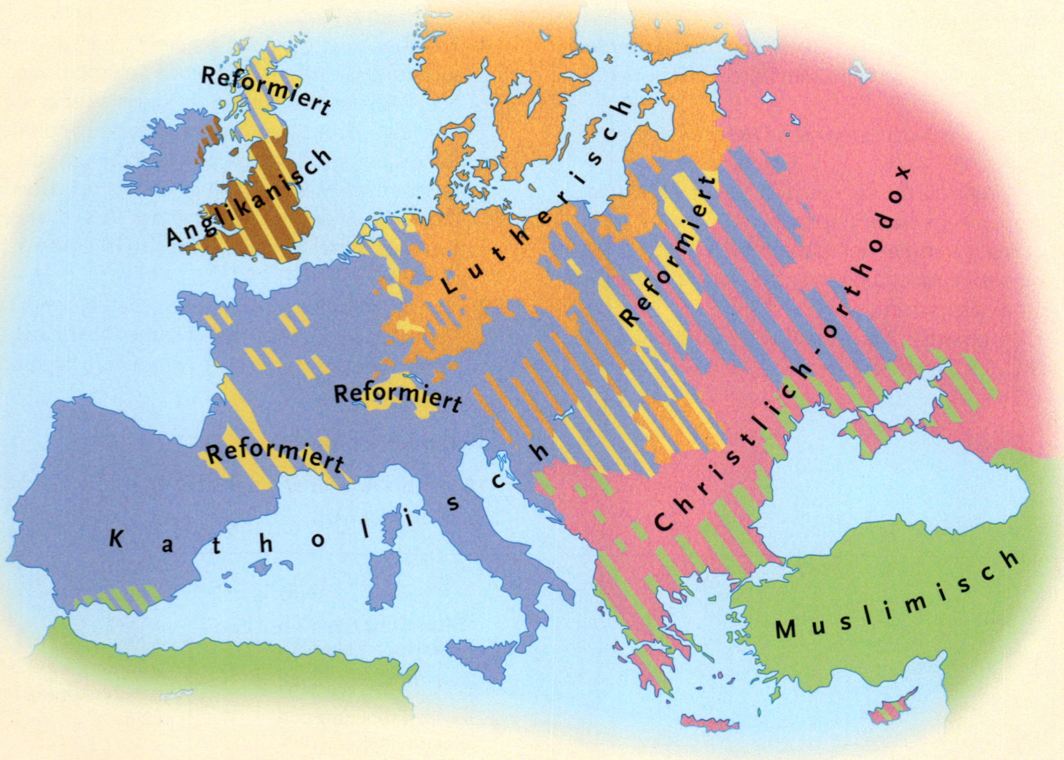

Reformation – seit 1517

Gegenreformation – seit 1545

Dreißigjähriger Krieg – 1618 bis 1648

Streit und Krieg um den „richtigen“ Glauben

Das Zeitalter der Glaubens- und Machtkämpfe

Auch in der Frühen Neuzeit spielte die Kirche im Leben der Menschen eine wichtige Rolle: Sie war Leitbild und Lebenshilfe, vor allem, wenn es um Geburt, Taufe, Hochzeit, Krankheit und Tod ging.

Als in der ersten Hälfte des 16. Jahrhunderts ein Streit um den „richtigen“ Glauben ausbrach, war nicht vorauszusehen, welch schwerwiegende Folgen dieser Glaubenskrieg für die Menschen und die Herrschaftsverhältnisse in Europa mit sich bringen würde.

Webcode: FG642588-049

M1

Spottbild auf die Äbte. Holzschnitt, um 1450. Die Bildtexte (sprachlich angepasst): Links oben: Es will uns schwer werden, weil uns die Flasche leer geworden ist. Rechts oben: Wir wollen dich sicher führen, wenn du vollgefressen und volltrunken bist. Mitte: Leite mich mit guter Sorgfalt, damit nicht das Eis unter mir einbricht. Unten: Liebe Schwestern, gebt uns zu trinken, denn wir sind dabei, im Eis zu versinken.

Vorschlag für eine Gruppenarbeit

1 Erarbeitet die Informationen auf den Seiten 50–57 als Gruppenpuzzle: Acht Gruppen erarbeiten anhand der Aufgabenstellung arbeitsteilig jeweils eine Seite. Dann werden Austauschgruppen gebildet, in denen Schülerinnen und Schüler aus allen Teilthemen sitzen. Nacheinander berichtet jeder über sein Thema.

Aufgaben

Seite 50: Der Reformator Martin Luther
- Erarbeite a) die Missstände in der römischen Kirche und b) die Kritik Luthers am verantwortlichen Klerus und c) dessen Reaktion darauf.
- Erörtere, warum gerade einfache Bürger und Bauern die Ablasspraxis kritisierten.

Seite 51: Die Reformation
- Kläre den Begriff Reformation und zeige, welche Folgen die Lehre Luthers im Reich hatte.
- Beurteile, inwieweit in der Reformation Religion und Politik miteinander verknüpft waren. Beachte M1.

Seite 52: Der Bauernkrieg
- Stelle Ziele, Ursachen, Verlauf und Ergebnis des Bauernkrieges zusammen.
- Beurteile die Rolle Martin Luthers im Bauernkrieg.

Seite 53: Die Gegenreformation
- Erläutere das Ergebnis des Augsburger Religionsfriedens und liste die Maßnahmen der katholischen Kirche gegen die Glaubensspaltung auf.

Seite 54: Der Dreißigjährige Krieg
- Benenne die Parteien, den Anlass und die Ursachen des Dreißigjährigen Krieges.
- Erschließe, inwiefern der Dreißigjährige Krieg ein europäischer Krieg war.

Seite 55: Der Alltag des Krieges
- Erarbeite, wie sich der Krieg auf den Alltag der Menschen auswirkte. Belege dein Ergebnis mit Beispielen.
- Stelle fest, was an diesem Krieg „neu“ war.

Seite 56: Der Westfälische Frieden
- Erläutere die Regelungen des Westfälischen Friedens.
- Bewerte den Friedensschluss aus der Sicht des Kaisers und der Fürsten.
- Analysiere M1 mithilfe der Arbeitsschritte „Eine Bildquelle entschlüsseln“ im Anhang.

Seite 57: Folgen des Dreißigjährigen Krieges
- Beschreibe M2 und ordne dein Ergebnis in den Stand der Konfessionalisierung in Europa ein (siehe Karte S. 48).
- Fasse die Folgen des Krieges zusammen.

2 Erörtert in der Klasse, welche Bezeichnung für die Zeit zwischen 1520 und 1650 am besten passt:
a) Reformation und Gegenreformation,
b) Zeitalter der Glaubenskämpfe,
c) das konfessionelle Zeitalter,
d) Konfessionalisierung.

Der Reformator Martin Luther

Missstände in der römischen Kirche

Als im Jahr 1517 der Dominikanermönch Tetzel in der Gegend um Magdeburg sogenannte Ablassbriefe verkaufte, stieß er in der Bevölkerung auf großes Interesse. Die Ablassbriefe waren begehrt, weil man sich durch den Erwerb eines solchen Briefes von seinen Sünden und der Strafe Gottes freikaufen konnte. Tetzel machte ein gutes Geschäft. Die Einnahmen kamen seinem Auftraggeber Kardinal Albrecht zugute. Der brauchte das Geld dringend, weil er sich mehrere Ämter gekauft hatte: Zunächst das Amt des Bischofs, dann das des Erzbischofs und schließlich das Amt des Kardinals. Die Erlaubnis für diesen Ämterkauf hatte ihm Papst Leo X. erteilt, der sich dafür wiederum reichlich entlohnen ließ. Das Geld verwendete der Papst für seine prunkvolle Hofhaltung und vor allem für den Bau der Peterskirche in Rom. Sie sollte die größte und prächtigste Kirche der Welt werden.

Martin Luther erfuhr von dem Ablass durch seine Gemeinde und kritisierte den Ablasshandel seit dem Frühjahr 1517. Wegen seiner 95 Thesen (= Behauptungen), die er am 31. Oktober 1517 veröffentlichte, und weiterer kritischer Schriften zeigte man Luther in Rom an und rief damit den Papst auf den Plan.

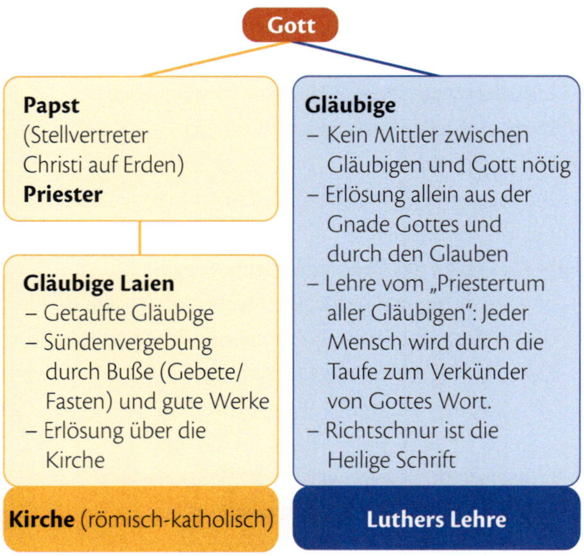

M1 Die Lehre Luthers im Vergleich zur spätmittelalterlichen Kirchenlehre

Biografie

Martin Luther

Als Sohn des Bergmanns und späteren Hüttenmeisters Hans Luther und seiner Frau Margarethe 1483 in Eisleben geboren, besuchte Martin Luther Schulen in Mansfeld, Magdeburg und Eisenach und studierte auf Wunsch seines Vaters zunächst Jura, brach das Studium jedoch ab und trat am 17. Juli 1505 ins Erfurter Augustiner-Eremitenkloster ein. Äußerer Anlass war das Erlebnis eines schweren Gewitters, bei dem er das Gelübde ablegte: „Hilf du, heilige Anna, ich will ein Mönch werden.“ Die nächsten Stationen seiner schnellen „Karriere“ waren: Priesterweihe, Theologiestudium, Promotion zum Doktor der Theologie und Professor für Bibelauslegung in Wittenberg. Die Ablasspredigten Tetzels kritisierte er als gottlos und ketzerisch. Seine Kritik wurde von der Kirchenführung nicht akzeptiert. Er schien zur Gefahr für die Herrschenden in der Kirche zu werden. Der Papst versuchte vergebens, Luther durch öffentliche Verhöre und Streitgespräche zum Einlenken zu bringen. Daraufhin entband der Augustinerorden Luther vom Mönchsgelübde.
1519 behauptete Luther bei einem theologischen Streitgespräch, Papst und Konzilien könnten sich irren, allein das Wort der Bibel sei verbindlich. Nun galt Luther als Ketzer. Anfang 1521 wurde er gebannt und zum Reichstag nach Worms vorgeladen. Auch dort widerrief er seine Auffassung nicht, und folglich stellte ihn Kaiser Karl V. (1519–1556) unter die Reichsacht. Der Kurfürst Friedrich von Sachsen brachte ihn auf der Wartburg in Sicherheit. Hier übersetzte Luther das Neue Testament ins Deutsche. Nach seiner Rückkehr von der Wartburg heiratete Luther die frühere Nonne Katharina von Bora, mit der er sechs Kinder hatte.
Bis zu seinem Tode 1546 arbeitete er mit Philipp Melanchthon (1497–1560) an der Festigung der entstehenden evangelischen Kirche.

Die Reformation

Luthers Lehre spaltete das Reich

Die Schriften Luthers wurden mit der neuen Technik des Buchdrucks schnell in der Bevölkerung verbreitet. Seine Ideen und Reformvorschläge fanden bei vielen Menschen Gehör. Manche verstanden sie als Aufforderung zum Widerstand gegen die verhasste Obrigkeit. An vielen Orten kam es zu Gewalttätigkeiten gegen Priester, Mönche und Nonnen. Mit diesen Reaktionen war Luther nicht einverstanden. Er verurteilte jede Gewaltanwendung.
Die Reformation führte im Reich zu einer politischen Spaltung zwischen den katholisch und den reformatorisch orientierten Landesherren. In der Schweiz entstanden reformatorische Bewegungen um Jean Calvin (1509–1564) und Huldrych (Ulrich) Zwingli (1484 bis 1531).

M1

Die Reformation in Esslingen

Am 11. November 1531 beschlossen der Bürgermeister und der Rat der Stadt Esslingen, die Reformation einzuführen:

Der Rat als christliche Obrigkeit habe beschlossen, zu Lob, Ehre und Preis des allmächtigen Gottes, zur Förderung seines heiligen Namens und Glaubens, zum Seelenheil aller und zur Erhaltung von Frieden und Einigkeit das heilige, göttliche, klare, lautere und makellose Wort Gottes ohne menschliche Zusätze verkünden und unerschrocken predigen zu lassen, wie es ja schon seit einiger Zeit geschehe. Daraus erfolgt zwangsläufig die Notwendigkeit, dass alles, was von den bisherigen Kirchenbräuchen dem hellen, göttlichen Wort entgegensteht und sich mit der Schrift nicht beweisen lässt, wie die päpstliche Messe, die Heiligenbilder und anderes mehr, ganz und gar vernichtet und abgeschafft werden muss, um einen wahren, evangelischen und christlichen Gottesdienst wie zu Zeiten der heiligen Apostel abhalten zu können. Bevor von den Prädikanten[1] und Geistlichen zusammen mit dem kleinen und großen Rat eine für alle verbindliche Ordnung erlassen wird, sollen sämtliche Geistlichen der Stadt gehört werden und erklären, was vom alten Glauben aus ihrer Sicht in der heiligen Schrift gegründet ist.

Zit. nach 450 Jahre Reformation in Esslingen, Ausstellungskatalog, Stadtarchiv Esslingen (Hg.), Esslingen, 1981, S. 117 f.

[1] Prädikant: Hilfsprediger

M2

Titelblatt der Bibelübersetzung von Martin Luther, gedruckt von Hans Lufft in Wittenberg, 1541

Begriffe und Daten

Reformation/Konfession

(lat. reformatio = Umgestaltung, Erneuerung). Der Begriff wird seit Ende des 17. Jahrhunderts verwendet für die religiöse Erneuerungsbewegung, die durch Martin Luthers Kritik am Ablasshandel der katholischen Kirche (95 Thesen vom 31. Oktober 1517) ausgelöst wurde. Die Kritik an der römischen Kirche richtete sich allgemein gegen ihre zunehmende Verweltlichung, die mangelnde Bildung des Klerus und die Finanzpraktiken der Kirche. Ziel der Reformationsbewegung im 16. Jahrhundert war es, die ursprüngliche Reinheit des Glaubens wiederherzustellen. Ursprünglich als Erneuerung innerhalb der Kirche gedacht, führte sie am Ende doch zu einer Spaltung in zwei Konfessionen (lat. confessio = Bekenntnis): die katholische und die evangelische („Protestanten“).

Der Bauernkrieg

Luther und die Bauern

Schon Ende des 15. Jahrhunderts hatte es im süddeutschen Raum vereinzelt Aufstände der Bauern gegen ihre Herren gegeben. Die Gründe waren verschlechterte Lebensbedingungen und die Einschränkung alter Rechte wie Jagen, Fischen und Brennholzsammeln in herrschaftlichen Gewässern und Wäldern. Als die Botschaft Luthers in den zwanziger Jahren des 16. Jahrhunderts zu den Bauern drang, glaubten sie, in der Bibel die Begründungen für ihre Beschwerden und Proteste zu finden. Unterstützung fanden sie häufig bei Pfarrern. Im Frühjahr 1525 brach der Aufruhr am Oberrhein los und verbreitete sich schnell bis nach Thüringen. Die Gewalt und die schnelle Ausweitung der Unruhen führten dazu, dass man später von einem Bauernkrieg bzw. von Bauernkriegen sprach. Die Obrigkeit reagierte schnell und hart. Sie schlug den Aufstand nieder.

In Thüringen führte Thomas Müntzer (1490–1525) die protestierenden Bauern an. Müntzer war Pfarrer und einst Anhänger Luthers. Dieser Aufstand wurde im Mai 1525 blutig niedergeschlagen und Müntzer hingerichtet. Luther hatte den Forderungen der Bauern anfangs positiv gegenübergestanden. Er änderte aber seine Ansicht, weil er es ablehnte, politische Forderungen direkt aus dem Evangelium herzuleiten und sie mit Gewalt durchzusetzen. Der Bauernaufstand blieb ohne unmittelbaren Erfolg.

M2

Aus den zwölf Artikeln der Bauern (1525)

Die aufständischen Bauern forderten unter anderem:

Art. 1: Die Gemeinde soll sich ihren Pfarrer selbst wählen dürfen.

Art. 2: Der Kornzehnt soll für die Bezahlung des Pfarrers genutzt werden; der Viehzehnt entfällt.

Art. 3: Die Bauern wollen der Obrigkeit Gehorsam leisten, aber nur als freie Menschen, nicht als Leibeigene.

Art. 4: Die Gemeinde soll das Recht der Jagd und des Fischfangs zurückbekommen.

Art. 6: Die Frondienste sollen verringert werden auf das Maß, das für die Eltern galt.

Art. 7: Abgaben und Dienste über das festgelegte Maß hinaus soll die Herrschaft selbst bezahlen.

Art. 8: Der Pachtzins soll gerecht festgelegt werden.

Art. 12: Die Grundlage der bäuerlichen Forderungen ist das Evangelium.

Zusammengestellt und bearbeitet nach Günther Franz (Hg.), Quellen zur Geschichte des Bauernkrieges, Darmstadt, 1963, S. 238 ff.

M1

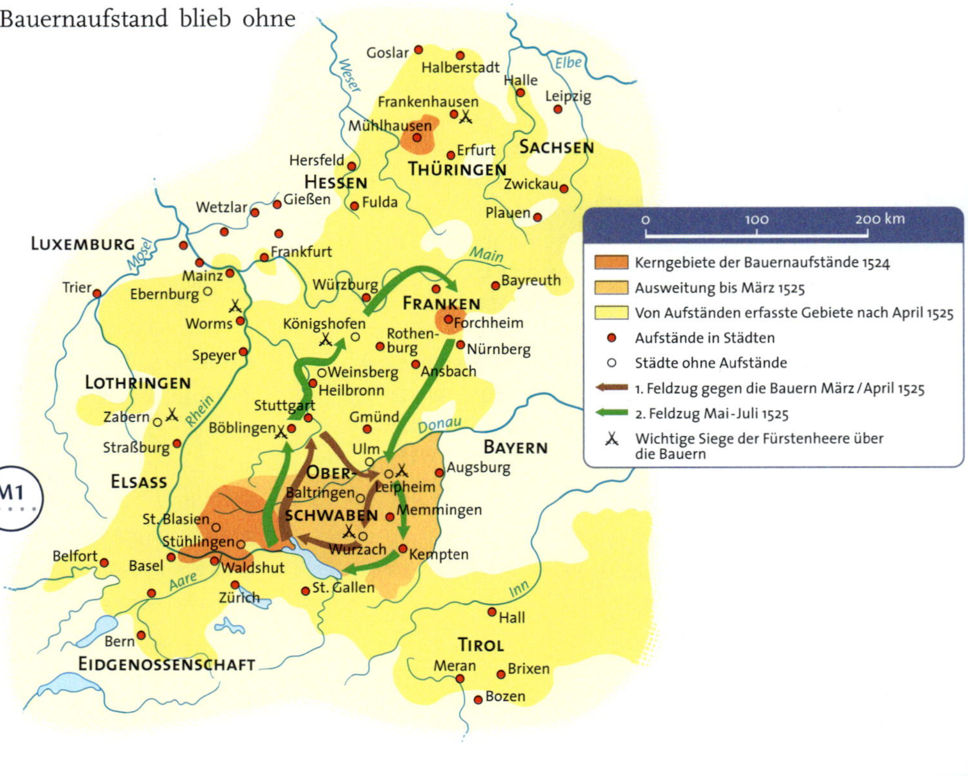

Bauernaufstände und Bauernkrieg 1525

Die Gegenreformation

Glaubensspaltung und Religionsfriede

Angesichts der wachsenden Zustimmung, die die Reformation bei Landesherren und Städten fand, berief der Papst auf Druck des Kaisers 1545 ein Konzil in die italienische Stadt Trient. Dem Kaiser war an einem einheitlichen Glauben in seinem Reich gelegen. Die Reichsfürsten der protestantischen Länder lehnten jedoch die Teilnahme am Konzil ab. Bereits 1531 hatten sie sich im Schmalkaldischen Bund (1531–1547) zusammengeschlossen, um ihre Rechte als Landesherren und ihre Religionsfreiheit zur Not auch mit Waffen zu verteidigen. Im Konflikt mit Kaiser Karl V., der militärisch ausgetragen wurde, unterlagen sie zunächst. Aber mit einem Beschluss auf dem Reichstag in Augsburg 1555 konnten sie sich gegen den Kaiser durchsetzen. Der sogenannte Augsburger Religionsfriede sah Folgendes vor:

- Das katholische und das lutherische Glaubensbekenntnis sind gleichgestellt.
- Mit seinem Bekenntnis legt der Landesherr die Konfession seiner Untertanen fest (lat. cuius regio, eius religio = wessen das Land, dessen die Religion).
- Untertanen, die nicht die Konfession ihres Landesherrn annehmen wollen, müssen auswandern.

Durch Bildung und Gewalt zum „rechten Glauben“

Die Beschlüsse des Konzils von Trient wurden vor allem von den Mönchen des Jesuitenordens getragen. Durch Bildung wollten sie besonders junge Menschen dem katholischen Glauben zuführen und vor den Irrlehren der „Heiden“ und „Ketzer“*, wie den Protestanten, schützen. Deshalb gründeten die Jesuiten in der ganzen Welt Schulen und Universitäten. Viele katholische Herrscher versuchten, ihre Untertanen mit den Mitteln der Inquisition an die Kirche zu binden, was Verfolgung, Folterung und Hinrichtung von Ketzern im Namen der Kirche bedeutete. Langjährige Kämpfe führten u.a. 1588 zur Unabhängigkeit der nördlichen Provinzen von Spanien, womit die heutigen Niederlande entstanden. In Frankreich wurden die Calvinisten („Hugenotten“) Opfer blutiger Verfolgung. Schließlich verfügte König Heinrich IV. im Edikt von Nantes (1598), dass der Katholizismus Staatsreligion bleiben sollte. Gleichzeitig garantierte er aber den Hugenotten die freie Ausübung ihrer Religion.

M1

Das Licht ist auf den Leuchter gestellt, holländischer Kupferstich, 1617. Um den Tisch sitzen Reformatoren aus Europa: u.a. Jan Hus (A), Philipp Melanchthon (B), Martin Luther (C), Jean Calvin (D), Theodor Beza (E), John Wyclif (F) und (stehend) Huldrych Zwingli (G). Im „Atem“ der Figuren im Vordergrund steht: „Verkehrte Gelehrtheit“ und „Lügengeist“.

Begriffe und Daten

Konzil von Trient

Versammlung (lat. concilium), die unter der Leitung des Papstes von 1545 bis 1563 tagte und die Unterschiede gegenüber der Reformation festlegte.
Beschlossen wurde Folgendes:
Grundlage des Glaubens ist nicht allein die Bibel, sondern auch die Überlieferung der Kirchenlehrer.
Nur die Kirche hat das Recht, die Bibel auszulegen.
Der Mensch verdient Gottes Gnade durch den Glauben und durch gute Werke.
Der Missbrauch des Ablasses wird ebenso verboten wie der von Kirchenämtern.
Latein soll Sprache der Liturgie und der Bibel sein.
Nur der Papst ist berufen, die Kirche zu leiten.

Der Dreißigjährige Krieg

Wie es zum Krieg kam

Der Augsburger Religionsfriede hatte die Spannungen zwischen katholischen und protestantischen Fürsten nicht beseitigt. Im Jahr 1608 schlossen sich die protestantischen Fürsten zu einem Bündnis, der „Union", die katholischen Fürsten 1609 zu der „Liga" zusammen. Das „explosive Gemisch" aus konfessionellen und machtpolitischen Spannungen schwelte bereits, als 1617/18 der Habsburger Ferdinand II. König von Böhmen wurde. Er nahm die politischen und konfessionellen Freiheiten wieder zurück, die sein Vorgänger Rudolf II. den protestantischen Adligen in Böhmen eingeräumt hatte. Daraufhin entbrannte ein Krieg, der sich über 30 Jahre hinzog. Am Ende des Krieges lagen unzählige Dörfer und Städte in Schutt und Asche, ganze Landstriche waren entvölkert und die politischen Machtverhältnisse in Europa hatten sich grundlegend verändert.

M1

Die Kriegsparteien, Flugschrift, 1643. Die Bildunterschrift lautet: Groß Europäisch Kriegs-Balet/getantzet durch die Könige und Potentaten/Fürsten und Republicken/auff dem Saal der betrübten Christenheit.

Begriffe und Daten

Der Dreißigjährige Krieg im Überblick

Böhmisch-Pfälzischer Krieg (1618–1623)

1618 Prager Fenstersturz: Aus Protest gegen die Aufhebung der Religionsfreiheit durch Ferdinand II. werfen protestantische Adlige zwei kaiserliche Räte aus der Prager Burg (Hradschin).

1619 Kaiserkrönung Ferdinands II.; böhmische Adlige wählen Friedrich V. von der Pfalz (Calvinist) zum Gegenkönig in Böhmen.

1620 Die kaiserlich-spanische Armee unter dem Kommando des Grafen Tilly besiegt in der Schlacht am Weißen Berg (8. Nov.) das Unionsheer; Friedrich V. (der „Winterkönig") wird aus Böhmen vertrieben; Ferdinand II. befiehlt die Rekatholisierung Böhmens.

Niedersächsisch-Dänischer Krieg (1625–1629)

1625 Der dänische König Christian IV. übernimmt die Führung des protestantischen Heeres; England und die Niederlande unterstützen das Bündnis.

1626 Niederlage des protestantischen Heeres; Herzog Albrecht von Wallenstein führt den kaiserlichen Truppen ein eigenes Söldnerheer zu.

1628 Wallenstein wird Herzog von Mecklenburg.

1629 Friede zu Lübeck: Christian IV. zieht sich zurück.

1630 Die Reichsfürsten erzwingen vom Kaiser die Entlassung Wallensteins.

Schwedischer Krieg (1630–1635)

1630 Der Schwedenkönig Gustav II. Adolf (Lutheraner) landet mit Truppen in Vorpommern.

1631 Tilly erobert Magdeburg; Niederlage gegen Gustav II. Adolf; Siegeszug der Schweden.

1632 Nach dem Tod Tillys wird Wallenstein wieder eingesetzt; der Schwedenkönig fällt in der Schlacht bei Lützen.

1634 Wallenstein wird abgesetzt und ermordet; Niederlage der Schweden bei Nördlingen.

1635 Friede zu Prag zwischen Kaiser Ferdinand II. und den protestantischen Ständen.

Schwedisch-Französischer Krieg (1635–1648)

1635 Ferdinand II. erklärt dem katholischen König Frankreichs, der sich mit Schweden verbündet hat, den Krieg; seit 1637 werden parallel zum Kriegsgeschehen diplomatische Friedenslösungen gesucht.

1644 Beginn der Friedensverhandlungen zu Osnabrück (Kaiser-Schweden) und Münster (Kaiser-Frankreich).

1648 „Westfälischer Frieden" (24. Okt.)

Der Alltag des Krieges

Krieg und Elend überziehen das Land

Der „Heerwurm" des Krieges bewegte sich nicht durch alle Gebiete Europas, aber viele Menschen litten unter ihm: Verwüstete Felder, Ernteausfälle, Hungersnot, Seuchen – das waren die Schreckenszeichen jener Zeit. Hinzu kamen die Kriegssteuer (Kontribution) und im Winter die Einquartierung der Soldaten. Ob freiwillig oder erzwungen, die Bevölkerung der Gebiete, in denen Armeen lagen, leistete ihren Beitrag zu deren Unterhalt. Und nicht nur das: Wenn Sold und Verpflegung gekürzt wurden oder ganz ausblieben, „versorgten" die Soldaten sich selbst. Sie beraubten ihre Wirtsleute oder plünderten Dörfer und Städte.

Aus Quellen wie Berichten, Gemälden, Flugschriften, auch Gedichten und Liedern der Zeit können wir uns über den Kriegsverlauf und die Erfahrungen der Soldaten und der Bevölkerung informieren. Sie zeigen uns folgendes Bild:

- Anders als frühere Kriege beschränkte sich der Dreißigjährige Krieg nicht auf die Schlachtfelder. Vielmehr überzog er das ganze Land. Das war bereits den Zeitgenossen bewusst.
- Dieser Krieg bedeutete für die Menschen: dreißig Jahre lang ein täglicher Kampf ums Überleben. Diese Erfahrung war den Menschen bis dahin unbekannt gewesen.

M2

Als Familienvater im Krieg

Ein „namenloser Söldner" berichtete über den Krieg:

Unser Regiment ist nach Regensburg in die Stadt verlegt worden ... Hier ist mein Weib wieder niederkommen mit einer jungen Tochter, mit Namen Barbara, im Jahr 1633.

Dieses Jahr ist nun die Armee wieder zusammengezogen bei Landshut ... Wir haben uns geteilt, etliche sind gegangen nach Landsberg im Allgäu hinauf, unser Regiment aber wieder zurück nach Freising.

Mein Weib aber, solches nicht gewusst, ist der Armee nach durch Landsberg am Lech. Sie ist krank gewesen, samt dem Kind.

Zu Freising bin ich samt meinem Hauptmann und 300 Mann kommandiert worden nach Straubing. Mein Weib aber, wie sie solches erfahren, ist dem Regiment nachgefolgt, welches sie zu München auch angetroffen hat. Das Kind ist ihr aber unterwegs gestorben und sie ist nach etlichen Tagen auch gestorben zu München im Spital ... So ist nun mein Weib mit ihren (vier) Kindern entschlafen ... Ich für meine Person bin nach Straubing an der Donau. ...

Sind gezogen nach Freising, über die Isar, nach Landshut. Das haben wir beschossen und mit stürmender Hand eingenommen. Hier sind wir acht Tage stillgelegen, haben die Stadt ausgeplündert. Hier habe ich als meine Beute ein hübsches Mädelein bekommen und zwölf Taler an Geld, Kleider und Weißzeug genug. Wie wir sind aufgebrochen, habe ich sie wieder nach Landshut geschickt ... Unterwegs ist mir mein Junge [der Reitbursche] krank in Aalen zurückgeblieben. Wie er wieder gesund ist und will zu mir, hat man ihm alles genommen. Denn er hat all mein Weißzeug, welches ich zu Landshut bekommen habe, bei sich gehabt. Es ist in der Nacht, wie wir haben schlafen wollen, weil wir alle in Bereitschaft stehen mussten, gestohlen worden, samt dem Passport und alles, was ich hatte.

Jan Peters (Hg.), Ein Söldnerleben im Dreißigjährigen Krieg, Berlin (Akademie Verlag) 1993, S. 141 ff.

M1

Ein Kommissar bei der „Arbeit", Gemälde von Pieter Codde (1599 bis 1678), Ausschnitt. Um die Finanzierung des bis zu 100 000 Mann starken kaiserlichen Heeres zu sichern, wurden Kommissare eingesetzt, die in den betreffenden Gebieten Kontributionen (Beiträge, Abgaben) eintrieben.

Der Westfälische Frieden

Der Frieden: Ein Ende des Schreckens?

„Das Feuer hat gestraft, es hat verzehrt, Gott war im Feuer!“ Mit diesem Satz predigte der Pfarrer einer Schwarzwälder Gemeinde nach dem Friedensschluss über den Krieg. Nicht nur viele Geistliche sahen im Dreißigjährigen Krieg das Strafgericht Gottes. Die meisten Menschen erklärten sich das, was sie erlebt und erlitten hatten, mit dem göttlichen Willen. Als mit dem Friedensvertrag von 1648 der Krieg offiziell beendet wurde, war in vielen Gegenden des Reiches die Bevölkerungszahl um mehr als die Hälfte gesunken. Wer überlebt hatte, musste noch Jahrzehnte lang um seine nackte Existenz kämpfen. Künstler versuchten in Worte und Bilder zu fassen, was eigentlich unfassbar, für viele aber schreckliche Wirklichkeit war.

Ein Friedensschluss verändert Europa

1644 nahmen Gesandte aus allen am Krieg beteiligten Ländern Verhandlungen über eine umfassende Friedenslösung auf. Als Orte der Gespräche wurden das katholische Münster und das evangelische Osnabrück ausgewählt. Hier tagten die Gesandten unter der Leitung und Vermittlung des päpstlichen Gesandten Fabio Chigi und des Venezianers Alvise Contarini mehrere Jahre. Erst 1648 konnten sie einen Friedensvertrag unterschreiben und beeidigen. Zwei weitere Jahre dauerte es, bis die Abdankung der noch vorhandenen Armeen vertraglich geregelt war.

Der Frieden hatte für das Reich und ganz Europa tief greifende Folgen: Frankreich, Schweden und die deutschen Reichsfürsten setzten sich gegen die Habsburger durch, die den Kaiser stellten. Die Reichsfürsten konnten nun über ihre Gebiete bestimmen, ohne Rücksicht auf Anweisungen des Kaisers nehmen zu müssen. Die Niederlande und die Schweiz lösten sich aus dem Reichsverband und wurden auch formell selbstständige Staaten. In der konfessionellen Streitfrage fand man einen Kompromiss: Der Augsburger Religionsfrieden wurde bestätigt und erweitert. Damit waren neben Katholiken und Lutheranern auch die Calvinisten gleichberechtigt. Die bisherige Regelung „Cuius regio, eius religio“ wurde entschärft: Wenn der Landesherr die Konfession wechselte, musste die Bevölkerung ihm nicht mehr folgen. Dieser Friedensschluss wurde in vielen europäischen Städten gefeiert.

M1

Bildhafte Darstellung der Armut, Gemälde von Adriaen van de Venne (1589–1662). Die Armut wird hier in einer menschlichen Gestalt verkörpert.

Begriffe und Daten

Westfälischer Friede 1648

Mit dem Friedensschluss zwischen dem Kaiser und den deutschen Reichsständen einerseits und Frankreich sowie Schweden andererseits wurde der Dreißigjährige Krieg beendet. Damit war der Augsburger Religionsfrieden von 1555 wiederhergestellt. Die Rangordnung der europäischen Mächte verschob sich zu Ungunsten des Deutschen Reiches: Innerhalb des Reiches bildeten die Reichsstände (Kurfürsten, weitere weltliche und geistliche Fürsten und Reichsstädte, die unmittelbar dem Kaiser unterstellt waren) ein starkes Gegengewicht zum Kaiser. Sie herrschten in ihren Territorien weitgehend selbstständig. Im „Immerwährenden Reichstag“ tagten die Ständevertreter seit 1663 in Regensburg. In europäischer Hinsicht förderte der Krieg die Entstehung „moderner“ Staaten.

Folgen des Dreißigjährigen Krieges

Der Dreißigjährige Krieg – ein europäischer Krieg

In der Geschichtswissenschaft wird der Dreißigjährige Krieg in eine europäische Perspektive gerückt. „Überstaatliche“ Reichsvorstellungen, wie sie durch die französische und die schwedische Krone, aber auch durch die Habsburger verfolgt wurden, mussten wegen des „Patts“ dieser Großmächte zurückgenommen werden. Es bildete sich eine neue Ordnung heraus, die zwischen einem monarchischen Zentralstaat und voller Souveränität der reichsständischen Territorien lag.

M1

Die Bedeutung des Westfälischen Friedens

Der Historiker Franz-Josef Jakobi nannte 1998 als wichtigste Ergebnisse des Westfälischen Friedensschlusses:

1. Lösung der konfessionellen Konflikte
Der Westfälische Frieden bedeutete das Ende des Zeitalters der Glaubenskriege in Deutschland und schuf die Voraussetzungen für religiöse Toleranz[1].

2. Beilegung des deutschen Verfassungskonflikts
Das Verhältnis der deutschen Zentralgewalt (des Kaisers) zu den Partikulargewalten (den Territorialregierungen) wurde endgültig zugunsten der Letzteren geregelt. Dies verhinderte im Gegensatz zu Frankreich, Spanien und Schweden die Ausbildung des Reichs zu einem zentralistischen Einheitsstaat.

3. Neuregelung der europäischen Machtverhältnisse
Nach dem Westfälischen Frieden galt in Europa als Ordnungsprinzip nicht mehr die Einheit des christlichen Abendlandes mit Kaiser und Papst an der Spitze, sondern die auf Verträgen und Völkerrecht beruhende Ordnung prinzipiell gleichberechtigter Staaten. Das barg ständig neue Konflikte und Kriegsgefahren in sich, öffnete aber den Weg … in das [18. Jahrhundert] und die Entfaltung einer ungeheuren Entwicklungskraft im Wettlauf der Mächte und Staaten.

Zit. nach Münster damals, hg. v. Stadtarchiv/Presse- und Informationsamt der Stadt Münster, März 1998, S. 14, vereinf. d. Verf.

[1] Duldung verschiedener Glaubensrichtungen

M2

Das Heilige Römische Reich nach dem Westfälischen Frieden

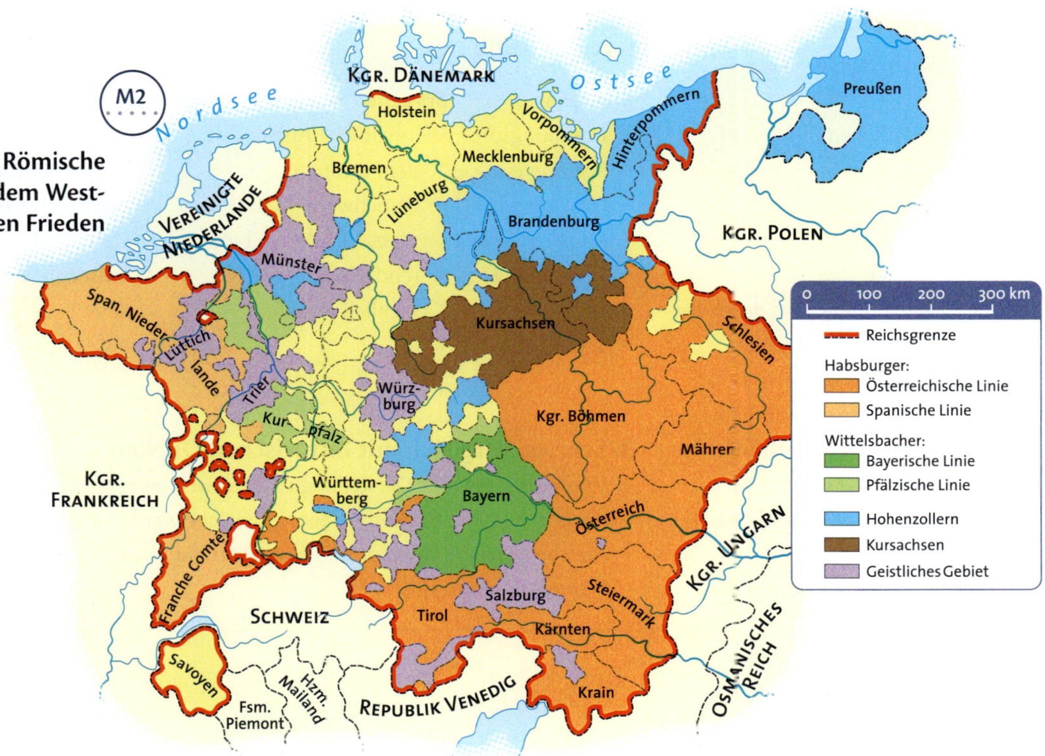

Einen historischen Spielfilm analysieren

Lässt sich Vergangenheit „nachspielen“?

Während der Dokumentarfilm ausgewählte Dokumente präsentiert und in einen bestimmten Zusammenhang stellt, wird in historischen Spielfilmen die Vergangenheit nachgespielt. Solche Spielfilme erfreuen sich großer Beliebtheit. Es gibt Geschichten aus der Antike, sogenannte „Sandalenfilme“, Ritterfilme, Mantel- und Degenfilme wie „Die drei Musketiere“, Western und Kriegsfilme.

Eine erfolgreiche Form sind Filmbiografien. Sie „beschreiben“ das Leben einer bekannten historischen Person in Bildern. Selbst wenn die Tatsachen gut recherchiert (ermittelt) sind und Bauten, Kostüme usw. die historische Situation angemessen wiedergeben, so bleiben Historienfilme doch Fantasieprodukte des Produzenten, Drehbuchautors und Regisseurs.

Wenn ihr das Thema Reformation abgeschlossen habt, dann setzt euch mit dem Lutherfilm auseinander, der im Herbst 2003 für Aufsehen sorgte. Untersucht z. B. die Szene, die die Ablasspredigt von Johannes Tetzel zeigt.

Die Arbeitsschritte 1 bis 3 geben euch Anregungen.

M1

Filmplakat, 2003

Arbeitsschritte

1. Schritt: Beobachtungshinweise klären

- Was wird in der Szene dargestellt?
- Welche Personen treten auf?
- In welcher Beziehung stehen die Personen zueinander?
- In welcher Umgebung handeln die Personen?
- Welche Handlung wird durch die Abfolge der Bilder erzählt?
- Wie wird etwas dargestellt?
- Welche Position nimmt die Kamera ein (z. B. Nahaufnahme)?
- An welchen Stellen wird ein Schnitt (Unterbrechung einer Aufnahme) gemacht?
- Welche Musik wird eingesetzt?

2. Schritt: Beobachtungen zusammenfassen

Legt eine Tabelle an:

Bildebene	Sprache	Ton
– Handlungsort	– inhaltliche Aussagen der Personen	– Wirkung der Musik (z. B. untermalend, dramatisierend)
– Personen	– Sprechweise (z. B. aggressiv, fordernd, belehrend, eingeschüchtert, sachlich erzählend)	– Hervorhebung von Geräuschen (z. B. Prasseln eines Feuers)
– Geschehen		
– Kameraführung		
– Farbgebung		
– Licht		
– Schnitte		

3. Schritt: Vergleich mit historischen Quellen

- Wie verhält sich die Darstellung zu historisch belegten Quellen?
- Welche Ausschnitte werden gezeigt, welche werden ausgespart?
- Welche Mittel werden im Film eingesetzt, um Aufmerksamkeit und Spannung zu erregen?

M2

Szene aus einem Drehbuch

Ausschnitt aus der Ablasspredigt von Johannes Tetzel in dem Film „Luther":

Gute Menschen von Jüterbog! Habt ihr euch am Feuer je die Hand verbrannt? Auch nur einen Finger, den euch die heiße Flamme versengt, quält euch die ganze Nacht, ist es nicht so?
Wie muss es da sein, wenn euer ganzer Körper in Flammen steht? Nicht für eine schlaflose Nacht, nicht für eine Woche, vielmehr für die Ewigkeit! Können wir ihm entrinnen, dem Feuer der Verdammnis am Tage des Strafgerichts?
Heute Abend schickt euer Papst, der Stellvertreter Christi, ein großherziges Geschenk für euch! Ein Geschenk, das euch vor solchen Flammen bewahren soll! Einen besonderen Ablass zum Bau der Kirche des heiligen Petrus in Rom, wo die Gebeine der Apostel daliegen und modern, Wind und Regen preisgegeben, entweiht von wilden Tieren. So hört sie, die Worte eures Heiligen Vaters, der sagt: „Lege einen Stein für St. Petri und du legst das Fundament für dein eigenes Seelenheil und Glück im Himmel. Wie? Hiermit! Mit diesem Ablass! Wann? Heute Abend! Und auch nur heute! Suchet den Herrn, solange er nahe ist! Dies hier ist euer Floß! Klammert euch daran fest!"
Im Himmel steht eine Schatztruhe, angefüllt mit Verdiensten. Verdienste von unserem Herrn Jesus, der Jungfrau Maria und der Heiligen, die kraft ihres untadeligen Lebens Verdienste erworben haben, die sie mit uns elenden Sündern teilen. Diese Schatztruhe steht euch heute Abend offen. Hört ihr nicht die Stimmen rufen? Die Stimmen, wie sie schreien? Hört eure verstorbenen Eltern, eure Großeltern, eure Onkel, Tanten wie sie rufen: „Geliebtes Kind, geliebtes Kind!" Schon mit ein paar Münzen ist es euch gegeben, sie von Strafe und Schmerz zu befreien. Hört doch. Öffnet die Ohren weit. Der Vater ruft seinen Sohn, die Mutter ihre Tochter. Wenn das Geld im Kasten klingt, die Seele aus dem Fegefeuer springt. Gottesfürchtiger Mann, habt Ihr ein Geldstück für Christus?

Ausschnitt aus dem deutschen Dialogbuch des Kinofilms „Luther", NFP teleart.

M4

Eine historische Quelle

Aus einer Ablasspredigt von Johannes Tetzel (1465–1519):

Wisse, dass ein jeder, der gebeichtet, bereut und Almosen in diesen Schrein getan hat, eine volle Vergebung aller seiner Sünden haben wird. Eilet alle zum Heil eurer Seele! Habt ihr nicht die Stimme eurer Eltern und anderer Verstorbener gehört, die rufen und sagen: Erbarmt euch, erbarmt euch wenigstens meiner, denn wir leiden unter sehr harten Strafen und Foltern, von denen ihr uns durch ein geringes Almosen freikaufen könnt … und ihr wollt es nicht?
O ihr Wucherer, o ihr Räuber, o ihr Verleumder, nun ist es die Zeit, die Stimme Gottes zu hören, der nicht den Tod des Sünders will, sondern dass er sich bekehre und lebe … Zögert nicht, wendet euch zu mir von ganzem Herzen!

Zit. nach Helmar Junghans (Hg.), Die Reformation in Augenzeugenberichten, München (dtv) 1973, S. 43 ff.

M3 **Johannes Tetzel hält eine Ablasspredigt,** Szene aus dem Film „Luther", 2003

1 Legt fest, worauf ihr beim Untersuchen des Filmausschnitts besonders achten wollt.
2 Tragt nach der Betrachtung der Szene mit der Ablasspredigt Tetzels eure Ergebnisse zusammen und ordnet sie.
3 Überprüft, welchen Informationswert die Szene hat (M2).
4 Betrachtet das Filmplakat M1 und vergleicht mit dem Lutherbild auf S. 50.

Webcode: FG642588-059

Die Reformation in Schleswig-Holstein

M1

Anfänge und Verlauf der Reformation

Der Historiker Eckardt Opitz schrieb 1988 über die Reformation in Schleswig-Holstein:

Die Einführung und Durchsetzung der Reformation war in Schleswig-Holstein nicht mit wesentlichen strukturellen Veränderungen verbunden. Christian (später als Christian III. dänischer König), Sohn Friedrichs I., und sein Hofmeister Johann Rantzau waren auf dem Wormser Reichstag 1521 zugegen und fühlten sich veranlasst, für Luthers Auffassung des Evangeliums einzutreten. In der Folgezeit traten auch lutherisch beeinflusste Geistliche in den Herzogtümern auf, so 1522 Hermann Tast in Husum. König Friedrich erließ 1524 die Verfügung, dass niemandem aus seiner Religionszugehörigkeit Nachteile entstehen sollten, vielmehr sollte ein jeder sich in seiner Religion so verhalten, wie er es gegenüber Gott mit reinem Gewissen verantworten könnte.

Und doch hat auch die Reformation in Schleswig-Holstein einen Märtyrer hervorgebracht, und zwar in Dithmarschen: Heinrich von Zütphen, ein ehemaliger Augustinermönch aus der Provinz Geldern in den Niederlanden, der in Wittenberg Theologie studiert hatte und über Antwerpen und Bremen nach Meldorf als Prediger der lutherischen Lehre gelangt war, wurde aufgrund einer Intrige, vor allem der Lundener Franziskanermönche, im Dezember 1524 gefangengenommen und nach einer fragwürdigen Gerichtsverhandlung in Heide am 10. Dezember als Verächter der Gottesmutter Maria, der Schutzpatronin Dithmarschens, zum Tode verurteilt und als Ketzer unter Beteiligung der führenden Geschlechter des Landes in einem wahren Martyrium verbrannt.

1533 kam Christian III. ... an die Regierung, und unter seiner Herrschaft breitete sich der Protestantismus in Schleswig-Holstein und Dänemark so konsequent aus, dass sich die Einführung und Durchsetzung der Konfession vor allem mit dem Namen dieses Herrschers verbindet. Die bereits seit Längerem offenkundigen Beispiele sittlicher Verfehlungen bei den Geistlichen, besonders in den Klöstern (Trunksucht und andere Formen der Lasterhaftigkeit), die Ablehnung des Ablasshandels durch verantwortungsbewusste Geistliche und die massive Kritik an der bis ins Groteske gesteigerten Kommerzialisierung des Reliquienkultes ... hatten die Bereitschaft, Luthers Lehre anzunehmen, stark gefördert. Nach Husum an der Westküste wurde Hadersleben an der Ostküste zu einem Zentrum des Protestantismus ... Bei seinen Bemühungen, den Protestantismus durchzusetzen, stand König Christian III. mit der Berufung Johann Bugenhagens ein erfahrener Organisator zur Seite ... Mit der Reformation und der Schaffung eines evangelischen Volkslebens ging auch eine Verbreiterung des höheren Schulwesens einher. Die Gelehrtenschulen wurden zu Zentren humanistischer Bildung unterhalb der Ebene der Universitäten ... Dem niederen Schulwesen hingegen ... brachte die Reformation kaum nennenswerte Fortschritte; vor allem auf dem Lande, wo die Gutsherren das Sagen hatten und auch über die Einstellung von Pastoren an ihren Kirchen ... entscheiden konnten, blieb das Schulwesen, von Ausnahmen abgesehen, mangelhaft.

Eckardt Opitz, Schleswig-Holstein: Landesgeschichte in Bildern, Texten und Dokumenten, Hamburg (Rasch und Röhring) 1988, S. 98 f.

M2

Reformatoren in Schleswig-Holstein, von links: Johannes Bugenhagen (1485–1558), Harmen (Hermann) Tast (1490–1551), Heinrich von Zütphen (um 1488–1524), Melchior Hofman (um 1500–1543)

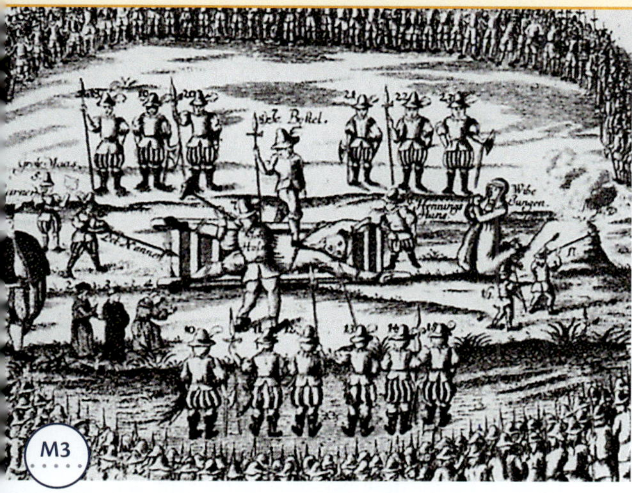

M3

Das Martyrium von Heinrich von Zütphen 1524 auf dem Marktplatz von Heide, zeitgenössische Darstellung

M4

Erinnerungsstein an Heinrich von Zütphen, Foto, 2011

M5

„Von der Schule"

Aus der Lübecker Kirchenordnung von 1531:

Alle abgesonderten Schulen [vom Klerus unterhaltene Lateinschulen sowie nicht institutionalisierter Unterricht der Beginen und Mönche], in die man wohl zwanzig Jahre hineinläuft und dabei noch nicht viel lernt, auch alle Winkelschulen [amtlich nicht anerkannte Schulen für Schreib-und Rechenkenntnisse] müssen abgeschafft werden, damit wir eine gute Schule mit gelehrten Lehrkräften einrichten, Gott zu Ehren, unserer Jugend und dieser guten Stadt und anderen Landen und Leuten zu Nutz und Frommen. Warum es aber gut sei, hier nur eine gute Schule und nicht mehrere einzurichten, dafür sind dieses die Gründe: Zum Ersten: Um viele Unkosten durch verschiedene Gebäude zu vermeiden. Auch mag es zu viel werden, doppelten oder dreifachen Sold für gelehrte Personen in zwei oder drei guten Schulen aufzuwenden, was auch nicht vonnöten wäre … Zum Zweiten: Das dient auch der Eintracht unter den Bürgerkindern. Denn wenn es verschiedene Schulen gibt, so will ein jeder mit seiner Schule der beste sein, und sie streiten und schlagen sich darum. Der eine Schulleiter macht auch dem anderen seine Schüler abspenstig, woraus dann zwischen ihnen und den Bürgern Streit entsteht. Wiederum haben die Kinder, die von klein auf gemeinsame Schulkameraden sind, wenn sie groß werden, einander ihr Leben lang lieb wie Brüder und lieben ihre guten Lehrer wie ihre Väter, woraus denen manchmal bis auf Kindeskind große Freundschaft und Eintracht erwächst in Stadt und Land. Denn gewonnene Freundschaft ist manchmal mehr als angeborene Freundschaft. Darum ist es gut, nur eine Schule zu haben.

Lübecker Kirchenordnung von Johannes Bugenhagen 1531, hg. v. Wolf-Dieter Hauschild, Lübeck (Verlag Max Schmidt-Römhild) 1981, S. 21 f.

1 a) Beschreibe anhand von M1, wodurch die Reformation in Schleswig-Holstein ausgelöst wurde und wie sie verlief.

b) Stelle fest, welche Rolle der politische Herrscher bei der Durchsetzung der Reformation spielte.

2 a) Analysiere M5 mithilfe der Methode „Schriftliche Quellen analysieren", S. 120/121.

b) Vergleiche die Forderung Bugenhagens zur Schulreform in der Kirchenordnung mit den in M1 dargestellten realen Verhältnissen.

Webcode: FG642588-061

3 **Recherche/Partnerarbeit:**

a) Fertigt in Partnerarbeit Kurzbiografien der in M2 abgebildeten Reformatoren an und beurteilt ihre jeweilige Bedeutung für die Reformation in Schleswig-Holstein.

b) Sammelt Informationen über den als Märtyrer bezeichneten Heinrich von Zütphen (M3, M4). Berichtet in der Klasse.

c) Führt ein Streitgespräch über die Folgen der Reformation aus der Sicht folgender Personen: Landesherr, Bauer, Adliger, protestantischer Pfarrer, katholischer Pfarrer, Mönch, Nonne. Zeitpunkt des Gesprächs: nach dem Ende des Dreißigjährigen Krieges. Zieht zur Vorbereitung das Kapitel heran.

Hexenverfolgung in der Frühen Neuzeit

Der Hexerei verdächtigt – ein Todesurteil?

Im Sommer 1626 wird die Rastatter Kronenwirtin Katharina Huck wegen Hexerei inhaftiert. Aus dem Gefängnis schreibt sie einen verzweifelten Brief an ihren Mann und ihren Bruder. Darin bittet sie, sich an das Reichskammergericht in Speyer zu wenden, um die Vollstreckung des Todesurteils zu verhindern. Immer wieder beteuert sie ihre Unschuld und bittet ihre Familie, sie nicht im Stich zu lassen. Es ist nicht überliefert, ob sie nach der Flucht vor dem Scheiterhaufen gerettet wurde. Die Dokumente ihres Falls lassen jedoch erahnen, wie gering ihre Chancen und wie groß ihre Verzweiflung gewesen sein müssen. Sie war von mehreren Personen angezeigt worden und hatte unter Folter ein Geständnis abgelegt.

Das Schicksal der Rastatter Kronenwirtin war eines unter Zehntausenden. Viele Frauen und Männer wurden in der Frühen Neuzeit der Hexerei oder Zauberei angeklagt und zum Tode verurteilt.

M1

Foltermethoden und Strafen, Holzschnitt aus dem Augsburger Laienspiegel, 1512

Der Glaube an Zauberei war nicht neu

Der Glaube der Menschen an Zauberei und Hexerei entstand nicht erst im 16. Jahrhundert und war nicht auf Europa beschränkt. Schon in der Antike glaubten die Menschen an magische Kräfte.

1487 gaben zwei Dominikanermönche in Deutschland den „Hexenhammer" heraus. Dieses Handbuch sollte bei der Hexenverfolgung helfen, Verbrechen aufzuklären und die Verurteilten angemessen zu bestrafen. Seine Autoren zählten als Straftaten unter anderem auf: Teufelspakt, Hexenflug und „Schadenszauber", das war die körperliche Schädigung von Menschen.

Im Mittelalter hatte die Kirche Hexerei bekämpft, weil sie darin Aberglaube und Ketzerei sah. In der Frühen Neuzeit waren das vor allem Stadträte und Landesherren. Hexerei war nämlich nicht nur nach kirchlichem, sondern auch nach weltlichem Recht strafbar. Oft waren Motive wie Neid und Streit der Grund dafür, Nachbarn oder sogar Familienangehörige der Hexerei oder Zauberei zu beschuldigen. Gerüchte und Äußerungen von Kindern reichten aus, um eine Person vor Gericht zu stellen. Unter Folter gestand sie dann oft alles, was ihr zur Last gelegt wurde – auch wenn sie gar nicht schuldig war.

Wer wurde der Hexerei bezichtigt?

Hexerei schrieb man überwiegend Frauen zu, aber auch Männer und Kinder wurden verdächtigt und angeklagt. Tatsächlich wurden seit dem 16. Jahrhundert mehr Frauen als Männer und Kinder Opfer der Hexenverfolgung. Man schätzt das Verhältnis auf 4:1. Oft unterschieden sich die Opfer von den Menschen ihrer Umgebung durch ihre Lebensweise, ihr Verhalten, Aussehen oder bestimmte Fähigkeiten.

Die Hexenforschung ist sich in vielen Fragen nicht einig: Ältere Forschungen behaupten, die meisten Verurteilten seien Witwen oder Unverheiratete gewesen. Das trifft aber nicht zu. Einige Wissenschaftler kamen zu dem Schluss, dass vor allem arme Frauen die Opfer waren. Manche sagen, dass in den meisten Fällen Frauen verdächtigt wurden, die sich mit der Herstellung von Ölen und Salben aus Heilkräutern beschäftigten.

M2

Beschuldigungen gegen Katharina Huck

Am 26. September 1626 wurde die Rastatter Kronenwirtin verhaftet, nachdem zwölf Personen sie mit Zauberei in Verbindung gebracht hatten. Ihre Aussagen sind im Protokoll festgehalten:

Anna Pantelheide, Hausfrau, hat sowohl ohne als auch unter der Folter ausgesagt, dass Katharina, die Hausfrau des Kronenwirts Hans Huck, wie sie Gevatterin[1] sei. Sie hat dies in der Septimation[2] stetig wiederholt und ist dabei bis zu ihrem Ende geblieben …

Magdalena, Witwe des Claus Wagen von Kuppenheim, hat am 19. August ohne Folter gestanden, dann am Nachmittag des 9. September unter leichter Folter bestätigt …, dass Katharina … ihresgleichen sei, weil sie dieselbe neben anderen Gefährten an anderen Orten gesehen und sehr wohl erkannt habe …

Georg Hördt von Rastatt hat ohne Folter genügend bewiesen, dass Katharina, die Kronenwirtin, auch mit dem Laster der Zauberei behaftet sei. Und zwar hat er ihr auch vor sieben Zeugen in das Gesicht gesagt, dass sie bei seiner Hochzeit und anderen Tänzen gewesen sei. Ihr – Katharinas – Buhle[3] sei grün und sie mit einem schönen Federbusch und Männerhut als ihre [der Hexen] Obristin erschienen. Sie sei auch immer oben am Tisch gesessen.

Zit. nach Deutsche Rechtsgeschichte 1500–1800 im Spiegel der Bestände der Historischen Bibliothek der Stadt Rastatt, hg. v. Stadtverwaltung Rastatt, 1991, S. 402 ff., transkr. von E. Senft.

[1] hier: Hexe [2] Überführung durch sieben Zeugen [3] Teufel

M3

Hexenverfolgung in der Frühen Neuzeit

Viele meinen, dass Hexenverfolgungen im Mittelalter stattgefunden hätten. Sie waren aber vor allem eine Erscheinung der Frühen Neuzeit. Ein Katalog anlässlich einer Hexenausstellung 1994 fasst Vermutungen zusammen:

Umgekehrt verstehen wir heute besser, warum gerade im späten 15. Jahrhundert und im Zeitraum zwischen 1560 und 1660 die Neigung anstieg, Hexenverfolgungen durchzuführen. Das gesellschaftliche Gefüge einer noch weitgehend statischen[1] Agrargesellschaft geriet unter Druck, weil bei einer zunehmenden Überbevölkerung eine zunehmende Existenzangst eintrat. Diese … muss auch vor dem Hintergrund der Hungerkrisen verstanden werden, die im Zuge einer weltweiten klimatischen Abkühlung, der sogenannten kleinen Eiszeit, in immer kürzeren Abständen eintraten.

Agrarkrisen traditioneller Art (Unwetter – Missernte – Preissteigerung – Unterernährung – Epidemien – rapider Anstieg der Todesrate) waren für die zunehmende Hexereivorstellung in der Bevölkerung von zentraler Bedeutung, denn Hexen konnten sowohl für das Unwetter als auch für Krankheiten von Mensch und Vieh verantwortlich gemacht werden.

Badisches Landesmuseum (Hg.), Hexen und Hexenverfolgung im deutschen Südwesten, Ostfildern (Cantz) 1994, S. 131, bearb. d. Verf.

[1] keine Entwicklung aufweisend

Biografie

Friedrich Spee

Der Theologe und Dichter Friedrich Spee (1591–1635) war der Beichtvater vieler Personen, die in Hexenprozessen zum Tode verurteilt wurden. Er war ein scharfer Gegner der Hexenverfolgung. In seiner Streitschrift „Cautio criminalis“ („Rechtliche Bedenken wegen der Hexenprozesse“) von 1631 kritisierte er besonders die Folter. Seiner Meinung nach würden sich alle Gefolterten angesichts der erlittenen Qualen schuldig bekennen. Deshalb sei Folter kein geeignetes Mittel, ein Geständnis zu erlangen.

1 Benenne die in M1 abgebildeten Foltermethoden und Strafen. Nimm dazu Stellung.

2 a) Formuliere anhand von M2 eine Anklageschrift gegen Katharina Huck und ein Plädoyer zu ihrer Verteidigung.
b) Trage die Schriften vor und beurteile deren Argumente aus heutiger Sicht.

3 Beurteile anhand von M3 die Erklärungen der Hexenverfolgungen in der Frühen Neuzeit.

4 Informiere dich über Friedrich Spee (Kasten) und entscheide, ob der Fall Katharina Huck ihn in seiner Meinung zu Hexenprozessen bestätigt hätte.

5 Hexenverfolgung – das gibt es heute nicht mehr. Diskutiert diese Aussage in der Klasse.

Webcode: FG642588-063

Reformation: Glaubensstreit und Machtkampf

M1 **„Luther, des Teufels Dudelsack“,** Karikatur von Erhard Schoen, 1521

M2 **„Ich bin der Papst“,** Karikatur, 1500. Die Karikatur zeigt Papst Alexander VI. (1492–1503) mit der Tiara (= dreifache Papstkrone für feierliche Anlässe).

M3

Wort oder Bild?

Dazu äußerte sich Martin Luther:

Und ist Christi Reich ein hör Reich, nicht ein sehe Reich. Denn die Augen leiten und führen uns nicht dahin, da wir Christen finden und kennen lernen, sondern die Ohren müssen das tun … Bilder, Glocken, Messgewand, Kirchenschmuck, Altarlichter und dergleichen halte ich für frei. Wer da will, der kanns lassen, obwohl ich Bilder aus der Schrift und von guten Historien für sehr nützlich halte, aber doch frei und eines jeden Ermessen. Denn mit den Bilderstürmen halte ich es nicht … Die Bilder sind weder das eine noch das andere, sie sind weder gut noch böse, man kann sie haben oder nicht haben. … Denn das Wort Gottes ist das Heiligtum über alle Heiligtümer, ja das einzige, das wir Christen wissen und haben. Denn ob wir gleich aller Heiligen Gebeine oder heilige und geweihete Kleidung auf einem Haufen hätten, so wäre uns doch damit nichts geholfen; denn es ist alles totes Ding, das niemand heilig machen kann. Wir müssen zugeben, dass es noch Menschen gibt, die … die Bilder gut gebrauchen könnten. Obwohl ihrer wenig sind, können wir das dennoch nicht verdammen und sollens auch nicht verdammen, was noch irgendein Mensch mit Nutzen gebrauchen kann.

W. Hofmann (Hg.), Luther und die Folgen für die Kunst, München, 1983, S. 29, 33–35. Zit. nach Stefan Semel, Faszination gegen Argumentation, in: Geschichte lernen, H. 84, 2001, S. 48.

M4

Innenansicht der Jesuitenkirche zu Antwerpen (um 1630), Gemälde von Sebastian Vrancx, Öl auf Eichenholz (52 x 71 cm), Kunsthistorisches Museum, Wien

M5

Calvinistischer Gottesdienst in der Kirche Stein bei Nürnberg, Kupferstich, 16. Jh.

Überprüfe, was du kannst

Sachkompetenz

1 Kläre die folgenden Begriffe: Reformation (S. 51), Gegenreformation (S. 53), Bauernkrieg (S. 52), Dreißigjähriger Krieg (S. 54), Westfälischer Friede (S. 56).

2 Fasse die Ergebnisse des Augsburger Religionsfriedens und des Konzils von Trient zusammen (S. 53).

3 Erläutere die Verbindung zwischen Reformation und Bauernkrieg (S. 50–52).

4 Nenne Gründe für die Hexenverfolgung (S. 62–63).

Methodenkompetenz

Präsentation: Bereitet arbeitsteilig eine kurze Präsentation vor, indem ihr
a) M1 bzw. M2 untersucht und
b) die Aussagen, die M1 bzw. M2 enthalten, erläutert.
c) Vergleicht anschließend M1 und M2 und stellt einen Zusammenhang mit der Reformation (S. 51) und der Gegenreformation (S. 53) her. Nehmt die Methode „Informationen präsentieren“ im Anhang zu Hilfe.

Selbst- und Sozialkompetenz

5 Bewerte die Folgen des Dreißigjährigen Krieges für Europa (S. 54–57).

6 Analysiere M3 und fasse zusammen, wie Luther zum Verhältnis von Wort und Bild in Glaubensfragen stand.

7 a) Stelle zwischen M3 und M4 bzw. M5 einen Bezug her. Achte besonders auf die Gestaltung der Innenräume der beiden Kirchen.
b) Beurteile die Position Luthers zum Verhältnis Wort und Bild.

8 Erörtert in Gruppen, welche Rolle die herrschaftliche Obrigkeit in Schleswig-Holstein bei der Durchsetzung der Reformation spielte.

9 **Partnerarbeit:** Formuliert je einen Erlass eines katholischen bzw. protestantischen Fürsten, die die Ergebnisse des Westfälischen Friedens (S. 56) aus ihrer Sicht den Untertanen verkünden.

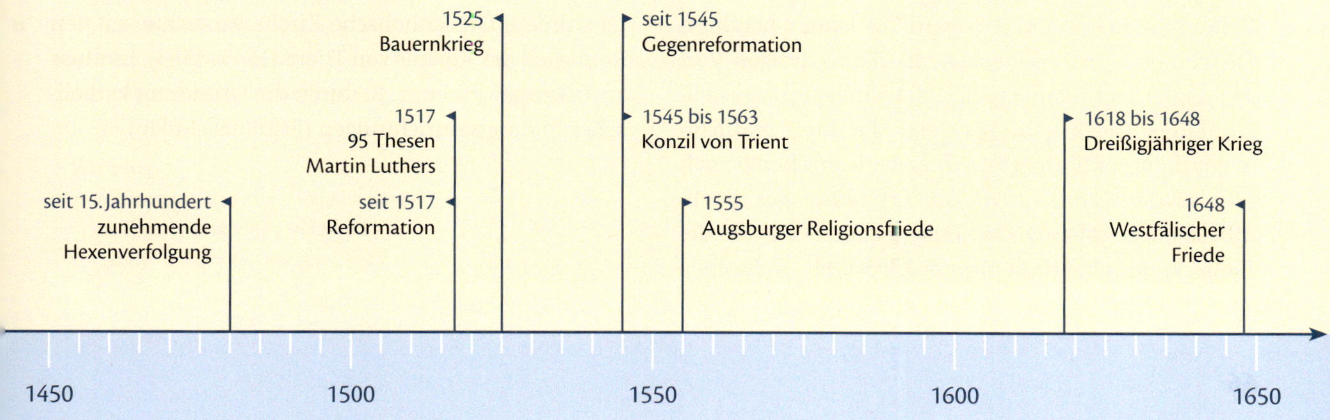

2. Der Durchbruch des modernen Staates:

„Der Staat bin ich!" – nach diesem Prinzip handelte König Ludwig XIV. (1638 bis 1715), der 1661 die Führung der Regierungsgeschäfte in Frankreich übernahm (kleines Bild links).
Die große Abbildung zeigt das Schloss in Versailles in unserer Zeit. Ludwig XIV. ließ das Jagdschloss seines Vaters ab 1661 zur Residenz des französischen Königshauses umbauen.
In der Zeit der Alleinregierung Ludwigs stieg Frankreich zum damals mächtigsten Staat in Europa auf. Sein absolutes Regierungssystem wurde zum Vorbild für viele andere Herrscher in Europa. Diese Herrschaftsweise wurde von den Aufklärern kritisiert. An einen der bedeutendsten Aufklärer erinnert ein Denkmal in Hamburg, das den Schriftsteller Gotthold Ephraim Lessing (1729–1781), Kritiker, Dichter und Philosoph, darstellt.
Eine Alternative zum Absolutismus bildete sich im 17. Jahrhundert in England mit einer konstitutionellen Monarchie heraus, in der die Macht des Königs durch ein Parlament eingeschränkt war. In Nordamerika entstand mit der Gründung der Vereinigten Staaten die erste neuzeitliche Demokratie.

Haupteingang zum Schloss Versailles, Foto, 2008

Ludwig XIV., Gemälde von Hyacinthe Rigaud (238 x 149 cm), 1700

Folgende Fragen leiten dich durch das Kapitel:

- ***Wie begründeten die absolutistischen Herrscher ihren Machtanspruch?***
- ***Welche Elemente unseres heutigen Staates gehen auf den Absolutismus zurück?***
- ***Was wollten die Aufklärer?***
- ***Welche Ursachen und Folgen hatte die Französische Revolution?***

1 Beschreibe die große Abbildung und versuche zu formulieren, worin die Anziehungskraft des Schlosses in Versailles heute bestehen könnte.

2 Beschreibe die kleinen Abbildungen und äußere Vermutungen, was sie verbinden könnte.

3 Fasse zusammen, wie sich der Wandel an den kleinen Abbildungen auf dieser Doppelseite darstellt.

„Absolutismus“, Aufklärung und Französische Revolution

Lessing-Denkmal auf dem Hamburger Gänsemarkt, Foto, 2008

Zwei Sansculotten (wörtlich: ohne Kniehosen), politisch aktive Kleinbürger (Handwerker, Arbeiter) während der Französischen Revolution

„Absolutismus" als Herrschaftsform – das Beispiel Frankreich

Wissen • Beurteilen und Handeln • Methoden anwenden

Am Ende dieses Unterkapitels kannst du

- den Machtanspruch des „absolutistischen" Herrschers darstellen und historisch einordnen
- Merkmale des zentralistischen Fürstenstaats nennen und einen Bezug zum modernen Staat herstellen
- die französische Gesellschaft und ihren Wandel im 17./18. Jahrhundert beschreiben
- die Funktion des Merkantilismus als Wirtschaftsform erklären und bewerten
- **Methode** Herrschaftssymbolik in der Architektur deuten

Frankreich und seine Kolonien im 17./18. Jahrhundert

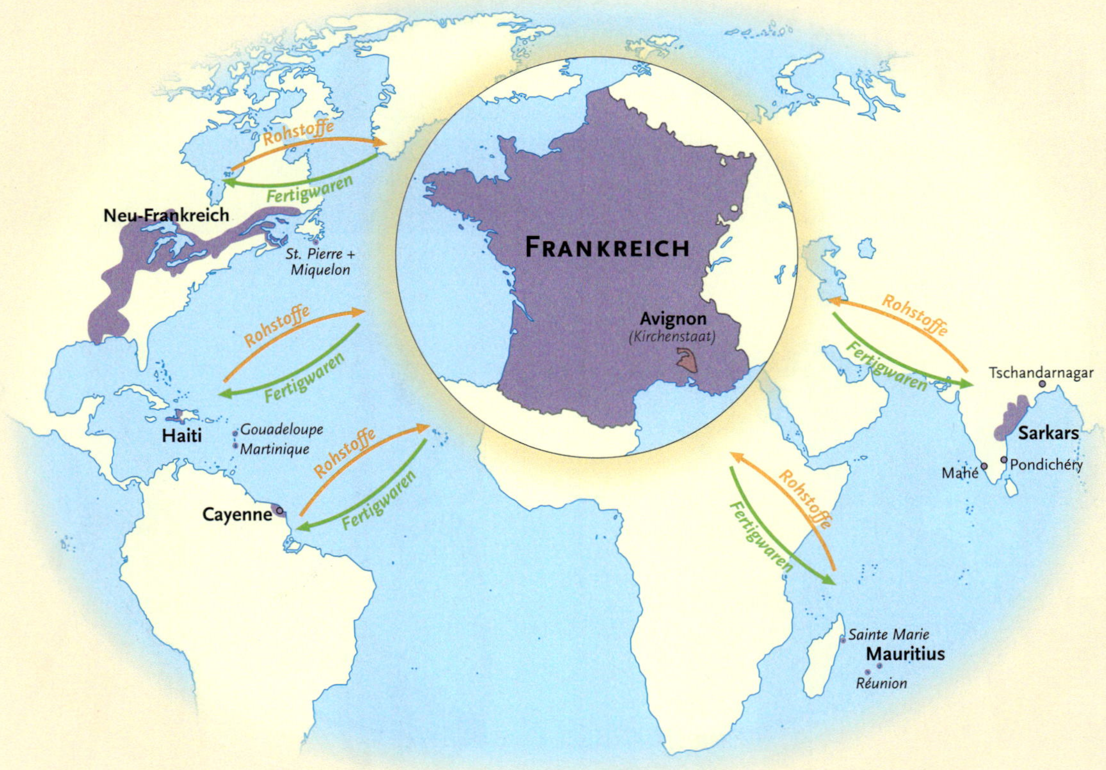

Herrschaftsform des Absolutismus

17. und 18. Jahrhundert

Der Machtanspruch Ludwigs XIV.

Der Hof und die Verwaltung

Paris war seit dem Mittelalter die Hauptstadt Frankreichs, aber nicht immer der Sitz der Regierung. Noch im 16. Jahrhundert waren die Könige quer durch das Land gezogen, um ihre Macht gegen innen- und außenpolitische Konkurrenten zu verteidigen.

König Ludwig XIV. (1638–1715) mochte Paris nicht. Deshalb befahl er 1661 den Bau eines Schlosses in der Stadt Versailles, die 20 Kilometer vor der Hauptstadt lag. Außerdem strebte er einen effektiven Behördenapparat an. Dieser sollte vor allem dafür sorgen, dass sein steigender Geldbedarf gedeckt wurde. Um seine Befehle überall im Land durchsetzen zu können, formte Ludwig die politische Landkarte Frankreichs um: Parallel zu den Provinzen entstanden neue Verwaltungsbezirke. Sie wurden jeweils durch einen Intendanten geleitet, der für die Steuereinziehung, die Gerichte, das Militär, die Polizei und den Straßenbau verantwortlich war.

Stützen des Zentralstaats

Im Mittelalter hatten die französischen Könige vor jedem Krieg die Adligen um Soldaten, Pferde und Waffen bitten müssen. Um ihre Abhängigkeit vom Adel zu verringern, warben sie seit dem 15. Jahrhundert Söldner an. Sie wurden für die Dauer eines Krieges bezahlt und danach wieder entlassen.

Ludwig XIV. wollte eine Armee, die ihm direkt unterstand und über die er jederzeit verfügen konnte. Mit diesem Ziel ließ er ein sogenanntes stehendes Heer aufstellen, dessen Soldaten auch in Friedenszeiten im Dienst blieben. Ab 1688 gab es in Frankreich erstmals wehrpflichtige Soldaten (Milizsoldaten).

Wie schon die Verwaltung und das Heer brachte der König auch die katholische Kirche in Frankreich unter zentrale staatliche Kontrolle („Nationalkirche"). Dagegen regte sich allerdings der Widerstand des Papstes und der Hugenotten. Sie waren Protestanten, zu denen sich etwa ein Zehntel der Franzosen bekannte. Ludwig XIV. ging militärisch gegen die Hugenotten vor und verbot 1685 den protestantischen Glauben ganz. In der Folge flüchteten etwa 250 000 Hugenotten aus Frankreich. Die „Nationalkirche" wurde zu einer wichtigen Säule der Königsherrschaft in Frankreich.

M1

Ludwig XIV., Gemälde von Hyacinthe Rigaud (277 × 194 cm), 1701. Ludwig XIV. war fünf Jahre alt, als er 1643 zum König gekrönt wurde. Die Regierungsgeschäfte führte zunächst sein Erster Minister, der Kardinal Jules Mazarin. Nach dessen Tod übernahm er 1661 selbst die Führung des Staates. Als Sinnbild seiner Herrschaft wählte Ludwig die Sonne, die den Planeten ihr Licht spendet. Er erhielt deshalb den Beinamen „Sonnenkönig".

1 Fertige mithilfe des Darstellungstextes eine Skizze zur Struktur des absolutistischen Staates an.
2 Äußere deine Eindrücke von der Darstellung Ludwigs XIV. (M1). Begründe.
3 Verfasse einen Brief, mit dem der Auftraggeber den Künstler mit dem Porträt beauftragt haben könnte.
4 **Recherche:** Sammle Informationen zu Ludwig XIV. unter der Fragestellung, welche Rolle Selbstdarstellung, Inszenierung und Machtanspruch für ihn spielten.

Herrschaftssymbolik in der Architektur deuten

Architektur als Zeichen von Macht und Herrschaft
Sachquellen, wie Wohnhäuser, Burgen oder Kirchen, können etwas über ihren Zweck und ihre Bedeutung aussagen, wenn wir sie befragen. Für die Zeit des Absolutismus sind die Regierungs- und Wohnsitze der Herrscher von Bedeutung. Was können wir über sie unter der Fragestellung nach Zusammenhängen zwischen Bauwerk und Herrschaft des Königs oder Fürsten erfahren?

Arbeitsschritte

1. Schritt: Lage, Größe, Funktion und Baugeschichte erfassen

- In welcher Umgebung befindet sich das Bauwerk (z. B. in der Stadt, in freier Landschaft)? Hat der Platz (die Umgebung) eine geschichtliche Bedeutung? Befindet es sich in einem bestimmten Ensemble, einem zusammengehörenden Ganzen? Welche Funktion hatte es? Wann wurde es gebaut? Wer waren Auftraggeber, Architekten, Künstler?

2. Schritt: Stilistische und architektonische Kennzeichen erfassen

- Welche Stilmittel (z. B. Baustile) und Formen wurden aufgenommen? Gibt es historische Vorläufer? Sind ungewöhnliche Neuansätze erkennbar? Gibt es besonders dominante Merkmale? Welche Materialien wurden verwendet?

3. Schritt: Ausdruck und Bedeutung des Bauwerks/der Anlage formulieren und bewerten

- Wie lässt sich der Ausdruck des Bauwerks/der Anlage formulieren
  a) aus der Sicht des heutigen Betrachters,
  b) aus der Sicht des damaligen Bauherrn?
- Zu welchem Zweck wurde das Bauwerk errichtet?
- Welche Einstellungen des Bauherrn zu Macht und Herrschaft lassen sich aus der Gestaltung ableiten?
- Welche Bedeutung hatte das Bauwerk damals, welchen Stellenwert hat es heute?
- Welche Gesamtaussage zur Beziehung zwischen Architektur und Herrschaft lässt sich formulieren?

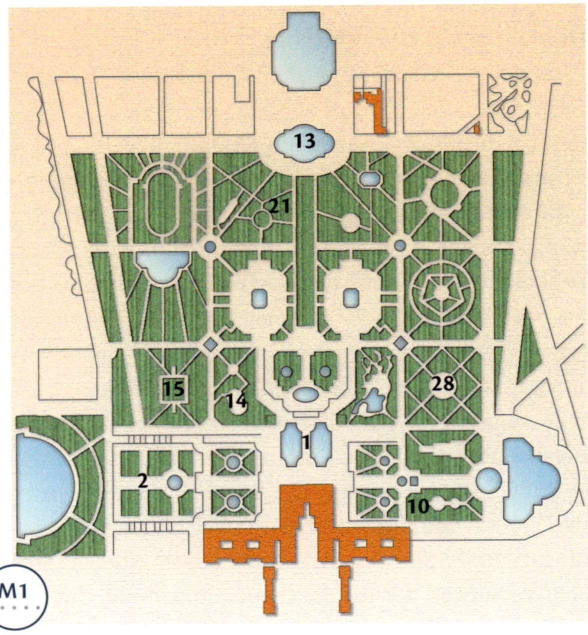

M1

Die Gärten von Schloss Versailles
1 – Wasserparterre, 2 – Orangerie, 10 – Triumphbogen, 13 – Gott Apoll, 14 – Ballsaal, 15 – Labyrinth, 21 – Kolonnade (Säulengang), 28 – Theater

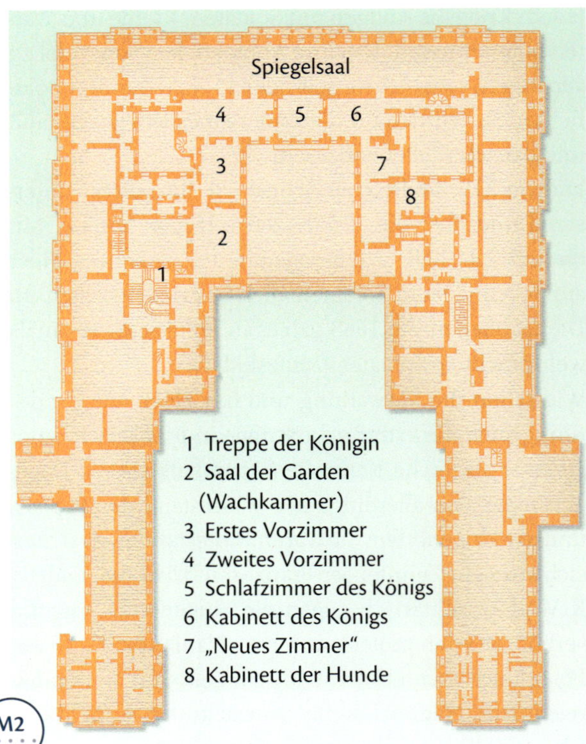

M2

Erste Etage des Hauptgebäudes von Schloss Versailles

M3

Das Schloss in Versailles, Gemälde von Pierre-Denis Martin (139 x 150 cm), 1722

M4

Das Bundeskanzleramt in Berlin, Foto, 2008

1 Partnerarbeit:

a) Analysiert M3 nach den vorgegebenen Arbeitsschritten. Zieht dazu M1 und M2 heran. Informiert euch vorab über detaillierte Daten zum Schloss Versailles, die in den Arbeitsschritten angesprochen werden (z. B. Baustil, Größe, Architekten). Greift dazu auf Lexika und das Internet zurück.

b) Formuliert eine zusammenfassende Aussage zur Herrschaftssymbolik des Schlosses in Versailles.

c) Übt die Methode „Herrschaftssymbolik in der Architektur deuten" an M4. Zieht Informationen über Bau und Architektur heran. Versucht, den Begriff „Staatsform Demokratie" einzubeziehen.

Webcode: FG642588-073

Ständestaat oder Fürstenstaat?

Die Monarchie als „absolute“ Herrschaft

Zeitgenossen haben im 17. und 18. Jahrhundert immer wieder die Vielfalt der Herrschaftsformen in Europa betont. Es gab fürstliche Territorien mit autokratischer, also selbstherrlicher Gewalt, aber auch aristokratische (adlige) oder republikanische Gemeinwesen. Dominant blieb in dieser Zeit jedoch die Königs- bzw. Fürstenherrschaft. Die Menschen glaubten an „übermenschliche“ Fähigkeiten des Herrschers und leiteten seine Macht „von Gottes Gnaden“ ab. Zwischen dem Herrscher und den Untertanen bestand ein gegenseitiges Schutz- und Treueverhältnis, wie es vom mittelalterlichen Lehnswesen bekannt ist.

Im 17. Jahrhundert begannen die französischen Könige und ihre Minister, die Zentralgewalt auf Kosten des Adels (Lehnsmänner) zu stärken. Das geschah nicht ohne Konflikte mit den Ständen*. Sie übten in ihrer Region politische Macht aus aufgrund ihres Reichtums, Ansehens oder ihrer Herkunft. Seit 1614 beriefen die französischen Könige die Generalstände* nicht mehr ein. Es gelang allerdings nicht, die Provinzialstände in den Regionen abzuschaffen. Die Ständevertreter wehrten sich gegen ihre Entmachtung und rebellierten 1648. Dieser Aufstand, die „Fronde“ (dt. Schleuder) genannt, brach jedoch 1653 zusammen. In den folgenden Jahrzehnten baute Ludwig XIV. seine Macht weiter aus. Die von ihm begründete Herrschaftsform wird seit dem 19. Jahrhundert als Absolutismus bezeichnet.

M1

Medaille zur Erinnerung an die erste von Ludwig XIV. abgenommene Militärparade, 1666. Bei diesem viel beachteten Ereignis traten 18 000 Soldaten an. Die Übersetzung der Inschriften lautet: „Vorspiel zu Siegen“ (oben) und „Wiederhergestellte Militärdisziplin“ (unten).

M2

Das Selbstverständnis eines Königs

Ludwig XIV. schrieb über sein Amtsverständnis in seinen Memoiren, die der Erziehung seines Sohnes dienen sollten:

Denn schließlich, mein Sohn, müssen wir das Wohl unserer Untertanen weit mehr im Auge haben als unser eigenes. Man kann sagen, dass sie ein Teil unserer eigenen Person sind; wir sind gleichsam das Haupt des Körpers, dessen Glieder sie sind. Wenn wir ihnen Gesetze geben, so geschieht dies nur zu ihrem eigenen Nutzen; die Macht, die wir über sie haben, darf uns nur dazu dienen, mit umso größerem Eifer für ihren Wohlstand zu arbeiten. Wie schön ist es, wenn man es verdient, dass sie einen nicht nur als ihren Herrn, sondern auch als ihren Vater betrachten! Mögen wir auch kraft unserer Abstammung ihre Herren sein, darf doch unser Ehrgeiz kein schöneres Ziel kennen, als von ihnen Vater genannt zu werden. Ich weiß wohl, wie viel Mühe es macht, diesen schönen Titel zu erringen; aber wie bei allen Unternehmungen, die uns Ruhm und Ehre einbringen können, so darf uns auch hier keine Schwierigkeit aufhalten.

Ludwig XIV., Memoiren, zit. nach Wolfgang Hug (Hg.), Geschichtliche Weltkunde, Quellenlesebuch, Bd. 2, Frankfurt a. M. (Diesterweg) 1980, S. 74 f.

M3

Der König und die Stände

Nachdem die Provinzialstände der Provence 1671 die Bewilligung einer Steuer in Höhe von 500 000 Livres abgelehnt hatten, schrieb Minister Colbert an den obersten Verwaltungsbeamten der Provence, François Grignan:

Ich habe dem König über das fortgesetzt schlechte Betragen der Ständeversammlung der Provence berichtet, und da Seine Majestät nicht länger geneigt ist, dies zu dulden, hat er die nötigen Befehle gegeben, sie nach Hause zu schicken und zugleich zehn Lettres de cachet[1] zu erlassen, um die am übelsten Gesinnten unter den Deputierten nach Grandville, Cherbourg, St. Malo, Morlaix und Concarneau[2] zu verschicken.

Zit. nach Geschichte in Quellen, Wolfgang Lautemann u. a. (Hg.), Bd. 3, 3. Aufl., München (bsv) 1982, S. 435.

[1] Haftbefehle
[2] Gefängnisse

M4

Der moderne Staat

Die Historiker Ruggiero Romano und Alberto Tenenti nannten 1967 die Voraussetzungen des modernen Staates:

In den Anfängen der Neuzeit [waren] zur Bildung eines echten Staates im modernen Sinne … folgende Faktoren von grundlegender Bedeutung:
a) eine gewisse territoriale Grundlage,
b) eine genügend starke Zentralgewalt,
c) Vernichtung oder zumindest drastische Einschränkung der alten Feudalmacht,
d) Schaffung einer soliden Infrastruktur, d. h. Verwaltung, Finanzen, Heer, Diplomatie.
Wo alle vier Faktoren zur Entwicklung gelangten, setzte der moderne Staat sich durch.

Ruggiero Romano/Alberto Tenenti, Die Grundlegung der modernen Welt. Spätmittelalter – Renaissance – Reformation, Frankfurt a. M. (Fischer) 1967, S. 300.

M5

„Verwaltungskreislauf“ in Frankreich im 17./18. Jahrhundert, englische Zeichnung, 1983.
1 der König – Herrscher von Gottes Gnaden, **2** der Minister: sieben insgesamt, vom König ernannt, **3** die Intendanten: 32 vom König ernannte Provinzbevollmächtigte, **4** die lokale Verwaltung, **5** die Provinzstände: Vertreter von Klerus, Adel, Großbürgertum, **6** die Kirche, **7** die Bauern, **8** Steuerbeamte: vom König ernannt; sie legten die Steuern für die Provinzen ohne Ständevertretungen fest, **9** die Feudalherren, **10** die örtlichen Gerichte, **11** die Parlamente: 14 Provinzparlamente und das Parlament von Paris, dessen Rechtsbefugnis die aller anderen Parlamente übertraf; sie verkündeten Gesetze des Königs, Kauf oder Erbe ihres Amtes, das mit dem Adelsstatus verbunden war, **12** die Berater: vier insgesamt, vom König ernannt.

Begriffe und Daten

„Absolutismus“

(lat. legibus absolutus = von den Gesetzen losgelöst). Bezeichnung für eine Regierungsform, die ihren Höhepunkt im 17. und 18. Jahrhundert mit dem „Sonnenkönig“ Ludwig XIV. hatte. Der Monarch beanspruchte die uneingeschränkte Macht ohne Mitwirkung der Stände, schuf eine zentrale Verwaltung, ein stehendes Heer, eine staatlich gelenkte Wirtschaftsordnung und band die (katholische) Kirche an seine Herrschaft. Die Bezeichnung „Absolutismus“ für die Zeit des 17./18. Jahrhunderts ist heute in der Geschichtsforschung umstritten, weil der Begriff „nicht absolutistische“ Elemente nicht erfasse, wie den Einfluss der Provinzialstände, Stadträte, Dorfversammlungen und die Abhängigkeit der Fürsten von Geld- und Kreditgebern.

Stehendes Heer

Armee, die auch in Friedenszeiten im Dienst blieb. Sie machte den König unabhängig von einer Unterstützung des Adels. Das Heer wurde gegen fremde Truppen, aber auch gegen das eigene Volk eingesetzt.

1 Beschreibe M5 und kläre: Welche Rollen werden dargestellt? Was wollte der Zeichner aussagen?
2 Ordne M1 in die absolutistische Herrschaftsform ein.
3 Prüfe, welche der in M4 genannten Faktoren auf den absolutistischen Staat zutreffen. Begründe.
4 Bewerte anhand von M2 und M3 Anspruch und Wirklichkeit des Verhaltens Ludwigs.

Webcode: FG642588-075

Die französische Gesellschaft im 18. Jahrhundert

Wandel der Gesellschaft

Die französische Gesellschaft des 16. bis 18. Jahrhunderts war geprägt von der mittelalterlichen Ständegesellschaft: Zum ersten Stand gehörte der Klerus, der Adel zum zweiten Stand, Bürger und Bauern bildeten den dritten Stand. Die Herausbildung des „absoluten“ monarchischen Zentralstaates veränderte die Machtverhältnisse zugunsten des Königs. Gleichzeitig wandelte sich die Gesellschaft des 18. Jahrhunderts: Medizinische und hygienische Fortschritte erhöhten in ganz Europa die Lebenserwartung der Bevölkerung. Die Überlebenschancen der Kinder und die Geburtenraten stiegen an. Außerdem wanderte die junge, unversorgte und unverheiratete Landbevölkerung in die Städte, wo die Lebens- und Berufschancen größer waren. Diesen Prozess der Verstädterung nennt man Urbanisierung. In Frankreich wuchs die Stadtbevölkerung zwischen 1740 und 1800 etwa fünfmal stärker als die Landbevölkerung.

M1 **Das Austernfrühstück,**
Gemälde von Jean François de Troy, 1734

M2 **„Sie verrichtet alle große und geringe Arbeit …“**

Sébastian Vauban, der berühmte Festungsbaumeister Ludwigs XIV., schrieb 1698 über die französische Gesellschaft:

Durch diese langjährigen Studien … bin ich zu der Wahrnehmung gelangt, dass in der letzten Zeit fast ein Zehntel der Bevölkerung an den Bettelstab gelangt ist und sich tatsächlich durch Betteln erhält; dass von den übrigen neun Zehnteln fünf nicht in der Lage sind, das erste Zehntel durch Almosen zu unterstützen, weil sie selber diesem Elendszustand um Haaresbreite nahe sind. Von den verbleibenden vier Zehnteln sind drei außerordentlich schlecht gestellt … In dem zehnten Zehntel, zu dem ich alle Angehörigen des Schwert- und Amtsadels …, Geistliche …, den ganzen Hochadel, den besseren Adel …, die Inhaber militärischer und ziviler Chargen[1], die Großkaufleute, die wohlhabendsten und von ihren Renten lebenden Bürger rechne, gibt es keine hunderttausend Familien, mit denen man rechnen könnte, und ich glaube …, dass es keine zehntausend … Familien gibt, von denen man sagen könnte, dass es ihnen wirklich gut geht … Nun ist es aber die untere Schicht des Volkes, die durch ihre Arbeit, ihren Handel, ihre Abgaben den König und sein ganzes Reich emporbringt. Sie stellt Soldaten und Matrosen für Flotte und Heer, dazu zahlreiche Offiziere, alle Kaufleute und unteren Justizbeamten. Sie übt alle Künste und Gewerbe aus, sie betreibt den gesamten Handel und die Manufakturen des Königreiches, sie stellt die Arbeiter, Weingärtner und Tagelöhner auf dem Lande, sie pflegt und füttert das Vieh, sät und erntet das Korn, bestellt die Weingärten und keltert den Wein; mit einem Wort: Sie verrichtet alle große und geringe Arbeit in Stadt und Land.

Zit. nach Fritz Dickmann, Renaissance, Glaubenskämpfe, Absolutismus, München (bsv) 1966, S. 460 f., übers. von F. Dickmann.

[1] Ämter

M3

Bauernfamilie,
Gemälde von Louis Le Nain, 1643

M4

Die Struktur der französischen Gesellschaft im 18. Jahrhundert

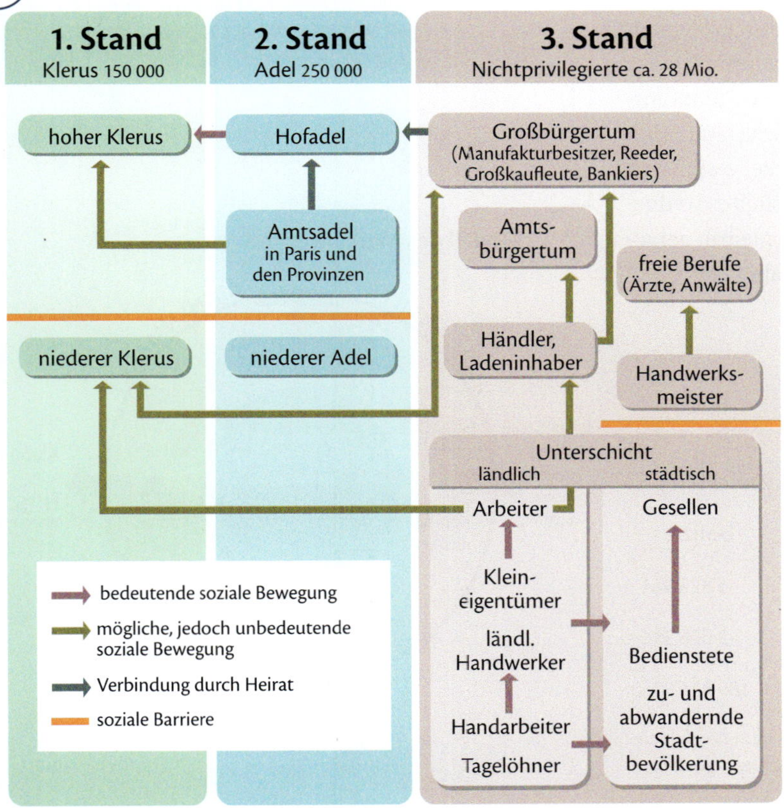

1 Beschreibe anhand von M4 und des Darstellungstextes Aufbau und Wandel der französischen Gesellschaft im 18. Jahrhundert.

2 a) Analysiere M1 und M3 mithilfe der Methode „Bilder vergleichen“ im Anhang.
b) Stelle fest, welcher Eindruck über die französische Gesellschaft jeweils vermittelt wird.

3 a) Fasse zusammen, wie Vauban (M2) die französische Gesellschaft beschreibt.
b) Prüfe, ob sich seine Ergebnisse in dem Modell M4 finden lassen.

4 **Erkundung:** Erkundet, welche Informationen über die Zeit des Absolutismus in eurer Region zu finden sind (Museum, Bibliothek). Berichtet in der Klasse.

Webcode: FG642588-077

Der Merkantilismus: staatlich gelenkte Wirtschaft?

Wirtschaftspolitik im Absolutismus

Der enorme Bedarf an Steuergeldern zwang die regierenden Fürsten Europas, sich erstmals intensiv um die Wirtschaft zu kümmern. In Frankreich unterstützte der Finanzminister Ludwigs XIV., Jean Baptiste Colbert (1619–1683), die Gründung von großen Betrieben, vor allem von Verlagen und Manufakturen. Die Landwirtschaft, in der mehr als zwei Drittel der Franzosen arbeiteten, interessierte ihn dagegen kaum. Die verschiedenen Maßnahmen dieser Wirtschaftspolitik werden als „Merkantilismus“ bezeichnet.

In der Geschichtsforschung wird ein Zusammenhang zwischen der Entstehung des „absolutistischen“ Staates und der merkantilistischen Wirtschaftspolitik gesehen: Einerseits machte sich die Staatsführung die wirtschaftlichen Kräfte nutzbar, um Reichtum und Macht des Staates zu vermehren. Andererseits spannten die wirtschaftlichen Gruppen den Staat für ihre Ziele ein. Von der merkantilistischen Wirtschaftspolitik profitierten vor allem Kaufleute, Bankiers, Verleger und Manufakturbesitzer. Die Förderung dieser Gesellschaftsschicht war durchaus beabsichtigt, denn hier gab es die meisten Steuerzahler. Eine zusätzliche Einnahmequelle für den Staatshaushalt neben der Einkommensteuer bildete der Ämterverkauf: Das wohlhabende Stadtbürgertum kaufte sich Ämter, um in den Adelsstand erhoben zu werden. Das Bürgertum entwickelte sich zur wirtschaftlich tragenden Kraft, politisch blieb es weitgehend ohne Einfluss. Die Löhne wurden niedrig gehalten, damit die Exportgüter wettbewerbsfähig blieben.

M1 Der französische Staatshaushalt (in Livres = französische Währungseinheit)

Jahr	Einnahmen	Ausgaben	Defizit
1670	70 483 834	77 307 798	6 823 964
1690	106 642 985	149 319 381	42 676 396
1710	36 432 745	225 847 281	189 414 536

Zusammengestellt nach Alain Guéry, Les Finances de la Monarchie Française sous l'Ancien Regime, in: Annales. Economies – Sociétés – Civilisations, 33 (Arman-Colin) 1978, Tabelle 2.

M2 Die „Goldminen“ Frankreichs

Der Finanzminister Ludwigs XIV., Jean B. Colbert, schilderte 1664 die Grundsätze seiner Wirtschaftspolitik:

Ich glaube, man wird ohne Weiteres in dem Grundsatz einig sein, dass es einzig und allein der Reichtum an Geld ist, der die Unterschiede an Größe und Macht zwischen den Staaten begründet. Was dies betrifft, so ist es sicher, dass jährlich aus dem Königreich einheimische Erzeugnisse (Wein, Branntwein, Weinessig, Eisen, Obst, Papier, Leinwand, Eisenwaren, Seide, Kurzwaren) für den Verbrauch im Ausland im Wert von 12 bis 18 Millionen Livres hinausgehen. Das sind die Goldminen unseres Königreiches, um deren Erhaltung wir uns sorgfältig bemühen müssen … Je mehr wir die Handelsgewinne, die die Holländer den Untertanen des Königs abnehmen, und den Konsum der von ihnen eingeführten Waren verringern können, desto mehr vergrößern wir die Menge des hereinströmenden Bargeldes und vermehren wir die Macht, Größe und Wohlhabenheit des Staates.

Jean Baptiste Colbert, Denkschrift über den Handel, zit. nach Geschichte in Quellen, Wolfgang Lautemann u. a. (Hg.), Bd. 3, 3. Aufl., München (bsv) 1982, S. 448.

M3 Modell des Merkantilismus

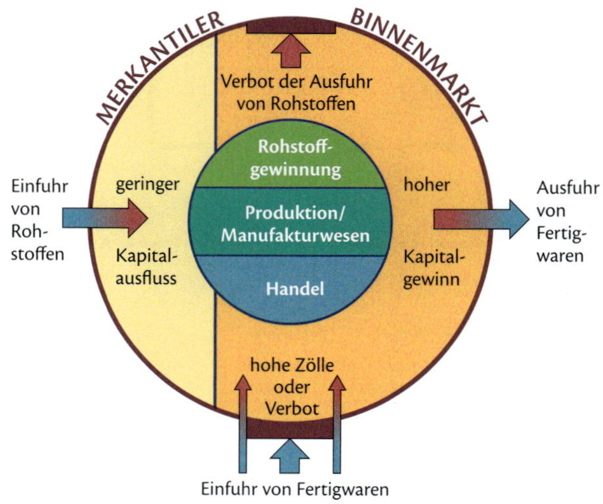

M4 **Colbert präsentiert dem König Ludwig XIV. einen Plan zum Bau des Canal du Midi,** kolorierte Lithografie nach einem Gemälde von Antoine Sergent-Marceau, um 1788. Der Kanal wurde 1667 bis 1681 gebaut und wird heute noch genutzt. Er verbindet das Mittelmeer mit der Garonne, die in den Atlantik mündet.

M5

Wie erfolgreich war der Merkantilismus?

Der Historiker Ilja Mieck beschrieb 1993 die kurzfristigen und langfristigen Wirkungen des merkantilistischen Systems:

Angesichts der hohen Investitionen[1] und des dahinterstehenden wirtschaftspolitischen Druckes ... ist es nicht überraschend, dass sich Erfolge einstellten. Ganze Gewerbszweige oder auch einzelne von den Fürsten besonders geschätzte Unternehmen erlebten regelrechte Blütezeiten, aber fast immer waren es Scheinblüten, die aus dem Sumpf des Subventionsbeetes[2] emporwuchsen und beim leisesten Windhauch einer freien Konkurrenz rasch verdorrten ... Außerdem funktionierte der merkantilistische Außenhandel nur, solange die dahinterstehende Idee neu war: Wollten erst einmal alle Staaten nur noch wertvolle Fertigwaren exportieren und lediglich Rohstoffe einführen, musste ... der Welthandel theoretisch zusammenbrechen.

Zit. nach Ilja Mieck, Wirtschaft und Gesellschaft Europas 1650–1850, in: ders. (Hg.), Handbuch der europäischen Wirtschafts- und Sozialgeschichte, Bd. 4, Stuttgart (Klett-Cotta) 1993, S. 144.

[1] Kapital für die Produktion
[2] Subvention = staatliche Förderung eines Unternehmens

Begriffe und Daten

Merkantilismus

Der Merkantilismus (lat. mercatus = Handel) hatte das Ziel, die Ausfuhr des Staates zu erhöhen und die Einfuhr zu beschränken. Die Überschüsse aus dem Handel wurden als entscheidend für die Erhöhung des Reichtums des Staates betrachtet. Kritiker des Merkantilismus bemängelten die einseitige Ausrichtung auf den Export von Fertigwaren.

Manufaktur

(lat. manus = Hand, factura = das Machen) Übergangsform vom Handwerksbetrieb zur Fabrik*.

1 Formuliere Aussagen zu M1.
2 Erkläre: Merkantilismus (M2, M3, M4 und Kasten).
3 Analysiere M5. Bewerte die Position des Autors.
4 **Gruppenarbeit:** Entwerft ein Gespräch: Ein französischer Beamter, ein Exporteur von Wolltuchen, ein Importeur von textilen Fertigprodukten und ein Manufakturarbeiter diskutieren über die Vor- und Nachteile des Merkantilismus.

Webcode: FG642588-079

„Absolutismus“ als Herrschaftsform – das Beispiel Frankreich

M1

„… willenlos zu gehorchen“

Aus den Memoiren König Ludwigs XIV.:

Als Sinnbild wählte ich die Sonne, die nach den Regeln der Wappenkunst das vornehmste Zeichen vorstellt.

Sie ist ohne Zweifel das lebendigste und schönste Sinnbild eines großen Fürsten, sowohl deshalb, weil sie einzig in ihrer Art ist, als auch durch den Glanz, der sie umgibt, durch das Licht, das sie den anderen Gestirnen spendet, die gleichsam ihren Hofstaat bilden, durch die gerechte Verteilung des Lichtes über die verschiedenen Himmelsgegenden der Welt, durch die Wohltaten, die sie überall spendet, durch das Leben, die Freude und die Tätigkeit, die sie überall weckt, durch ihre unaufhörliche Bewegung, bei der sie trotzdem stets in ständiger Ruhe zu schweben scheint, durch ihren ständigen und unveränderlichen Lauf, von dem sie niemals abweicht.

Gott, der die Könige über die Menschen gesetzt hat, wollte, dass man sie als seine Stellvertreter achte, und er selbst hat sich das Recht vorbehalten, über ihren Wandel zu urteilen. Es ist sein Wille, dass, wer als Untertan geboren ist, willenlos zu gehorchen hat.

Ludwig XIV., Memoiren, hg. von L. Steinfeld, Basel/Leipzig, 1931, zit. nach Ottmar Carls, Herrschaftsauffassung Ludwigs XIV., in: Praxis Geschichte, H. 4, 1988, S. 31.

M2

Das Sonnensymbol, Gedenkmünze Ludwigs XIV. aus dem Jahr 1674

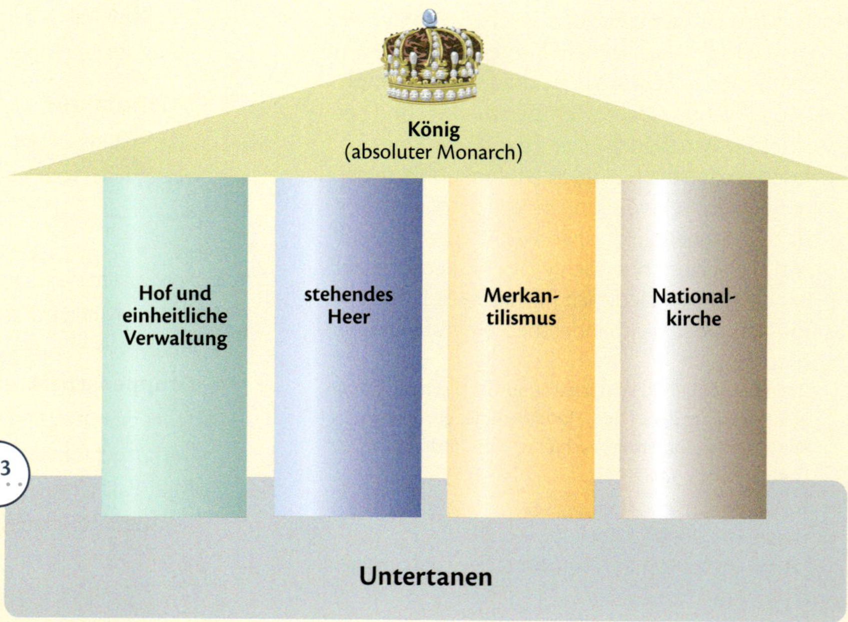

M3

Modell zum Absolutismus

M4

Ludwig XIV. als Jupiter, Gemälde aus dem 17. Jahrhundert, unbekannter Maler

Überprüfe, was du kannst

Sachkompetenz

1 Kläre die folgenden Begriffe: „Absolutismus" (S. 75), Merkantilismus (S. 79), Manufaktur (S. 79), Stehendes Heer (S. 75).

2 Nenne Ziele und Methoden des Absolutismus in Europa im 17./18. Jahrhundert (S. 71–79).

3 Stelle einen Bezug zwischen absolutistischem und modernem (demokratischen) Staat her.

4 Zeige an M1 und M2 das Selbstverständnis und den Machtanspruch Ludwigs (S. 71).

5 Erläutere, auf welche Säulen sich der absolutistische Herrscher stützte (M3 und S. 71–79).

Selbst-und Sozialkompetenz

6 Setzt euch im Klassengespräch kritisch mit dem Modell M3 auseinander, indem ihr Argumente für und gegen eine solche Darstellung sammelt.

7 Entwerft – ausgehend von M3 – ein eigenes Modell des Absolutismus. Berücksichtigt dabei eure Ergebnisse aus Aufgabe 6.

Methodenkompetenz

8 a) Analysiere M4 mithilfe der Methode „Bildanalyse" im Anhang.
b) Erkläre den Bezug der Darstellung Ludwigs zur Antike.

9 a) Analysiere das Schloss Glücksburg (S. 18/19) mithilfe der Methode „Herrschaftssymbolik in der Architektur deuten" S. 72/73.
b) Vergleiche mit dem Schloss in Versailles.

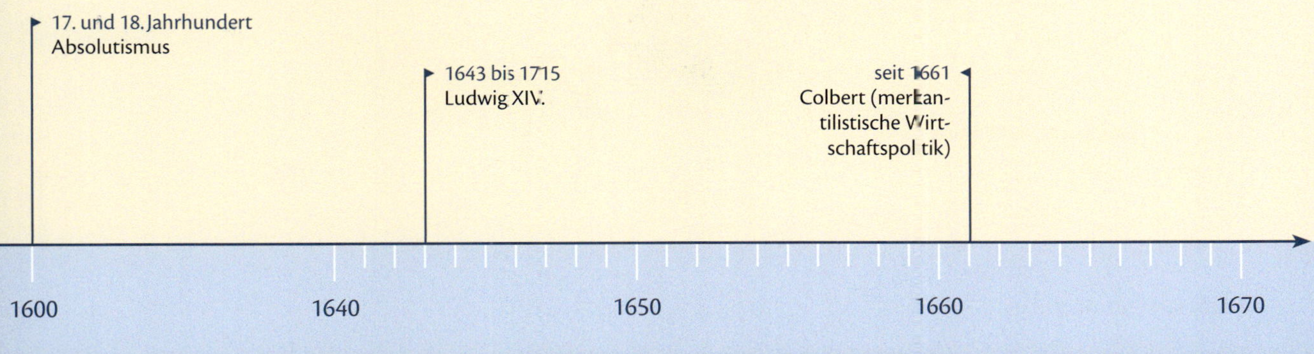

Aufklärung – Überwindung absolutistischer Herrschaft?

Wissen • Beurteilen und Handeln • Methoden anwenden

Am Ende dieses Unterkapitels kannst du

- die Ziele der Aufklärung als eine europäische Denkrichtung beschreiben
- die politischen Vorstellungen der Aufklärer erläutern und mit dem Absolutismus vergleichen
- den Weg der englischen Königsherrschaft zur konstitutionellen Monarchie darstellen und bewerten
- die Entstehung der Vereinigten Staaten von Amerika als Demokratiegründung beschreiben
- den preußischen Staat als Beispiel des „aufgeklärten Absolutismus" in Deutschland darstellen und beurteilen
- die gewaltsame Auflösung Polens durch europäische Großmächte erläutern und bewerten
- **Methode** Ein Verfassungsschema analysieren

Mitteleuropa um 1740

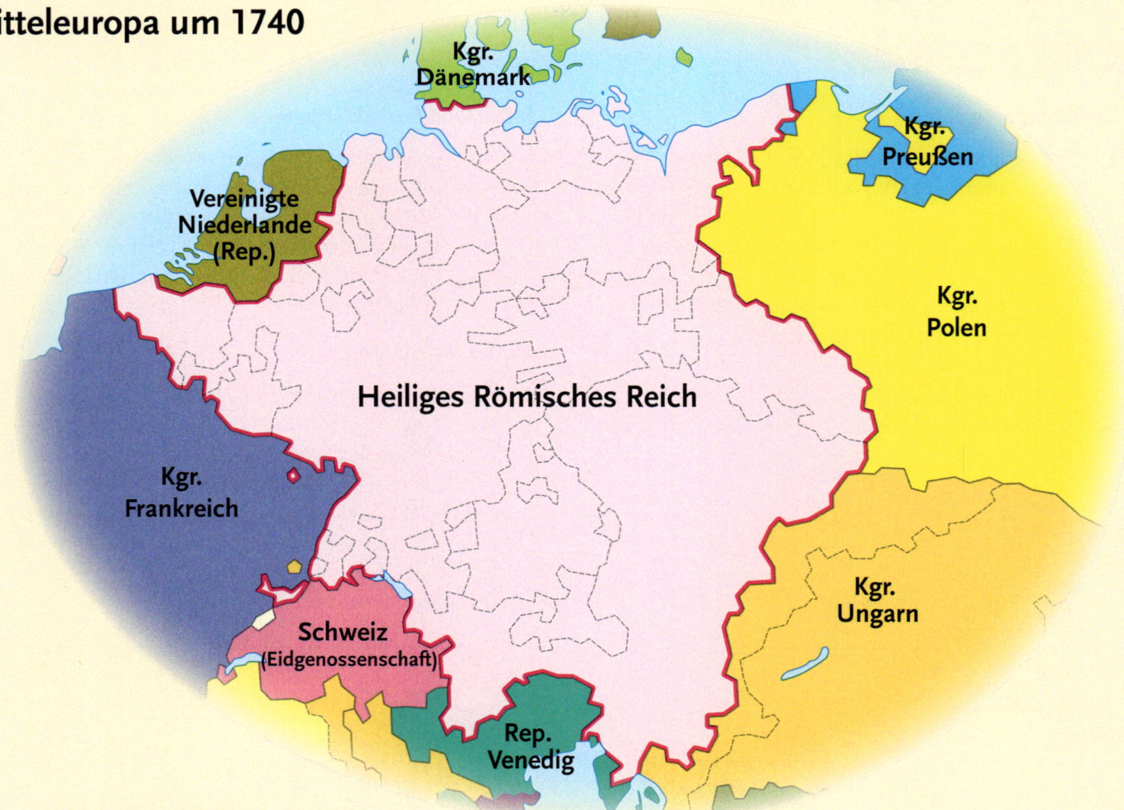

Epoche der Aufklärung

17./18. Jahrhundert

Die Aufklärung: Gegenmodell zum Absolutismus?

Neue Erkenntnisse in Wissenschaft und Politik

Seit dem 17. Jahrhundert beschäftigten sich in Westeuropa Philosophen und Schriftsteller mit politischen Fragen. Sie lehnten es ab, die Herrschaft der Monarchen „von Gottes Gnaden" und die Ständegesellschaft als „naturgegeben" anzuerkennen. Auch in allen anderen Bereichen des menschlichen Lebens wollten sie Vorurteile abbauen. Deshalb traten sie für die Freiheit und Gleichheit aller Menschen ein und forderten Toleranz* gegenüber anderen Meinungen.

Zu den bedeutendsten Gelehrten gehörte der Philosoph Immanuel Kant (1724–1804) aus Königsberg (heute Kaliningrad) im ehemaligen Preußen. Er forderte in seinen Schriften, den eigenen Verstand zu nutzen, um die Ursprünge und Grenzen der Erkenntnis mithilfe von „Verstandesbegriffen" (Kategorien) zu bestimmen. In der Sittenlehre sah er die Pflichterfüllung als Mittelpunkt der sittlichen Weltordnung. Politisch engagierte er sich für einen Rechtsstaat (als Republik), für ein Weltbürgerrecht und für den „Ewigen Frieden".

Diese Geisteshaltung wird als „Aufklärung" bezeichnet. Mit ihr verband sich der Glaube an den Fortschritt, an die Kraft der Vernunft und die Planbarkeit des politischen und gesellschaftlichen Lebens. Die Kritik der Aufklärer am Absolutismus mündete in Vorschlägen, wie die staatliche Gewalt auf eine „vernünftige" Grundlage gestellt werden konnte. Der englische Philosoph John Locke (1632–1704) ging in seiner Lehre vom Gesellschaftsvertrag davon aus, dass frei geborene Menschen sich den Regierenden freiwillig unterordnen. Daher sollten die Bürger das Recht haben, die Träger der Staatsgewalt abzuberufen und neu einzusetzen. Falls der Herrscher die Menschenrechte und den Willen des Volkes missachte, dürfe das Volk Widerstand leisten und den Herrscher absetzen.

Aufklärung – auch für das Volk

Nach Ansicht vieler Gelehrter sollte nicht nur der Adel, sondern auch das Volk die Ideen der Aufklärung kennen lernen. So entstand eine besondere Art von Literatur, die sich an die Landbevölkerung richtete, die mit Abstand größte gesellschaftliche Gruppe im Staat. Besonders beliebt war das 1788 erschienene „Noth- und Hülfsbüchlein für Bauersleute" des Schriftstellers Rudolph Zacharias Becker, das bis 1800 etwa 400 000-mal verkauft wurde. Es handelt von dem jungen Gutsherrn des Dorfes Mildheim, der seinen Bauern bei allen Fragen des täglichen Lebens – von Ackerbau und Viehzucht bis zu Kindererziehung und Krankenpflege – mit Rat und Tat zur Seite steht. Die kurzen Kapitel beginnen fast alle mit einem Bild und einem Merkspruch. Das Buch sollte den Lesern die neuen Vorstellungen von Staat, Familie und Kirche vermitteln.

M1

Die Toleranz besänftigt den Streit der Religionen um die allein selig machende Wahrheit, Radierung von Daniel Nicolas Chodowiecki, 1791

M2

Herrschaftsmodelle

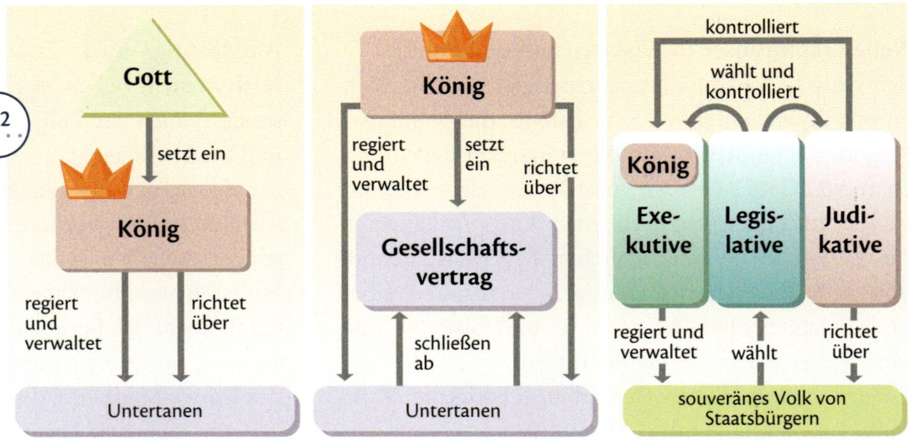

M3

Die drei Gewalten im Staat

Der französische Jurist und Aufklärer Charles de Montesquieu schrieb 1748 über die Verteilung der Macht in einem Staat:

Es gibt in jedem Staat drei Arten von Gewalt ... Aufgrund der ersten erlässt der Herrscher ... Gesetze auf Zeit oder für die Dauer, ändert geltende Gesetze oder schafft sie ab. Aufgrund der zweiten stiftet er Frieden oder Krieg, sendet oder empfängt Botschaften, stellt die Sicherheit her, sorgt gegen Angriffe vor. Aufgrund der dritten bestraft er Verbrechen oder sitzt zu Gericht über die Streitfälle der Einzelpersonen ...
Alles wäre verloren, wenn ein und derselbe Mann folgende drei Machtvollkommenheiten ausübte: Gesetze erlassen, öffentliche Beschlüsse in die Tat umsetzen, Verbrechen und private Streitfälle aburteilen.

Charles de Montesquieu, Vom Geist der Gesetze (1748), hg. und übers. von Kurt Weigand, Stuttgart (Reclam) 1994, S. 216 f., bearb. d. Verf.

M4

Über die Monarchie

Der aus Genf stammende Philosoph Jean-Jacques Rousseau übernahm viele Ideen von Montesquieu. Über die Regierung eines Staates schrieb er 1762:

Wenn es aber schon schwierig ist, einen großen Staat gut zu regieren, so ist es noch weit schwieriger, dass er von einem einzigen Mann gut regiert wird ... Ein wesentlicher und unvermeidlicher Fehler, der die monarchische Regierung immer der republikanischen unterlegen machen wird, liegt darin, dass in der letzteren die Stimme des Volkes fast immer einsichtige und fähige Männer in die höchsten Ämter einsetzt, welche diese ehrenvoll verwalten, während im Gegensatz dazu diejenigen, die in den Monarchien aufsteigen, in den meisten Fällen nur kleine Windbeutel, kleine Spitzbuben, kleine Ränkeschmiede sind.

Jean-Jacques Rousseau, Vom Gesellschaftsvertrag (1762), in: ders., Sozialphilosophische und Politische Schriften, übers. von Garlieb Merkel, München (Winkler) 1981, S. 330.

1 Erarbeite die Aussage der Radierung M1 mithilfe der Methode „Eine Bildquelle entschlüsseln" im Anhang. Ziehe den Darstellungstext heran.

2 Formuliere mit deinen Worten, was der Autor von M5 unter „Aufklärung" versteht.

3 a) Zeichne M2 ab und markiere, von wem in den Modellen jeweils die politische Macht ausgeht.
b) Kläre, wie die Macht jeweils verteilt ist.

4 Ordne Montesquieus Auffassung (M3) einem der Schaubilder in M2 zu.

5 Untersuche, welche Position der Autor von M4 zur Frage der Staatsform einnimmt. Nimm Stellung.

6 Analysiere M7 unter der Fragestellung, wo sich im Text Gedanken der Aufklärung widerspiegeln könnten.

7 **Partnerarbeit:** Entwerft eine Stellungnahme, wie sie ein Aufklärer zum Absolutismus verfasst haben könnte.

M5

Was ist Aufklärung?

Unter diesem Titel veröffentlichte der Philosoph Immanuel Kant (1724–1804) 1784 einen berühmt gewordenen Aufsatz. Darin heißt es:

Aufklärung ist der Ausgang des Menschen aus seiner selbst verschuldeten Unmündigkeit. Unmündigkeit ist das Unvermögen, sich seines Verstandes ohne Leitung eines anderen zu bedienen. Selbst verschuldet ist diese Unmündigkeit, wenn die Ursache derselben nicht am Mangel des Verstandes, sondern der Entschließung und des Mutes liegt, sich seiner ohne Leitung eines andern zu bedienen ... Habe Mut, dich deines eigenen Verstandes zu bedienen, ist also der Wahlspruch der Aufklärung.

Immanuel Kant, Beantwortung der Frage: Was ist Aufklärung?, in: Berlinische Monatsschrift 4 (Haude und Spener) 1784, S. 481 f.

M6

Aufklärer des 17./18. Jahrhunderts. Zeitgenössische Darstellungen. Obere Reihe von links: René Descartes (1596–1650); John Locke (1632 bis 1704); Voltaire (1694–1778); Immanuel Kant (1724–1804); Charles de Montesquieu (1689 bis 1755); Jean-Jacques Rousseau (1712–1778).

M7

Merksprüche für Bauersleute

Aus zwei Kapiteln des „Noth- und Hülfsbüchleins" von Rudolph Zacharias Becker (1788):

Für den Mann schuf Gott das Weib,
Ihn für sie nicht minder.
Eins fürs andere leben soll:
Beide für die Kinder.

Die Erd' ist groß und überall
Voll schöner Gottesgüter,
Und alle Menschen – Jud' und Türk
Und Christ – sind unsre Brüder.

Rudolph Z. Becker, Noth- und Hülfsbüchlein für Bauersleute, Leipzig, 1788, Nachdruck: Dortmund (Harenberg) 1980, S. 188 ff.

Begriffe und Daten

Aufklärung

Bezeichnung für eine Denkrichtung in Europa im 17. und 18. Jahrhundert. Die Aufklärer wollten „das Licht der Vernunft" gegen kirchliche, feudale und absolutistische Traditionen verbreiten. Zentrale Gedanken waren die Auffassung von der Freiheit und Gleichheit aller Menschen und von der Toleranz gegenüber anderen Meinungen. Mittel zur Durchsetzung der Aufklärung waren vor allem Wissenschaft, Bildung und Erziehung.

Gewaltenteilung

Eine der Ideen der Aufklärung, nach der die staatliche Gewalt in gesetzgebende Gewalt (Legislative), ausführende Gewalt (Exekutive) und rechtsprechende Gewalt (Judikative) geteilt wird. Die Gewaltenteilung soll Machtkonzentration und Machtmissbrauch durch eine Person oder Institution verhindern. Sie ist in unserer Zeit eines der Grundprinzipien parlamentarisch-demokratischer Verfassungen.

Vorschlag für eine Gruppenarbeit

Recherchiert zu den in M6 aufgeführten Personen weitere biografische Daten und stellt zusammen, welchen Beitrag sie zur Aufklärung geleistet haben. Nutzt Lexika, Internet, Fachbücher und berichtet in der Klasse. Jede Gruppe übernimmt eine Person.

Absolutismus und Aufklärung in Schleswig-Holstein

„Absolute“ Herrschaft auch in Schleswig-Holstein?

Die Zeit des Absolutismus stand in Schleswig und Holstein unter der Besonderheit, dass hier seit Jahrhunderten die Zugehörigkeit zum Deutschen Reich und zum Königreich Dänemark nicht eindeutig geregelt war. Seit dem Vertrag von Ripen 1460 galt der Grundsatz, dass die Herrschaft in den Herzogtümern Schleswig und Holstein „up ewig ungedeelt“ sein sollte. Mit diesem Vertrag sicherten die Adligen im Lande zugleich ihre ständischen Mitspracherechte gegenüber dem König. Der wichtigste Landesherr neben dem König war der Herzog in Gottorf. Im Jahre 1665 erließ König Friedrich III. von Dänemark (1609–1670) die „Lex Regia“, ein Gesetz, das auch in Schleswig und Holstein gelten sollte und das formell bis zur Revolution von 1848 in Kraft blieb.

Aufklärung in Schleswig-Holstein

Die Ideen der Aufklärer, die in England und Frankreich im 18. Jahrhundert die alten Verhältnisse erschütterten und die in Preußen zum aufgeklärten Absolutismus führten, erreichten in der zweiten Hälfte des 18. Jahrhunderts auch Schleswig-Holstein und Dänemark. So wurde in Dänemark bereits im Jahre 1788 die Bauernbefreiung verkündet, 1805 dann auch in den Herzogtümern Schleswig und Holstein. Damit wurde ein zentraler Gedanke der Aufklärung, die persönliche Freiheit jedes Menschen als Naturrecht, in die Tat umgesetzt. Aber auch gegenaufklärerische Gedanken fanden im Lande Verbreitung. Deren Anhänger wollten vor allem an einem strengen kirchlichen Glauben festhalten. Ihre Ideen werden als Pietismus (schwärmerische Frömmigkeit) bezeichnet.

M1 Schleswig und Holstein im 17. Jahrhundert

M2

Aus der „Lex Regia“

König Friedrich III. verfügte in der „Lex Regia“ vom 14. November 1665:

Wir, Friedrich der Dritte, von Gottes Gnaden König zu Dänemark, Norwegen, der Wenden und Goten, Herzog zu Schleswig, Holstein, Stormarn und Dithmarschen, Graf zu Oldenburg und Delmenhorst, tun jederman kund und zu wissen:

Da Wir nicht allein aus anderer Beispiel, sondern auch aus eigener Erfahrung verspürt und in der Tat befunden haben, wie wunderbar der große und allmächtige Gott über alle Könige und Herrschaften sowie über ihre untergebenen Reiche und Länder nach dem Rat seiner unerforschlichen Weisheit herrscht und alles in denselben lenkt und verordnet, … haben Wir … unsere Gedanken dahin gewendet und gerichtet, solche Regierungsform … zu verordnen und zu bestellen, wie solches Alleinherrschafts-Erb-Königtum und Regiment es schließlich fordert und verlangt, … das von Unseren Erben, ihren Nachkommen sowie auch von sämtlichen Einwohnern Unserer Königreiche und Länder, vom höchsten bis zum niedrigsten, keiner ausgenommen, für eine vollkommen unerschütterliche und unwidersprechliche Verordnung und ein Gesetz für ewige Zeiten gehalten und geachtet werden soll …

2. Es soll der Alleinherrschafts-Erbkönig von Dänemark und Norwegen künftig sein und von allen seinen Untertanen gehalten und geachtet werden das oberste und höchste Haupt hier auf Erden über allen menschlichen Gesetzen, das kein anderes Haupt und Richter über sich anerkennt, weder in geistlichen noch in weltlichen Sachen, denn Gott allein.

3. Es soll daher auch der König allein die höchste Macht und Gewalt haben, Gesetze und Verordnungen zu machen …

4. Es soll auch der König allein die höchste Macht und Gewalt haben, ein- und abzusetzen alle Beamten, hohe und niedere, welchen Namen und Titel sie haben mögen, nach seinem eigenen freien Willen und Gutdünken …

5. Der König soll allein die Waffengewalt innehaben, zu rüsten, Krieg zu führen, Frieden zu schließen, Bündnisse zu schließen und aufzuheben, mit wem und wann es ihm gefällt …

6. Es soll auch der König die höchste Macht haben über die ganze Kirche vom höchsten bis zum niedrigsten Geistlichen, allen Kirchen- und Gottesdienst vorzuschreiben und anzuordnen, Synoden [Versammlung der Kirchengemeindevertreter], Zusammenkünfte und Versammlungen in Religionssachen, wenn er es ratsam erachtet, zu gebieten und zu verbieten, und im allgemeinen … soll der König allein Macht haben, alle Regalien [Hoheitsrechte wie Markt-, Münz-, Zoll- und Jagdrechte] … zu gebrauchen.

Flensburger Arbeitskreis für Stadt- und Regionalforschung (Hg.), Quellen zur Geschichte Schleswig-Holsteins I, IPTS Beiträge für Unterricht und Lehrerbildung, Bd. 2, Kiel, 1987, S. 172 f.

M3

Schloss Gottorf, Foto, 1998

1 Nenne die besondere territoriale Situation Schleswig-Holsteins im 17. Jahrhundert.

2 a) Untersuche an M1, wer um 1650 in deiner Stadt oder Region herrschte.
b) Erkunde, ob es heute noch Spuren davon gibt.

3 Vergleiche die Grenzen in M1 mit den Grenzen der heutigen Staaten und Bundesländer.

4 Liste die Vorrechte, die sich der dänische König in M2 gab, auf (Tabelle). Unterscheide dabei die Bereiche Verwaltung, Gesetzgebung, Außenpolitik und Kirche.

5 Notiere, gegen welche Bestimmungen sich der schleswig-holsteinische Adel besonders gewehrt hat.

6 **Erkundung:** Schloss Gottorf als historischer Ort (M3). Recherchiert vorher in Expertengruppen zu Einzelthemen, z. B.: Architektur, Gebäude, landschaftliche Umgebung, Zweck des Gebäudes im Wandel der Zeit bis heute. Nehmt die Methode „Eine Erkundung durchführen“ zu Hilfe (siehe Anhang).

M4

Der Gottorfer Globus, Foto, 2010. Die originalgetreue Rekonstruktion des Globus von Adam Olearius ist seit 2005 im neuen Globushaus im Barockgarten von Schloss Gottorf zu sehen. Auf der Außenseite ist die gesamte bekannte Erde kartografisch korrekt wiedergegeben.

M5

Innenansicht des rekonstruierten Globus, Foto, 2010. Im Globusinneren können die Besucher einen Sternenhimmel mit allen bekannten Sternenbildern bewundern.

Webcode: FG642588-088

Biografie

Adam Olearius – ein berühmter Gelehrter des 17. Jahrhunderts

Adam Ölschläger (1599–1671) alias Adam Olearius wurde in Aschersleben geboren. Nach dem Studium der Theologie, Philosophie und Mathematik in Leipzig gelangte der junge Gelehrte 1633 an den Hof des Herzogs Friedrich III. zu Schleswig-Gottorf. Dieser stellte 1633 zur Ergründung der Handelswege nach Polen, Persien und in den Orient eine Expedition zusammen, der auch Adam Olearius angehörte. Seine „Moscowitische und Persianische Reisebeschreibung", die daraufhin erschien, besaß einen hohen wissenschaftlichen und kulturellen Wert. Sie bestimmte noch lange das westeuropäische Bild über Russland. Zwischen 1650 und 1664 entstand unter der Anleitung Olearius' der Gottorfer Riesenglobus, anerkannter Vorläufer des heutigen Planetariums. Eigens für die Unterbringung des Globus ließ Friedrich III. im Neuwerkgarten Schleswigs ein vierstöckiges Haus, die Friedrichsburg, im persischen Baustil errichten. Der berühmteste und gleichzeitig verhängnisvollste Besucher des Riesenglobus war Zar Peter der Große im Zusammenhang mit dem Nordischen Krieg im Jahre 1713. Dem Herzog blieb keine andere Wahl, als ihm den Riesenglobus als Geschenk anzubieten. Halb als Kriegsbeute und halb als Staatspräsent wurde der Globus in einer vierjährigen Reise nach Petersburg transportiert. Nach einem Brand im Jahr 1747 wurde er fast völlig zerstört. Seine Hülle aus Kupfer blieb erhalten. Der Gelehrte Michail W. Lomonossow baute den Globus wieder auf, jedoch nicht nach dem Original. Die Konstruktion des Gottorfer Riesenglobus machte Adam Olearius über die Grenzen Deutschlands hinweg bekannt. Bis zu seinem Tode 1671 lebte und arbeitete Olearius in Schleswig.

7 a) Erarbeite mithilfe des Biografiekastens die wichtigsten Lebensstationen von Adam Olearius.
b) Beschreibe anhand von M4 und M5 Konstruktion und Funktion des Globus von Olearius.
c) Recherchiere weitere Daten zur Rekonstruktion.
d) Finde heraus, ob über Olearius in jüngster Zeit Bücher publiziert wurden und überlege, welche Erklärung es dafür geben könnte.

Biografie

Andreas Peter Graf von Bernstorff

Graf von Bernstorff (1735–1795) entstammte einem alten Mecklenburger Adelsgeschlecht. Er studierte in Leipzig und Göttingen und bereiste anschließend England, die Schweiz, Frankreich und Italien. 1759 trat er in den dänischen Staatsdienst ein. Als seine Politik scheiterte, jeden der Landesteile (Dänemark, Norwegen und die deutschen Herzogtümer) seiner „Eigenthümlichkeit" nach zu regieren und ihnen nicht die dänische Sprache und Bildung aufzudrängen, zog er sich zeitweise aus der Politik zurück (1780–1784). Sobald jedoch der junge Kronprinz Friedrich VI. 1784 an die Macht kam, wurde Bernstorff zurückgerufen und in alle seine Ämter wieder eingesetzt. Dänemark gelangte während seiner Amtszeit zu einer hohen Blüte. Durch seine Friedens- und Neutralitätspolitik („bewaffnete Neutralität") sowie durch Reformen in den Bereichen Verwaltung, Finanzen, Handel, Schifffahrt, Manufaktur- und Fabrikwesen gilt Bernstorff als „Wohltäter Dänemarks". Ihm ist besonders die Befreiung der Bauern in Dänemark von persönlichen und wirtschaftlichen Fesseln zu danken (1788). Auch an der Aufhebung der Leibeigenschaft in Holstein hatte er einen bedeutenden Anteil, obwohl sie erst nach seinem Tod erfolgte (1805). Die Ritterschaft leistete zähen Widerstand. Er bereiste jedoch die Güter der Standesgenossen und nutzte neben der Amtsautorität seine Gabe der persönlichen Überzeugung. Bernstorff trat mutig für die Pressefreiheit ein. Mit seinem Verbot des Sklavenhandels (1792) ging Dänemark allen anderen europäischen Staaten voraus. Bei seinem Tode trauerten die Menschen sowohl in den dänischen als auch in den deutschen Teilen der Monarchie.

Biografie

Georg Conrad Meyer

Georg Conrad Meyer (1774–1816) war der Sohn eines Zollschreibers. Seine Jugend verbrachte er in ärmlichen Verhältnissen. Trotzdem konnten ihm seine Eltern ab 1792 ein Jurastudium an der Kieler Universität ermöglichen. Dort wurde er von den Ideen der Französischen Revolution geprägt. Als einer seiner Professoren aufgrund der Einflussnahme des Emkendorfer Kreises um Friederike Juliane Gräfin von Reventlow von der Universität entlassen wurde, veranstalteten Meyer und andere revolutionär gesinnte Studenten eine Demonstration gegen die Entlassung. Einige dieser Studenten wurden sofort der Universität verwiesen. Meyer war noch nicht dabei, obwohl er von konservativen Kreisen als „Jakobiner" und „Oberhaupt der Kieler Sansculotten" bezeichnet wurde. Handgreiflichkeiten zwischen Studenten und Handwerksburschen in einem Kieler Wirtshaus nutzte die Obrigkeit, ihn von der Universität zu weisen. Als zwanzigjähriger, abgebrochener Student, den Kopf voller umstürzlerischer Ideen, kehrte er 1794 nach Flensburg zurück. Er gründete eine politische Zeitschrift mit dem Titel „Der neue Mensch", deren Motto ein Spruch aus der Französischen Revolution war: „Die Großen erscheinen uns groß nur, weil wir auf den Knien liegen. Erheben wir uns!" Die Zeitschrift stellte Forderungen auf wie Abschaffung aller ständischen Privilegien, Aufhebung der Zünfte, gleichmäßige Verteilung des Eigentums, Gewährung der Bürgerrechte für Juden und Gleichberechtigung der Frauen. Nach scharfen Angriffen auf den Hauptpastor der Nikolaikirche in Flensburg musste Meyer das Erscheinen seiner Zeitschrift einstellen. 1810 erkrankte er an der Schwindsucht und starb 1816 in Flensburg.

8 Partnerarbeit/Gruppenarbeit:
a) Recherchiert die Lebensläufe von Johann Friedrich Struensee und Friederike Juliane Gräfin von Reventlow.
b) Vergleicht die Biografien der vier Persönlichkeiten (Bernstorff, Meyer, Struensee, Reventlow) nach folgenden Aspekten: Herkunft, Ausbildung, Tätigkeiten, Leistungen, Persönlichkeit, heutige Bedeutung. c) Erarbeitet Bezüge zwischen den Biografien. d) Weiterarbeit mit den Biografien: – Das Thema „Aufklärung in Dänemark und Schleswig-Holstein" aus der Sicht einer der vier Personen darstellen. – Dialoge zwischen den Persönlichkeiten formulieren.

9 In Satrup (Angeln) gibt es das „Bernstorff-Gymnasium" und die „Struensee Gemeinschaftsschule".
a) Erläutert die unterschiedlichen Namensgebungen.
b) Diskutiert, welche der vier Persönlichkeiten als Namensgeber für eine Schule in Schleswig-Holstein besonders geeignet wäre.

England: Adel und Bürgertum begrenzen die Macht des Königs

Der Konflikt zwischen König und Parlament

Der König und das Parlament gerieten zu Beginn des 17. Jahrhunderts in einen Interessengegensatz. Mit Jakob I. (1566–1625) kam ein Sohn der Katholikin Maria Stuart auf den Königsthron. Er wollte eine absolutistische Herrschaft aufbauen, wie es sie überall in Europa gab. Das widerspenstige Parlament löste er einfach auf und regierte jahrelang allein. Immer wieder zu hören war der Verdacht, der König sympathisiere mit den als Staatsfeinden geltenden Katholiken. Diese Vermutungen wurden genährt, als König Jakob I. seinen Sohn Karl mit einer katholischen Bourbonin aus dem französischen Herrscherhaus vermählte. Ebenso erregte die üppige Hofhaltung bei sittenstrengen Untertanen Missfallen. Als der Thronfolger Karl I. 1625 seine Herrschaft antrat, stand er einem misstrauischen Parlament gegenüber. Es bestand auf der Wahrung seiner überlieferten, aber nirgendwo klar festgeschriebenen Rechte. Der Konflikt zwischen König und Parlament entzündete sich an drei Streitpunkten:

1. Das Unterhaus beschloss 1626 ein Gerichtsverfahren gegen Lord Buckingham: Dem fast allmächtigen Günstling des Königs wurde Zweckentfremdung von Geldern vorgeworfen.

2. Der König bestritt dem Parlament das Recht, die Verwendung der Gelder zu überwachen, die es für den Krieg gegen Spanien bewilligt hatte.

3. Das Parlament weigerte sich, dem König das „Pfund- und Tonnengeld“, einen Ein- und Ausfuhrzoll, lebenslang zu bewilligen. Es wollte stattdessen eine jährliche Beschlussfassung durchsetzen.

Vom Bürgerkrieg zur Republik

1628 übergab das Parlament dem König ein Schriftstück, die „Petition of Right“. Darin waren die Rechte des Parlaments benannt. Doch der Monarch ließ sich dadurch nicht binden. Er löste die Kammern zweimal auf und regierte elf Jahre ganz ohne Parlament. 1640 sah sich der König jedoch wegen eines schweren Konflikts mit den Schotten in Kirchenfragen gezwungen, das Parlament einzuberufen. Inzwischen waren die Gegensätze aber so groß, dass es zu einem Bürgerkrieg kam zwischen Truppen des Parlaments und Truppen des Königs. In diesem Krieg vermischten sich konfessionelle Gegensätze mit politischen: Anglikaner gegen Katholiken und Calvinisten und Teile des monarchischen Hoch- und Landadels und des Klerus gegen die parlamentstreuen Gentry und Yeomen. Die Armee unter Führung des Landedelmannes Oliver Cromwell bezog immer deutlicher Position gegen die monarchische Staatsform. Den Sieg des Parlamentsheeres nutzte Cromwell zu einem Staatsstreich. Ein „Rumpfparlament“, von monarchischen und religiösen Gegnern gesäubert, verkündete am 4. Januar 1649: Alle Gewalt unter Gott liege nun beim Volk. König Karl I. wurde von einem Offizierstribunal als „Tyrann, Mörder und Feind des Gemeinwesens“ verurteilt und hingerichtet. Die „Königsmörder“ riefen die Republik aus. Als Lord Protector regierte Cromwell von 1653 bis 1660. Er sicherte dem Parlament zwar das Recht der Gesetzgebung und der Steuerbewilligung zu, herrschte jedoch auch jahrelang ohne Parlament. Cromwell stützte sich auf militärische Macht und persönliche Autorität. Er verhielt sich kaum anders als der gestürzte Monarch der Stuart-Dynastie.

M1

Hinrichtung Karls I. am 30. Januar 1649, Radierung von Jan Luyken.
Links neben dem Richtblock ein Geistlicher, dem der König vor der Hinrichtung seine Ordenskette und seine Uhr übergeben hatte.

M2

Der König – Urheber und Schöpfer der Gesetze?

Noch als König von Schottland schrieb Jakob I. eine anonym gedruckte Abhandlung über die Königsherrschaft (1598):

Die Könige von Schottland waren schon da, bevor es Stände oder Rangabstufungen innerhalb derselben gab, bevor Parlamente gehalten oder Gesetze gemacht wurden. Sie verteilten das Land, das ursprünglich in seiner Gesamtheit ihnen gehörte, sie riefen Ständeversammlungen durch ihren Befehl ins Leben ... Daraus folgt mit Notwendigkeit, dass die Könige Urheber und Schöpfer der Gesetze waren, und nicht umgekehrt ... Und wie der König ganz offensichtlich oberster Herr des ganzen Landes ist, so ist er auch Herr über jede Person, die darin wohnt, und hat Gewalt über Leben und Tod einer jeden von ihnen ...; ein guter König wird nicht allein seine Freude daran haben, seine Untertanen nach Maßgabe des Gesetzes zu regieren, sondern er wird sich auch selber in seinen eigenen Handlungen danach richten und immer den Grundsatz beachten, dass das Wohl des Ganzen sein oberstes Gesetz sein soll ... Deshalb können auch allgemeine Gesetze, die öffentlich im Parlament beschlossen wurden, aus Überlegungen, die dem König bekannt sind, und kraft seiner Autorität gemildert oder suspendiert[1] werden.

Zit. nach Geschichte in Quellen, Bd. 3, bearb. v. Fritz Dickmann, München (bsv) 1966, S. 352, übers. v. F. Dickmann.

[1] suspendieren: zeitweilig aufheben

M3

Das Parlament – Hüter ererbter Rechte?

Aus einem Schreiben des Unterhauses an den König, 20. Juni 1604:

1. Unsere Privilegien* und Freiheiten sind unser wirkliches ererbtes Recht, nicht anders als unsere Länder und Güter.
2. Sie können uns nicht entzogen, aberkannt oder geschmälert werden, es sei denn mit offenbarem Unrecht gegenüber dem ganzen Königreich ...
5. Es gibt keinen höchsten Gerichtshof in diesem Lande, der sich nach Rang und Autorität mit diesem hohen Gerichtshof, dem Parlament, vergleichen könnte.

Zit. nach Geschichte in Quellen, Bd. 3, bearb. v. Fritz Dickmann, München (bsv) 1966, S. 356, übers. v. F. Dickmann.

M4

Die „Petition of Right“ 1628

Das durch König Karl I. (1625–1649) einberufene Parlament sprach dem König zwar erhebliche finanzielle Unterstützung zu, zwang ihn aber dafür, die Petition of Right (1628) anzunehmen:

Unseren obersten Herrn, den König, machen wir ... untertänigst darauf aufmerksam, dass durch ein Gesetz aus der Zeit König Edwards I. erklärt und verfügt wurde, dass durch den König oder seine Erben in diesem Reiche keine Steuer oder Beihilfe mehr auferlegt oder erhoben werden dürfe ohne guten Willen und Zustimmung der Erzbischöfe, Bischöfe, Earls, Barone, Ritter, Bürger und anderer freier Männer der Gesamtheit dieses Reiches ... Es ist auch durch die Satzung „Der Große Freiheitsbrief von England“ erklärt und verfügt worden, dass kein freier Mann verhaftet, eingesperrt oder seiner persönlichen Freiheit, seiner Rechte oder seiner freien Bewegung beraubt werden oder geächtet oder verbannt oder in irgendeiner Weise geschädigt werden dürfe, außer nach gesetzlichem Urteil von seinesgleichen oder nach dem Landesgesetz.

Zit. nach Geschichte in Quellen, Bd. 3, bearb. v. Fritz Dickmann, München (bsv) 1966, S. 364 f., übers. v. G. Guggenbühl.

1 Erarbeite Ursachen und Folgen des Konflikts zwischen Krone und Parlament (Darstellungstext, M1, M5).

2 Bewerte die Positionen in M2 und M3.

3 Begründe, warum die Petition of Right (M4) als bedeutender Schritt auf dem Weg zum modernen Rechtsstaat gesehen wird.

M5

Der englische Landadlige Oliver Cromwell (1599 bis 1658), kolorierte Kreidelithografie, 1855

Glorious Revolution – England wird eine konstitutionelle Monarchie

Die „Glorreiche Revolution"

Nach dem Tod Oliver Cromwells (1658) berief das sogenannte Lange Parlament 1660 den Sohn des hingerichteten Königs, Karl II., auf den Thron. Die alte Machtfülle erhielt der König aber nicht wieder. Neuerungen aus der Bürgerkriegs- und Cromwellzeit wurden rückgängig gemacht. In dieser Zeit bildeten sich zwei parteiähnliche Gruppierungen heraus: die Tories und die Whigs. Zu den Tories zählten die katholischen und anglikanischen Abgeordneten, zu den Whigs die Abgeordneten, die den Presbyterianern (reformierte Christen) und den Independenten (Calvinisten und Puritaner) zuneigten. Als Karl II. die Strafgesetze gegen die Katholiken aufhob und versuchte, die Rechte des Parlaments erneut zu beschneiden, reagierte das Parlament: 1673 zwang es den König zu bestätigen, dass künftig nur der ein öffentliches Amt in England ausüben durfte, der dem Papsttum und Teilen der katholischen Lehre abgeschworen hatte. Auch die Habeas-Corpus-Akte von 1679 über den Schutz der persönlichen Freiheit musste der König dem Parlament bestätigen. Weit weniger nachgiebig zeigte sich sein Nachfolger, Jakob II. (1685–1688), ebenfalls ein Sohn Karls I. Ihm misstraute man nicht nur, weil er Katholik war, sondern auch, weil er auf das Mittel der Parlamentsauflösung zurückgriff. Als 1688 mit der Geburt seines Sohns der Fortbestand seiner Dynastie zu erwarten war, verbündeten sich Tories und Whigs im Parlament gegen ihn und riefen den Prinzen Wilhelm von Oranien zu Hilfe, den Statthalter der Niederlande. Er war ein Enkel Karls I. und Schwiegersohn Jakobs II., zudem ein überzeugter Protestant. Damit schien er in der Lage, einen Bürgerkrieg zu vermeiden. Als Jakob II. aus England floh, übertrug das Parlament Wilhelm von Oranien und seiner Gemahlin Maria die Krone, nachdem sie die „Bill of Rights"* (1689) anerkannt hatten.
Die Landung Wilhelms in England und die kampflose Flucht Jakobs wird „Glorious Revolution" genannt. 1701 sicherte sich das Parlament endgültig die Macht mit dem „Act of Settlement". England war eine „konstitutionelle Monarchie" geworden.

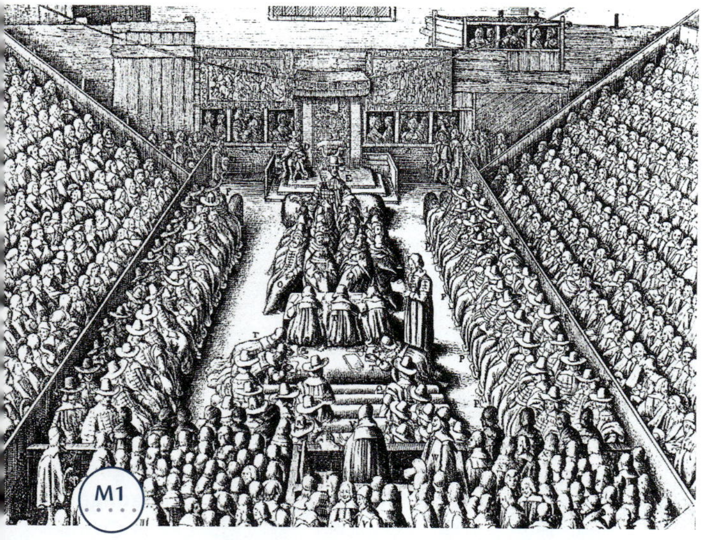

M1

Das englische Unterhaus 1641, Kupferstich, 17. Jh.
Der König und seine Gefolgschaft verfolgen eine Gerichtsverhandlung von den Logen im Hintergrund aus. Die Mitglieder des Unterhauses (Abgeordnete der Städte und Grafschaften) sitzen auf den aufsteigenden Bankreihen. Die Oberhaus-Mitglieder (hohe Geistlichkeit, hoher Adel) haben davor Platz genommen (mit Hüten).

M2

Das englische Unterhaus heute, Foto, 2008. Abgeordnete der Regierungspartei und der Opposition sitzen sich auf den Bankreihen gegenüber. Der thronartige Stuhl mit Baldachin im Hintergrund ist der Platz des sogenannten Speakers, der die Sitzung leitet.

M3

Die „Bill of Rights" von 1689

Die Bill of Rights wurde dem zu erwählenden Königspaar Wilhelm und Maria vor der Übertragung der Regierungsgewalt zur Annahme vorgelegt:

Sie erklären darin:
1. dass die in Anspruch genommene Befugnis, Gesetze vorübergehend außer Kraft zu setzen oder den Vollzug von Gesetzen zu hemmen, auf königliche Autorität allein hin, ohne Zustimmung des Parlaments, ungesetzlich ist;
2. dass die in Anspruch genommene Befugnis, von Gesetzen zu entbinden …, auf königliche Ermächtigung allein hin … ungesetzlich ist;
3. dass die Gelderhebung für Zwecke der Krone … ohne Bewilligung des Parlaments, für längere Zeit oder in anderer Weise …, ungesetzlich ist …;
4. dass die Aufstellung und Unterhaltung eines stehenden Heeres im Königreich in Friedenszeiten ohne Bewilligung des Parlaments ungesetzlich ist;
5. dass die Parlamentswahlen frei sein sollen;
6. dass Redefreiheit, Debatten und Verhandlungen im Parlament nicht zum Gegenstand einer Anklage oder einer Untersuchung vor Gericht oder sonstwo gemacht werden dürfen.

Zit. nach Heinz Dieter Schmid, Fragen an die Geschichte, Bd. 3, Frankfurt a. M. (Hirschgraben) 1976, S. 85.

M4

„… die Gewalt fällt an das Volk zurück"

John Locke (1632–1704), Arzt, Erzieher und Philosoph, Anhänger der „Glorreichen Revolution", schrieb 1690:

Der Grund, weshalb Menschen sich zu einer Gesellschaft vereinigen, ist die Erhaltung des Eigentums; und der Zweck, warum sie eine Legislative [gesetzgebende Gewalt, Parlament] wählen und bevollmächtigen, ist der, dass Gesetze gegeben und Regeln festgesetzt werden … So oft … die Legislative dieses Grundgesetz der Gesellschaft überschreitet und aus Ehrgeiz, Furcht, Torheit oder Verderbtheit versucht, eine absolute Gewalt über Leben, Freiheit und Vermögen des Volkes … an sich zu reißen …, verwirkt sie durch diesen Vertrauensbruch die Gewalt, die das Volk … verliehen hatte; und die Gewalt fällt an das Volk zurück.

Zit. nach Arnulf Moser u. a., Das Werden der neuen Zeit, Stuttgart (Klett) 1980, S. 80 f.

Begriffe und Daten

Krone und Parlament – Kampf um die Macht

1628 Petition of Right: Festschreibung der Rechte des Parlaments, die aber keine Gesetzeskraft erlangen.
1640 „Langes Parlament" setzt die Kontrolle der königlichen Regierung durch, löst sich erst 1660 endgültig auf.
1642–1648 Bürgerkrieg zwischen Krone und Parlament
1649 Hinrichtung Karls I.; England wird Republik.
1653–1658 Oliver Cromwell herrscht als Lord Protector.
1660 Wiederherstellung der Stuart-Monarchie
1679 Habeas-Corpus-Akte: Gesetz zum Schutz der persönlichen Freiheit
1688 Glorious Revolution: Das Parlament bestellt Wilhelm von Oranien und Maria zu Königen.
1689 Bill of Rights: Sicherung der Parlamentsrechte
1701 Act of Settlement: Regelung der Thronfolge, Grundlegung der richterlichen Unabhängigkeit

Begriffe und Daten

Parlament

(von franz. parler = reden) Bezeichung für eine Volksvertretung, die aus einer oder zwei Kammern besteht. Das erste Parlament entstand in England im ausgehenden 13. Jahrhundert – als eine Folge der Magna Charta von 1215. Die Königsmacht wurde durch diese Versammlung eingeschränkt.

Konstitutionelle Monarchie

Die konstitutionelle Monarchie ist eine Form der Staatsverfassung, in der die absolute Macht des Monarchen durch eine Verfassung (Konstitution) beschränkt wird. Sie wurde zuerst in England mit der Bill of Rights von 1689 verwirklicht. Der Monarch wurde in der Gesetzgebung und in der Aufstellung des Staatshaushaltes vom Parlament abhängig.

1 **Partnerarbeit:** Erarbeitet mithilfe des Darstellungstextes und des Kastens die Machtverteilung zwischen Krone und Parlament.
2 Untersuche anhand von M4, wie Locke das Verhältnis zwischen Parlament und Volk sieht.
3 Prüfe, inwiefern Locke in M4 über M3 hinausgeht.
4 Vergleiche M1 und M2 und erkunde, warum der Deutsche Bundestag eine halbkreisförmige Sitzordnung hat.

„We the people" – die Vereinigten Staaten von Amerika entstehen

Die Kolonien vor der Revolution von 1776

Im Mai 1607 gründeten etwa 100 Männer eine Niederlassung an der Ostküste Nordamerikas: Jamestown. Sie handelten im Auftrag der Virginia Company, einer Handelsgesellschaft, und mit Erlaubnis des englischen Königs. Von hier aus sollten sie das umliegende Gebiet wirtschaftlich erschließen und kolonisieren. Sie hofften, in Amerika ein wirtschaftlich besseres Leben als in Europa führen zu können. Andere erwarteten, ihren Glauben frei praktizieren zu können, wie die englischen Puritaner: Sie landeten 1620 mit der „Mayflower" in der Nähe von Boston und gründeten Plymouth. 1770 hatten die etwa 2,5 Millionen Einwohner den mittlerweile 13 Kolonien zu einem relativ großen Wohlstand verholfen. Der Preis dafür war jedoch hoch: Entbehrungen, harte Arbeit, Heimweh und vielerlei Gefahren mussten die Siedler ebenso in Kauf nehmen wie Krankheiten, den Verlust von Angehörigen und Besitz. Dazu kamen Auseinandersetzungen mit Indianerstämmen, in deren Gebiete die Siedler eingedrungen waren. Die Indianer wurden ihres Landes und ihrer Lebensgrundlagen beraubt und in Reservate abgedrängt. Während die europäischen Einwanderer zumindest die Freiheit als „Gewinn" ausweisen konnten, befanden sich die fast 500 000 Schwarzafrikaner als Sklaven, zumeist auf den Plantagen in den südlichen Kolonien, in wirtschaftlicher und persönlicher Abhängigkeit.

Wie für die Engländer des Mutterlandes galten auch für die freien Einwohner der Kolonien die Grundsätze einer unabhängigen Rechtsprechung und die Unverletzlichkeit des Eigentums.

Auf dem Weg zur Unabhängigkeit

Im englischen Mutterland hatte die „Glorious Revolution" von 1688 mit der „Bill of Rights"* einen Machtausgleich zwischen Monarch und Parlament herbeigeführt. Diese Entwicklung stärkte auch in den Kolonien die Stellung der Volksvertretungen gegenüber den vom König berufenen Gouverneuren. Wegen der großen Entfernung zum Mutterland verwalteten sich die Kolonien weitgehend selbst. Mit der wachsenden Zahl von Einwanderern aus verschiedenen Ländern lockerte sich die Bindung an England. Die Kolonisten verstanden sich zunehmend als Gemeinschaft, die auf sich selbst angewiesen und für sich selbst verantwortlich war.

Die englische Regierung war daran interessiert, die Einnahmen aus den Kolonien zu erhöhen, vor allem nach dem zwar siegreichen, aber Verlust bringenden Kolonialkrieg gegen Frankreich (1756–1763). Durch eine Reihe von Zoll- und Steuergesetzen verstärkte sie den Druck auf die Kolonien. Die Kolonisten reagierten darauf mit Boykottmaßnahmen, Protesten und gewaltsamen Aktionen, worauf das Mutterland mit der Entsendung von Truppen antwortete. Am 4. Juli 1776 erklärten Abgesandte der 13 Kolonien in Philadelphia die Unabhängigkeit der „United States of America" (USA).

M1

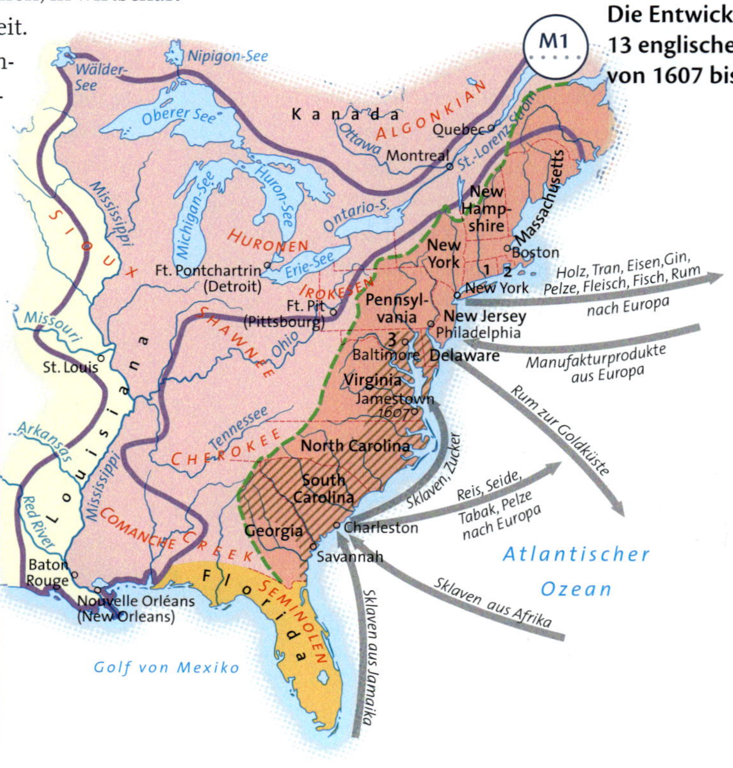

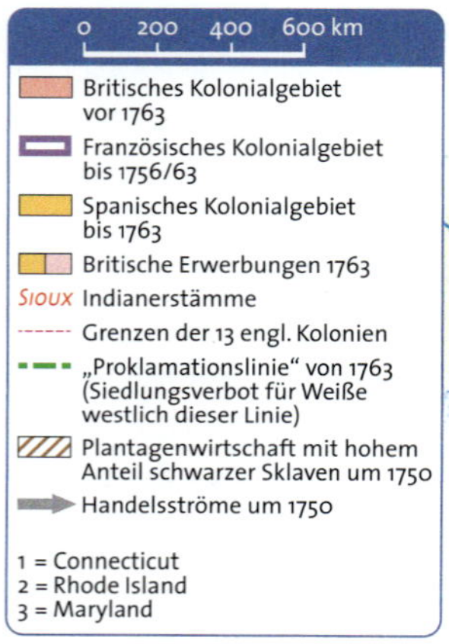

Die Entwicklung der 13 englischen Kolonien von 1607 bis 1770

Das Ende der Konföderation?

Der Unabhängigkeitskrieg hatte zwar den ehemaligen Kolonien die Loslösung von England gebracht, sie aber wirtschaftlich schwer geschädigt. Auch ihre politische Einigkeit, die sie wirkungsvoll gegen die englische Regierung eingesetzt hatten, war geschwächt: Die 1781 entstandene Konföderation, ein loser Staatenbund, drohte zu zerfallen. Besonders deutlich zeigte sich dies, als bis 1787 keine endgültige Einigung in der entscheidenden Frage erreicht wurde: Sollten sich die Einzelstaaten zu einer „Union", einem Bundesstaat, zusammenschließen und auf ihre gerade gewonnene Entscheidungsmacht zugunsten einer übergeordneten Bundesregierung verzichten? Oder sollten die Einzelstaaten ihre Rechte behalten und in einem Staatenbund mit einer politisch relativ „schwachen" Bundesregierung organisiert bleiben?

Die Verfassung von 1787

1787 setzte der Kongress (siehe S. 97, M1) einen Ausschuss ein, der unter strenger Geheimhaltung einen Verfassungsentwurf ausarbeiten sollte. Demnach sollten die Einzelstaaten Rechte behalten, die Zentralregierung aber mehr Entscheidungskraft als bisher bekommen. Das Ergebnis war im Kern die bis heute gültige Verfassung der USA. Der Staatenbund wurde in einen Bundesstaat umgewandelt: Ein System aus „checks and balances" sollte die Regierenden kontrollieren und Machtmissbrauch verhindern.

Die Bundesregierung erhielt z. B. das Recht, Verträge zu schließen, Steuern und Zölle zu erheben. Die Einzelstaaten waren u. a. zuständig für die Verwaltung, das Gesundheits- und Bildungswesen. Heftig umstritten war die Frage des Wahlrechts*: Sollten alle Bürger gleiches Wahlrecht erhalten oder sollte es abhängig sein vom Besitzstand – wie in der Kolonialzeit? 1787 entschied die Mehrheit der Delegierten im Kongress: Das Wahlrecht sollte an Eigentum gebunden sein. 1830 wurde diese Einschränkung jedoch aufgehoben. Ehemalige Sklaven erhielten 1870 das Wahlrecht, Frauen erst 1920.

Die Verfassung von 1787 setzte den Gedanken der Volkssouveränität in die Praxis um. Sie verwirklichte konsequent die Gewaltenteilung und die Aufteilung der Kompetenzen zwischen Bund und Einzelstaaten.

M2

Boston am Tag der Unabhängigkeit

Abigail Smith Adams (1744–1818), die Gattin des zweiten Präsidenten der USA, schrieb ihrem Mann John Adams (1735–1826) am 21. Juli 1776:

Letzten Donnerstag bin ich, nachdem ich eine gute Predigt gehört hatte, mit den Massen in die King Street gegangen, um die Lesung und Verkündung der Unabhängigkeitserklärung zu hören … Die Truppen erschienen bewaffnet, und alle Einwohner versammelten sich dort … Colonel Crafts las die Erklärung vom Balkon des Parlamentsgebäudes. Jedem Wort wurde große Aufmerksamkeit geschenkt. Sobald er geendet hatte, kam der Ruf vom Balkon: „Gott schütze unsere amerikanischen Staaten" und dann drei Hochrufe, die durch die Luft drangen. Die Glocken läuteten, die Artillerie feuerte Salutschüsse ab, die Kanonen wurden gezündet … und Freude stand in jedem Gesicht.

Zit. nach John W. Caughey u. a., Land Of The Free, New York (Benziger) 1971, S. 146, übers. d. Verf.

M3

Die Unabhängigkeitserklärung (1776)

Auszug aus der Unabhängigkeitserklärung des Kongresses vom 4. Juli 1776:

Wir halten diese Wahrheiten für in sich einleuchtend: dass alle Menschen gleich geschaffen sind; dass sie von ihrem Schöpfer mit gewissen unveräußerlichen Rechten ausgestattet sind, darunter Leben, Freiheit und Streben nach Glück; dass zur Sicherung dieser Rechte Regierungen unter den Menschen eingesetzt sind, die ihre gerechten Vollmachten von der Einwilligung der Regierten herleiten; dass, wenn immer eine Regierungsform diesen Zielen zum Schaden gereicht, es das Recht des Volkes ist, sie zu ändern oder abzuschaffen und eine neue Regierung einzusetzen, die sich auf solche Grundsätze aufbaut … Im Namen und in Vollmacht des guten Volkes dieser Kolonien geben wir feierlich bekannt und erklären, dass diese vereinigte Kolonien sind und von Rechts wegen sein sollen freie und unabhängige Staaten.

Zit. nach Geschichte in Quellen, Bd. 4, hg. v. Wolfgang Lautemann u. a., München (bsv) 1981, S. 90 ff.

M4

The Founders of the New World, Foto, 1999. Die riesigen Porträts, die Gutzon Borglum zwischen 1927 und 1941 in den Fels des Mount Rushmore in South Dakota meißelte, zeigen die amerikanischen Präsidenten George Washington, Thomas Jefferson, Theodore Roosevelt und Abraham Lincoln (v. l. n. r.).

Begriffe und Daten

1776: Unabhängigkeitserklärung der USA

Am 4. Juli 1776 erklärten Abgesandte der 13 Kolonien die Unabhängigkeit der „United States of America" (USA) vom englischen Mutterland. Der Text der Urkunde verweist auf grundlegende Menschenrechte und die Idee der Volkssouveränität.

Verfassung

Eine Verfassung beschreibt die Ordnung eines Staates und legt die Rechte und Pflichten der Bürger sowie die Aufgaben der verschiedenen Staatsorgane, z. B. des Parlaments und der Regierung, fest. Eine demokratische Verfassung wird meist schriftlich festgehalten, garantiert die Menschenrechte und regelt die Aufteilung der staatlichen Gewalt.

Volkssouveränität

Ein Grundprinzip der Demokratie: Alle Staatsgewalt geht vom Volk aus, das seinen Willen direkt oder indirekt über gewählte Abgeordnete zur Geltung bringt. Die Volkssouveränität wird nur durch die in der Verfassung festgelegten Menschenrechte beschränkt.

1 Fasse anhand der Darstellungstexte S. 94/95 und M1 zusammen, wie sich die einzelnen Kolonien zwischen 1607 und 1787 im Hinblick auf a) ihre Bevölkerung, b) die Wirtschaft und c) die politischen Beziehungen zu England entwickelten.

2 Untersuche, wie Abigail Adams (M2) ihrem Mann den Tag der Unabhängigkeitserklärung schildert.

3 Erarbeite anhand von M3 die Kernaussagen der Unabhängigkeitserklärung von 1776.

4 a) Analysiere M4 mithilfe der Methode „Bildanalyse" im Anhang.
b) Stelle fest, welches „Bild" über die amerikanische Demokratie vermittelt wird.

5 Kläre, wie das im Darstellungstext angesprochene Problem der Machtverteilung zwischen Einzelstaaten und Bundesregierung gelöst wurde.

6 **Partnerarbeit:** Prüft, ob sich in den Artikeln des Grundgesetzes der Bundesrepublik Deutschland (im Anhang) Aussagen aus M3 wiederfinden lassen.

Ein Verfassungsschema analysieren

Die Verfassung als Schaubild

Gesetzestexte wie z. B. Verfassungen sind schwer zu erschließen wegen ihrer Ausdrucksweise und der komplizierten Sachverhalte. Schaubilder werden oft benutzt, um Zusammenhänge oder Formulierungen zu vereinfachen und zu verdeutlichen. Allerdings ist auch hier die Voraussetzung, dass du ihre „Sprache" verstehst.

1 Untersuche M1 mithilfe der Arbeitsschritte.

2 „Alle Macht ruht im Volke und leitet sich daher von ihm ab" (Artikel 2 der Grundrechte-Erklärung Virginias, 1776). Erfüllt die US-Verfassung diese Forderung? Setze dich anhand von M1 kritisch mit dieser Frage auseinander.

Arbeitsschritte

1. Schritt: Einzelne Elemente der Abbildung erfassen

- Welche (Fach-)Begriffe werden genannt (z. B. Senat, Wahlmänner)?
- Welche Symbole sind zu erschließen (z. B. Farben, Pfeile)?

2. Schritt: Den Aufbau untersuchen

- Wie ist das Schaubild zu lesen: von unten nach oben, von links nach rechts – oder umgekehrt?
- Gibt es einen inhaltlich logischen „Einstieg"? Verändert sich die Aussage des Schemas für den Betrachter, je nachdem, welchen Zugang und Weg er wählt?

3. Schritt: Den Inhalt erschließen

- Welche Informationen enthält das Verfassungsschema?
- Gibt es Hilfen, um diese Informationen zu verstehen?
- Wird deutlich, wie die einzelnen Elemente der Verfassung in Beziehung zueinander stehen? Wer kann z. B. politisch (mit-)bestimmen und wie? Sind alle Elemente einander gleichgestellt oder gibt es z. B. ein „Oben" und „Unten" – mit welchen Konsequenzen?
- Was bleibt unklar bzw. ungenau, sodass weitere Recherchen notwendig sind?

4. Schritt: Die Aussagekraft bewerten

- Lassen sich anhand des Schemas die Grundprinzipien der Verfassung formulieren?
- Ist es möglich, aus dem Schema „Stärken" und „Schwächen" der Verfassung zu erkennen?

5. Schritt: Den historischen Zusammenhang einbeziehen

- Da ein Verfassungsschema keine Quelle, sondern deren wissenschaftliche Interpretation ist, muss es anhand von weiteren Materialien bzw. Informationen überprüft werden.

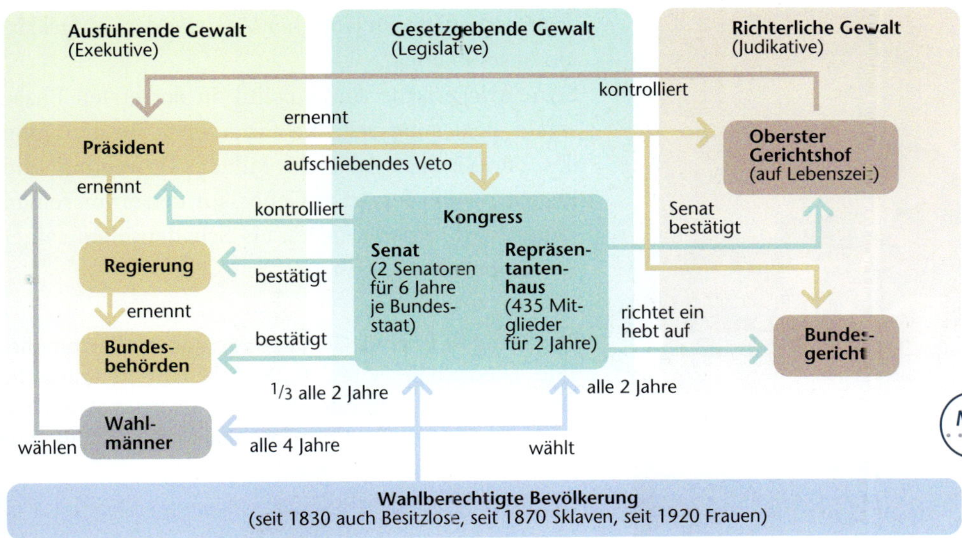

M1 **Die Verfassung der Vereinigten Staaten von Amerika von 1787**

Preußische Könige – „erste Diener des Staates“?

Vom Kurfürstentum zum Königreich

Das Territorium Brandenburg-Preußen gehörte zu den Gewinnern des Dreißigjährigen Krieges. Mitte des 18. Jahrhunderts reichte es vom Niederrhein bis zur Ostsee. Über den preußischen Staat herrschte seit 1640 Friedrich Wilhelm (1620–1688), der von seinen Zeitgenossen „Großer Kurfürst“ genannt wurde. Ähnlich wie Ludwig XIV. baute auch Friedrich Wilhelm ein stehendes Heer auf. Es gelang ihm außerdem, die Mitwirkung der Stände in finanziellen Fragen einzuschränken. Nachdem er den Adligen weitreichende Steuerprivilegien sowie die Gerichtsbarkeit und die Polizeigewalt auf ihren Gütern zugesichert hatte, zogen sie sich aus der Politik zurück. Dagegen verschlechterte sich die Lage der Bauern in Brandenburg-Preußen, denn sie gerieten nun immer stärker in Abhängigkeit von ihren Gutsherren.

Der Sohn des Großen Kurfürsten, Friedrich III. (1657 bis 1713), wollte die Macht seines Staates auch nach außen hin zeigen: Er krönte sich 1701 im ostpreußischen Königsberg (heute Kaliningrad) zum „König in Preußen“ und nahm den Namen Friedrich I. an.

Der „Soldatenkönig“

Friedrich Wilhelm I. (1688–1740) unterschied sich von seinen Vorgängern und von Ludwig XIV. darin, dass er jeden Prunk an seinem Hof ablehnte: z. B. Jagden und Bälle. Sogar das kostbare Silbergeschirr seines Vaters ließ er einschmelzen, um den Staatsschatz damit zu füllen. Das Geld, das so eingespart wurde, investierte der König in den Ausbau der Verwaltung und in die preußische Armee. Deshalb erhielt er auch den Beinamen „Soldatenkönig“. 1733 teilte er das Staatsgebiet in „Kantone“ auf, die jeweils einem Regiment der Armee entsprachen. Die männlichen Jugendlichen, überwiegend Bauernsöhne, wurden in Listen erfasst. Wer tauglich war, musste lebenslang im Militär dienen. Allerdings verbrachten die Soldaten in Friedenszeiten nur drei Monate des Jahres bei ihrem Regiment. In den übrigen neun Monaten waren sie für die Arbeit in der Landwirtschaft oder im Gewerbe beurlaubt. Der Adel, dessen Söhne in Kadettenschulen erzogen wurden, stellte die Offiziere. Die Söhne der Kaufleute, Handwerker und Manufakturarbeiter waren von der Wehrpflicht befreit.

Aufgeklärter Absolutismus

Der aufgeklärte Absolutismus war eine Staatsform, die sich nicht mehr aus dem „Gottesgnadentum“ begründete, sondern aus einer rationalen (vernunftgeleiteten) Staatsverwaltung. Sie orientierte sich am Wohl des Gesamtstaates und seiner Untertanen. Dieses neue Verständnis von Herrschaft führte aufgeklärte Monarchen und Aufklärer zusammen – oft gegen die reformunwilligen Stände, die im 18. Jahrhundert in ihren Territorien mitregierten. Der preußische König Friedrich II. (Regierungszeit 1740–1786) gilt in der Geschichtswissenschaft als ein typischer Vertreter des „aufgeklärten Absolutismus“.

Seine kriegerische Außenpolitik in der ersten Phase seiner Regierungszeit, die fortgesetzte Bevorzugung des preußischen Adels in Militär, Verwaltung und Regierung und der strikte Gehorsam, den er von seinen Untertanen forderte, gelten als Schattenseiten seiner Reformpolitik.

M1

Der König ist überall, Gemälde von Robert Warthmüller, 1886. Friedrich II. setzte sich persönlich für die Anwendung fortschrittlicher Methoden in der Landwirtschaft ein. So ermunterte er die Bauern zur Anpflanzung der in Preußen noch unbekannten Kartoffel.

M2

Die Grundlagen der Macht

Über die Grundlagen seiner Macht äußerte sich Friedrich II. 1777 folgendermaßen:

Die große Wahrheit, dass wir gegen die anderen so handeln sollen, wie wir von ihnen behandelt zu werden wünschen, wird zur Grundlage der Gesetze ... Da jedoch die Gesetze ohne unaufhörliche Überwachung weder fortbestehen noch Anwendung finden konnten, so bildeten sich Obrigkeiten heraus, die das Volk erwählte und denen es sich unterordnete ...

Die Aufrechterhaltung der Gesetze war der einzige Grund, der die Menschen bewog, sich Obere zu geben, denn das bedeutet den wahren Ursprung der Herrschergewalt. Ihr Inhaber war der erste Diener des Staates.

Zit. nach Die Werke Friedrichs des Großen, hg. von Gustav Berthold Volz, Bd. 7, Berlin (Reimar Hobbing) 1913, S. 226.

Biografie

Friedrich II.

Friedrich II. (1712–1786) übernahm 1740 nach dem Tod seines Vaters die Herrschaft in Preußen. Er hatte vor seiner Thronbesteigung im Briefverkehr mit aufklärerischen Schriftstellern und Philosophen wie z. B. Voltaire (1694–1778) gestanden, weshalb ihm der Ruf vorauseilte, sich für eine auf Recht und Vernunft gegründete Politik einzusetzen. Seine Außenpolitik unterschied sich allerdings kaum von der seines Vaters: Er war daran interessiert, Preußen zu einer Großmacht zu erheben. Bereits wenige Monate nach seinem Amtsantritt griff er Österreich an. Er eroberte die Provinz Schlesien, die er in zwei weiteren Kriegen behaupten konnte. Allein in der letzten dieser drei Auseinandersetzungen, dem Siebenjährigen Krieg von 1756 bis 1763, starben 120 000 preußische, 69 000 österreichische und 42 000 russische Soldaten. 1772 einigte er sich mit Russland und Österreich über die gewaltsame Aufteilung von polnischem Staatsgebiet (siehe S. 100/101).

Webcode: FG642588-099

M3

Die Unabhängigkeit der Justiz

Friedrich II. bekannte 1752:

Ich habe mich entschlossen, niemals in den Lauf des gerichtlichen Verfahrens einzugreifen; denn in den Gerichtshöfen sollen die Gesetze sprechen und der Herrscher schweigen. Aber dies Stillschweigen hat mich doch nicht daran gehindert, ... über das Verhalten der Richter zu wachen.

Zit. nach Friedrich II., Die Politischen Testamente, 2. Aufl., München (Treu) 1936, S. 4 f., bearb. d. Verf.

M4

Die Gleichheit vor dem Gesetz

Der Müller Christian Arnold konnte 1779 die Pacht für seine Mühle nicht mehr zahlen, weil ihm ein Adliger oberhalb seines Grundstücks für einen Karpfenteich das Wasser abgegraben hatte. Als die Richter die Zwangsversteigerung der Mühle anordneten, erklärte Friedrich II. das Urteil für nichtig und ließ die Richter mit folgender Begründung ins Gefängnis werfen:

Sie müssen nur wissen, dass der geringste Bauer, ja, was noch mehr ist, der Bettler ebensowohl ein Mensch ist, wie Seine Majestät sind, ... es mag sein ein Prinz, der wider einen Bauer klagt, oder auch umgekehrt, so ist der Prinz vor der Justiz dem Bauern gleich und bei solchen Gelegenheiten muss pur nach der Gerechtigkeit verfahren werden, ohne Ansehen der Person.

Zit. nach Gespräche Friedrichs des Großen, hg. von Friedrich von Oppeln-Bronikowski und Gustav Berthold Volz, Berlin (Reimar Hobbing) 1919, S. 192.

1 Informiere dich im Geschichtsatlas über die Entwicklung Brandenburg-Preußens im 17./18. Jahrhundert. Ziehe den Darstellungstext heran.

2 Informiere dich anhand des Darstellungstextes über die Maßnahmen Friedrich Wilhelms I. zum Ausbau der preußischen Armee. Vergleiche sie mit denen Ludwigs XIV. (siehe S. 71).

3 **Partnerarbeit:**

a) Fertigt mithilfe von M2 bis M4 und des Personenkastens eine Liste an: Welche Meinungen und Handlungen Friedrichs II. zeigen eine aufgeklärte Haltung und welche nicht?

b) Untersucht die Position Friedrichs II. zu den Ansichten der Philosophen der Aufklärung (S. 83–85). Zieht die Darstellungstexte S. 98 mit heran.

Die Teilungen Polens

Polen kämpft um seine Existenz

Polen befand sich seit Beginn des 18. Jahrhunderts in einer schwierigen Lage: Obwohl es einen König gab, fehlte dem Staat eine starke Regierungsgewalt. Die eigentliche politische Macht lag in der Hand der großen Adelsfamilien. Sie kämpften im polnischen Reichstag, dem „Sejm“, für ihre Interessen. Ein stabiles System in Polen stand den machtpolitischen Interessen Russlands, Preußens und Österreichs entgegen: Die Herrscher verständigten sich untereinander und besetzten 1772 polnische Gebiete, die sie unter sich aufteilten. Nach dieser ersten Teilung versuchte das restliche Polen, sich durch politische Reformen zu stärken. Kernstück war die erste geschriebene moderne Verfassung Europas von 1791. Polen wurde zur konstitutionellen Monarchie mit Erbkönigtum. Die Verfassung legte das Prinzip der Gewaltenteilung fest, und die Regierung sollte dem Parlament verantwortlich sein. In den Sejm konnten nun auch bürgerliche Abgeordnete gewählt werden. Weiterhin garantierte die Verfassung die Religionsfreiheit. Die Hoffnungen, die Polen an seine Verfassung knüpfte, wurden von Russland und Preußen zunichte gemacht: Wieder schickten beide Staaten Truppen nach Polen und verständigten sich über die zweite Teilung des Landes. Sie ließ nur noch einen Staat mit 3,5 Millionen Einwohnern übrig. Ein nationaler Aufstand der Polen 1794 unter der Führung von Tadeusz Kościuszko scheiterte nach einigen Monaten an den Teilungsmächten: 1795 wurde der Rest Polens von Russland, Preußen und Österreich annektiert – ein selbstständiger polnischer Staat entstand erst wieder am Ende des Ersten Weltkrieges 1918.

Biografie

Maria Theresia

(1717–1780); österreichische Erzherzogin, Königin von Ungarn und Böhmen; Erbtochter Kaiser Karls VI.; übernahm nach dessen Tod (als Kaiserin) die Regierung der habsburgischen Erblande, die sie gegenüber anderen europäischen Herrschern behauptete. Ablehnung der Aufklärung, aber Reformpolitik im Inneren (u. a. Abschaffung der Folter und Frondienste).

Katharina II. (die Große)

(1729–1796); geborene Sophie Friederike Auguste von Anhalt-Zerbst; ließ ihren Ehemann, den russischen Kaiser Peter III., stürzen und sich zur Kaiserin (Zarin) ausrufen. Anhängerin der Aufklärung, stärkte aber die traditionelle Sozialordnung (Ausdehnung der Leibeigenschaft). Festigte die Stellung Russlands als europäische Großmacht.

Tadeusz Kościuszko

(1746–1816); stammte aus einer litauischen Adelsfamilie; Adjutant Washingtons im Nordamerikanischen Unabhängigkeitskrieg, Aufstieg zum General. Rückkehr nach Polen 1786; unterstützte die Reformen König Stanislaus' II. und verteidigte die Verfassung von 1791. Organisierte 1794 einen nationalen Aufstand gegen die Teilungsmächte und ernannte sich im März 1794 zum „Staatschef“. Nach der Niederlage des Aufstandes und der dritten Teilung Polens lebte Kościuszko bis zu seinem Tod in Amerika, in Frankreich und in der Schweiz.

M1 **Die Teilungen Polens**

M2

Die Teilung Polens von 1772 – warum?

2A Zarin Katharina II. (Russland):

In ihrem gemeinsamen Vorgehen gegen Polen haben sich die drei Höfe weniger von Eroberungslust leiten lassen als von großen und praktischen Gesichtspunkten. Sie wollten Ordnung und Ruhe, wie der Wohlstand und die Sicherheit ihrer eigenen Grenzen sie erforderten, in ein Land bringen, das oft genug Wirren, ja der Anarchie ausgesetzt war. Die so herbeigezwungene Teilung hat zu einer wohl abgewogenen Vergrößerung der drei Mächte geführt, der wahrhaft nobelsten und imposantesten Tat, die Europa mit einem solchen Unternehmen überhaupt geschenkt werden konnte.

2B König Friedrich II. (Preußen):

Es bedurfte des Zusammentreffens einzigartiger Umstände, um diese Teilung herbeizuführen und die Gemüter dafür zu gewinnen; sie musste erfolgen, um einem allgemeinen Kriege vorzubeugen. Man stand vor der Wahl, Russland im Laufe seiner gewaltigen Eroberungen aufzuhalten, oder, was klüger war, daraus auf geschickte Weise Nutzen zu ziehen … Um das Gleichgewicht zwischen den nordischen Mächten einigermaßen aufrechtzuerhalten, musste sich der König [von Preußen] an dieser Teilung notwendig beteiligen.

2C Kaiserin Maria Theresia (Österreich):

Ich bekenne, dass es mich ein Opfer kostet, mich über eine Sache zu entscheiden, von deren Gerechtigkeit ich keineswegs versichert bin, selbst wenn sie nutzbringend wäre. … Ich begreife nicht die Politik, welche erlaubt, dass, wenn zwei sich ihrer Überlegenheit bedienen, um einen Unschuldigen zu unterdrücken, der Dritte … die gleiche Ungerechtigkeit nachahmen und begehen kann und soll.

M2A–M2C zit. nach Matthias Kneip/Manfred Mack, Polnische Geschichte, Berlin (Cornelsen) 2007, S. 41.

M3

Erinnerung an das „Königreich Polen“?

Geheimartikel des Teilungsvertrages vom 15./26. Januar 1797 zwischen Russland, Österreich und Preußen:

Da die beiden kaiserlichen Höfe ebenso wie Seine Majestät der König von Preußen es für notwendig erachten, alles zu zerstören, was die Erinnerung an die Existenz des Königreichs Polen zurückrufen könnte, nachdem dieses politische Gebilde endgültig beseitigt worden ist, kommen die Hohen Vertragsschließenden Parteien überein und verpflichten sich, niemals in ihre Titel die Benennung oder die Zusatzbezeichnung „Königreich Polen“ aufzunehmen, eine Bezeichnung, die von jetzt an und für immer unterdrückt bleiben muss.

Zit. nach Matthias Kneip/Manfed Mack, Polnische Geschichte, Berlin (Cornelsen) 2007, S. 41.

Begriffe und Daten

Polnische Teilungen

Zwischen 1772 und 1795 vorgenommene Aufteilung bzw. Auflösung des polnischen Staates durch die europäischen Großmächte Russland, Österreich und Preußen.

1 Kläre anhand des Darstellungstextes die politische Situation Polens im 18. Jahrhundert. Berücksichtige dabei folgende Gesichtspunkte:
a) die Machtverteilung in Polen,
b) die politischen Reformen nach der ersten Teilung,
c) das Verhalten der Großmächte Russland und Preußen,
d) das Ergebnis der Teilungen.

2 Beschreibe mithilfe vom M1 den Verlauf der Teilungen zwischen 1772 und 1795.

3 a) Bewerte die Vereinbarung in M3 aus damaliger polnischer Perspektive.
b) Formuliere, wie die Polen ihre „nationale Identität“ hätten erhalten können.

4 Erarbeite die Aussagen in M2A bis M2C mithilfe der folgenden Fragen:
a) Wie wird die Teilung Polens begründet?
b) Welche Folgen der Teilung werden gesehen?
c) Wie wird die Teilung bewertet?
d) Wo gibt es Übereinstimmungen bzw. Unterschiede in den drei Positionen?

5 **Partnerarbeit:**
a) Vergleicht die drei Biografien. Beachtet besonders die Einstellungen zur Aufklärung und zu Reformen (siehe Biografiekasten).
b) Entwerft jeweils Testaufgaben zu den Teilungen Polens (z. B. Zuordnungs-, Multiple-Choice-, Lückentext-Aufgaben). Legt sie euch gegenseitig vor.

Aufklärung – Überwindung absolutistischer Herrschaft?

M1

Frauen an den Herd?

Die meisten Lesegesellschaften nahmen keine weiblichen Mitglieder auf. Frauen konnten sich deshalb nur im eigenen Haus weiterbilden. Die Schriftstellerin Christiane M. Ziegler ermunterte 1731 eine Freundin, sich gegen die Kritik der Familie an ihrer Leselust zu wehren:

Die Schwierigkeit, so man Ihnen … machen will, rühret wohl am meisten von dem männlichen Geschlecht her; dieses will immer etwas Besonderes für sich alleine behalten und siehet gar nicht gerne, wann ihnen das weibliche Geschlecht nachklettern will … Wir bringen ja eben sowohl fünf Sinne mit auf die Welt wie jenes; Verstand und Vernunft werden unter beiderlei Geschlechter von der Natur ausgeteilet … Was aber den anderen Punkt anbelangt, da viele in den wunderlichen Gedanken stehen, das Frauenvolk wäre einzig und allein bloß deswegen in die Welt gestellt worden, damit sich selbiges in Haus und Küche täglich herumdrehte …, so antwortet Ihr hierauf …, dass sich ein jedwedes Frauenzimmer allerdings der Wirtschaft annehmen müsse … allein, … [d]er Tag hat viele Stunden und bei dem einen muss das andere nicht versäumet werden.

Zit. nach Frauenleben im 18. Jahrhundert, hg. von Andrea van Dülmen, München u. a. (C. H. Beck) 1992, S. 143 f., bearb. d. Verf.

M2

Der König im Käfig der Verfassung, Karikatur aus dem Ende des 18. Jahrhunderts

Überprüfe, was du kannst

Sachkompetenz

1 Kläre die folgenden Begriffe: Aufklärung (S. 85), aufgeklärter Absolutismus (S. 98), Gewaltenteilung (S. 85), Glorious Revolution (S. 92), Parlament (S. 93), konstitutionelle Monarchie (S. 93), Verfassung (S. 96), Volkssouveränität (S. 96).

2 Vergleiche die wesentlichen Merkmale
a) des zentralistischen Fürstenstaates (S. 74–75),
b) des aufgeklärten Absolutismus (S. 83–85) und
c) des englischen Parlamentarismus bis zum 18. Jh. (S. 92–93).

3 Zeige am Beispiel der Entstehung der USA, inwiefern es sich dort um eine Demokratiegründung handelte (S. 94–97).

4 Erläutere an Beispielen, was einen „aufgeklärten Herrscher" auszeichnete.

5 Der polnische Dichter Adam Mickiewicz sprach 1832 von seinem Land als dem „gekreuzigten Messias der Welt". Erläutere diese Aussage (S. 100–101).

Selbst-und Sozialkompetenz

6 Formuliere die Aussage von M2. Belege dein Ergebnis mit Beispielen aus dem Kapitel 2.

7 Partnerarbeit: Analysiert M3 mithilfe der Methode „Bildanalyse" im Anhang und fasst die Bildaussage zusammen.

8 Nimm zur folgenden These Stellung: Absolutismus und Aufklärung sind unvereinbare Gegensätze.

9 **Rollenspiel:** Die Mitglieder einer Männer-Lesegesellschaft diskutieren über den Antrag eines Arztes, Frauen aufzunehmen. Gestaltet ein Rollenspiel. Zieht M1 und die Informationen im Unterkapitel heran.

M3 **Joseph II., österreichischer Monarch von 1765 bis 1790,** Kupferstich um 1783. Seine aufsehenerregenden Reformen (u. a. Abmilderung der Pressezensur, Aufhebung der Leibeigenschaft, Grundsteuer auch für den Adel, Abschaffung der Folter, verschärfte Staatsaufsicht gegenüber der Kirche) musste er auf dem Sterbebett zurücknehmen. Zu sehen ist auf der Abbildung u. a.: Joseph II., erleuchtet vom Heiligen Geist, begleitet von Petrus, auf einem mit Ketten umlegten Berg, unten Bischöfe, Äbte, Prälaten, Mönche und Nonnen mit ihren Schätzen.

- 17. und 18. Jahrhundert: Absolutismus und Aufklärung
- 1688: Glorious Revolution
- 1689: „Bill of Rights"
- 1701: „Act of Settlement", England wird konstitutionelle Monarchie
- 1740 bis 1786: Friedrich der Große (aufgeklärter Absolutismus)
- 1748: Montesquieu (Gewaltenteilung)
- 1762: Rousseau (Gesellschaftsvertrag)
- 1772 bis 1795: Teilungen und Auflösung Polens
- 1776: Unabhängigkeitserklärung der 13 englischen Kolonien in Nordamerika
- 1784: Kant: „Was ist Aufklärung?"
- 1787: Verfassung der USA (Volkssouveränität, Gewaltenteilung)

1650 – 1700 – 1750 – 1800

Die Französische Revolution und ihre Folgen

Wissen • Beurteilen und Handeln • Methoden anwenden

Am Ende dieses Unterkapitels kannst du

- Merkmale der Krise des französischen Staates nennen
- die Revolutionen des Sommers 1789 erläutern und ihre Bedeutung für die weitere Entwicklung beurteilen
- die Menschen- und Bürgerrechte nennen und ihre Bedeutung für die Gegenwart bewerten
- die Radikalisierung der Revolution erläutern
- die Herrschaft Napoleons in Frankreich und Europa beschreiben und ihre Folgen bewerten
- die Bedeutung der Französischen Revolution für Europa beurteilen
- **Methode** Karikaturen entschlüsseln
- **Methode** Schriftliche Quellen analysieren
- **Methode** Einen historischen Sachtext verfassen

Europa um 1789

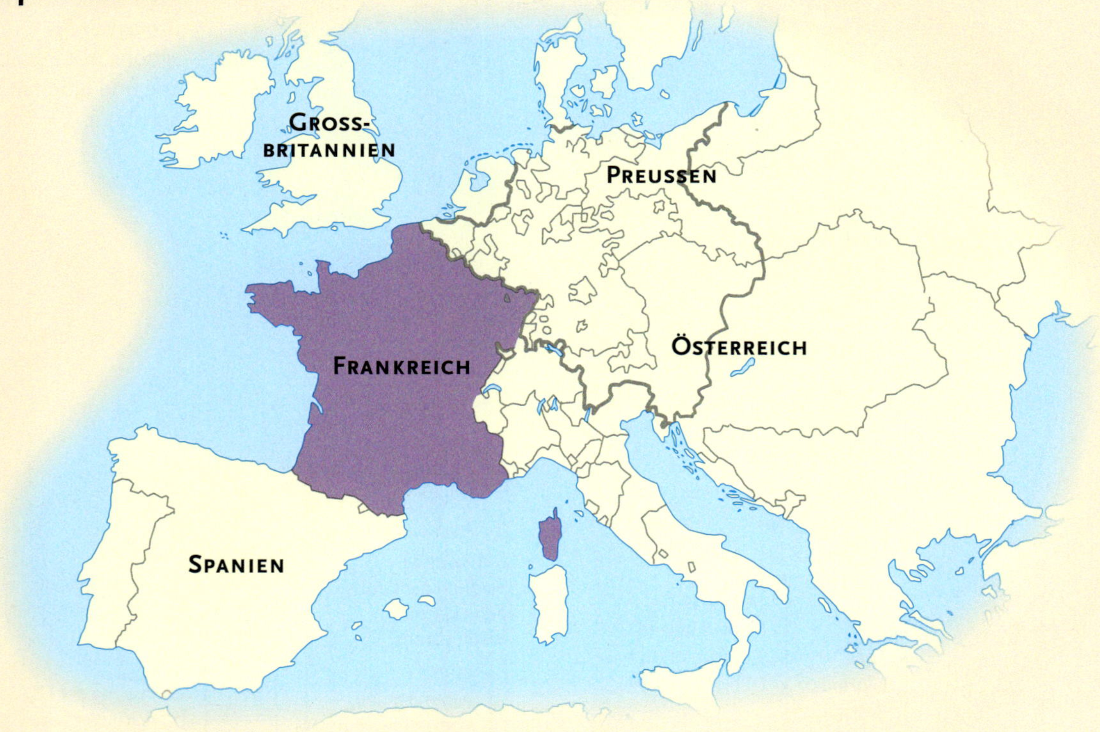

Französische Revolution

1789

Französische Vorherrschaft auf dem europäischen Kontinent

1801 bis 1813

Frankreich in der Krise

Privilegien für wenige: Klerus und Adel

Anders als in den entstehenden Vereinigten Staaten von Amerika gab es in Frankreich im 18. Jahrhundert voneinander getrennte soziale Gruppen: die Stände. Die Geistlichkeit (Klerus) bildete den ersten Stand. Der hohe Klerus (z. B. Bischöfe und Äbte) lebte durch die Abgaben der Bauern und Bürger im Wohlstand. Er sah deshalb keinen Grund, die gesellschaftlichen Verhältnisse zu ändern. Die einfachen Pfarrer hingegen verfügten nur über geringe Einkünfte, und so fühlte sich der niedere Klerus den armen Leuten oft näher als den Standesgenossen aus dem hohen Klerus. Auch im zweiten Stand hatten sich zwei Gruppen herausgebildet: einerseits die meist am Königshof lebenden Hochadligen, die leitende Positionen in Heer und Verwaltung besetzten, andererseits der oft verarmte niedere Landadel. Die Mitglieder des ersten und zweiten Standes hatten gegenüber der großen Bevölkerungsmehrheit Privilegien: Sie zahlten fast keine Steuern und lebten von den Erträgen ihres Grundbesitzes. Deshalb wehrten sich die Adligen ebenso wie der hohe Klerus gegen Reformen in der Gesellschaft, die für sie nur eine Einschränkung ihrer Vorrechte bringen konnten. Allen drei Ständen gemeinsam war die politische Rechtlosigkeit. Zwar gab es seit dem Spätmittelalter die Generalstände, eine Versammlung von Vertretern aus Klerus, Adel und dem dritten Stand. Diese Versammlung beriet den König und bewilligte Steuern. Doch seit 1614 war sie von den absolut regierenden Königen nicht mehr einberufen worden.

Der dritte Stand: Bauern und Bürger

Die Angehörigen des dritten Standes, die Bauern und Bürger, fühlten sich nicht nur politisch benachteiligt. Die oberste Schicht des Bürgertums, Unternehmer, Bankiers, Ärzte und Juristen, zahlten die höchsten Steuern. Aus diesem Grund forderten sie neben Mitbestimmung in der Politik auch Gleichberechtigung mit dem Adel. Diese Großbürger begeisterten sich auch für die Ideen der Aufklärung und die amerikanische Unabhängigkeitsbewegung.
Besonders hart belasteten die Steuern kleine Kaufleute, Handwerker und Bauern. Die Bauern mussten zusätzlich Frondienste und Abgaben für ihre adligen oder geistlichen Grundherren leisten.

Wachsende Not

Im 18. Jahrhundert wuchs die französische Bevölkerung rasch. Wenn es Missernten gab, dann trafen Versorgungsengpässe und steigende Preise vor allem die unteren Schichten, deren Einkommen in Notzeiten kaum für die Grundnahrungsmittel ausreichte.
Seit 1770 befand sich Frankreich in einer wirtschaftlichen Krise: Das Wirtschaftssystem des absolutistischen Staates, der Merkantilismus, hatte zwar das Land in eine erfolgreiche Exportnation verwandelt. Doch dies ging auf Kosten der Handwerker und Händler, die angesichts der Konkurrenz staatlicher Manufakturen zu niedrigen Preisen arbeiten mussten. Gleichzeitig stiegen die Lebenshaltungskosten in den Städten. Auch die meisten der etwa 70 Prozent Franzosen, die von der Landwirtschaft lebten, hatten kaum genug zum Überleben. Denn von ihren Einkünften gingen Steuern an den König ab, der Zehnt an die Kirche und Abgaben an die Grundherren. Während Großgrundbesitzer gewinnbringende „Agrarunternehmen“ aufbauten, verschuldeten sich viele Kleinbauern. Auf dem Land und in den Städten kam es folglich immer wieder zu Hungerunruhen.

M1

„Die Lage der Bauern“, kolorierter Kupferstich, 1789. Die Inschrift auf dem Stein lautet: die Kopfsteuer, das Steuerwesen und die Fronarbeit(en).

Gefahr für den Absolutismus?

Die wirtschaftliche Krise wirkte sich auch auf den Staatshaushalt aus: Die Steuereinnahmen konnten die Ausgaben des Staates nicht mehr decken. Die Schuldenlast stieg an. Jedes Jahr musste der Staat unter König Ludwig XVI. hohe Zinsen bezahlen für Schulden, die noch aus den Kriegen seiner Vorgänger, aber auch aus dem verschwenderischen Hofleben in Versailles stammten. Aus Rivalität mit England hatte Ludwig XVI. die amerikanischen Kolonien im Unabhängigkeitskrieg unterstützt, was ebenfalls Unsummen verschlungen hatte. Als 1788 bekannt wurde, wie viel Geld der König und seine Familie ausgaben, war die französische Öffentlichkeit empört. Um den drohenden Zusammenbruch der Staatsfinanzen zu verhindern, wollte Ludwig XVI. die Steuerfreiheit für den ersten und zweiten Stand aufheben. Doch diese Pläne scheiterten am Widerstand der Privilegierten, die dem König immer selbstbewusster gegenübertraten.

Formen der Kritik

Auch der dritte Stand wurde zunehmend selbstbewusster. Vor allem das gebildete Bürgertum äußerte seinen Unmut über die gesellschaftlichen, wirtschaftlichen und politischen Probleme. Die Kritk zeigte sich in vielfältigen Formen, z. B. in Diskussionen in Kaffeehäusern oder in Karikaturen und Flugblättern. Besonders die Schrift „Was ist der dritte Stand?“ (Januar 1789) des aufgeklärten Geistlichen Sieyès sorgte für Aufsehen. Er forderte darin die Aufhebung aller Privilegien, Gleichheit vor dem Gesetz und Wahl einer Volksvertretung und begeisterte damit das bürgerliche Publikum. Allein im Frühjahr 1789 zirkulierten etwa 3000 Flugschriften, Holzschnitte oder Kupferstiche in Frankreich. Eine weitere Form, Missstände anzuprangern, waren die „cahiers de doléances“ — Beschwerdehefte, in die Landbewohner ihre Klagen schrieben, um sie an die Abgeordneten der Generalstände – und damit an den König – weiterzugeben.

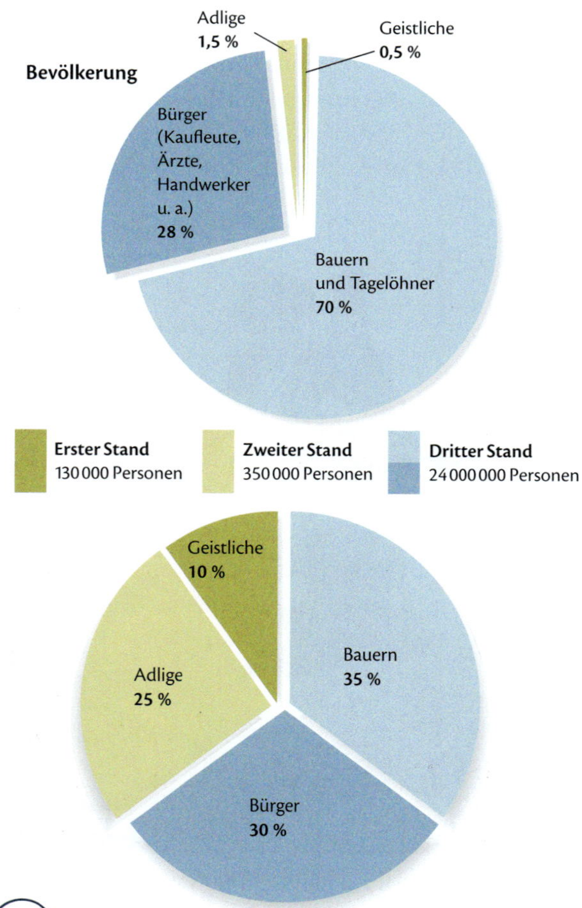

M2 **Die französische Ständegesellschaft (oben) und die Verteilung des Grundbesitzes um 1780 (unten)**

M3 **Finanzen wiederherstellen – aber wie?**

Der französische Finanzminister Charles de Calonne in einem aufrüttelnden Appell zur Rettung des Staates am 22. Februar 1787 vor der Versammlung der königlichen Berater („Notabeln“) in Versailles:

Was bleibt, um das ersehnte Gleichgewicht im Staatshaushalt herzustellen? … Was [brauchen] wir zur Wiederherstellung der Finanzen? … In den Missbräuchen findet sich ein Schatz von Reichtümern, die der Staat zurückfordern muss, um die Ordnung wiederherzustellen. Die Missbräuche werden verteidigt durch persönliche Interessen, Einfluss, Vermögen und alte Vorurteile. Die Missbräuche sind die, die auf der arbeitenden und erwerbenden Klasse lasten: Die Missbräuche der Geldprivilegien und all die ungerechten Bevorzugungen, die Ungleichheit in der Erhebung der Abgaben, das ungeheure Missverhältnis in den Leistungen und den Lasten der Untertanen. Wenn so viele Missbräuchen widerstanden haben, so rührt das daher, dass man durch einen teilweisen Eingriff erreichen wollte, was nur durch eine allgemeine Operation gelingen konnte, [die] allein den Körper des Königreiches neu beleben kann.

Zit. nach Irmgard und Paul Hartig, Die Französische Revolution, Stuttgart (Klett) 1966, S. 27 f.

M4

Die Beschwerden der Bauern

Das Beschwerdeheft der Gemeinde Letteguives vom 29. März 1789, ein Beispiel für die „cahiers de doléances" der Bauern:

2. Diese Großbauern werden auch Herren der Lebensmittelpreise und des Schicksals der Allgemeinheit und verkaufen ihr Getreide erst, wenn sie es mehrere Jahre aufbewahrt haben, und sie halten es sogar zurück, wenn sie können ... Der hohe Preis ist die Ursache der Zerstörung des ganzen Handels, weil man keine andere Ware mehr kaufen kann, nachdem man Brot gekauft hat ... Andere ... sterben an Hunger ...

8. Möge der König vor dem Bankrott bewahren, der den Handel noch ruiniert ...

14. Dass die Salzsteuer abgeschafft werde und der Verkauf von Salz frei sei ...

16. Die drei Stände mögen dem König im Verhältnis zu ihren Einkünften zahlen ...

18. Der König wird demütig gebeten, die Generalstände alle fünf Jahre einzuberufen, um von unserem Unglück zu erfahren.

Zit. nach Wolf Dietrich Behschnitt, Die Französische Revolution, Stuttgart (Klett) 1983, S. 30.

M5

Die Beschwerden der Frauen

Im Frühjahr 1789 trugen Frauen in einem „cahier de doléances" dem König eine Reihe von Bitten vor:

Die Frauen des dritten Standes werden fast alle ohne Reichtümer geboren; ihre Erziehung wird sehr vernachlässigt. Wir bitten für die Chancengleichheit der Frau im Alltagsleben. Wir bitten um Ausbildung und Beruf, nicht, um uns die Befugnisse der Männer anzueignen, sondern um von ihnen höher geachtet zu werden, und damit wir imstande sind, vor dem Elend geschützt zu leben. Wir bitten Euch inständig, Sire, kostenlose Schulen einzurichten, wo wir unsere Sprache von Grund auf erlernen können. Wir bitten darum, aus der Unwissenheit herauszutreten, um unseren Kindern eine vernünftige und angemessene Erziehung zukommen zu lassen.

Cahiers de doléances des femmes en 1789 et autres textes, zit. nach Landesregierung NRW (Hg.), Geschichte auch für Mädchen, 1992, S. 20 f.

M6

Nur eine neue Regierung?

Die Historiker F. Furet und D. Richet schrieben 1968:

Es geht nicht um eine neue Regierung des Staates, sondern um eine neue Gesellschaft. Da können die Privilegierten dieser zusätzlichen umwälzenden Neuerung, der Gleichheit, nicht auch noch ihre Zustimmung geben: Die allermeisten ihrer Hefte zeigen das deutlich. So beschreiben die Beschwerdehefte eine politische Dreieckssituation, die dem König von Frankreich durchaus noch Trümpfe belässt. Zwar ist er isoliert ..., aber er bleibt zwischen Adel und drittem Stand der Schiedsrichter in der Frage der Gleichberechtigung – hier sucht jeder in ihm die wichtigste Stütze. Er hat nicht in die ... Abfassung der Beschwerdehefte eingegriffen, sondern dem Land die Möglichkeit gelassen, sich frei auszudrücken.

François Furet/Denis Richet, Die Französische Revolution, übers. v. Ulrich F. Müller, Frankfurt a. M. (Fischer) 1981, S. 88.

1 Erarbeite anhand der Darstellungstexte S. 105/106 die Lage Frankreichs gegen Ende des 18. Jahrhunderts. Halte deine Ergebnisse in einer Tabelle fest. Unterscheide: Stand, soziale Lage, Interessen.

2 Analysiere M2 und stelle einen Bezug zu deinen Ergebnissen aus Aufgabe 1 her.

3 Erarbeite anhand von M3, worin der Finanzminister die Gründe für die Probleme des Staatshaushalts sieht.

4 **Partnerarbeit:** Fasst die Beschwerden der Bauern (M4) und der Frauen (M5) in je einem Flugblatt zusammen.

5 Untersuche die Position der Autoren von M6 anhand der folgenden Fragen:
a) Welches Hauptziel sehen Furet/Richet in den Forderungen der Beschwerdehefte?
b) Was ist mit dem Ausdruck „politische Dreieckssituation" gemeint?
c) Warum sehen die Autoren den König in einer „Schiedsrichterfunktion"?
d) Wie bewerten sie insgesamt die Lage in Frankreich?

6 a) Erörtert in einer Gesprächsrunde am Beispiel der Frauen in Frankreich, welche Bedeutung der Erziehung, Bildung und Berufsausübung zugesprochen wird.
b) Vergleicht mit unserer Gegenwart.

7 Formuliere mithilfe deiner Kenntnisse über die Krise in Frankreich die Bildaussage von M1.

Karikaturen entschlüsseln

Karikaturen – nur zum Lachen?

Aus Tageszeitungen oder Zeitschriften kennst du Karikaturen. Meist reizen sie spontan zum Lachen, obwohl beim Nachdenken über den Inhalt vielleicht gar kein Grund dazu besteht. Karikaturen sind Bilder, die Stellung beziehen zu einem aktuellen Ereignis oder Problem. Sie arbeiten mit den Mitteln der Verzerrung, Übertreibung oder Verfremdung.
Um politische Gegner bloßzustellen oder gesellschaftlich fragwürdige Zustände zu kritisieren, sind Karikaturen ein beliebtes Instrument. Sie wollen den Betrachter unterhalten, belehren oder zur eigenen Stellungnahme auffordern.

Karikaturen in der Französischen Revolution

Bereits in der Antike gab es Kritik in Form von bildlichen Darstellungen, z. B. an römischen Kaisern. Während der Französischen Revolution erhielten die Karikaturen eine besondere Bedeutung: Sie ließen sich preiswert herstellen und leicht verbreiten, sie vereinfachten Zusammenhänge und erreichten so auch die unteren Bevölkerungsschichten, die kaum lesen konnten. Karikaturen wurden damit zu Mitteln der Aufklärung und der politischen Einflussnahme.

M1

„Hoffentlich ist bald Schluss“, kolorierte Radierung, 1789. Diese Karikatur war 1789 in Frankreich weit verbreitet.

Arbeitsschritte

1. Schritt: Den ersten Eindruck festhalten
- Notiere, was dir bei der Betrachtung der Karikatur zuerst auffällt. Wie ist deine erste Reaktion?

2. Schritt: Ideen sammeln („Brainstorming“)
- Sammle alle Ideen und Gedanken, die dir beim Betrachten der Karikatur einfallen.

3. Schritt: Die Einzelheiten beschreiben
- Welche Personen und Sachverhalte sind erkennbar? Achte auf Gesichtsausdruck, Körperhaltung, Kleidung und kennzeichnende Gegenstände. Welche Symbole werden verwendet? Achte auf einzelne Wörter und/oder die Bildunterschrift.

4. Schritt: Die Bedeutung klären
- Welche Bedeutung haben die Personen und Gegenstände? Auf welche Bildteile bezieht sich der Text? (Evtl. in einer Tabelle notieren.)

5. Schritt: Die Aussage der Karikatur formulieren
- Fasse in wenigen Sätzen zusammen: Auf welche Situation, auf welches Ereignis bezieht sich die Karikatur? Was sagt die Karikatur über das Thema aus? Wie beurteilt der Zeichner das Thema? Welche Wirkung könnte die Karikatur haben?

M2

„Ich wusste doch, dass wir auch einmal dran sein würden", kolorierte Radierung, August 1789

M4

„Ich wusste doch, dass wir an die Reihe kommen", kolorierte Radierung, August 1789

M3

Spottbilder und Karikaturen

Pariser Zeitungsmeldung vom 28. August 1789:

Bei all unseren Bildermachern, sowohl bei denen des Palais Royal wie in den Läden der Bilderhändler, sieht man Kupferstiche, an denen der Pöbel[1] das allergrößte Vergnügen hat und die ihn in seinem Hass gegen die Aristokratie bestärken; es sind Spottbilder oder symbolische Karikaturen, aber voller Ausdruckskraft. Ein Stich zeigt, wie ein alter Bauer gebückt auf allen vieren läuft und auf seinem Rücken einen Edelmann und einen Bischof trägt, was am unteren Rand der Karikatur mit den Worten kommentiert wird: „Soll das immer so weitergehn?"

Zit. nach Historisches Lernen mit Bildern und Karikaturen, Handreichung des ISB, Donauwörth (Auer) 2001, S. 119.

[1] abwertende Bezeichnung für das „einfache Volk"

1 Entschlüssele die Karikatur M1 mithilfe der Arbeitsschritte. Beziehe dabei auch M3 ein.

2 Übe die Entschlüsselung von Karikaturen an M2 und M4. Schreibe einen kurzen Text und nutze den Wortschatzkasten.

3 Erörtert gemeinsam, worin bei M1, M2 und M4 der „wahre Kern" liegt bzw. worin Übertreibungen bestehen.

4 **Präsentation:** Sammelt aktuelle Karikaturen in Zeitungen oder Zeitschriften und entschlüsselt ihre Aussagen mithilfe der Arbeitsschritte. Stellt eure Beispiele in der Klasse vor.

Wortschatz

Wirkung erzielen
Reaktion herausfordern
sich auf ein Ereignis beziehen
Figuren überzeichnen
etwas verkörpern

Die drei Revolutionen des Sommers 1789

1. Revolution: Der dritte Stand erhebt sich

Die Berater König Ludwigs XVI. (1754–1793) hatten zur Lösung der Finanzkrise empfohlen, die Generalstände einzuberufen. Im Februar und März 1789 wählten deshalb alle drei Stände ihre Abgeordneten. Sie kamen am 5. Mai 1789 zur feierlichen Eröffnungssitzung in Versailles zusammen. In seiner Eröffnungsrede ging Ludwig jedoch nicht auf die umfassenden Beschwerden der französischen Bevölkerung ein. Einige Wochen verhandelten die Generalstände ohne jeden Erfolg. Schließlich verloren die Abgeordneten des dritten Standes die Geduld und erklärten sich zusammen mit Gleichgesinnten aus dem ersten und zweiten Stand zur „Nationalversammlung". Als der König deshalb wenige Tage später ihren Versammlungsraum schließen ließ, wichen die Abgeordneten in das Ballhaus des Hofes aus. Dort schworen sie sich, so lange nicht auseinanderzugehen, bis Frankreich eine Verfassung besäße. Mit dieser Verfassungsrevolution erklärte die „Nationalversammlung" den Ständestaat für beseitigt. Dem Zeremonienmeister des Königs, der die „verfassunggebende Versammlung" auflösen sollte, teilten die Abgeordneten mit: „Die versammelte Nation empfängt keine Befehle und weicht nur vor der Gewalt der Bajonette." Darauf empfahl Ludwig XVI. den Delegierten von Adel und Geistlichkeit, sich ebenfalls der Nationalversammlung anzuschließen. Gleichzeitig aber ließ er etwa 20 000 Soldaten der Nationalgarde um Versailles und Paris zusammenziehen.

2. Revolution: Die städtische Revolution

Während der Vorgänge in Versailles litt die Pariser Bevölkerung Hunger, denn Brot war knapp und teuer wie nie zuvor. Als die Menschen von den Truppenbewegungen rund um ihre Stadt hörten, gerieten sie in höchste Aufregung. Geschäfte und Adelshäuser wurden geplündert und viele Einwohner bewaffneten sich. Am 14. Juli stürmte eine Menschenmenge die Bastille, das königliche Gefängnis, wo sie glaubte, Waffen zu finden. Die Festung mitten in der Stadt galt als Symbol der absolutistischen Herrschaft. Zum Schutz von Paris bildeten die Einwohner eine revolutionäre Bürgerwehr, die „Nationalgarde". Auch in vielen anderen Städten verjagten die Bürger königliche Beamte und bestanden auf der Selbstverwaltung. Damit hatte sich die Revolution von der Nationalversammlung auf die Straßen verlagert.

3. Revolution: Die Revolution der Bauern

Die Nachricht von den Ereignissen in Paris löste bei der Landbevölkerung Panik aus. Sie hatte Angst vor einer Verschwörung des Adels, zudem kursierten Gerüchte über plündernde Räuberbanden. Vergeblich hatten die Bauern seit Monaten auf die Beantwortung ihrer Beschwerdehefte gewartet. Jetzt erstürmten sie gewaltsam an vielen Orten die Schlösser und Klöster ihrer Grundherren, um deren befürchteten Angriffen zuvorzukommen und die Urkunden über die verhassten Frondienste und Abgaben zu vernichten.

M1 **Die Eröffnung der Ständeversammlung am 5. Mai 1789,** Ölgemälde von Auguste Couder (1790–1873), Paris um 1840

M2

Schwur im Ballhaus am 20. Juni 1789, Kupferstich von Jean-Pierre-Marie Jazet nach einer Federzeichnung (datiert 1791) von Jacques-Louis David, um 1820

M3

„Zu den Waffen!“

Ein Augenzeuge berichtete über den 14. Juli 1789:
Die Wut flammt auf. Nun gibt es in Paris nur noch einen Schrei: Zu den Waffen! … Die Menge und die Verwegensten begeben sich zum Invalidenhaus; man verlangt Waffen vom Gouverneur … Kaum hat man Waffen, so geht's zur Bastille. Der Kommandant, Graf de Launay, der gewiss überrascht war, hunderttausend Flinten mit Bajonetten zu sehen, muss sehr in Verwirrung gewesen sein. Man knallt ein oder zwei Stunden drauflos, man schießt von den Türmen herunter, was sich dort sehen lässt; Graf Launay ergibt sich; er lässt die Zugbrücke herunter, aber er zieht sie sofort wieder hoch und schießt mit Kartätschen drein … binnen einer halben Stunde ist der Platz im Sturm genommen. Es grenzt ans Wunderbare, um halb drei Uhr war die Bastille schon genommen. Die Bastille hätte sich sechs Monate halten können, aber sie wurde von Bürgersleuten und führerlosen Soldaten genommen, ohne einen einzigen Offizier! … Herrn de Launay macht man zum Gefangenen, führt ihn zum Stadthaus und schlägt ihn unterwegs halbtot. Man gibt ihm den Rest auf dem Grèveplatz und ein Schlächter schneidet ihm den Kopf ab.

Zit. nach Wolf Dietrich Behschnitt, Die Französische Revolution, Stuttgart (Klett) 1979, S. 44.

Lesetipp

Inge Ott, Freiheit!, Stuttgart (Freies Geistesleben) 1996.
Roman über sechs Freunde, die sich während der Revolution verlieren und wiederfinden.

Begriffe und Daten

14.7.1789 Sturm auf die Bastille Eroberung der Stadtfestung, genutzt als königliches Gefängnis, durch die „Massen von Paris“. Die Bastille galt als Symbol absolutistischer Herrschaft.

1 a) Beschreibe M1 und M2.
b) Vergleiche beide Abbildungen. Achte auf die Umgebung, die Personengruppen/Akteure und die Situation. Erschließe die Absicht des jeweiligen Künstlers.

2 Ordne M1, M2 und M3 mithilfe des Darstellungstextes in die politische Situation des Sommers 1789 ein.

3 Kläre anhand des Darstellungstextes die Begriffe „Generalstände“, „ Nationalversammlung“ und „Nation“.

4 Begründe, warum die Einberufung der Generalstände als wichtiger erster Schritt der Französischen Revolution gilt.

5 Schreibe einen Brief, den eine 15-jährige Pariserin ihrer Cousine in der Provinz geschrieben haben könnte. Berichte darin von den Ereignissen in Paris.

Die Revolution geht weiter

Die Nationalversammlung handelt

Die Abgeordneten der Nationalversammlung, die meistens aus dem Bürgertum stammten, befürchteten, dass das Eigentum nichts mehr zählte und die Revolution zum Chaos führte. Deshalb mussten sie rasch handeln, um die Bauern zu beruhigen. In einer stürmischen Nachtsitzung vom 4./5. August 1789 beschlossen sie daher die Abschaffung der Leibeigenschaft, das Ende der Steuerbefreiung für Adel und Klerus und die Zulassung aller Bürger zu Ämtern in Staat und Heer. Abgaben und Frondienste konnten durch Geldzahlungen abgelöst werden.

Die Krise bleibt

Die Beseitigung der Privilegien veränderte die Ständegesellschaft. Doch die Unruhen gingen weiter, denn die meisten Bauern hatten kein Geld, um sich aus den überlieferten Verpflichtungen freizukaufen. In Paris herrschte noch immer Hunger. Die Schuld dafür schob man dem König zu, der tatsächlich trotz der Revolutionsereignisse sein luxuriöses Hofleben fortsetzte. Im Oktober 1789 war die Geduld vieler Pariser erschöpft: Tausende marschierten spontan nach Versailles und erzwangen die Übersiedlung der königlichen Familie und der Nationalversammlung nach Paris. Noch forderte niemand die Absetzung des Königs. Vielmehr erwartete man, dass er zusammen mit den Volksvertretern die Probleme des Landes lösen würde: die Hungersnot, die Finanzkrise und die Opposition der Adligen, die mit militärischen Mitteln und ausländischer Unterstützung die Revolution niederschlagen wollten.

M1 **Die Pariser Marktfrauen kehren aus Versailles zurück,** kolorierte Radierung, 1789

M2 **Der Marsch der Frauen nach Versailles**

Über die Ereignisse am 5./6. Oktober 1789 berichtete die Historikerin Susanne Petersen 1987:

Insgesamt wurde der Zug auf 8000 bis 10 000 Frauen geschätzt, die sich mit Piken, Stielen, Waffen und sogar mit einigen Kanonen auf den langen Marsch begaben ... Gegen 17 Uhr kam der Frauenzug völlig durchnässt in Versailles an.

Derweil war es in Paris zu neuen Initiativen der Nationalgarde gekommen, die Frauen zu unterstützen. Während die Nationalgardisten im Anmarsch waren, wurde in der Nationalversammlung schon eine Abordnung von zwölf Frauen vorgelassen.

Die Angehörigen der Nationalversammlung signalisierten Wohlwollen und schickten dieselbe Abordnung mit ihrem Sitzungspräsidenten Mounier direkt zum König. Als die Frauenabordnung wieder zum Vorschein kam, gab sie bekannt, dass der König ausreichende Mehllieferungen und Festpreise zugesagt habe. Ein Teil der Frauen kehrte höchst zufrieden nach Paris zurück, diesmal im Wagen des Königs ... Als letzte Forderung hatten die Vertreter der 60 Pariser Bezirke auf ihrem Zettel: Der König solle mit nach Paris kommen ...

So kam es am frühen Morgen des 6. Oktober 1789 zu gewaltsamen Ausschreitungen im Schloss. Immer wieder erschallte der Ruf: „Nach Paris." In dieser Zwangslage willigten Ludwig XVI. [und die Nationalversammlung] ein. Gegen 13 Uhr marschierte ein bunt gemischter, mit vielen Zweigen und Broten geschmückter Zug im Triumph nach Paris zurück, zusammen mit „dem Bäcker, der Bäckerin und dem Bäckerburschen" [Ludwig XVI., Marie Antoinette und dem Thronfolger] als Garanten der Pariser Brotversorgung.

Zit. nach Susanne Petersen, Marktweiber und Amazonen, Köln (Pahl-Rugenstein) 1987, S. 65 ff.

M3

Die Nationalversammlung, kolorierter Kupferstich von Isidore Stanislas Helman, um 1791–1796

Begriffe und Daten

Die Ereignisse im Sommer und Herbst 1789

- **5. Mai:** Eröffnung der Generalstände in Versailles.
- **17. Juni:** Die Abgeordneten des dritten Standes erklären sich zur Nationalversammlung.
- **20. Juni:** Die Mitglieder der Nationalversammlung schwören, nicht eher auseinanderzugehen, bis Frankreich eine Verfassung besitzt (Ballhausschwur).
- **14. Juli:** Eine wütende Menschenmenge stürmt die Bastille und trägt den Kopf des ermordeten Kommandanten jubelnd durch die Stadt.
- **16./17. Juli:** Der König zieht die Truppen um Paris wieder ab und heftet sich die Kokarde an den Hut.
- **4./5. August:** Privilegien des ersten und zweiten Standes fallen.
- **26. August:** Die Nationalversammlung verabschiedet die Erklärung der Menschen- und Bürgerrechte und bestimmt sie als Grundlage der neuen Verfassung.
- **5./6. Oktober:** Zug der Frauen nach Versailles. Die Königsfamilie zieht nach Paris um; die Nationalversammlung folgt einige Tage später.

Webcode: FG642588-113

Begriffe und Daten

Französische Revolution

Eine Revolution (lat. revolutio = Umwälzung) wird als ein absichtlicher, zeitweise gewaltsamer und rascher Umsturz der bestehen den politischen und gesellschaftlichen Ordnung verstanden.
In der Französischen Revolution werden folgende Entwicklungen unterschieden: 1. Die Bewegung der Aufklärer. 2. Die Gründung der Vereinigten Staaten von Amerika. 3. Die Krise des monarchischen Staates. 4. Die Revolution der Nationalversammlung, die die Menschen- und Bürgerrechte erklärte, die Privilegien von Adel und Klerus aufhob und eine Verfassung ausarbeitete. 5. Die Revolution der „Massen von Paris" mit dem Sturm auf die Bastille. 6. Die Revolution der Bauern, die zum Ende der Leibeigenschaft führte.

1 a) Beschreibe M3.
b) Ordne die Darstellung den Abbildungen auf den Seiten 110/111 zu.

2 Bewerte anhand des Darstellungstextes, welche Bedeutung die Revolutionsvorgänge für die Bauern hatten.

3 Untersuche die Motive und Forderungen der Frauen sowie ihre Aktion im Oktober 1789 (M1, M2).

4 **Erkundung:**
a) Erkundet, wie sich Bürger in der Demokratie heute beteiligen (einmischen) können. Berichtet in der Klasse.
b) Erörtert, welche dieser Möglichkeiten ein „Erbe" der Französischen Revolution sind.

Menschen sollen frei und gleich sein

Ein Beschluss – nicht nur für Frankreich

Die „Erklärung der Menschen- und Bürgerrechte“ vom 26. August 1789 galt als „Totenschein“ des Absolutismus. Zusammen mit der Beseitigung der Privilegien für einzelne Stände war sie Ausdruck des neuen Selbstbewusstseins der Bürger. Bereits lange vor der Revolution, in der Zeit der Aufklärung, hatten die Debatten über die Menschenrechte begonnen. Sie waren für die Amerikaner von Bedeutung, als sie 1776 ihre Unabhängigkeit von England erklärten. Nach dem Willen der französischen Abgeordneten sollten die Menschenrechte nicht auf ein bestimmtes Land begrenzt sein, sondern weltweit gelten.

Menschenrechte in der neueren Geschichte

Die „Erklärung der Menschen- und Bürgerrechte“ hat alle modernen Verfassungen beeinflusst. Im 19. Jahrhundert lieferten die Menschenrechte Argumente für Reformen in den europäischen Monarchien. Nachdem im 20. Jahrhundert viele Diktaturen die Menschenrechte mit Füßen getreten hatten und es im Zweiten Weltkrieg (1939–1945) zu einem Völkermord ungeahnten Ausmaßes gekommen war, setzten sich die Vereinten Nationen (UNO) für eine Stärkung der Menschenrechte ein. In der „Allgemeinen Erklärung der Menschen- und Bürgerrechte“ verpflichteten sich die Mitgliedsstaaten der UNO 1948, die Grundrechte weltweit zu verteidigen. Das Grundgesetz der Bundesrepublik Deutschland von 1949 hebt die Menschen- und Bürgerrechte in der Verfassung besonders hervor.
Weltweit finden täglich noch immer schwere Verstöße gegen die Menschenrechte statt, vor allem gegenüber Frauen, Kindern und Minderheiten, z. B. in Bürgerkriegen. Für den Schutz der Menschenrechte setzen sich international arbeitende Organisationen ein, wie z. B. „terre des hommes“, „amnesty international“ und andere Menschenrechtsorganisationen.

M1

Die Erklärung der Menschen- und Bürgerrechte, Ölgemälde von Jean Jacques Le Barbier d. Ä., 1789/90

Begriffe und Daten

Menschen- und Bürgerrechte

Menschenrechte sind Rechte, die jedem Menschen allein durch seine Geburt zustehen, unabhängig von seiner Herkunft, seiner Stellung in Staat, Gesellschaft, Familie und Beruf sowie seiner Religion und Kultur. Auch andere Merkmale, wie Hautfarbe, Geschlecht und Sprache, lassen die jedem zustehenden Menschenrechte unberührt. Bürgerrechte sind an die Staatsbürgerschaft gebunden, zu ihnen gehört z. B. das aktive und das passive Wahlrecht.

M2

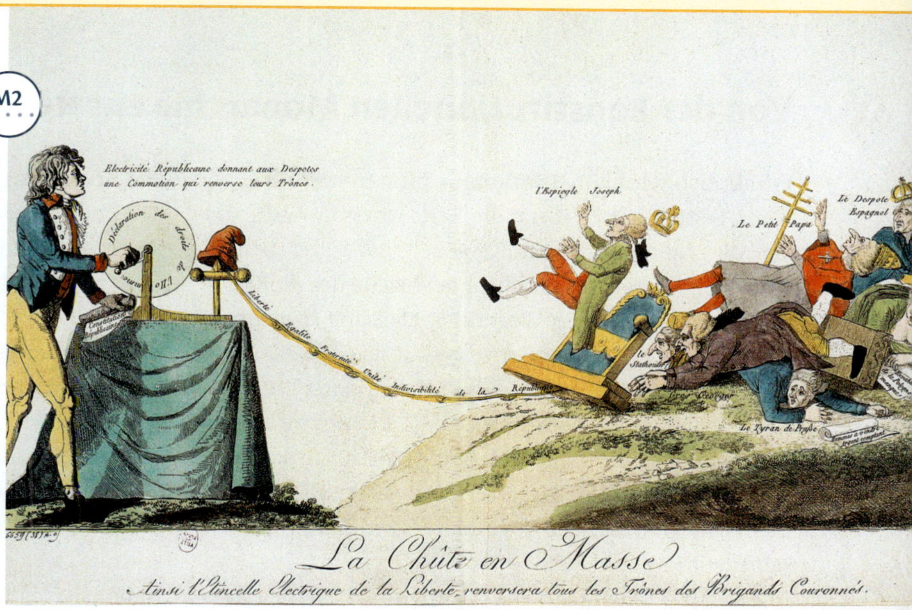

Der massenhafte Thronsturz, französische Karikatur, um 1800. Inschrift links oben: „Republikanische Elektrizität gibt den Despoten einen Stromstoß, der ihre Throne umstürzt." Inschrift auf der Scheibe: „Erklärung der Menschenrechte". Inschrift auf dem Kabel: „Freiheit, Gleichheit, Brüderlichkeit, unteilbare Einheit der Republik". Beschriftungen rechts: „Der Schelm Joseph, der holländische Statthalter, der feiste George, der kleine Papst, der spanische Despot, der Tyrann von Preußen, der Herumtreiber von Sardinien, die fette Katharina".

M3

Die Menschen- und Bürgerrechte

Die Menschen- und Bürgerrechte (17 Artikel) wurden am 26. August 1789 von der Nationalversammlung beschlossen und später der Verfassung von 1791 vorangestellt:

Präambel In der Überzeugung, dass die Unkenntnis, das Vergessen oder Verachten der Menschenrechte die alleinigen Ursachen der öffentlichen Missstände und der Verderbtheit der Regierungen sind, haben die in der Nationalversammlung vereinigten Vertreter des französischen Volkes beschlossen, in einer feierlichen Erklärung die natürlichen, unveräußerlichen und geheiligten Menschenrechte darzulegen …

Art. 2 Das Ziel einer jeden politischen Vereinigung besteht in der Erhaltung der natürlichen und unantastbaren Menschenrechte. Diese Rechte sind Freiheit, Eigentum, Sicherheit und Widerstand gegen Unterdrückung.

Art. 3 Die Nation bildet den hauptsächlichen Ursprung jeder Souveränität. Keine Körperschaft und kein Individuum können eine Gewalt ausüben, die nicht ausdrücklich von der Nation ausgeht.

Art. 4 Die Freiheit besteht darin, alles tun zu können, was dem anderen nicht schadet … Diese Grenzen können nur gesetzlich festgelegt werden …

Art. 8 … Niemand kann wegen eines Gesetzes bestraft werden, das nicht vor dem Tatmoment erlassen, verkündet und angewendet worden ist …

Art. 10 Niemand darf wegen seiner Meinung, selbst religiöser Art, belangt werden, solange die Äußerungen nicht die gesetzlich festgelegte Ordnung stören.

Art. 11 Die freie Mitteilung der Gedanken und Ansichten ist eines der kostbarsten Menschenrechte; jeder Bürger kann daher frei schreiben, reden und drucken, unter Vorbehalt des Missbrauchs dieser Freiheit in den gesetzlich festgelegten Fällen …

Art. 16 Eine Gesellschaft, in der die Garantie der Rechte nicht erfolgt und die Gewaltenteilung nicht festgeschrieben ist, hat keine Verfassung.

Art. 17 Da das Eigentum ein unverletzliches und heiliges Recht ist, kann es niemandem genommen werden, außer im Falle öffentlicher Notwendigkeit unter der Bedingung einer gerechten … Entschädigung.

Zit. nach Geschichte in Quellen, Bd. 4, hg. v. Wolfgang Lautemann u. a., München (bsv) 1981, S. 199 ff., bearb. d. Verf.

1 Überprüfe, in welchen Punkten M3 im Gegensatz zur absolutistischen Herrschaft steht.

2 Beschreibe M1 und formuliere die mögliche Aussageabsicht des Künstlers.

3 Analysiere die Karikatur M2 mithilfe der Methode „Karikaturen entschlüsseln" (siehe S. 108/109).

4 Überprüfe, an welcher Stelle des Grundgesetzes Gedanken aus der französischen Menschenrechtserklärung (M3) aufgegriffen wurden. Auszüge aus dem Text des Grundgesetzes findest du im Anhang.

5 **Recherche:** Informiert euch über die Arbeit von Menschenrechtsorganisationen. Stellt zusammen, in welchen Staaten sie tätig sind und für welche Ziele sie sich dort einsetzen.

Von der konstitutionellen Monarchie zur Republik

Frankreich wird konstitutionelle Monarchie

Am 3. September 1791 trat die Verfassung in Kraft, an der die Nationalversammlung seit 1789 gearbeitet hatte. Sie begrenzte die absolute Macht des Königs. Nach dem lateinischen Wort für Verfassung „constitutio“ hieß die neue Staatsform konstitutionelle Monarchie. Allen Bürgern garantierte die Verfassung Freiheit und Gleichheit vor dem Gesetz. Alle Richter mussten sich künftig an die neue Verfassung halten. Sie durften nur im Rahmen der Gesetze urteilen, die das Parlament, die französische Nationalversammlung, verabschiedet hatte.

Allerdings ließ die neue Verfassung nicht alle Franzosen zur Wahl der Nationalversammlung zu. Nur etwa ein Fünftel von 25 Millionen Franzosen war wahlberechtigt, da das Wahlrecht an Steuerleistungen gebunden war. Zensuswahlrecht* wird ein solches Wahlverfahren genannt. Außerdem waren alle Frauen von der Wahl ausgeschlossen.

Fluchtversuch des Königs

Ludwig XVI. war König geblieben, aber niemand in Frankreich konnte genau sagen, welche Macht er in Zukunft haben würde. Der König hatte die Verfassung zwar anerkannt, dennoch zweifelten die französischen Bürgerinnen und Bürger daran, dass er wirklich hinter der neuen Staatsform stand. Gerüchten zufolge hielt er weiterhin Kontakt zu königstreuen Emigranten im Ausland. Im Juni 1791 hatte er sogar versucht, mit seiner Familie nach Belgien zu fliehen. Dabei war er aber erkannt und nach Paris zurückgebracht worden.

Die Ausrufung der Republik und das Ende des Königs

Zur selben Zeit drohten die Herrscher Preußens und Österreichs offen damit, das absolute Königtum in Frankreich mit militärischer Gewalt wiederherzustellen. In dieser Situation erklärte die französische Nationalversammlung am 20. April 1792 Österreich und Preußen den Krieg. Die Pariser Bevölkerung hatte jedoch den Verdacht, dass Ludwig mit Frankreichs Feinden sympathisierte. Als am 10. August 1792 eine aufgebrachte Menschenmenge das königliche Schloss stürmte, verlor der König auch die Unterstützung der Nationalversammlung. Die Abgeordneten erklärten ihn für abgesetzt und klagten ihn wegen Hochverrats an.

Gleichzeitig beschloss die Nationalversammlung ihre eigene Auflösung. Ein „Nationalkonvent“ sollte gewählt werden, um eine neue, republikanische Verfassung auszuarbeiten und über das Schicksal Ludwigs XVI. zu beschließen. Zu den Wahlen waren nun alle männlichen Franzosen zugelassen. Am 21. September 1792 rief der Nationalkonvent die Republik aus.

Die Abstimmung über die Behandlung Ludwigs XVI. fiel knapp aus: 387 Abgeordnete des Nationalkonvents sprachen sich für die Todesstrafe aus, 334 dagegen. Am 21. 1. 1793 wurde Ludwig auf dem Schafott hingerichtet.

M1 **Ludwig XVI. bei seiner Verhaftung in Varennes am 20. Juni 1791,** Kupferstich, 1791

Die politischen Ziele der Frauen

Von 1789 bis 1793 entstanden in Frankreich viele Frauenklubs: Die Anhängerinnen der Girondisten trafen sich in „Patriotischen Frauenklubs“, die Jakobinerinnen verkehrten z. B. in der „Gesellschaft der republikanischen und revolutionären Bürgerinnen“ in Paris. Allen Klubs war gemeinsam, dass sie für die volle politische Gleichberechtigung der Frauen eintraten.
Da Frauen nicht wählen durften, strebten sie mit anderen Mitteln nach politischem Einfluss: Sie machten z. B. Eingaben an den Nationalkonvent, waren „aktive“ Zuschauerinnen bei seinen Sitzungen oder organisierten Straßendemonstrationen. Die Schriftstellerin und Journalistin Olympe de Gouges verfasste 1791 die „Erklärung der Rechte der Frau und der Bürgerin“. Darin war unter anderem zu lesen: „Die Frau hat das Recht, das Schafott zu besteigen. Sie muss gleichermaßen das Recht haben, die Rednertribüne zu besteigen.“ Durch die Französische Revolution konnten die Frauen in Frankreich ihre Stellung zunächst verbessern: 1791 stellte ein Gesetz weibliche und männliche Erben gleich, 1792 wurde die Zivilehe eingeführt: Jetzt konnten Frauen sich scheiden lassen – im Gegensatz zur kirchlichen Eheschließung. Das Wahlrecht erhielten die französischen Frauen allerdings erst 1944.

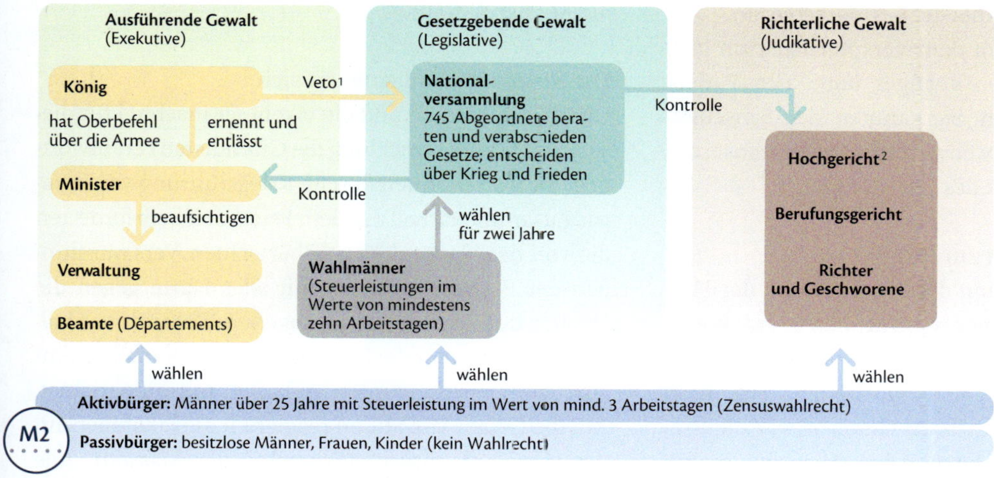

[1] Durch ein aufschiebendes Veto, d. h. Einspruchsrecht, konnte der König bis zu sechs Jahre verhindern, dass ein von der Nationalversammlung verabschiedetes Gesetz in Kraft trat.

[2] Für Anklage gegen Minister, hohe Beamte und Staatsverbrecher

Die französische Verfassung von 1791: eine konstitutionelle Monarchie

Begriffe und Daten

1791 Verfassung Frankreichs

Ablösung der absoluten Herrschaft Ludwigs XVI. durch eine Verfassung, die eine Dreiteilung der Staatsgewalt vorsah und damit die Macht des Monarchen einschränkte (konstitutionelle Monarchie). Die politischen Rechte, wie z. B. das Wahlrecht, waren an die Steuerleistung gebunden.

1 Schildere anhand von M1 deinen Eindruck von der Gefangennahme Ludwigs XVI. in Varennes . Nimm die Methode „Ein Bild entschlüsseln“ im Anhang zu Hilfe.

2 Untersuche anhand des Darstellungstextes, wie innen- und außenpolitische Entwicklungen miteinander zusammenhingen.

3 a) Erörtert gemeinsam anhand des Darstellungstextes oben die politischen Aktivitäten von Frauen.
b) Vergleicht mit der Gegenwart.

4 Beschreibe M2 mithilfe der Arbeitsschritte S. 97. Beantworte dann die folgenden Fragen:
a) Wer vertritt die drei Gewalten?
b) Was unterscheidet den Aktivbürger vom Passsivbürger?
c) Welche Macht verbleibt dem König nach der Verfassung?
d) Worin liegen die entscheidenden Unterschiede gegenüber der absoluten Monarchie?

Konflikte im Inneren und Krieg nach außen

Girondisten, Jakobiner und Sansculotten

Von Beginn an beherrschten zwei politische Gruppierungen die Debatten im Nationalkonvent: Zur einen gehörten die Jakobiner, die nach ihrem Versammlungsort, dem Jakobskloster, benannt waren. Sie traten für die Ablösung der Monarchie durch eine soziale Republik und direkte Volksherrschaft ein.

Zur anderen Gruppe gehörten die Girondisten, so genannt, weil ihre bekanntesten Redner aus der Landschaft Gironde in Südwestfrankreich kamen. Auch sie waren für die Republik, aber gegen direkte Volksherrschaft und radikale soziale Reformen. Sie traten für die Verfassung und den Schutz der Grundrechte ein.

Die Jakobiner hatten mit dem Versprechen zum gleichen Besitzstand viele Anhänger unter den Pariser Kleinbürgern gewonnen. Sie nannten sich Sansculotten, d. h. „Ohnehosen", weil sie nicht die Kniehose, das typische Kleidungsstück des Adels, trugen.

Das Land kommt nicht zur Ruhe

Auch nach der Ausrufung der Republik und der Hinrichtung des Königs gingen die Unruhen in Frankreich weiter. Nicht nur in Paris herrschte Hunger. Frankreichs Wirtschaft befand sich am Abgrund: Sowohl in der Landwirtschaft als auch im Gewerbe war die Produktion ins Stocken geraten und viele Menschen waren arbeitslos. Gerade sie trafen die hohen Lebensmittelpreise besonders hart. Gleichzeitig verlor das Geld immer mehr an Wert. Die staatliche Verwaltung war in vielen Landesteilen zusammengebrochen.

Die Revolutionskriege

Mit der Kriegserklärung 1792 an Österreich und Preußen wollten die Girondisten einem drohenden Angriff der verbündeten Monarchien gegen das revolutionäre Frankreich zuvorkommen. Sie hofften aber auch, durch den gemeinsamen Kampf gegen den äußeren Feind die inneren Konflikte im Land zu überwinden. Tatsächlich stärkte der Krieg trotz anfänglicher Niederlagen das Nationalgefühl der Franzosen, die die Ideen der Revolution an die noch unterdrückten Völker weitergeben wollten. Die Revolutionsheere errangen einen Erfolg nach dem anderen: Sie besetzten die Niederlande und das linke Rheinufer. Angesichts dieser Eroberungspolitik und der Hinrichtung König Ludwigs XVI. traten weitere europäische Herrscher, wie der englische und der spanische König, in den Krieg ein. Im Jahr 1793 sah sich Frankreich von Feinden umringt, während im Inneren des Landes weiter die Aufstände tobten.

Die Revolution radikalisiert sich

Die Pariser Massen und die Jakobiner machten für diese gefährliche Entwicklung die Girondisten verantwortlich. Sie warfen ihnen falsche Kriegsführung vor, ja sogar Zusammenarbeit mit dem Feind. Deshalb forderten die von den Sansculotten beherrschten Versammlungen der Pariser Stadtteile, mit aller Härte gegen die „Feinde der Revolution" vorzugehen. Daraufhin schalteten die Jakobiner die Girondisten im Nationalkonvent aus: Die meisten wurden verhaftet und hingerichtet. Auf die Gefahr von außen reagierten die Jakobiner mit der „Levée en masse" (Erhebung der Massen): Alle Kräfte des Volkes sollten für den Krieg mobilisiert werden. In der Tat gelang es dem Volksheer, an den Fronten die Oberhand zu gewinnen.

Der „Wohlfahrtsausschuss"

Angesichts der kritischen Situation, in der sich Frankreich befand, bildeten die Jakobiner eine „Revolutionsregierung": Der Konvent legte alle Macht in die Hände von Ausschüssen, deren wichtigster der „Wohlfahrtsausschuss" war. Zum Vorsitzenden des Wohlfahrtsausschusses wurde Maximilien de Robespierre gewählt. Das von den Jakobinern eingesetzte Revolutionsgericht verbreitete Angst und Schrecken. Es sollte alle gegenrevolutionären Bestrebungen verfolgen. Seine Todesurteile standen oft schon vor der Verhandlung fest.

M1 **Guillotine (Modell),** 20. Jh. Die Guillotine wurde 1792 auf Vorschlag des Arztes Josephe Guillotin als einfaches und schnelles Hinrichtungsinstrument in Frankreich eingeführt. Während der Terrorherrschaft fanden durch sie etwa 17 000 Franzosen den Tod.

Das Ende des Schreckens

Angesichts dieser Schreckensherrschaft protestierten gemäßigte Republikaner und sogar Sansculotten gegen die Politik Robespierres. Auch der Nationalkonvent akzeptierte die Gewaltherrschaft nicht mehr und beschloss die Hinrichtung Robespierres. Mit seinem Tod war die Terrorherrschaft in Frankreich beendet. Eine neue Verfassung brachte wieder die Gewaltenteilung und übertrug die Exekutive einem fünfköpfigen „Direktorium". Das Wahlrecht war wie 1791 an die Steuerleistung, den Zensus, gebunden. Wie am Anfang der Revolution standen sich die Anhänger der Monarchie und die kleinbürgerlichen Massen von Paris gegenüber.

M3

Verhör vor einem Revolutionsgericht,
kolorierte Radierung, 1792

M2

Die Aufgabe der Volksregierung

Robespierre über die Grundsätze seiner Politik in einer Rede vor dem Konvent (7. Februar 1794):

Welches Ziel also streben wir an? Den friedlichen Genuss der Freiheit und Gleichheit ... Wir wollen eine Ordnung der Dinge, in der alle niederen und grausamen Leidenschaften unbekannt sind ... Wenn die Aufgabe der Volksregierung im Frieden die Tugend ist, so ist die Triebkraft der Volksregierung in der Revolution die Tugend und der Terror ... Der Terror ist nichts anderes als ein schnelles, strenges und unerbittliches Gericht ... Er ist ... eine Folge des allgemeinen Prinzips der Demokratie, angewendet auf die dringendsten Bedürfnisse des Vaterlandes.

Zit. nach Geschichte in Quellen, Bd. 4, hg. v. Wolfgang Lautemann u. a., München (bsv) 1981, S. 392 f.

M4

Das Gesetz über die Verdächtigen

Am 17. September 1793 erließ der Wohlfahrtsausschuss folgendes Gesetz:

Art. 1 Sofort nach Verkündung des vorliegenden Dekrets werden alle verdächtigen Personen, die sich auf dem Territorium der Republik aufhalten und noch in Freiheit befinden, in Haft genommen.

Art. 2 Als verdächtige Personen gelten:

1. Alle, die sich durch ihr Verhalten ... oder durch ihre ... geäußerten Ansichten als ... Feinde der Freiheit zu erkennen gegeben haben;

2. Alle, die sich nicht auf die ... vorgeschriebene Weise über ihre Existenzmittel und die Erfüllung ihrer Bürgerpflichten ausweisen können; ...

5. Alle diejenigen vormaligen Adligen ..., die nicht dauernd ihre Verbundenheit mit der Revolution unter Beweis gestellt haben.

Zit. nach Geschichte in Quellen, Bd. 4, hg. v. Wolfgang Lautemann u. a., München (bsv) 1981, S. 377 f.

Biografie

Maximilien de Robespierre

Robespierre (1758–1794) war Rechtsanwalt und in der Nationalversammlung Abgeordneter des dritten Standes. In seinen Reden vertrat er die Ideen der Aufklärung. Sein Name steht für die Zeit der Terrorherrschaft, die der „Wohlfahrtsausschuss" unter seinem Vorsitz ausübte. Am 27. Juli 1794 wurde Robespierre von seinen engsten Freunden gestürzt und am folgenden Tag hingerichtet.

1 Stelle den Verlauf der innen- und außenpolitischen Entwicklung dar (Darstellungstext).

2 a) Analysiere M2. b) Nimm zu den Aussagen Stellung.

3 Interpretiere M1 und M3 mithilfe der Methode „Eine Bildquelle entschlüsseln" im Anhang.

4 „Die Revolution frisst ihre Kinder." Erkläre diesen Satz mithilfe deiner Kenntnisse über den Verlauf der Französischen Revolution. Ziehe den Biografiekasten heran.

5 **Gruppenarbeit:**

a) Vergleicht M4 mit Artikel 10 und 11 der Menschenrechtserklärung S. 115.

b) Diskutiert anschließend, ob in Notzeiten das Recht auf freie Meinungsäußerung und ein ordentliches Gerichtsverfahren aufgehoben werden sollte.

Schriftliche Quellen analysieren

Den Text von verschiedenen Seiten betrachten

Auf dieser Methodenseite findest du ein Modell zur Analyse schriftlicher Quellen (M3). Eine bestimmte Schrittfolge bei der Bearbeitung ist nicht vorgegeben. Sinnvoll ist es aber, zunächst mit dem Autor und den Informationen zur Textquelle zu beginnen. Zu der Textquelle M1 erhältst du einige Angaben als Lösungshilfe. Nicht zu jedem Quellentext lassen sich alle Fragen beantworten. Und selbst wenn du die Quelle zum „Sprechen“ gebracht hast: Du kannst mit ihr nur einen kleinen Ausschnitt der Vergangenheit rekonstruieren.

Informationen über den Autor:
43 Jahre alt (1789), Pädagoge, Sprachforscher, Zeitzeuge

Lagebeschreibung:
trotz Anarchie und Brotknappheit noch ruhig (Z. 1–4)

Schlüsselbegriffe:
Volk
Anarchie (Gesetzlosigkeit)
Brotmangel
Zerrüttung der bürgerlichen Verhältnisse
neue Konstitution
Bedrohung durch Aristokraten und Volk, das unbändig und zügellos ist (Z. 5–30)

Schlüsselaussage Position des Autors:
Konstitution (Verfassung) größtes Denkmal unseres Jahrhunderts; positive Bewertung (Z. 22–23)

Schlüsselbegriffe:
Vernunft und Menschenrecht als Grundlage der Verfassung (Z. 24)

M1 Ein Brief aus Paris

Johann Heinrich Campe (1746–1818), deutscher Pädagoge und Sprachforscher, verfasste „Briefe aus Paris“, die zuerst im „Braunschweiger Journal“ veröffentlicht wurden. In einem Brief vom 14. August 1789 schrieb er:

In Paris ist unterdes nichts Neues vorgefallen. Das Volk hält sich, trotz der fortdauernden Anarchie und trotz des knappen Brotvorrats, kleine unbedeutende Auftritte abgerechnet, noch immer ruhig – zum Erstaunen aller, welche wissen, was die Worte Volk, Anarchie und Brotmangel in Verbindung miteinander zu bedeuten haben ... Ob indes dieser unerhörte Zustand von Mäßigung und Ruhe, bei fortwährender Gesetzlosigkeit und Zerrüttung der bürgerlichen Verhältnisse, noch lange andauern wird? ... Es kann daher und wird wahrscheinlich noch zu blutigen Auftritten kommen, weil es unmöglich scheint, dass die neue Konstitution so geschwind vollendet und an allen ihren Teilen an die Stelle der alten gesetzt werden könnte, als nötig wäre, wenn man jener Verwilderung zuvorkommen wollte. Unterdes werden die geheimen Bemühungen der Aristokraten, die neue Freiheit, wo möglich, in ihren Keimen zu zerknicken, fortdauern; unterdes werden der Adel und die Geistlichkeit, sowohl in der Nationalversammlung als auch im Lande, ihre letzten Kräfte aufbieten, um der Vollendung des größten Denkmals unseres Jahrhunderts, einer auf Vernunft und Menschenrecht gegründeten Konstitution, tausend Hindernisse und Schwierigkeiten in den Weg zu legen; unterdes wird das Volk immer argwöhnischer, immer eifersüchtiger auf seine neue Freiheit, an die es noch nicht gewöhnt ist, immer rascher in seinem Verfahren, immer unbändiger und zügelloser werden; und – der Menschenfreund wendet mitleidig seine Augen von den Gräueln weg, welche die Folge davon sein können!

Zit. nach Irmgard und Paul Hartig, Die Französische Revolution im Urteil der Zeitgenossen und der Nachwelt, Stuttgart (Klett) 1980, S. 6 f.

Quellenart:
zur Veröffentlichung bestimmter Brief

Adressat:
Leser in Deutschland; Einflussnahme auf die Einstellung der Öffentlichkeit zur Französischen Revolution?

Geschichtlicher Hintergrund:
Was geschah vor und nach dem 14. August 1789?
Mai: Generalstände,
Juni: Nationalversammlung,
14. Juli: Sturm auf die Bastille,
4. August: Abschaffung der Privilegien,
26. August: Erklärung der Menschen- und Bürgerrechte

Frage: Wie geht die Revolution weiter?

Prognose: wahrscheinlich „blutige Auftritte“ (Z. 11–12)

Gegner (Feinde) der Revolution: Aristokraten (Adel und Geistlichkeit) (Z. 17–26)

Stimmung im Volk (Z. 26–30)

Sicht des Autors
Vorahnung: Gräuel

M2

Aus dem Tagebuch eines Kleinbauern

Der Kleinbauer und Garnhausierer Ulrich Bräker (1735–1798) entfloh 1756 einem preußischen Werbeoffizier und lebte später in seiner Schweizer Heimat. In Kenntnis der Briefe Campes schrieb er im März 1791 in sein Tagebuch über die französischen Zustände:

Und noch jetzt nicht könnt ich glauben, dass es mit Frankreichs Freiheit so ganz im Reinen wäre: in einem so weitläufigen Reich – wo so viele Millionen Menschen wohnen – mag es wohl auch heißen, viel Köpf viel Sinnen – zudem so starke Parteien von den Angesehensten im Reich – die immer offensichtlich und im Verborgenen gegen die Freiheit arbeiten. Der Adel und die Geistlichkeit sind allzu stark heruntergesetzt – als dass sie nicht sollten alles anwenden, ihre Vorrechte geltend zu machen …

Wie sehr fällt diese Nation von einem Extrem aufs andere. Vorher war der gemeine Haufen allzu sehr Sklav, der Adel und die Großen dieser Nation beherrschten den sonst souveränen König und übertrieben ihre despotische Macht bis zur Tyrannei. Man denke nur, wie eine solche Herabsetzung in die gemeine Bürgerklasse schmerzen müsse. Auch die Geistlichen werden es nimmermehr zugeben, da ihr Einkommen geschmälert und von den Ständen bestimmt werden soll. Diese Klasse ist der Nation die allergefährlichste, doch wenn nur die auswärtigen Mächte so menschlich gesinnt wären, keine Partei zu nehmen, sondern zu einem gütigen Vergleich die Hand bieten würden, dann möchts angehen. Aber wenn der Tanz angehen sollte … dann würdest du sehen, Franzmann, welche Schlangen du in deinem Busen genährt – mir schaudert von den Ahnungen, wie es alsdann in deinen Eingeweiden hergehen möchte … Es wird also erlaubt sein, dato noch an der Dauerhaftigkeit der französischen Freiheit zu zweifeln.

Zit. nach Praxis Geschichte, Französische Revolution, H. 1, 1989, S. 42.

M3

Modell zur Analyse von Textquellen

Geschichtlicher Hintergrund
- In welche geschichtliche Situation lässt sich die Quelle einordnen?
- Ist ein Vergleich mit anderen Quellen und Darstellungen möglich?
- Welche weiteren Informationen sind zum besseren Verständnis notwendig?

Autor
- Wer hat den Text verfasst?
- In welchem Verhältnis steht er zum Ereignis?
- Was konnte er wissen (nicht wissen)?
- Lässt sich ein bestimmter Standpunkt des Autors feststellen?

Textquelle
- Welche Quellenart liegt vor?
- Wie lautet die Datierung?
- Gibt es eine Überschrift (ein Thema)?
- Wie lässt sie sich gliedern?
- Was ist aus der Quelle zu erfahren?
- Wie lautet die Kernaussage?
- Lassen sich Schlüsselbegriffe finden?
- Werden die Aussagen begründet?
- Sind die Aussagen schlüssig/widersprüchlich?
- Ist die Quelle glaubwürdig?
- Für wen, in welcher Absicht wurde der Text verfasst?

Adressat
- An wen ist der Text gerichtet (Privatperson, Machthaber, Amt, Öffentlichkeit, Nachwelt)?
- In welchem Verhältnis steht der Adressat zum Autor?
- Könnte die Art des Adressaten Einfluss auf den Inhalt des Textes haben?

Fragestellung aus heutiger Sicht
- Auf welche Frage(n) suchen wir eine Antwort?
- Welches Wissen bringen wir in die Analyse und Beurteilung ein?
- Beeinflussen Faktoren unserer Zeit unser Urteil?

1 Erarbeite M1 mithilfe der Lösungsvorschläge und ergänze offene Punkte, wie zum Beispiel zu „Fragestellung aus heutiger Sicht" und zur „Textquelle".

2 Wende das Modell (M3) auf M2 an. Lege vorher fest, wie du vorgehen willst (z. B. Autor – Textquelle – Adressat).

Die Alleinherrschaft Napoleons

Biografie

Napoleon

Napoleon Bonaparte (1769–1821) stieg als Offizier während der Revolutionskriege in der Armee auf. 1799 verließ er nach einer Niederlage gegen die Engländer Ägypten und kehrte nach Paris zurück, wo er mithilfe der Armee die Direktoriumsregierung stürzte und das Parlament entmachtete. Eine neue Verfassung sah vor, dass Napoleon als „Erster Konsul" über die meiste Macht verfügte. Neu in dieser Verfassung war das Plebiszit: die direkte Entscheidung des Volkes über Fragen, die ihm von Napoleon vorgelegt wurden. Er benutzte es als Instrument, um seine Alleinherrschaft zu festigen. 1802 ließ er sein Konsulat durch ein Plebiszit auf Lebenszeit verlängern. 1804 krönte er sich im Beisein des Papstes selbst zum „Kaiser der Franzosen". Nach militärischen Niederlagen in den Eroberungskriegen in Europa wurde Napoleon 1814 entmachtet und nach Elba verbannt. Er kehrte noch einmal für 100 Tage zurück, wurde aber 1815 in der Schlacht bei Waterloo endgültig besiegt.

Warum akzeptierte das Volk die Alleinherrschaft?

Verschiedene Erklärungen sind möglich: Zunächst hatte Napoleon die Gefahr beseitigt, von den europäischen Mächten besiegt zu werden. In der Innenpolitik gelang ihm geschickt der Ausgleich von Gegensätzen zwischen den zurückkehrenden adligen Emigranten und dem Großbürgertum, das als Käufer von Grundbesitz Gewinn aus der Revolution gezogen hatte. Außerdem erreichte er die Versöhnung mit der katholischen Kirche. Zu den Erfolgen zählte sicherlich auch das neue Gesetzbuch aus dem Jahr 1804, der „Code civil"*. Er wurde zum Vorbild für Gesetzbücher in vielen Ländern. Im Bereich der Wirtschaft gelang es Napoleon, die Geldentwertung zu beenden. Zu kurz kamen die kleinen Lohnempfänger, denen z. B. das Streikrecht genommen wurde. Damit in der Öffentlichkeit nur Zustimmung und Bewunderung zu hören waren, setzte Napoleon Pressezensur und Bespitzelung durch.

M1

Napoleon und die Republik

Aussagen Napoleons zu politischen Fragen:

1A Tagesbefehl Napoleons (Italien, 14. Juli 1797): Soldaten, heute ist die Jahresfeier des 14. Juli … ich weiß, ihr seid tief betrübt über die Leiden, die dem Vaterland drohen; aber das Vaterland kann nicht ernstlich gefährdet werden. Hier stehen die Männer, die es zum Triumph über das verbündete Europa geführt haben. Berge trennen uns von Frankreich; ihr würdet sie mit Adlerflügeln überqueren, wenn es nötig sein sollte, um die Verfassung aufrechtzuerhalten, die Freiheit zu verteidigen … und die Republik zu schützen.

1B Napoleon zu dem französischen Gesandten in der Toskana (1. Juli 1797): Glauben Sie vielleicht, dass ich eine Republik begründen will? … Das ist eine Wahnvorstellung, in die die Franzosen vernarrt sind, die aber auch wie so manches andere vergehen wird. Was sie brauchen, ist Ruhm, die Befriedigung ihrer Eitelkeit, aber von der Freiheit verstehen sie nichts. Blicken Sie auf die Armee! Die Triumphe … haben den wahren Charakter des französischen Soldaten wieder hervortreten lassen. Für ihn bin ich alles … Die Nation braucht einen Führer und keine Reden von Ideologien*, die die Franzosen … nicht verstehen.

M1A und M1B zit. nach Irmgard und Paul Hartig, Die Französische Revolution, Stuttgart (Klett) 1984, S. 112 f.

M2

Napoleon beim Übergang über den Großen St. Bernhard, Gemälde von Jacques-Louis David, 1800/1801

M3

Aus dem „Code civil"

Die neue Gesetzgebung, die unter Napoleon 1804 in Kraft trat und auch in den von Frankreich besetzten Staaten galt, legte unter anderem fest:

8. Jeder Franzose soll Civil-Rechte[1] genießen.

9. Wer in Frankreich von einem Fremden geboren ist, ist berechtigt, ... die rechtliche Eigenschaft eines Franzosen in Anspruch zu nehmen; nur muss er ... [in Frankreich] sein Domizil [aufschlagen] ...

144. Mannspersonen können nicht heiraten, ehe sie das achtzehnte Jahr, Frauenzimmer nicht, ehe sie das fünfzehnte Jahr zurückgelegt haben ...

146. Ohne Einwilligung gibt es keine Ehe.

147. Man kann keine zweite Ehe schließen, ohne dass die erste aufgelöst ist ...

165. Die Ehe soll öffentlich vor dem Civil-Beamten des Ortes ... geschlossen werden ...

213. Der Mann ist seiner Frau Schutz und die Frau ihrem Manne Gehorsam schuldig ...

215. Die Frau kann ohne die Autorisation[2] ihres Mannes nicht vor Gericht stehen, selbst dann nicht, wenn sie öffentlich in ihrem eigenen Namen Handelsgeschäfte treibt, mit ihrem Manne in keiner Gütergemeinschaft lebt oder ihr Vermögen ausschließlich für sich allein genießt.

Zit. nach Bernd Sösemann, Revolution und Reform, Stuttgart (Klett) 1997, S. 54 f.

[1] Bürgerrechte
[2] Erlaubnis

M5

Napoleon – Umgestalter Frankreichs

Der französische Historiker Jaques-Olivier Boudon schrieb 2004:

Sehr bald, schon am 17. Februar 1800, reformiert ein Gesetz die Verwaltung: Der Rahmen des Departements, ein Erbe der Revolution, wird beibehalten, aber an seine Spitze wird ein einzelner Repräsentant, der Präfekt, gestellt – die unverzichtbare Schaltstelle zwischen Regierung und Bürgern. Dieses Amt erweist sich als wesentliches Instrument der Zentralisationspolitik ... Der Staat braucht unbedingt gesunde Finanzen. Bonaparte schafft keine neuen Steuern, aber er rationalisiert das System der Steueraufteilung und -erhebung, damit die Steuern tatsächlich in die Staatskassen fließen ...

Von 1800 an beschäftigt Bonaparte ... Juristen mit der Herausgabe neuer Gesetze ... Mithilfe dieser Reformen installiert Bonaparte eine neue Gesellschaft, die endgültig mit der Ständegesellschaft ... bricht. Er fördert eine individualistische Gesellschaft, die sich auf Familie und Eigentumsrecht gründet. Das Modell des Bürgertums herrscht vor, das der patriarchalischen Familie, in der die Rolle der Frau unbedeutend ist, aber in dem die Kinder gleiches Erbrecht erhalten – das bedeutet das Ende des Rechts des Erstgeborenen.

Jaques-Olivier Boudon, Napoleon und seine Zeit, in: Praxis Geschichte, H. 6, 2004, S. 6 f.

1 Stelle anhand des Biografiekastens die Machtergreifung und die Politik Napoleons in einer Zeitleiste dar.

2 a) Erschließe anhand von M1 die politischen Aussagen Napoleons und seine Einstellung zu den Idealen der Revolution. b) Nimm Stellung.

3 Untersuche, ob sich Ideen der Französischen Revolution im Code civil widerspiegeln (M3).

4 Vergleiche M2 mit M4 und beschreibe, welche „Bilder" über den Herrscher vermittelt werden.

5 Erarbeite anhand von M3 und M5, welche Reformen Napoleon durchsetzte. Nimm begründet Stellung.

M4

Napoleon überquert die Alpen,
kolorierter Kupferstich von Alphonse François, 1853 (Ausschnitt)

Webcode: FG642588-123

Die französische Vorherrschaft auf dem Kontinent

Eroberungskriege in Europa

Zwischen 1792 und 1815 herrschte in Europa fast ständig Krieg. Während es den französischen Truppen anfangs um die Landesverteidigung und die Ausbreitung der revolutionären Ideen gegangen war, führte Napoleon vor allem Eroberungskriege. Bis 1812 verschaffte er Frankreich eine Vormachtstellung (Hegemonie) auf dem Kontinent. Nur England konnte dem militärischen Druck standhalten, sodass sich Napoleon zum Wirtschaftskrieg entschloss. Doch auch seine Kontinentalsperre, die die Einfuhr englischer Produkte nach Europa verhindern sollte, brachte nicht den Sieg über Großbritannien. Ganz anders verhielt es sich mit der Beziehung zum Heiligen Römischen Reich, das unter der Führung des deutschen Kaisers stand.

Napoleon und Deutschland

Die Eroberungspolitik Napoleons hatte die Situation in den Staaten des Reichs tief greifend verändert. Bereits 1801 waren alle zum Reich gehörigen Gebiete westlich des Rheins von Frankreich besetzt worden. Allerdings sollten die deutschen Fürsten, die dadurch Land verloren hatten, durch rechtsrheinische Gebiete entschädigt werden. Auf wessen Kosten aber sollten diese Entschädigungen erfolgen?

Säkularisierung und Mediatisierung

1803 wurde unter dem Einfluss Napoleons entschieden, die Fürsten mit geistlichen und reichsunmittelbaren* Gebieten zu entschädigen. Geistliche Gebiete waren solche, in denen bisher Bischöfe oder Äbte regiert hatten. Die Eingliederung dieser Territorien in größere Staaten und die Enteignung von Kirchenbesitz wird Säkularisierung genannt. Neben den geistlichen Gebieten gab es reichsunmittelbare, also direkt dem Kaiser unterstellte Gebiete, z. B. Reichsstädte, die traditionell eine Stütze der Kaisermacht waren. Auch diese Territorien wurden in größere Staaten eingegliedert im Zuge der sogenannten Mediatisierung. Diese „territoriale Revolution" brachte einzelnen deutschen Staaten wie Bayern enorme Vorteile. Auf diese Weise hatte Napoleon im eigenen Interesse Mittelstaaten geschaffen, die zwar stark genug waren, sich dem Kaiser in Wien zu widersetzen, aber keine Gefährdung für Frankreich darstellten.

Unter der Vorherrschaft Napoleons schlossen sich 16 deutsche Fürsten mit ihren neuen Gebieten zum „Rheinbund" zusammen (1806). Bayern und Württemberg wurden Königreiche. Sie standen aber weiterhin unter direktem Einfluss Napoleons und kämpften im Krieg an seiner Seite. 1806 endete das Heilige Römische Reich Deutscher Nation, als Kaiser Franz I. (Österreich) seine Krone niederlegte.

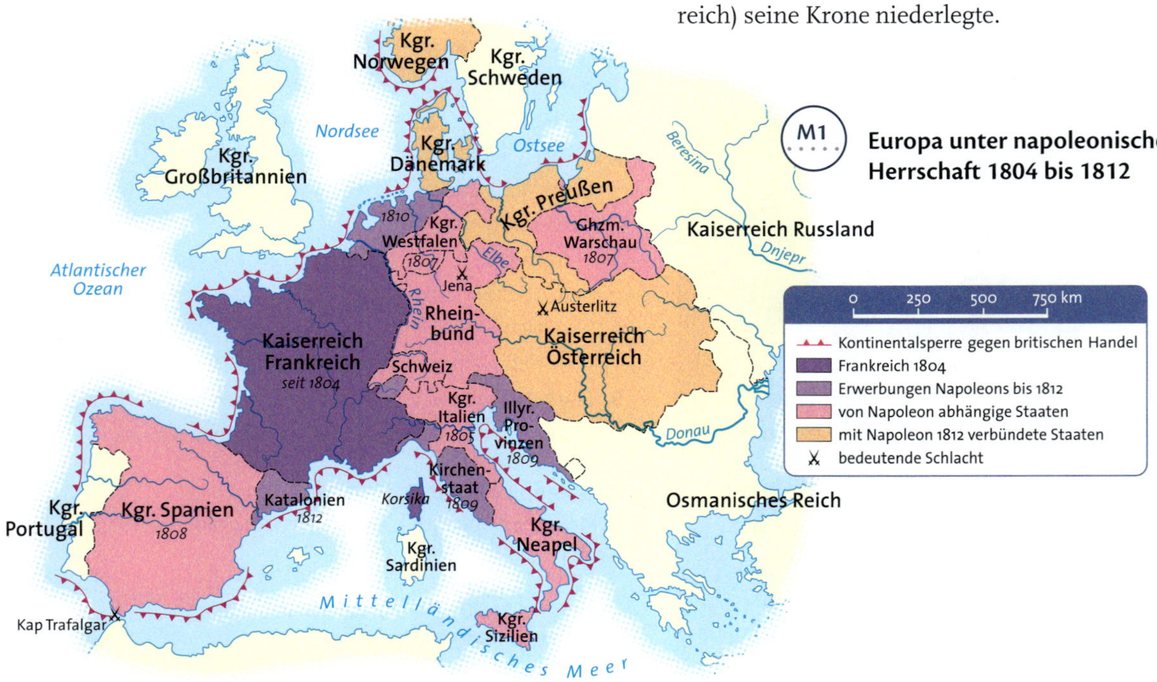

M1 **Europa unter napoleonischer Herrschaft 1804 bis 1812**

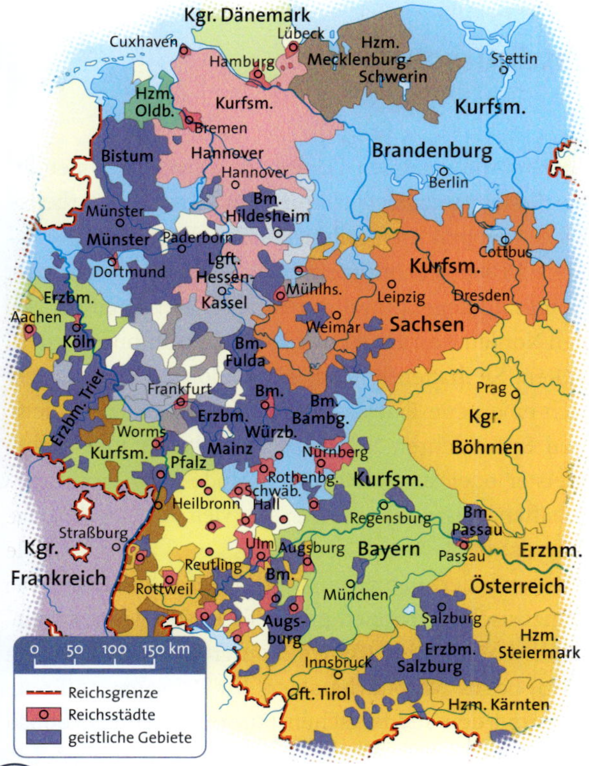

M2A Deutschland vor 1789

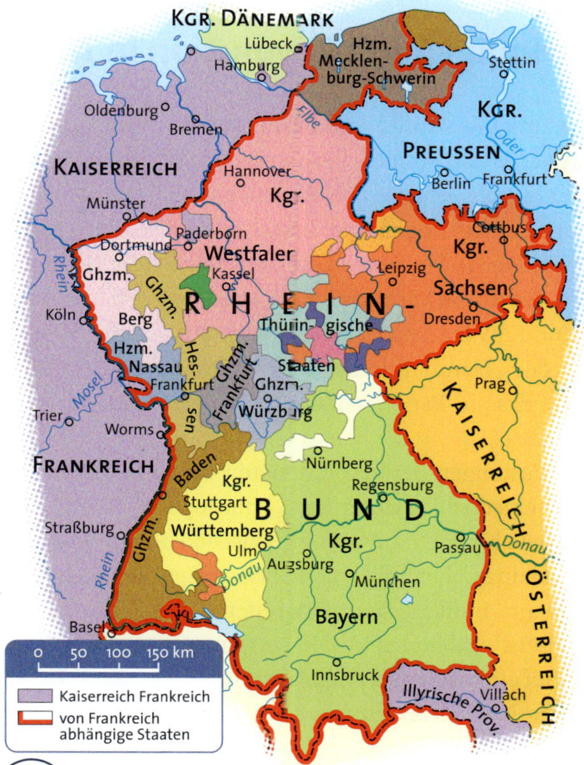

M2B Deutschland zwischen 1806 und 1815

Begriffe und Daten

Kontinentalsperre

Letztlich erfolglose Blockade des europäischen Festlands, die Napoleon 1806 gegen Großbritannien verhängte; mit schwerer Schädigung der britischen Wirtschaft zugunsten einiger Industriezweige auf dem Kontinent (fehlende britische Konkurrenz). Insgesamt überwogen aber die negativen Folgen auch für das Festland.

1803 Säkularisierung

Einziehung bzw. Nutzung kirchlichen Eigentums durch die weltliche Gewalt (Staat).

1806 Ende des Heiligen Römischen Reiches

1806 verbündeten sich 16 deutsche Staaten politisch und militärisch mit Napoleon im „Rheinbund" und erklärten ihren Austritt aus dem Heiligen Römischen Reich Deutscher Nation. Der deutsche Kaiser Franz I. legte deshalb die Kaiserkrone nieder und nannte sich nur noch „Kaiser von Österreich". Damit endete das Reich, das seit der Kaiserkrönung Ottos des Großen (962) bestanden hatte.

M3 **Ein vereintes Europa?**

Napoleon über seine außenpolitischen Ziele:

Europa wird nicht zur Ruhe kommen, bevor es nicht unter einem einzigen Oberhaupte steht, unter einem Kaiser, der Könige als seine Beamte hat und der seinen Generälen Königreiche gibt. Wir brauchen ein europäisches Gesetz, einen europäischen Gerichtshof, eine einheitliche Münze, die gleichen Gewichte und Maße. Wir brauchen dieselben Gesetze für ganz Europa … Aus allen Völkern Europas muss ich ein Volk machen und aus Paris die Hauptstadt der Welt.

Friedrich M. Kircheisen, Gespräche Napoleons des Ersten, Stuttgart (Lutz) 1912.

1 a) Stelle die Veränderungen in Deutschland und Europa zusammen.
b) Bewerte die Neuordnung Deutschlands aus verschiedenen Perspektiven (z. B. Frankreich, kleinere und größere weltliche und geistliche Territorien).

2 Diskutiert: Worin unterscheidet sich Napoelons Idee von einem „Vereinten Europa" (M3) von den heutigen Vorstellungen?

Wirkungen der Revolution in Nordwestdeutschland

Frankreich – Vorbild und Besatzungsmacht

Von der Französischen Revolution erfuhren die Menschen durch Berichte von Reisenden oder durch Meldungen in Zeitungen und Zeitschriften. Die Ideen der Revolution fanden in den Lese- und Salonclubs interessierte Leser und Diskutanten. In Hamburg meldete am 25. Juli 1789 die damals auflagenstärkste Zeitung Europas, der „Hamburgische unpartheyische Correspondent", dass in Paris „große Bewegungen Statt gehabt haben".

Die Wirkungen der revolutionären Ereignisse waren unterschiedlich: Dichter und Philosophen pflanzten „Freiheitsbäume". Im linksrheinischen Raum wurde die „Mainzer Republik" (1792/93) ausgerufen, die jedoch am militärischen Eingreifen Österreichs und Preußens scheiterte. In der Universitätsstadt Göttingen rief ein anonymes Flugblatt zum Umsturz auf. Unter der Landbevölkerung in den mecklenburgischen Herzogtümern kam es zu Protestmärschen auf den Gütern und zu spontanen Arbeitsniederlegungen. Anders als in Frankreich fanden keine gemeinsamen Aktionen zwischen dem gebildeten Bürgertum und den ländlichen Schichten statt.

Zum Zentrum der revolutionären Aktivitäten in Norddeutschland wurde die Stadt Altona (heute ein Stadtteil Hamburgs). Damals gehörte sie zum absolutistischen, aber reformfreudigen Dänemark. Dort gab es bereits ein System sozialer Sicherung für Arme und Arbeitslose – und praktisch völlige Pressefreiheit.

Etwa 15 000 Flüchtlinge aus Frankreich, unter ihnen Königsanhänger (Royalisten) und Adlige, emigierten in den Norden, von denen sich 10 000 in Hamburg niederließen. Sie hatten ihren Besitz verloren und mussten sich eine neue Existenz aufbauen als Musik-, Ballett- und Sprachlehrer, Schneider, Hutmacher und Fechtmeister oder als Gründer von Mode- und Parfümgeschäften. Damit brachten sie vielfältige kulturelle Impulse in die Stadt.

Während der napoleonischen Kriege besetzten die französischen Truppen große Teile Nordwestdeutschlands. Das 1807 gegründete Königreich Westfalen (bis 1813) besaß „Vorbildcharakter" für Reformen in Preußen und den süddeutschen Staaten. Napoleon Bonaparte hatte es an seinen Bruder Jérôme übertragen. Im „Modellstaat" Westfalen wurden wichtige Neuerungen durchgesetzt, wie eine repräsentative Verfassung, Rechtsgleichheit, Abschaffung der Leibeigenschaft und Bauernbefreiung. Dennoch fehlte die breite Akzeptanz in der Bevölkerung, die mit hohen Steuern, einer teuren Besatzungsarmee und vielen Kriegsopfern belastet wurde.

M1 **Tanz um den Freiheitsbaum,** unbekannter Künstler, um 1792/93

M2

An den König von Westfalen

Napoleon schrieb 1807 an seinen Bruder Jérôme, den er kurz zuvor als König von Westfalen eingesetzt hatte:

Mein Bruder, beiliegend finden Sie die Verfassung Ihres Königreichs … Das Glück Ihres Volkes liegt mir nicht allein wegen des Einflusses am Herzen, den es auf Ihren und meinen Ruhm haben kann, sondern auch in Hinsicht auf die allgemeine europäische Politik … Ihr Volk muss sich einer Freiheit, einer Gleichheit, eines Wohlstandes erfreuen, die den übrigen Völkern Deutschlands unbekannt sind! … Seien Sie ein konstitutioneller König! Und wenn es Ihnen die Vernunft und Aufgeklärtheit Ihres Jahrhunderts nicht geböten, so müssten Sie es doch aus weiser Politik sein. Sie werden dadurch große Macht in der öffentlichen Meinung und eine natürliche Überlegenheit über Ihre Nachbarn gewinnen, die alle absolute Fürsten sind.

Zit. nach Eckart Kleßmann (Hg.), Deutschland unter Napoleon, Düsseldorf (Karl Rauch) 1965, S. 258.

M3

Eine Verfassung für Westfalen

Die Verfassung Westfalens wurde am 7. Dezember 1807 erlassen und in den Zeitungen veröffentlicht. Hier ein Auszug aus dem „Braunschweiger Anzeiger":

1. Das Königreich Westfalen soll durch Konstitutionen regiert werden, welche die Gleichheit aller Untertanen vor dem Gesetze und die freie Ausübung des Gottesdienstes der verschiedenen Religionsgesellschaften festsetzen …

13. Alle Leibeigenschaft … ist aufgehoben …

14. Der Adel soll in seinen verschiedenen Graden … fortbestehen, ohne dass solcher jedoch ein ausschließendes Recht zu irgendeinem Amte, Dienste oder einer Würde, noch Befreiung von irgendeiner öffentlichen Last verleihen könne …

16. Es soll ein und dasselbe Steuer-System für alle Teile des Königreichs sein.

Reinhard Oberschelp (Hg.), Niedersächsische Texte 1756–1820, Hildesheim, 1983, S. 49 f.

M4 **Die Hamburger St.-Petri-Kirche wird von den französischen Besatzungstruppen als Pferdestall benutzt,** unbekannter Künstler, 1. Hälfte 19. Jh.

1 a) Erarbeite anhand von M2, wie die französische Herrschaft in Westfalen vermittelt und gerechtfertigt werden sollte.
b) Stelle einen Bezug zu M3 her.

2 Analysiere M1 und M4 mithilfe der Arbeitsschritte „Bilder vergleichen" im Anhang und formuliere zusammenfassend, welche „Bilder" aus der Zeit der Französischen Revolution vermittelt werden.

3 Versetze dich in die Rolle eines westfälischen Offiziers in der Armee Napoleons. Wie könnte er zu der Frage „Frankreich – Vorbild oder Besatzungsmacht" stehen?

Webcode: FG642588-127

Reformen in Preußen

Eine Niederlage löst Reformen aus

1806 erlitt das preußische Heer in der Doppelschlacht von Jena und Auerstedt eine vernichtende Niederlage gegen Napoleon, der triumphal in Berlin einzog. Im Frieden von Tilsit (1807) entging Preußen zwar der vollständigen Auflösung, musste aber 49 Prozent seines Gebietes mit etwa der Hälfte seiner Bevölkerung abtreten. Außerdem blieb es von französischen Truppen besetzt und musste hohe Kriegsentschädigungen zahlen. Nun kam auch der König von Preußen zu der Einsicht, dass der monarchisch beherrschte Staat auf Dauer nicht überlebensfähig war ohne die Beteiligung der Bürger. Unter dem Eindruck der Französischen Revolution gab es zwar seit Mitte der 1790er Jahre Reformpläne, aber keine wirklichen Veränderungen. Jetzt beauftragte er führende Beamte mit der Erneuerung Preußens durch Reformen, allen voran den Freiherrn vom und zum Stein und den Fürsten von Hardenberg. Die ersten Maßnahmen beruhten auf dem Oktoberedikt von 1807, dem weitere Edikte folgten, die Reformen in Staat, Gesellschaft und Wirtschaft vorsahen.

Biografie

Karl Reichsfreiherr vom und zum Stein

Stein (1757–1831) stammte aus der rheinischen Reichsritterschaft. 1780 trat er als Jurist in den preußischen Staatsdienst ein, wurde 1804 Wirtschafts- und Finanzminister und führte nach dem Frieden von Tilsit grundlegende Reformen des preußischen Staates durch. Auf Druck Napoleons wurde er 1808 entlassen. Er war bis 1816 Berater am russischen Hof.

Karl August Fürst von Hardenberg

Hardenberg (1750–1822) stammte aus einer hannoverschen Adelsfamilie und trat 1790 in den preußischen Staatsdienst ein. Im April 1807 zum leitenden Minister ernannt, wurde er nach dem Frieden von Tilsit wieder entlassen. Seit 1810 war Hardenberg preußischer Staatskanzler und führte die Reformen Steins weiter.

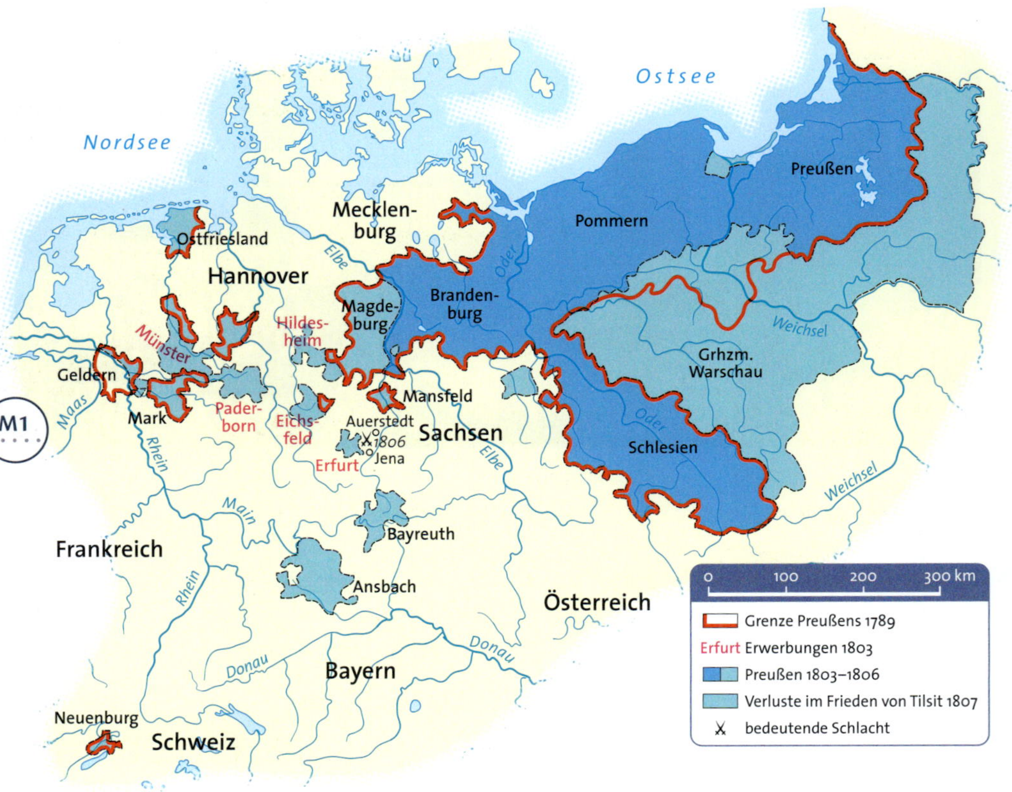

M1

Die territoriale Entwicklung Preußens 1789–1807

Begriffe und Daten

Preußische Reformen (1807–1816)

Reform der Staatsverwaltung: Der König regierte nicht mehr allein durch persönliche Berater (Kabinettsregierung), sondern es wurden verantwortliche Minister ernannt, die jeweils ein eigenes Ressort leiteten, z. B. für Krieg, Inneres, Äußeres, Finanzen und Justiz.

Bauernbefreiung: Jeder bisher erbuntertänige Bauer konnte jetzt Beruf und Wohnort selbst wählen (ab 1804 für Bauern auf Staatsgütern, ab 1810 für Bauern auf Adelsbesitz). Blieb er Bauer, musste er keine Abgaben und Dienste mehr leisten. Seit 1811 galt allerdings, dass dafür dem ehemaligen Herrn eine Entschädigung zu zahlen war. So zog sich die Ablösung der Dienstpflichtigen Jahrzehnte hin und stürzte viele Bauern in Schulden.

Berufswahl und Aufhebung der Zünfte: Auf wirtschaftlichem Gebiet wurden die Standesschranken aufgehoben. Jeder – Adliger, Bürger oder Bauer – konnte nun Landgüter kaufen oder verkaufen. Jeder hatte die freie Berufswahl. Damit Gewerbefreiheit* herrschte, wurden die Zünfte aufgehoben.

Politische Mitspracherechte: Der Einzelne sollte mehr am politischen Leben teilhaben. Nach der neuen Städteordnung konnte nun jeder, der über das Bürgerrecht und ein bestimmtes Einkommen verfügte, Stadtverordnete wählen und auf die Bürgermeisterwahl Einfluss nehmen. Nur eine Minderheit der Stadtbewohner besaß aber das Bürgerrecht.

Bildungsrefom: Das Volksschulwesen wurde ausgebaut. Nach und nach wurde überall in Preußen die allgemeine Schulpflicht durchgesetzt. An den Gymnasien führte man das Abitur ein. Die Universitäten sollten von staatlichen Eingriffen frei bleiben.

Heeresreform: Missstände im alten stehenden Heer, wie z. B. die Prügelstrafe, wurden abgeschafft. Wie in Frankreich sollten auch Bürger Offizier werden können. Die allgemeine Wehrpflicht wurde angestrebt.

Judenemanzipation: Juden wurden rechtlich allen anderen Bürgern gleichgestellt.

Webcode: FG642588-129

M2

Reorganisation des preußischen Staats

Karl August von Hardenberg verfasste 1807 auf Befehl des preußischen Königs eine Denkschrift:

Die Französische Revolution, wovon die gegenwärtigen Kriege die Fortsetzung sind, gab den Franzosen unter Blutvergießen und Stürmen einen ganz neuen Schwung. Alle schlafenden Kräfte wurden geweckt, das Elende und Schwache … – freilich zugleich mit manchem Guten – zerstört … Der Wahn, dass man der Revolution … durch Festhalten am Alten … entgegenstreben könne, hat besonders dazu beigetragen, die Revolution zu befördern … Also eine Revolution im guten Sinn …, durch Weisheit der Regierung und nicht durch gewaltsame Impulsion von innen oder außen – das ist unser Ziel … Demokratische Grundsätze in einer monarchischen Regierung: Dieses scheint mir die angemessene Form für den gegenwärtigen Zeitgeist …

Ohne Macht ist keine Selbstständigkeit …, also muss Preußen streben, diese wiederzuerlangen … Ohne ein recht kräftig organisiertes, stets schlagfertiges Militär kann der preußische Staat nicht wieder emporkommen … Der zahlreichste und wichtigste, bisher allerdings am mehrsten vernachlässigte und gedrückte Stand im Staat, der Bauernstand, muss … ein vorzüglicher Gegenstand [der] Sorgfalt werden. Die Aufhebung der Erbuntertänigkeit* müsste durch ein Gesetz … sogleich verfügt werden.

Zit. nach Geschichte in Quellen, Bd. 4, hg. v. Wolfgang Lautemann u. a., München (bsv) 1981, S. 625 ff. und 632 f.

1 Erkläre, was der Reformer Hardenberg unter einer „Revolution im guten Sinn" (M2, Z. 10/11) verstand.

2 Erarbeite mithilfe des Kastens „Begriffe und Daten", inwiefern in den preußischen Reformen Ideen der Aufklärung verwirklicht wurden.

3 Prüfe die preußischen Reformen unter der „Machtfrage" im Staat:
a) Worin lagen Fortschritte für die nicht adlige Bevölkerung?
b) Wo blieben die Reformen hinter den Zielen der Französischen Revolution zurück?

4 Im preußischen Adel ging in der Reformzeit der Ausspruch um: „Lieber drei Schlachten von Jena und Auerstedt als ein Oktoberedikt!" Erkläre und beurteile diese Reaktion auf die Reformen.

Einen historischen Sachtext verfassen

Historische Sachtexte – andere informieren
Sachtexte, wie sie z. B. in Fachbüchern, Fachzeitschriften und Schulbüchern zu finden sind, sollen andere über Sachverhalte informieren. Sie müssen deshalb so geschrieben werden, dass die Informationen über Personen, Sachverhalte, Ereignisse und Vorgänge aus der Geschichte vom Leser verstanden werden. Auf dieser Methodenseite kannst du erarbeiten, wie ein Sachtext geschrieben wird. Die abgebildeten Materialien bieten einen ersten Zugang. Sie stehen als Beispiele für mögliche Themen eines Sachtextes: ein historischer Gegenstand, eine historische Person, ein historischer Vorgang (ein Ereignis) und ein historischer Sachverhalt.

1 a) Verfasse mithilfe der Arbeitsschritte einen historischen Sachtext zum Thema „Sturm auf die Bastille". Ziehe M2 und die Seiten 110 bis 113 im Kapitel 2 heran.
b) Überarbeitet eure Texte in einer Schreibkonferenz.

2 **Gruppenarbeit:** Bearbeitet in Gruppen die folgenden Themenvorschläge anhand der Arbeitsschritte. Geht dabei von M1, M3 und M4 aus und zieht die entsprechenden Seiten im Kapitel 2 heran:
1. Die USA – von der Kolonie zur Demokratie;
2. Napoleon – Aufstieg und Fall;
3. England als konstitutionelle Monarchie;
4. Die Menschenrechte von 1789.

M1

Die amerikanische Freiheitsstatue, Foto, 2002

Arbeitsschritte

1. Schritt: Themen finden
- Themen vereinbaren und Fragestellung(en) formulieren.

2. Schritt: Material sammeln und auswerten
- Grundlage des Sachtextes: einzelne Materialien (z. B. Abbildung über ein Ereignis, aber auch andere Quellen und Sachtexte).
- Wichtige Informationen aus den Materialien festhalten (wörtliche Auszüge, Stichworte, Schaubild, Mindmap).

3. Schritt: Sachtext schreiben
- Adressaten beachten: Wer soll informiert werden? Aus welchem Grund?
- Bei Personen: vom Ganzen zu den Einzelheiten gehen; bei Vorgängen: Reihenfolge der Ereignisse beachten.
- Inhaltlich bedenken: Informationen sachlich darstellen; keine überflüssigen Informationen; chronologische Reihenfolge beachten; keine persönlichen Bewertungen darstellen.
- Sprachlich beachten: keine wörtliche Rede; Fachbegriffe verwenden; kurze, klare Sätze; Sachtext gliedern. Zeitform: Präteritum/ Plusquamperfekt.

4. Schritt: Sachtext überarbeiten und bewerten
- Inhaltlich und sprachlich überprüfen: verständliche Wörter und Sätze; überflüssige Informationen; richtige gedankliche Reihenfolge.
- Gegenlesen durch Schreibpartner.

M2

Der Sturm auf die Bastille am 14. Juli 1789

M3

Napoleon, Kaiser der Franzosen, Gemälde von Anne Louis Girodet-Trison, 1805

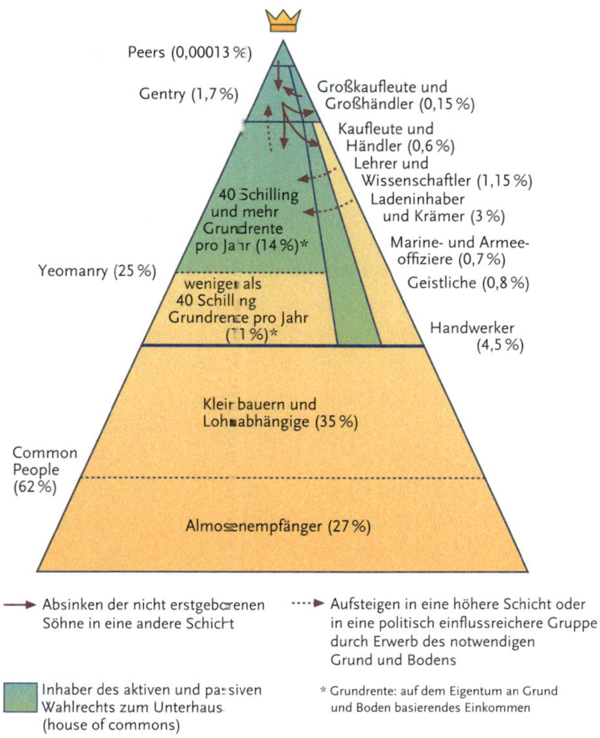

M4

Der Aufbau der englischen Gesellschaft im 17. Jahrhundert

Die Französische Revolution und ihre Folgen

M1

„Bilderbogen“ von der Französischen Revolution, kolorierter Holzschnitt (54 x 74 cm), 1790/91

M2

Erklärung der Rechte der Frau und Bürgerin

1791 legte die französische Schriftstellerin Olympe de Gouges der Nationalversammlung folgende Erklärung vor:

Präambel: Wir, Mütter, Töchter, Schwestern, Vertreterinnen der Nation, verlangen, in der Nationalversammlung vertreten zu sein …

1. Die Frau ist frei geboren und bleibt dem Manne gleich an Rechten …

2. Ziel und Zweck jedes politischen Zusammenschlusses ist der Schutz der natürlichen und unveräußerlichen Rechte sowohl der Frau als auch des Mannes. Diese Rechte sind: Freiheit, das Recht auf Eigentum, Sicherheit und besonders das Recht auf Widerstand gegen Unterdrückung …

4. Freiheit und Gerechtigkeit bestehen darin, den anderen das zurückzugeben, was ihnen zusteht. So hat die Ausübung der natürlichen Rechte der Frau ihre Grenze allein in der fortdauernden Tyrannei, die der Mann ihr entgegensetzt. Diese Schranken müssen durch Gesetze der Natur und Vernunft revidiert werden …

6. Das Gesetz sollte Ausdruck des allgemeinen Willens sein. Alle Bürgerinnen und Bürger sollen persönlich oder durch ihre Vertreter an seiner Gestaltung mitwirken. Es muss für alle das gleiche sein. Da alle Bürgerinnen und Bürger gleich sind vor den Augen des Gesetzes, müssen sie gleichermaßen nach ihren Fähigkeiten, ohne andere Unterschiede als die ihrer Tugenden und Talente zu allen Würden, Ämtern und Stellungen im öffentlichen Leben zugelassen werden.

Zit. nach Praxis Geschichte, Französische Revolution, H. 1, 1989, S. 42.

M3

Menschen aus verschiedenen Gruppen der Gesellschaft in der Französischen Revolution

Überprüfe, was du kannst

Sachkompetenz

1 Kläre die folgenden Begriffe: Französische Revolution (S. 113), Menschen- und Bürgerrechte (S. 114), konstitutionelle Monarchie (S. 117), preußische Reformen (S. 129).

2 Identifiziere die Figuren (M3) und ordne sie den Ständen bzw. gesellschaftlichen Gruppen zu. Tipp: Du findest alle im Kapitel wieder.

3 Skizziere die Figuren (M3) und formuliere in Sprechblasen, wie sie sich vorstellen und über ihre politischen Ansichten berichten.

Methodenkompetenz

4 a) Analysiere M1 mithilfe der Methode „Ein Bild analysieren“ im Anhang.
b) Prüfe, ob M1 eine Karikatur sein könnte. Ziehe die Methode S. 108/109 heran.

Selbst- und Sozialkompetenz

5 Beurteile die Aussage: „Die Französische Revolution hat ihre Ursache in der Krise des Absolutismus.“

6 a) Prüfe und bewerte, inwieweit die in M2 formulierten Rechte Merkmale der Aufklärung wiedergeben.
b) Erörtere, welche Bedeutung Menschenrechte, insbesondere Frauenrechte, in unserer Zeit haben.

7 Beurteile die Bedeutung der Französischen Revolution für Europa.

8 **Recherche:** Informiert euch über Frauenbiografien in der Zeit der Aufklärung und der Französischen Revolution. Nutzt Lexika, biografische Sachbücher und das Internet. Präsentiert eure Ergebnisse in der Klasse.

9 **Rollenspiel:** Die Figuren (M3) werden in einer Diskussionsrunde aufgefordert, zur Französischen Revolution und deren Folgen Stellung zu beziehen.

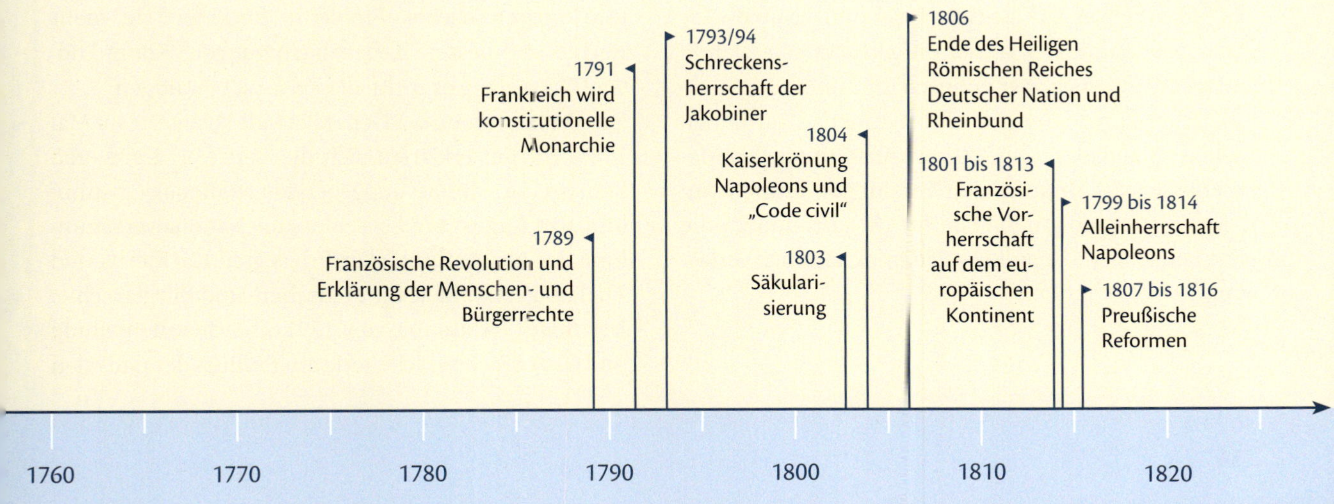

Der Durchburch des modernen Staates: „Absolutismus“, Aufklärung und Französische Revolution

Die Epoche des „Absolutismus“

In Frankreich bildete sich unter Ludwig XIV. eine neue Form der Monarchie heraus: Der König hielt seine Macht für „absolut“, sie stand über den Gesetzen. Seine Herrschaft stützte der „absolutistische“ Herrscher auf den königlichen Hof, das stehende Heer und die Kirche. Der Adel erhielt rechtliche und finanzielle Privilegien, verlor aber an politischem Einfluss.

Die Gesellschaft des Absolutismus war noch stark geprägt von der mittelalterlichen Ständegesellschaft. Dennoch gab es Veränderungen durch Fortschritte in der Medizin und in der Hygiene. Die Geburtenraten stiegen an, Kinder hatten größere Überlebenschancen und die Lebenserwartung der Bevölkerung nahm zu. Der Prozess der Urbanisierung verstärkte sich. In den Städten fanden die Menschen bessere Arbeits- und Lebensmöglichkeiten als auf dem Land. Die soziale Mobilität (Auf- und Abstieg in der Gesellschaft) nahm zu. Für viele andere europäische Staaten war das politische und gesellschaftliche System in Frankreich ein Vorbild.

Der absolutistische Staat dehnte seinen Einfluss auch auf das wirtschaftliche Leben aus. Durch das starke Repräsentationsbedürfnis der Herrscher und die häufige Kriegsführung stieg der Finanzbedarf des Staates. Um die Geldmenge im Land zu erhöhen, erschwerten Regierungen die Einfuhr von Fertigwaren und erleichterten die Ausfuhr. Kredite und Monopole für Verlagsunternehmen und Manufakturen sollten die Wirtschaft stärken. Die Herrscher richteten sich bei ihren Entscheidungen nach der Wirtschaftslehre des Merkantilismus. Nach dieser Lehre beruht die Macht eines Landes unmittelbar auf dessen Reichtum. Nutznießer dieser Maßnahmen war das Bürgertum: Es erstarkte wirtschaftlich, blieb aber politisch unmündig.

Eine Alternative zum „absolutistischen“ Staat entwickelte England, das um 1700 zur konstitutionellen Monarchie wurde. Und mit den Vereinigten Staaten von Amerika entstand gegen Ende des 18. Jahrhunderts die erste neuzeitliche Republik mit demokratischer Verfassung.

Die Aufklärung

Die Gelehrten und Schriftsteller der Aufklärung, wie Montesquieu, Rousseau, Voltaire und Kant, erhoben die Vernunft zum Maßstab aller Dinge. Zahlreiche Entdeckungen und Erfindungen führten zu Fortschritten in Wissenschaft und Technik. Die Aufklärer wollten auch den Staat neu gestalten. Sie verwiesen auf die natürlichen Rechte der Menschen und übten Kritik an der Allmacht der „absolutistischen“ Herrscher. Diese Macht sollte durch Teilung der Gewalten eingeschränkt werden. Die Idee einer republikanischen Staatsform fand vor allem im gebildeten Bürgertum und in Teilen des Adels Zustimmung. Es gab jedoch auch Ansätze, dem übrigen Volk die Ideen der Aufklärung zu vermitteln.

Die Aufklärung erreichte auch die Fürsten. Friedrich II. (1740–1786) war nur einer von vielen Herrschern seiner Zeit, die einige dieser Ideen aufgriffen. Er fühlte sich zu einer Politik verpflichtet, die dem Wohl des Staates und seiner Untertanen diente. Allerdings hielt er am Anspruch der Fürsten auf die höchste Macht im Staat fest. Ob er tatsächlich ein aufgeklärter Herrscher war, ist umstritten, z. B. wegen seiner Einstellung zu Gewalt und Krieg.

Die Französische Revolution

Vor 1789 verschärften sich in Frankreich die Probleme der Ständegesellschaft: Die Privilegierten, Klerus und Adel, wehrten sich gegen Reformen, verlangten aber vom Monarchen mehr politische Rechte. Bauern und Bürger fühlten sich ebenfalls benachteiligt. Unter dem Eindruck von Aufklärung, Amerikanischer Revolution und wirtschaftlicher Probleme forderten sie mehr Rechte und bessere Lebensbedingungen. König Ludwig XVI. gelang es nicht, die Krise zu bewältigen.

Die Versammlung der Generalstände scheiterte im Mai 1789. Im Juli erklärten sich die Vertreter des dritten Standes zur verfassunggebenden Nationalversammlung. Im August 1789 beschloss die Nationalversammlung die Abschaffung aller Privilegien für Klerus und Adel und verkündete die Menschen- und Bürgerrechte. Die neue Verfassung von 1791 mit Gewaltenteilung und Grundrechten scheiterte am Einfluss der radikalen

Jakobiner. Sie wurden unterstützt von vielen Pariser Kleinbürgern, den Sansculotten, die seit 1792 die Politik mitbestimmten. Auf Druck der Sansculotten wurde König Ludwig XVI. abgesetzt und die Republik ausgerufen. Nach der Hinrichtung des Königs begann die Schreckensherrschaft des „Wohlfahrtsausschusses" unter Robespierre (Juni 1793 bis Juli 1794). Sie endete mit seiner Entmachtung und Hinrichtung. Eine neue Verfassung sah wieder die Gewaltenteilung vor. Die Regierungsmacht hatte ein „Direktorium" inne, das jedoch 1799 durch den militärisch erfolgreichen, jungen General Napoleon Bonaparte gestürzt wurde. Napoleon entmachtete auch das Parlament.

Das Kaisertum Napoleons und die Folgen für Europa

Mit seiner Krönung zum Kaiser 1804 beendete Napoleon den republikanischen Weg Frankreichs. Er erneuerte die Monarchie und ließ sich seine Kaiserwürde durch eine Volksabstimmung bestätigen. Sein Ansehen stärkte er innenpolitisch z. B. mit dem „Code civil", dem bürgerlichen Gesetzbuch, und außenpolitisch mit der Vorherrschaft auf dem Kontinent. Sie war besonders für Deutschland folgenreich: Das Heilige Römische Reich wurde 1806 aufgelöst und der französisch beherrschte Rheinbund gegründet. In Preußen wurden grundlegende Reformen durchgeführt.

Der Durchbruch des modernen Staates im 17./18. Jahrhundert

„Absolutismus": Beispiel Frankreich

- Ludwig XIV.: „Der Staat bin ich": absoluter Machtanspruch des Herrschers (Zentralstaat)
- Entstehung staatlicher Strukturen: Verwaltung, stehendes Heer, „Nationalkirche", staatliche Beeinflussung bzw. Lenkung der Wirtschaft: Merkantilismus
- Gesellschaft: Ständegesellschaft mit geringen Rechten der Stände; zunehmende Urbanisierung; Bürgertum als wirtschaftlich tragende Kraft
- Begriffskritik: „Absolutismus" erfasst zentralisierte Regierungsform, aber nicht den Einfluss von Ständen, Stadträten und Dorfversammlungen

Alternativen zum Absolutismus

- England: „Glorious Revolution" und „Bill of Rights": konstitutionelle Monarchie
- USA: Unabhängigkeitserklärung 1776; Volkssouveränität; demokratische Verfassungsordnung; eingeschränkte Geltung der Menschenrechte

Aufklärung

- Kritik am Absolutismus: Ablehnung einer Herrschaft „von Gottes Gnaden'
- Montesquieu: Lehre von den drei Gewalten
- Rousseau: das Volk als Souverän; Staat und Regierung gehen aus einem Gesellschaftsvertrag der Bürger hervor
- Ständegesellschaft wird als nicht naturgegeben gesehen
- Vernunft als grundlegender Maßstab menschlichen Handelns
- Kant: Überwindung der selbst verschuldeten Unmündigkeit des Menschen: „Habe Mut, dich deines eigenen Verstandes zu bedienen."
- zentrale Ideen: Freiheit, Gleichheit, Toleranz, Frieden
- Bedeutung von Wissenschaft, Erziehung und Bildung
- Widerstandsrecht gegen willkürliche Herrschaft
- von der Aufklärung beeinflusster „aufgeklärter Absolutismus" als mildere Form absolutistischer Macht

Französische Revolution

- Antriebskräfte: amerikanische Unabhängigkeit, Krise des Absolutismus; Ungleichbehandlung in der Gesellschaft, mangelnde politische Beteiligung der Stände
- Verlauf: dritter Stand erklärt sich zur Nationalversammlung, städtische und ländliche Massenbewegungen, konstitutionelle Monarchie, Radikalisierung (Jakobiner), Republik, Bedrohung durch europäische (absolutistische) Monarchien, Alleinherrschaft Napoleons, Kaisertum
- Ergebnisse und Folgen: Bildung des Nationalstaats, Nationalgefühl, Bürgerbeteiligung in Politik und Gesellschaft, Anfänge des Verfassungs- und Rechtsstaats, Menschen- und Bürgerrechte, politische Radikalisierung und Gewaltanwendung, Entstehung politischer Interessengruppen (Parteien), Frauenrechte als Anspruch; Europa: Behauptung von Monarchie und Adel; Reformen; politische Neuordnung

3. Industrialisierung und gesellschaftlicher Wandel

„Die Teilung der Arbeit, die Benutzung der Wasser- und besonders der Dampfkraft und der Mechanismus der Maschinerie – das sind die drei großen Hebel, mit denen die Industrie seit der Mitte des vorigen Jahrhunderts daran arbeitet, die Welt aus ihren Fugen zu heben." Dies schrieb der Fabrikantensohn Friedrich Engels 1845 nieder, als er die Verhältnisse in England bei einem Besuch in Manchester kennen lernte. Wie Engels erkannten auch andere Beobachter in seiner Zeit, dass die Industrialisierung eine grundlegende Umwälzung der Arbeits- und Lebensbedingungen auslöste. Heute wissen wir: Die Industrialisierung stellt in der Geschichte der Menschheit einen ähnlichen großen Einschnitt dar wie die Neolithische Revolution vor etwa 10 000 Jahren. Damals gingen Jäger und Sammlerinnen zur sesshaften Lebensweise der Viehzüchter, Bauern und Bäuerinnen über. Die Industrialisierung ist bis heute keine abgeschlossene Epoche. Sie wird unser Leben auch in Zukunft beeinflussen.

Berliner Lokomotivfabrik Borsig, Ölgemälde von Carl Eduard Biermann (110 × 161,5 cm), 1847

Folgende Fragen leiten dich durch das Kapitel:

- ***Welche Faktoren lösten die Industrielle Revolution in England aus?***
- ***Wie verlief die Industrialisierung in Deutschland?***
- ***Welche Folgen für die Menschen sind erkennbar?***

1 Beschreibe die Abbildungen und bringe sie in einen Zusammenhang zum Zitat von Friedrich Engels im Darstellungstext.

2 Formuliere zusammenfassend, wie sich Industrialisierung für dich anhand der Materialien darstellt.

Frauen in einer Zigaretten-Fabrik, Foto, 1910

Karikatur von Horst Haitzinger, 1993

Blick in eine Chip-Fabrik, Foto, 2008

Spuren der Industrialisierung in Europa und Deutschland

Wissen • Beurteilen und Handeln • Methoden anwenden

Am Ende dieses Unterkapitels kannst du

- erklären, warum die Industrialisierung in England begann
- Faktoren der Industrialisierung in Deutschland nennen und ihre Auswirkungen bewerten
- Merkmale der Industrialisierung in Schleswig-Holstein nennen und mit der in England und Deutschland vergleichen
- **Methode** Statistiken auswerten und grafisch umsetzen
- **Methode** Hypothesen formulieren und überprüfen

Zentren der Industrialisierung um 1900

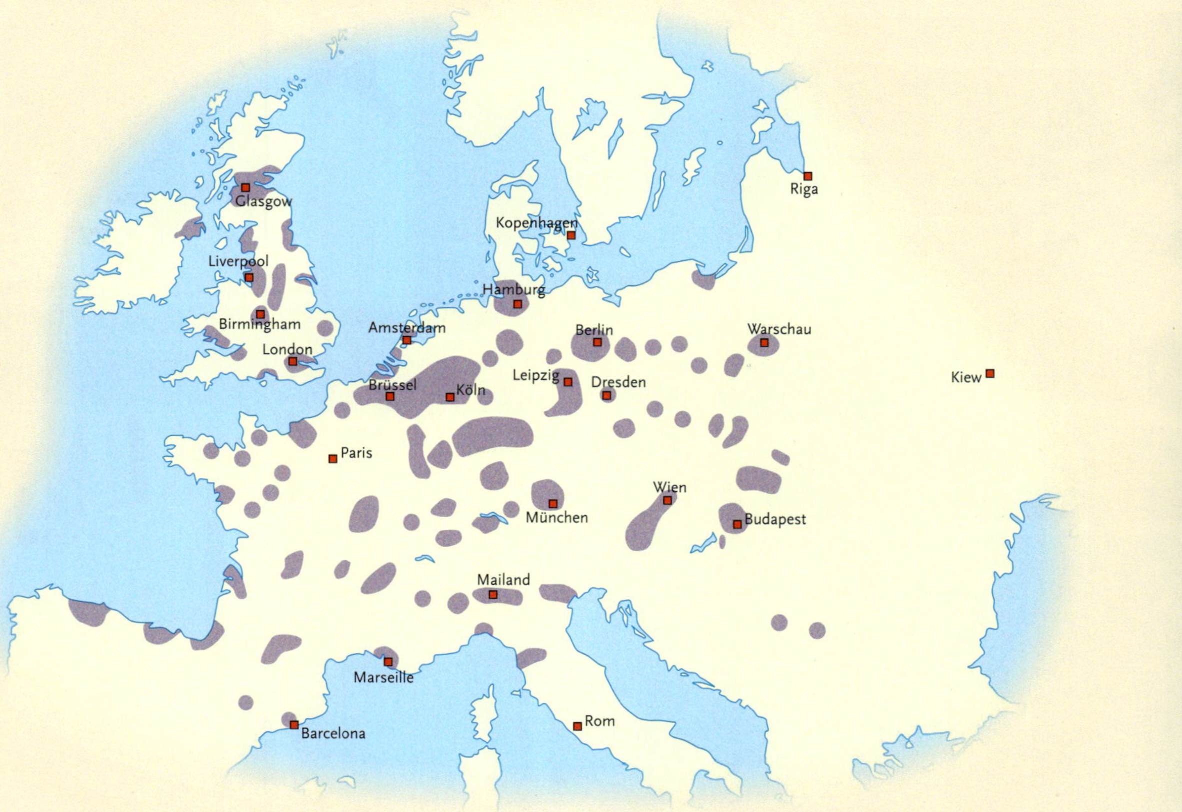

Anfänge der Industrialisierung in England

M1

„Schöpfer einer neuen Welt“

Der Historiker Jens-Rainer Berg schrieb 2008:

Der größte Umsturz der Geschichte seit der Neolithischen Revolution ... beginnt mit einem Perückenmacher, der keine Lust mehr hat, Perücken zu machen. Der sich dazu entschließt, eine Apparatur zu erschaffen, die eine pflanzliche Faser ohne das Zutun menschlicher Hände zu Fäden spinnt. Der Dutzende dieser Apparate durch die Kraft von Wasser antreiben lässt. Dem es gelingt, die Fäden schneller, günstiger und besser zu fertigen als alle vor ihm. Und der auf diese Weise um 1770 in den ländlichen Weiten Mittelenglands das erste Fabrikwesen, die erste Industrie der Welt begründet ... Radikal verändert die neue Baumwollindustrie das Wesen der Produktion ... Nur zwei Jahrzehnte nachdem Richard Arkwright in Cromford, Derbyshire, seine Baumwollspinnmaschinen anlaufen lässt, arbeiten in England hunderttausende Menschen an solchen Geräten, und jeder von ihnen stellt 30-mal so viel Garn her wie ein Handwerker der alten Zeit ... Eigentlich jedoch sind die Gründe, weshalb die Industrielle Revolution in England beginnt, komplizierter.

Jens-Rainer Berg, Schöpfer einer neuen Welt, in: Geo Epoche, Nr. 30, 2008, S. 25 f.

Faktoren der Industrialisierung in England

In England begann die Industrialisierung. Darin ist man sich in der Geschichtsforschung einig. Umstritten ist aber, welche Faktoren den Vorgang der Industrialisierung auslösten und welche Bedeutung sie jeweils haben. Vier Thesen dazu kannst du auf den Seiten 140 bis 143 überprüfen. Möglich ist das auch als Gruppenarbeit (siehe Kasten).

1. Faktor: Raum und Bevölkerung. England wies besonders günstige geografische, geologische und klimatische Bedingungen auf. Hinzu kam ein schnelles Wachstum der Bevölkerung.

2. Faktor: Wirtschaft. Die englische Landwirtschaft hatte eine Spitzenposition in Europa. Genügend Kapital und marktwirtschaftliches Denken waren Grundlagen für die neue Wirtschaftsform

3. Faktor: Technik. Ausgelöst wurde die Industrialisierung entscheidend durch technische Erfindungen, vor allem durch die Spinn- und die Webmaschine sowie die Dampfmaschine.

4. Faktor: Bildung. Die hohe Alphabetisierung der Bevölkerung machte die Industrialisierung möglich. So gab es genügend Arbeitskräfte, die Maschinen konstruieren, bauen und bedienen konnten. Bereits im 18. Jahrhundert wurden Grundkenntnisse in englischen Schulen vermittelt.

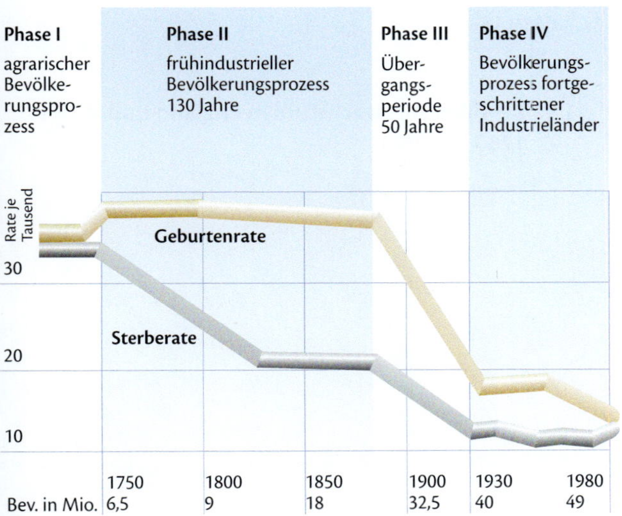

M2 **Geburten- und Sterberate in England und Wales 1750 bis 1980**

1 a) Beschreibe anhand der Karte S. 138 die Verteilung der Industriegebiete in Europa um 1900.
b) Stelle einen Bezug zu M1 her.

2 Beschreibe die Bevölkerungsentwicklung in England und Wales (M2). Formuliere Vermutungen über die Ursachen der veränderten Bevölkerungsentwicklung.

Vorschlag für eine Gruppenarbeit

Die Seiten 140 bis 143 könnt ihr in Gruppen erarbeiten. Jede Gruppe übernimmt die Bearbeitung eines Faktors der Industrialisierung in England und trägt ihre Ergebnisse der Klasse vor. Geht von den Faktoren im Darstellungstext aus.

Webcode: FG642588-139

Faktoren der Industrialisierung

1. Faktor: Raum und Bevölkerung

Wurde die frühe Industrialisierung in England möglich durch die vorteilhafte Insellage, gute Transportwege, günstige klimatische Bedingungen, zum Beispiel für die Baumwollverarbeitung? Und welche Bedeutung hatte das schnelle Wachstum der Bevölkerung im 18. Jahrhundert für den Industrialisierungsprozess? Welche Rolle spielten solche „äußeren" Faktoren?

M1 **Bedingungen der Industrialisierung**

Der britische Historiker Eric J. Hobsbawm schrieb 1968:

Beruft man sich auf Großbritanniens reiche Kohlevorkommen, um seinen Vorsprung zu erklären, so bliebe immerhin zu bedenken, aus welchen Gründen sein vergleichsweise spärlicher Bestand an anderen industriellen Rohstoffen (z. B. Eisenerz) diese Entwicklung nicht behindert hat ... Wenn das feuchte Klima von Lancashire die Konzentration der Baumwollindustrie dort erklären soll, dann sollten wir auch fragen, warum die Konzentration nicht auch in anderen feuchten Gegenden der britischen Inseln stattgefunden hat ... Klimatische Faktoren, Geografie, die Verteilung natürlicher Ressourcen wirken sich immer nur innerhalb eines gegebenen wirtschaftlichen, sozialen und institutionellen Kontexts [Zusammenhang] aus; dies gilt sogar für den gewichtigsten Faktor dieser Art: die Verbindungswege zum Meer oder zu nutzbaren Flüssen, die billigsten, gebräuchlichsten und für Massengüter einzig wirtschaftlichen Transportwege des vorindustriellen Zeitalters.

Eric J. Hobsbawm, Industrie und Empire, Bd. 1, 5. Aufl., Frankfurt a. M. (Suhrkamp) 1975, S. 35 f.

1 Notiere die Faktoren, die in M1 als günstig für eine Industrialisierung bezeichnet werden.
2 Erläutere, welchen Zusammenhang die Autorin von M2 zwischen Bevölkerung und Produktion herstellt. Ziehe M3 heran.
3 Prüfe, ob die Informationen zum 1. Faktor deine Vermutungen aus Aufgabe 2 (S. 139) bestätigen oder widerlegen.
4 Fasse zusammen, welche Bedeutung der Faktor „Raum und Bevölkerung" für die Industrialisierung hatte.

M2 **Bevölkerungswachstum und landwirtschaftliche Produktion**

Die britische Wirtschaftshistorikerin Phyllis Deane, 1977:

Der Anstieg der Bevölkerung und der Produktion scheint in den vierziger Jahren des 18. Jahrhunderts eingesetzt zu haben ... Der entscheidende Bruch gegenüber der Vergangenheit war die Tatsache, dass diese Wachstumsrate sich in den 1750er Jahren auf 7 Prozent erhöhte und in den 1760er und 70er Jahren diesen Durchschnitt hielt. Ein solcher Bevölkerungszuwachs hätte in einer vorindustriellen Wirtschaft normalerweise zu einem Absinken des Pro-Kopf-Einkommens geführt, da die Bevölkerung dann schneller gewachsen wäre als das Sozialprodukt [Summe aller Güter und Dienstleistungen in einer Volkswirtschaft]. In Wirklichkeit war es aber so, ... dass jetzt das Sozialprodukt mit dem Bevölkerungszuwachs Schritt zu halten vermochte. Das verdankte man jedoch nicht in erster Linie der Industrieproduktion, sondern der landwirtschaftlichen Produktion ... Das Vorhandensein eines Nahrungsüberschusses, verbunden mit der Fähigkeit der Landwirtschaft, ihre Produktion der vermehrten Nachfrage anzupassen, bedeutete, dass die Bevölkerung wachsen konnte.

Phyllis Deane, Die Industrielle Revolution in Großbritannien 1700–1880, in: Carlo M. Cipolla/Knut Borchardt (Hg.), Europäische Wirtschaftsgeschichte, Bd. 4, Stuttgart/New York (G. Fischer) 1977, S. 4 f., übers. von Anjuta Aigner-Dünnwald.

M3 **Bevölkerungswachstum in England und Wales 1750 bis 1900**

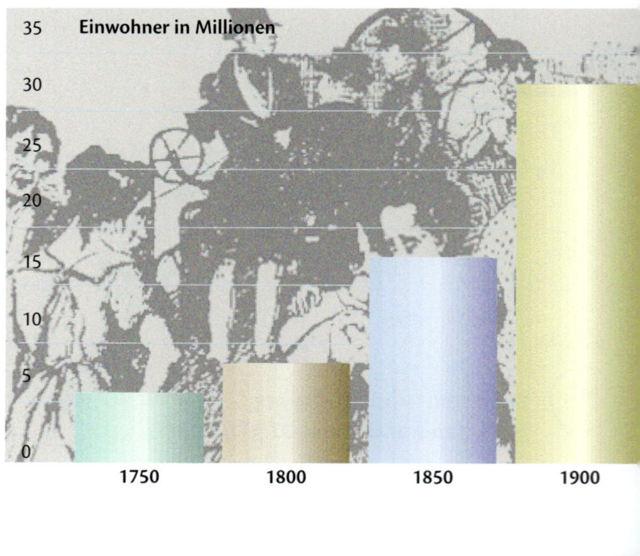

2. Faktor: Eine neue Wirtschaftsweise

Der Faktor „Wirtschaft“ gilt als ein weiterer Grund für den Beginn der Industrialisierung in England. Es entstand eine neue Art zu wirtschaften, die als „Liberalismus“ (von lat. liber = die Freiheit betreffend) bzw. „Kapitalismus“ (Kapital = Geld, das der Unternehmer in Form von Rohstoffen oder Maschinen in den Betrieb investiert) bezeichnet wird.

Nach der Theorie des Liberalismus steht die Freiheit des einzelnen Menschen im Mittelpunkt des politischen, gesellschaftlichen und wirtschaftlichen Zusammenlebens. Der Staat soll sich in der Wirtschaft zurückhalten („Laisser-faire-Prinzip“), Gewerbefreiheit und Privateigentum garantieren und schützen sowie die „Marktkräfte“ frei spielen lassen.

Das Prinzip dieser neuen Wirtschaftsweise entwickelte sich in Ansätzen bereits in der englischen Landwirtschaft und schuf so die Voraussetzungen dafür, die Produktion schnell der vermehrten Nachfrage anzupassen. Welthandel, Kolonien und die britische Seemacht stellten Kapital bereit für die neuen Wirtschaftszweige.

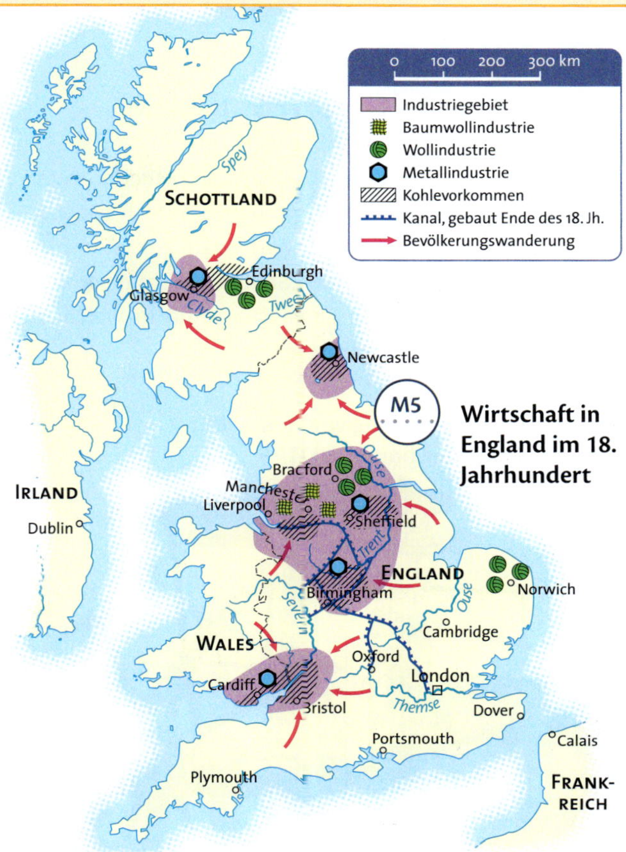

M5 Wirtschaft in England im 18. Jahrhundert

M4 **Wie wurde das Kapital eingesetzt?**

Der schottische Philosoph und Volkswirtschaftler Adam Smith (1723–1790) schrieb 1776:

Der Einzelne ist stets darauf bedacht herauszufinden, wo er sein Kapital … so vorteilhaft wie nur irgend möglich einsetzen kann. Und tatsächlich hat er dabei den eigenen Vorteil im Auge und nicht etwa den der Volkswirtschaft. Aber gerade das Streben nach seinem eigenen Vorteil ist es, das ihn … dazu führt, sein Kapital dort einzusetzen, wo es auch dem ganzen Land den größten Nutzen bringt … Der Einzelne vermag ganz offensichtlich aus seiner Kenntnis der örtlichen Verhältnisse weit besser zu beurteilen, als es irgendein Staatsmann oder Gesetzgeber für ihn tun kann, welcher Erwerbszweig im Lande für den Einsatz seines Kapitals geeignet ist und welcher einen Ertrag abwirft … Ein Staatsmann, der es versuchen sollte, Privatleuten vorzuschreiben, auf welche Weise sie ihr Kapital investieren sollten, würde sich damit nicht nur, höchst unnötig, eine Last aufbürden, sondern sich auch gleichzeitig eine Autorität anmaßen.

Adam Smith, Der Wohlstand der Nationen, hg. von Horst Claus Recktenwald, 5. Aufl., München (dtv) 1990, S. 369 ff.

M6 **Woher kam das Kapital?**

Der Wirtschaftshistoriker Christoph Buchheim, 1994:

Es herrschte kein Kapitalmangel … So wurde ja bereits auf den vergleichsweise kapitalintensiven Charakter der britischen Landwirtschaft hingewiesen. Die Verkehrsinfrastruktur in Form von schiffbaren Flüssen, von Kanälen und von Privatstraßen war gut ausgebaut … Den Großteil des … Kapitals stellten die Rohstoffvorräte, Fertigwarenlager und Kundenforderungen dar … Für das weitere Wachstum war die Selbstfinanzierung aus den erwirtschafteten Gewinnen die wichtigste Quelle des langfristigen Kapitals.

Christoph Buchheim, Industrielle Revolutionen, München (dtv) 1994, S. 59 ff.

5 Beschreibe anhand von M5 den Stand der englischen Wirtschaft im 18. Jahrhundert.

6 Gib die Auffassung von Adam Smith (M4) in eigenen Worten wieder und nimm dazu Stellung.

7 Liste auf, woher nach M6 das Kapital kam.

8 Fasse zusammen, welche Bedeutung der 2. Faktor für die Industrialisierung hatte.

3. Faktor: Technik – Ein Motor der Industrialisierung

Große Bedeutung für den Industrialisierungsprozess schreibt die Geschichtswissenschaft den technischen Neuerungen zu, die in der Wirtschaft zum Einsatz kamen. Gab es sogenannte „Schlüsseltechnologien“, die die Industrialisierung auslösten, und in welchen Wirtschaftszweigen begann sie?

M7 **Dampfmaschine von James Watt,**
Modellzeichnung, 2001

M8 **Wachstum der englischen Baumwollindustrie**
Ausfuhren von Baumwolltextilien und Prozentsatz am Gesamtexport

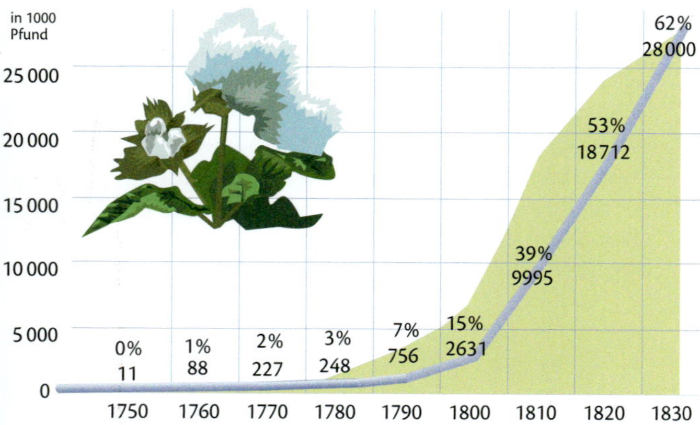

M9 **Die englische Baumwollspinnerei**

Der Schweizer Christian Bernoulli schrieb 1827:
Eine der ersten, unmittelbarsten Folgen, welche die Erfindung der Spinnmaschinen hatte, war ohne Zweifel der fabrikmäßige Betrieb des Baumwollspinnens. Die Einführung großer Maschinen veränderte notwendig die Verhältnisse ganz. Sie erforderten große und dazu besonders eingerichtete Gebäude, große Kapitalien, Tiere oder Elementarkräfte zum Betrieb, Arbeiter, die ausschließlich diesem Gewerbe … sich ergaben, eine gehörige Verteilung und Anordnung aller Operationen usw. Mit dem Aufkommen des Maschinenspinnens ergab sich daher auch der fabrikförmige Betrieb dieser Industrie … Die Arbeit der Spinner wurde ungleich produktiver. Keine Wirkung ist wohl auffallender als diese und bei keiner Erfindung war dieses Ergebnis so erstaunenswürdig; sehen wir, was jetzt 100 oder 200 Menschen in einer mechanischen Spinnerei zu produzieren vermögen und wie viel dieselbe Anzahl ehemals liefern konnte. Viele geben diese Steigerung der Produktivität wenigstens auf das 100- oder 120-Fache, manche sogar auf das 150-Fache an.

Zit. nach Wilhelm Treue/Karl-Heinz Manegold, Quellen zur Geschichte der industriellen Revolution, Göttingen (Musterschmidt) 1979, S. 103 f.

Begriffe und Daten

Technische Entwicklungen in England

1709–1712 Thomas Newcomen baut eine Dampfmaschine für den Pumpenantrieb (Bergbau).

1733 John Kay verbessert den Webstuhl.

Um 1764 James Hargreaves baut eine Spinnmaschine („Spinning Jenny“) für das gleichzeitige Spinnen vieler Fäden.

1769 James Watt meldet eine weiterentwickelte Dampfmaschine zum Patent an. Richard Arkwright entwickelt eine durch Wasser- und Dampfkraft angetriebene Spinnmaschine.

9 a) Beschreibe M7 und ziehe zur weiteren Information Lexika heran.
b) Stelle fest, welche Bedeutung die Dampfmaschine für die Entwicklung von Technik und Wirtschaft hatte.

10 Informiere dich über die frühe Technik (Kasten) und benenne mithilfe von M8 und M9 die wirtschaftlichen Folgen.

11 Fasse zusammen, welche Bedeutung der 3. Faktor für die Industrialisierung hatte.

4. Faktor: Industrialisierung und Bildung

In der Landwirtschaft und im Handwerk wurden Techniken und Fertigkeiten meistens durch „Vormachen“ der Älteren gelernt. Langjährige Erfahrung war dabei entscheidend.

Die industrielle Arbeit beschreiben zeitgenössische Berichte dagegen als monoton und geistig wenig fordernd. Dabei setzte doch gerade die Arbeit an und mit den neuen Maschinen technische Kenntnisse, Sorgfalt, hohe Aufmerksamkeit und Geschick voraus. War Industrialisierung überhaupt denkbar ohne Bildung, zumindest in den Grundfertigkeiten wie Lesen, Schreiben und Rechnen?

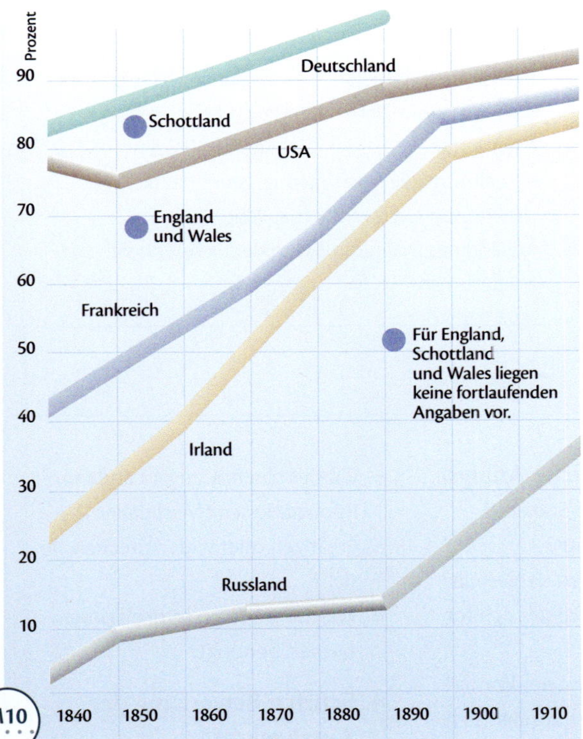

M10

Anteil der Lese- und Schreibkundigen an der erwachsenen Bevölkerung 1840 bis 1910

M11

Bildung und Industrialisierung

Der Historiker Hubert Kiesewetter schrieb 2006 über den Zusammenhang von Industrialisierung und Bildung:

Dass es allerdings wenig gerechtfertigt ist, Bildung als einen Faktor der europäischen Industrialisierung zu vernachlässigen, wird an folgendem Sachverhalt deutlich: Wir brauchen nur einen Zusammenhang herzustellen zwischen dem Bildungsniveau unterentwickelter Staaten und ihrer Produktivität. Selbst im Mutterland der Industrialisierung – in Großbritannien bzw. England – war Bildung und Wissenschaft eine Voraussetzung der ökonomischen Modernisierung. In der europäischen Industrialisierung seit dem späten 18. Jahrhundert lässt sich nachweisen: Es hat zumindest langfristig einen engen Zusammenhang zwischen der Erweiterung von Bildungsmöglichkeiten – vor allem im technischen und wissenschaftlichen Bereich – und dem Wirtschaftswachstum von Volkswirtschaften gegeben. Bereits im Jahr 1800 stellte eine Wetzlarer Schulkommission fest, dass das Schulwesen „die sicherste Stütze von Staatenglück und Privatwohl“ sei.

Hubert Kiesewetter, Das einzigartige Europa, Stuttgart (Franz Steiner) 2006, S. 164 f.

Begriffe und Daten

Industrielle Revolution/Industrialisierung

Der Begriff „Industrielle Revolution“ wird für die Anfangsphase der Industrialisierung (2. Hälfte des 18. Jh. in England) verwendet – wegen des für zeitgenössische Beobachter sehr schnellen Verlaufs und der drastischen Veränderung der Arbeits- und Lebensweise vieler Menschen. Als Industrialisierung (lat. industria = Fleiß) werden tief greifende technische, wirtschaftliche und soziale Veränderungen in Deutschland und im übrigen Europa seit der 1. Hälfte des 19. Jh. bezeichnet. Wichtige Merkmale sind der Einsatz von Maschinen, die Arbeitsteilung und die Massenproduktion in den entstehenden Fabriken (lat. fabrica = Werkstätte).

12 Formuliere anhand von M10 Aussagen über die Alphabetisierung in Europa. Ziehe aus der Grafik Rückschlüsse auf die Möglichkeit einer Industrialisierung der dargestellten Länder.

13 Erläutere die in M11 aufgestellte These, dass die Industrialisierung einen hohen Bevölkerungsanteil mit schulischer Bildung voraussetze. Siehst du einen Bezug zur Gegenwart?

14 Fasse zusammen, welche Bedeutung der 4. Faktor für die Industrialisierung hatte.

15 **Partnerarbeit:** Entwerft ein Schaubild, in dem ihr die vier Faktoren im Zusammenhang darstellt.

Statistiken auswerten und grafisch umsetzen

Können Zahlen „sprechen“?

Langfristige Entwicklungen und Bedingungen, unter denen Menschen leben, lassen sich oft in Zahlen beschreiben. Die Menge der Beschäftigten und Arbeitslosen zum Beispiel oder Angaben über Einkommenshöhen und wirtschaftliche Entwicklungen lassen sich nur mit Zahlenangaben verdeutlichen.

Statistiken sind Zahlenwerte, die unter bestimmten Gesichtspunkten zusammengestellt werden. In der Geschichtswissenschaft stellen sie eine eigenständige Form der historischen Quelle dar. Allerdings müssen diese Quellen erst von Historikerinnen und Historikern aufbereitet werden: Sie sammeln Zahlen nach ihrer Frage- oder Problemstellung, die sie dann ordnen, auswerten und als Tabellen oder grafisch als Diagramme darstellen.

Hier kannst du erarbeiten, wie du mit statistischen Daten umgehst. Außerdem erfährst du etwas über ihre begrenzte Aussagekraft. Dabei geht es um wirtschaftliches Wachstum und den Wandel der Beschäftigtenstruktur in der Zeit der Industrialisierung.

M1 Industrieproduktion in West- und Mitteleuropa 1800 bis 1840
(in Millionen Pfund Sterling)

Jahr	Großbritannien	Frankreich	Deutschland	Russland
1800	230	190	60	15
1820	290	220	85	20
1840	387	264	150	40

Zahlen nach Praxis Geschichte 1, Industrialisierung, H. 1, 1988, S. 9.

Wortschatz

in absoluten Zahlen — in relativen Werten
ein Hoch – ein Tief — fallend – steigend
flach – steil — Anteil in Prozent
verhältnismäßig hoch, niedrig, gering, stark
die Statistik zeigt, veranschaulicht
anhand des Diagramms wird deutlich, wird sichtbar, erkennt man

Arbeitsschritte

1. Schritt: Formale Analyse

- Zuerst muss nach der Echtheit des Zahlenmaterials und seiner korrekten „Überlieferung“ gefragt werden. Im Unterricht wird – abgesehen von eigenen Archivarbeiten – meistens bereits bearbeitetes, d. h. ausgewähltes und gedrucktes Material vorgelegt. Deshalb kann sich die Analyse darauf beschränken, Vollständigkeit und erstes Verständnis der Daten in der Darstellung zu überprüfen.

2. Schritt: Inhaltliche Analyse

- Was ist Thema der Statistik?
- Wie ist sie aufgebaut?
- Was ist im Einzelnen dargestellt?
- Welche Aussagen lassen sich formulieren?
- Sind sie untereinander stimmig? (Durch Rundungen können sich Differenzen ergeben.)
- Lässt sich eine „Hauptaussage“ finden?
- Bleiben Fragen offen?

3. Schritt: Historischer Zusammenhang

- Ausgehend vom Thema der Statistik erfolgt eine Einordnung in den geschichtlichen Zusammenhang.
- Gibt es einen Bezug zu anderen Informationen (Materialien)?
- Ergänzen oder widersprechen sie sich?
- Welche weiteren Informationen werden benötigt?

4. Schritt: Bewertung der Aussagekraft

- Ist der Ausschnitt der statistischen Daten zu gering?
- Wird der Sachverhalt zu stark vereinfacht, verzerrt oder vielleicht verfälscht?
- Ist die grafische Darstellung angemessen?

2.1 Kreisdiagramme

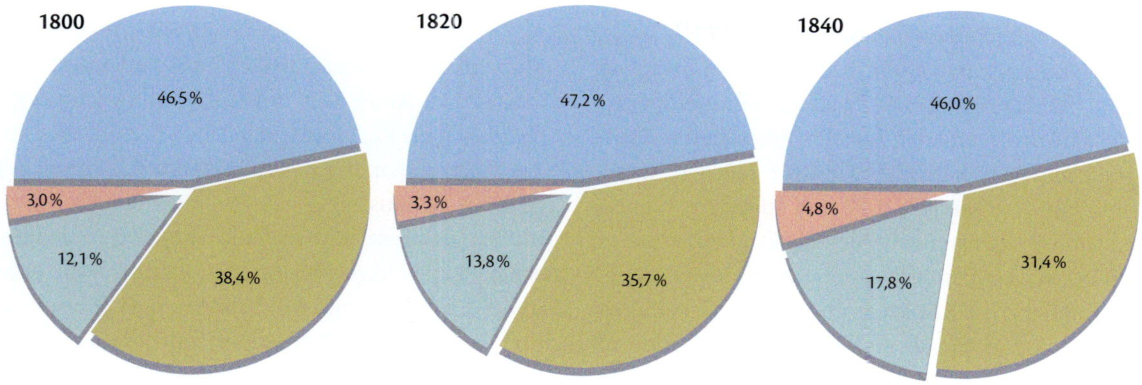

2.2 Kurven- oder Liniendiagramm

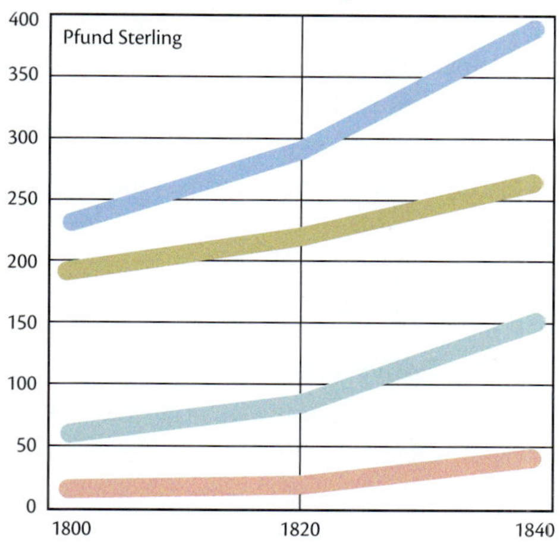

2.3 Säulendiagramm

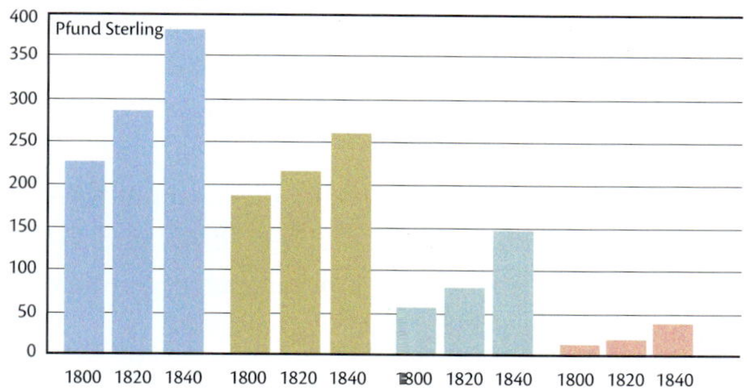

M2 **Möglichkeiten grafischer Darstellung von Statistiken am Beispiel von M1**

M3 **Beschäftigtenanteile in Großbritannien 1801 bis 1911**
(in Prozent aller Beschäftigten)

Jahr	Landwirtschaft, Forstwirtschaft, Fischerei	Bergbau und Gewerbe	Handel und Transport	Häusliche Dienstleistungen	Öffentliche Dienstleistungen
1801	35,9	29,7	11,2	11,5	11,8
1861	18,7	43,6	16,6	14,3	6,9
1911	8,3	46,4	21,5	13,9	9,9

1 Erarbeite M1 mithilfe der Arbeitsschritte.

2 Beschreibe die Darstellungsformen M2.1 bis M2.3 und vergleiche sie unter der Fragestellung, wie der Sachverhalt optisch am überzeugendsten dargestellt ist.

3 Wende die Arbeitsschritte auf M3 an.

4 Stelle aus M3 ausgewählte Daten anhand der Modelle in M2 grafisch dar.

5 Formuliere zu M1 und M3 jeweils zusammenfassende Aussagen zur Wirtschafts- bzw. Beschäftigtenstruktur. Nimm den Wortschatzkasten zu Hilfe.

Faktoren der Industrialisierung in Deutschland

Die Anfänge der Industrialisierung

Deutschland war um 1800 kein einheitlicher Staat wie England oder Frankreich. Es bestand vielmehr aus einer Vielzahl unterschiedlich großer Territorien mit vorwiegend landwirtschaftlicher Struktur. Mit den Agrarreformen in Preußen seit 1807 und später in anderen deutschen Ländern wandelte sich die Landwirtschaft in Richtung Marktwirtschaft und Kapitalorientierung. Eine vorindustrielle Struktur gab es bereits in einigen Gewerberegionen. Textil- und Eisenwaren wurden in viele Gegenden Europas geliefert. Nach dem Wiener Kongress* von 1814/15 bildeten 39 souveräne deutsche Teilstaaten unter der Führung Österreichs den politisch unbedeutenden „Deutschen Bund". Der Wirtschaftsraum Deutschland war aufgespalten in viele einzelne Teile, die sich durch Zollgrenzen gegeneinander abschirmten. Ansätze für einen einheitlichen Binnenmarkt entstanden erst mit dem preußischen Zollgebiet 1818 und mit der Gründung des Deutschen Zollvereins 1834.

Auf den deutschen Märkten bildeten die kostengünstigeren Massenprodukte der englischen Textil- und Eisenindustrie eine überlegene Konkurrenz gegenüber den deutschen Produkten.

Das Bevölkerungswachstum führte zu einem Überangebot an Arbeitskräften. Niedrige Löhne bremsten die Massenkaufkraft und schwächten die inländischen Absatzmärkte. Anders als in Großbritannien unterstützten jedoch die Regierungen in Deutschland, allen voran Preußen, die industrielle Entwicklung: Sie schufen günstige Voraussetzungen für die Industrialisierung mit Handelsgesetzen, der Zulassung von Aktiengesellschaften, der Verbesserung der Infrastruktur (Kanal- und Straßenbau) und mit Krediten und Subventionen für Unternehmer. Außerdem entwickelte der Staat Unternehmeraktivitäten im Bergbau, in der Hüttenindustrie, der Rüstungsindustrie und im Maschinenbau. Den Beginn der Industrialisierung setzt die Geschichtswissenschaft für die späten 1840er Jahre an. Antriebskräfte waren vor allem der Steinkohlebergbau und die Eisen- und Stahlindustrie – und hier besonders ein Produkt, das einen neuen Markt schuf: die Eisenbahn.

Begriffe und Daten

Deutscher Zollverein

Zusammenschluss fast aller deutschen Länder ab 1834: Wirtschaftsgebiet ohne Handelsschranken; einheitliches Maß-, Münz- und Gewichtssystem; Sicherung der Vormacht Preußens gegenüber Österreich.

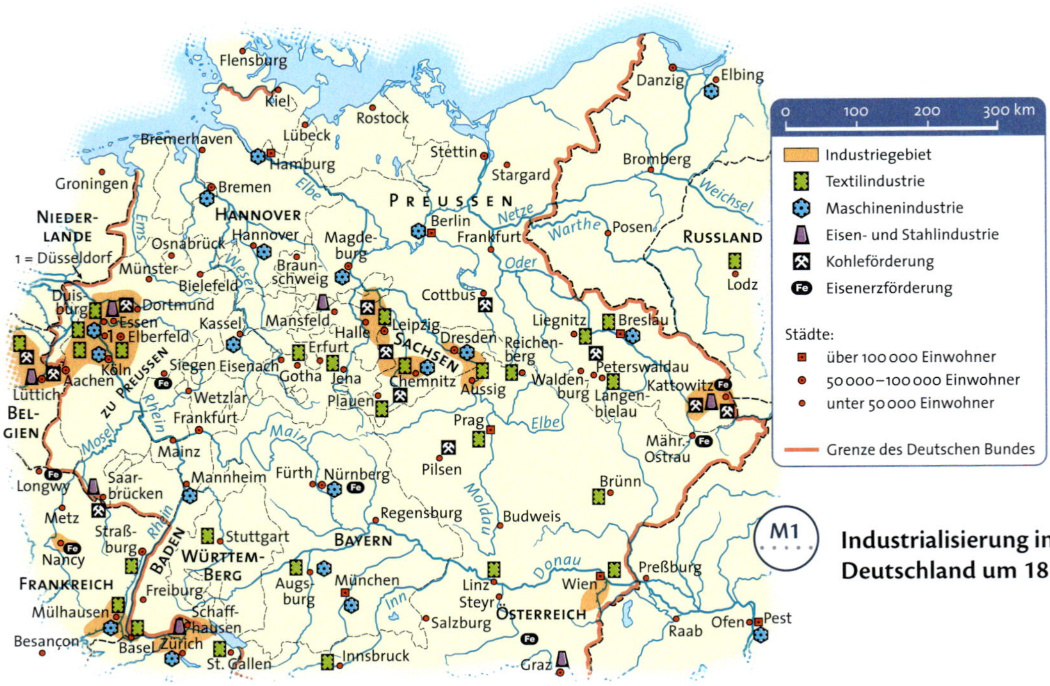

M1 Industrialisierung in Deutschland um 1850

M2

Kopie der englischen Entwicklung?

Der Wirtschaftshistoriker Toni Pierenkemper schrieb 1998 zur Frage des „Techniktransfers":

Hinsichtlich der Nutzung neuer Technologien in der Textilindustrie beschränkte man sich in Deutschland weitgehend auf die Übernahme und Nachahmung des englischen Vorbilds ... In der Eisenindustrie war das ganz anders ... In Deutschland wählte man ... den Weg einer Teilmodernisierung der Eisenindustrie, indem man neue Techniken mit alten kombinierte, etwa moderne Wiedererhitzer an Holzkohlehochöfen anbaute ... Der Steinkohlenbergbau ... baute zum einen auf traditionellen bergmännischen Techniken auf und folgte zum anderen englischen Vorbildern. Zum Teil entwickelte er außerdem eigene Problemlösungen ... [Die Dampfmaschine] wurde alsbald in Deutschland nachgebaut und weiterentwickelt. Ähnlich war es bei den Lokomotiven für den Eisenbahnverkehr: Auch diese stammten bereits zehn Jahre nach ihrer Einführung aus heimischer Produktion.

Toni Pierenkemper, Umstrittene Revolutionen, Frankfurt a. M. (Fischer) 1989, S. 118 ff.

M3

Massenproduktion ohne Eisenbahn?

Der Wirtschaftshistoriker Knut Borchardt schrieb 1977 über die Bedeutung der Eisenbahn für die Industrialisierung:

Wollte man dem 19. Jahrhundert einen kennzeichnenden Begriff geben und dabei den Ausdruck Industrialisierung vermeiden, so müsste man es als das „Jahrhundert der Kommunikationsrevolution" feiern. Mehr noch als die Sachgüterproduktion, deren Wachstum gewiss eindrucksvoll war, ist die Verkehrsleistung für Güter, Personen, Nachrichten, Zahlungsmittel, Kapital gestiegen. Die Märkte dehnten sich regional aus, und es traten Personen miteinander in Leistungsbeziehungen, die nie zuvor füreinander erreichbar gewesen sind. Dies ist nicht eine Nebenwirkung der großen Produktivitätssteigerung [= Leistungssteigerung] des 19. Jahrhunderts; man kann es umgekehrt als eine ihrer Voraussetzungen bezeichnen ... Ohne die Fortschritte der Sachgüterproduktion keine Eisenbahn, Dampfschiffe, Telefone etc. – aber ohne diese auch keine Massenproduktion mit Massenabsatz.

Knut Borchardt, Die Industrielle Revolution in Deutschland, in: Carlo M. Cipolla/Knut Borchardt (Hg.), Europäische Wirtschaftsgeschichte, Bd. 4, Stuttgart/New York (Fischer) 1977, S. 187.

M4

Steinkohlenförderung *(in Mio. t)*

Jahr	Ruhrgebiet	Deutschland	Groß-britannien
1860	4,4	12,3	81,3
1870	11,8	23,3	112,2
1880	22,5	42,2	149,3
1890	35,5	64,4	184,5
1900	60,1	109,3	228,8
1910	89,1	151,1	268,7

Zusammengestellt nach Wolfgang Köllmann, Die Industrielle Revolution, 5. Aufl., Stuttgart (Klett) 1970, S. 17.

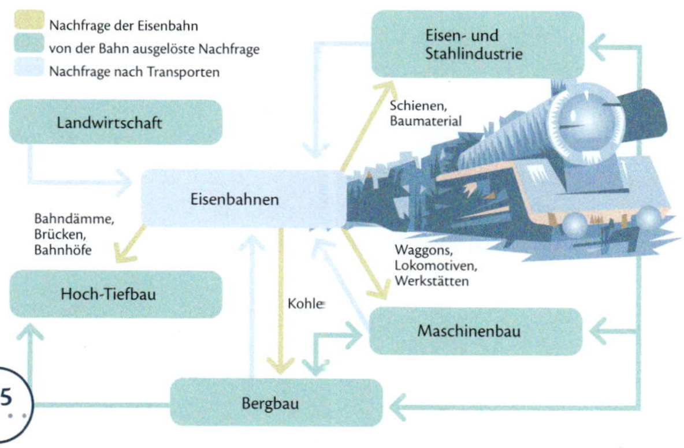

M5

Wirtschaftliche Wirkungen des Eisenbahnbaus 1860–1900

M6

Befahrene Eisenbahnstrecken *(in km)*

Jahr	Groß-britannien	Deutsch-land	Frankreich	Österreich-Ungarn
1825	43	–	–	–
1835	544	6	141	–
1845	3931	2143	875	728
1855	11 744	7826	5037	1588
1865	18 439	13 900	13 227	3698
1875	23 365	27 970	19 357	10 331
1885	26 720	37 571	29 839	13 329
1895	28 986	46 500	36 240	16 420
1905	31 456	56 739	39 607	21 002
1913	32 623	63 378	40 770	22 981

Zusammengestellt nach Mitchell European Statistics, S. 583 ff.

M7

Schulbildung und Industrialisierung

Der Historiker Gordon A. Craig schrieb 1980:

Der Nachdruck, mit dem in … [den] Volksschulen die Vermittlung grundlegender Fertigkeiten betrieben wurde, sorgte dafür, dass nach 1830 fast alle Deutschen lesen und schreiben konnten … Es bestand zweifellos ein Zusammenhang zwischen diesem vergleichsweise hohen Bildungsstand und dem bemerkenswerten Wachstum der deutschen Industrie nach 1871, denn die moderne Industrie benötigte in weiten Bereichen Bedienungspersonal und Angestellte, die lesen konnten … Die große Masse der Schüler [um 1900 gingen 90 Prozent zur Volksschule] wurde … daran gehindert, den höheren Bildungsweg einzuschlagen. Wenn ein Volksschüler nicht nach der vierten Klasse auf eine höhere Schule [z. B. Gymnasium, Realgymnasium, Oberrealschule] überwechselte, war es ihm praktisch unmöglich, jemals eine universitäre oder eine höhere technische Ausbildung zu erlangen … Der am stärksten hemmende Faktor dürfte letzten Endes aber das fehlende gesellschaftliche Selbstvertrauen … gewesen sein; das Gefühl, dass die Welt der höheren Bildung „den Reichen“ oder den „besseren Leuten“ vorbehalten war …

Gordon A. Craig, Deutsche Geschichte 1866–1945, München (C. H. Beck) 1980, S. 173 ff. Zit. nach Martin Grohmann/Wolfgang Jäger, Industrielle Revolution und Moderne um 1900, Berlin (Cornelsen) 2001, S. 76–78.

M9

Verstädterung in Deutschland

(Je 1000 Einwohner des Deutschen Reiches sind ansässig in Gemeinden)

	1871	1910
mit über 100 000 Einwohnern	48	213
mit 10 000–100 000 Einwohnern	77	134
mit 5000–10 000 Einwohnern	112	141
mit 2000–5000 Einwohnern	124	113
unter 2000 Einwohnern (Landgemeinden)	639	399

M10

Versuchsdieselmotor der Maschinenfabrik Augsburg-Nürnberg (MAN), Nürnberg 1893–95, ausgestellt im MAN-Museum Augsburg

M8

Studenten an Universitäten und Technischen Hochschulen in Deutschland

Jahr	Universitäten	Technische Hochschulen	Gesamtzahl
1870	14 157	2242	16 399
1880	20 985	4394	25 379
1890	28 883	3661	32 544
1900	33 790	10 253	44 043
1910	53 378	10 591	63 969
SS[1] 1914	60 225	11 451	71 676

[1] Sommersemester

Zusammengestellt nach Hans-Ulrich Wehler, Deutsche Gesellschaftsgeschichte, Bd. 3, München (C. H. Beck) 1995, S. 1211, gekürzt.

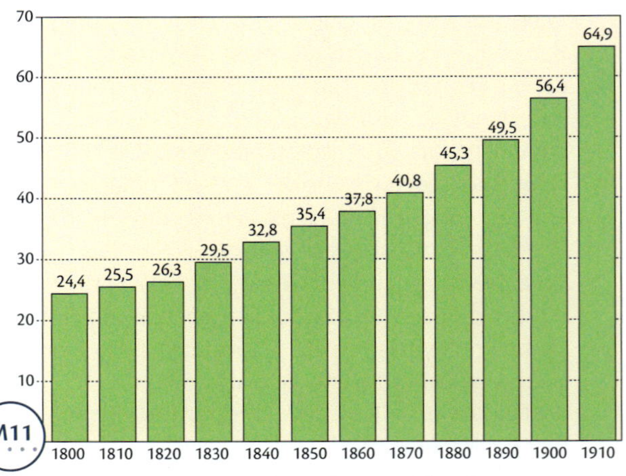

M11

Bevölkerungsentwicklung in Deutschland, Grenzen von 1914 (Bevölkerungszahl in Mio.)

M12 Beschäftigte nach Wirtschaftssektoren in Deutschland

Jahr	Landwirtschaft[1]		Industrie und Handwerk[2]		Dienstleistungen[3]		Insgesamt
	in Tsd.	in %	in Tsd.	in %	in Tsd.	in %	in Tsd.
1800	6510	61,8	2240	21,2	1785	16,9	10535
1849	8298	56,0	3491	23,6	3024	20,4	14831
1867	8333	51,5	4380	27,1	3458	21,4	16171
1882	8236	43,5	6396	33,7	4325	22,8	18957
1907	9883	35,2	11256	40,1	6953	24,7	28092

[1] Einschließlich Forstwirtschaft, Gärtnerei, Tierzucht und Fischerei
[2] Einschließlich Bergbau und Baugewerbe
[3] Wirtschaftsabteilungen Handel und Verkehr, häusliche Dienste, öffentliche Dienste und freie Berufe

Zusammengestellt nach Wolfgang Köllmann, Die Industrielle Revolution, Stuttgart (Klett) 1987, S. 55.

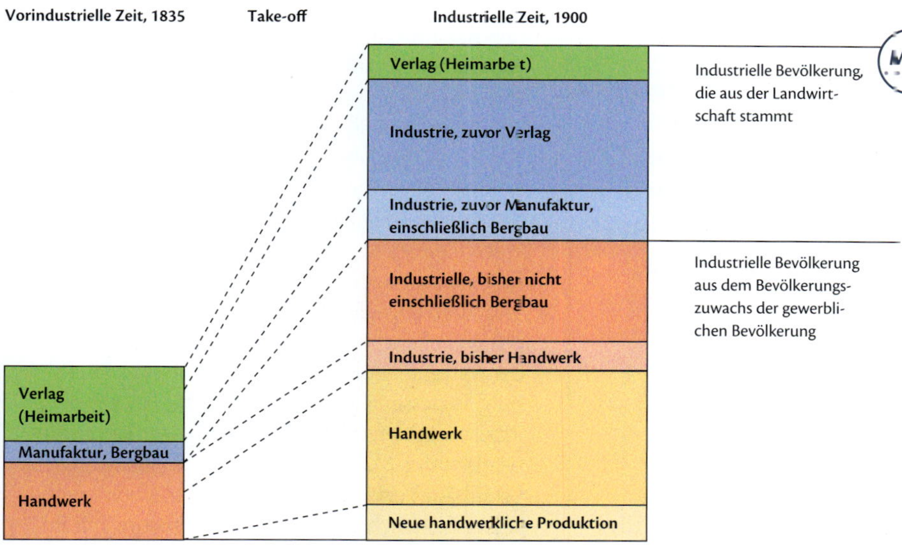

M13 Die Entwicklung des Gewerbes von der vorindustriellen zur industriellen Zeit

1 a) Beschreibe anhand von M1 den Stand der Industrialisierung in Deutschland um 1850.
b) Vergleiche mit M5, S. 141.

2 Untersuche, welche Informationen der Darstellungstext S. 146 zu den vier Faktoren (S. 140–143) bietet. Trage deine Ergebnisse in eine Tabelle ein.

3 Erarbeite, wie der Autor von M2 die Frage der „Übernahme und Nachahmung" der Technik beantwortet.

4 a) Kläre den Begriff „Kommunikationsrevolution" (M3).
b) Formuliere eine Antwort zur Überschrift von M3.

5 Überprüfe mithilfe der Materialien Seite 146 bis 149, ob die Aussage zutrifft, die deutsche Industrialisierung sei von der englischen „abgeleitet" worden.

6 **Partnerarbeit:** Fertigt mithilfe weiterer Informationen (Lexika, Internet, Fachbücher) ein Technik-Porträt zum Dieselmotor bis in unsere Gegenwart an (M10).

7 **Gruppenarbeit:**
a) Analysiert in Kleingruppen M4 bis M9 und M12 unter der Fragestellung, was sie jeweils zum Thema „Faktoren der Industrialisierung" aussagen. Nehmt dazu die Methoden „Statistiken auswerten" (S. 144/145) und „Schaubilder verstehen" im Anhang zu Hilfe.
b) Erörtert in der Klasse die Frage der Gewichtung der einzelnen Faktoren der Industrialisierung.

8 a) Diskutiert in der Klasse anhand von M13 Ursachen und Folgen für den Wandel in der Entwicklung des Gewerbes im Laufe des 19. Jahrhunderts.
b) Haltet eure Ergebnisse schriftlich fest.

Webcode: FG642588-149

Industrialisierung in Schleswig-Holstein – eine Fallanalyse

Industrialisierung in einem Agrarland

Schleswig-Holstein erschien zu Beginn des 19. Jahrhunderts für eine Industrialisierung kaum geeignet. Es fehlten industriell verwertbare Rohstoffe wie Erz und Kohle. Das Land war landwirtschaftlich und handwerklich geprägt, das Verkehrsnetz nur wenig entwickelt. Frühe Industriegebiete wie Rheinland-Westfalen, Sachsen und Oberschlesien hatten bereits einen deutlichen Vorsprung gegenüber den noch agrarisch geprägten Gebieten. Dennoch zeigten sich um 1820 erste Anzeichen einer Industrialisierung: 1819 fuhr das erste Dampfschiff, die „Caledonia“, zwischen Kiel und Kopenhagen. 1824 setzte die Textilfabrik Renck in Neumünster die erste Dampfmaschine ein. 1827 entstand mit der Carlshütte in Büdelsdorf bei Rendsburg der erste industrielle Großbetrieb. Ab 1830 wurde die Fernstraßenverbindung Kiel – Altona gebaut, 1844 die erste Eisenbahnstrecke vom holsteinischen Altona nach Kiel eröffnet, 1895 der Nord-Ostsee-Kanal. Es entstanden „Industrie-Inseln“, die Landwirtschaft blieb jedoch vorherrschend.

Begriffe und Daten

Historische Fallanalyse

Bei der historischen Fallanalyse wird ein bestimmter Sachverhalt genauer untersucht. Ziel ist es, an einem Beispiel etwas Allgemeines zu zeigen. Das historische Fallbeispiel sollte zeitlich und räumlich begrenzt sein. Dazu muss es Sachverhalte, Personen oder Gruppen zeigen, an denen grundlegende historische Erkenntnisse zu gewinnen sind. Beispiele für Fallanalysen sind 1. das Lokal- oder Regionalmodell (z. B. „Eine Stadt verändert sich im Dreißigjährigen Krieg“), 2. die Konfliktanalyse (z. B. „Der Streit zwischen Anhängern und Gegnern der Aufklärung in ... “), 3. die Ereignisanalyse (z. B. „Der Sturm auf die Bastille“). Gut geeignet ist das Lokal- oder Regionalmodell für die Industrialisierung, weil hier das Fallbeispiel mit der allgemeinen Entwicklung in England oder in Deutschland verglichen werden kann. Die historische Fallanalyse kann je nach Umfang mit Gruppen- oder Projektarbeit verbunden werden.

M1

Industrielle Räume in Schleswig-Holstein

Der Historiker Friedrich Hoffmann schrieb 1921 über die Industrialisierung Schleswig-Holsteins:

Weder in den ehemaligen Kreisen Hadersleben, Apenrade und Sonderburg auf der Ostseite, noch im Kreise Tondern auf der Westseite weicht der Aufbau des gewerblichen Lebens von dem normalen Charakter einer überwiegend auf Landwirtschaft angewiesenen und mit ihr direkt und indirekt verbundenen Bevölkerung ab ... Erst Flensburg gewährt einen anderen Eindruck. Schiffbauanstalten, Maschinenfabriken, Gießereien, eine Papierfabrik, dem Nahrungsmittelzweig angehörige Unternehmen umsäumen die Ufer der Förde. Weiter südlich bis zur alten Landesgrenze des Herzogtums Schleswig an der Eider entscheidet die Landwirtschaft mit ihren Rohstoffen wieder über die gewerbliche Tätigkeit ... An der schleswigschen Nordseeküste ist es noch stiller ... Unmittelbar jenseits der Eidergrenze finden sich in Holstein zwei Stätten regen Gewerbefleißes. Im Osten die größte Stadt der Provinz, Kiel, mit sehr umfangreichen Werften und ihren angegliederten, nebst einigen selbstständigen Gießereien und Maschinenbauereien ... In der Mitte der holsteinischen Grenze ist es Rendsburg; in dessen Umgebung am Kanal entsteht ein Industriegebiet, das bereits mit Anlagen der Eisenbearbeitung, Maschinenherstellung, Anstalten des Schiffbaues und der chemischen Großindustrie besetzt ist. Südlich von Kiel und Rendsbsurg, mit ihnen fast ein gleichseitiges Dreieck bildend, liegt an dem Treffpunkt aller wichtigen Linien des schleswig-holsteinischen Eisenbahnnetzes Neumünster; ein typischer Industrieplatz, in dem vor allem Textilstoffe und Häute ihre Veredelung finden ... Um Lübeck herum finden sich einige wenige gewerbliche Anlagen auch auf holsteinischem Boden. Um Hamburg häufen sie sich. Eisengießereien, Blechwarenwerke, Maschinen- und Konstruktionsbauanstalten, chemische Großbetriebe, Holzbearbeitungsanlagen, Lederbearbeitungen, Spinnereien und Webereien, keramische Werke, Nahrungsmittelfabriken ... Alle jene Plätze von Itzehoe bis Elmshorn und vielen kleinen Ortschaften dazwischen bis hin nach Altona und Wandsbeck tragen industriellen Charakter.

Friedrich Hoffmann, Das Wirtschaftsleben Schleswig-Holsteins, in: Die Braunschweiger GNL-Monatsschrift, H. 5, 1921, S. 302–308.

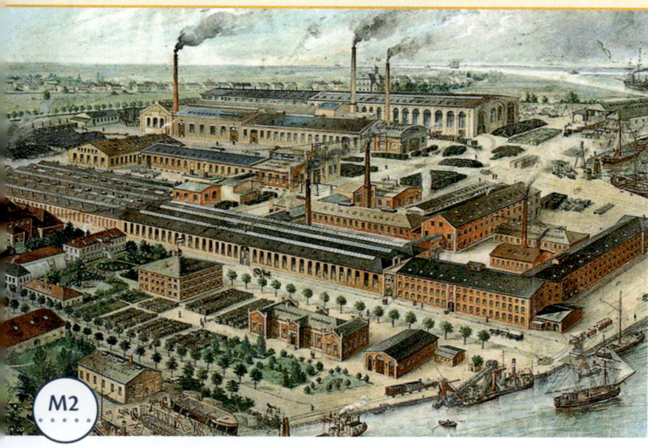

M2

Die Carlshütte bei Rendsburg, Gemälde, 1908. Die Hütte, 1827 gegründet, war der erste Eisen verarbeitende und durch Aktien finanzierte Industriebetrieb in den Herzogtümern.

M5

Lederfabrik Emil Köster in Neumünster, Foto, um 1900. Die Entwollung, das Entfleischen der Felle und der Umgang mit Chemikalien brachten massive Umweltprobleme mit sich.

M3

Frauenarbeit in der Mechanischen Weberei Elmshorn, Foto, um 1915

M6

Schleppzug eines in Flensburg gebauten Schwimmdocks für die Werft Stülcken in Hamburg, Foto, um 1903

M4

Lokomobile mit transportabler Dreschmaschine und Besatzung, Foto, um 1888

Vorschlag für eine Gruppen-/Projektarbeit

Erarbeitet die Industrialisierung in Schleswig-Holstein als historische Fallanalyse. Geht von den Materialien auf dieser Doppelseite aus. Zieht Lexika, Internet und Fachbücher heran. Beachtet den Begriff „Fallanalyse" (Kasten). Themenvorschläge: 1. Industrielle Räume in Schleswig-Holstein um 1900, 2. Industrialisierung der großen Städte (z. B. Kiel, Flensburg, Itzehoe, Neumünster, Elmshorn), 3. Industrialisierung in der Landwirtschaft, 4. Industrialisierung und Verkehrswege, 5. Arbeitsbedingungen in der entstehenden Industrie (z. B. Gerber, Textilarbeiterinnen, Werftarbeiter), 6. Industrialisierung und Umwelt (z. B. Lederindustrie).

Webcode: FG642588-151

Hypothesen formulieren und überprüfen: Leben in der frühindustriellen Gesellschaft

Von der „historischen Frage“ zur „Hypothese“

„Afrika war die Wiege des heutigen Menschen.“ Von dieser Aussage, der sogenannten Out-of-Africa-Hypothese, hast du schon gehört. Sie gilt bisher allgemein als überzeugend und ist damit eine These (Aussage) der Geschichtswissenschaft. Gelänge es der Forschung, eine andere Hypothese (Annahme, Vermutung) zu beweisen, z. B. die von der „multiregionalen“ Entstehung des Menschen, wäre die „Out-of-Africa-Hypothese“ widerlegt.

Vor der Hypothese, die noch nicht bewiesen ist, steht die „historische Frage“. Ohne sie gibt es eigentlich keine „Geschichte“ im Sinne eines gesicherten Wissens über das Vergangene. Denn ein Dokument in einem Archiv wird erst dann zu einer Quelle, wenn Historiker sie entdecken und befragen.

Für eine historische Frage braucht man ein gewisses Vorwissen. Denn niemand kann nach bestimmten Sachverhalten fragen, von denen er noch nie etwas gehört hat.

Du hast schon gelernt, mit bestimmten Fragen an schriftliche Quellen heranzugehen, z. B.: Wann ist der Text entstanden? Wer war der Autor? Darüber hinaus kannst du auch historische Sachverhalte befragen, z. B.: Warum begann die Industrielle Revolution in England? Welche Faktoren begünstigten die Industrialisierung in Deutschland?

Wenn wir den Blick auf die Menschen in jener Zeit richten, dann können wir nach ihrem Alltag, ihrer Arbeit, ihren Gewohnheiten fragen – und sogar verschiedene Epochen vergleichen.

Nach der historischen Frage folgt das Formulieren einer Hypothese, in die das Vorwissen einfließt. Mit genaueren Informationen (Quellen, Fachliteratur) wird die Hypothese überprüft und eine Antwort formuliert. Bei neueren Informationen oder Erkenntnissen könnte die gefundene Antwort wieder zu einer neuen Frage und Hypothese führen.

Wie man Hypothesen formuliert und überprüft, das kannst du auf dieser Werkstattseite erarbeiten, und zwar am Beispiel des Lebens in der vorindustriellen und frühindustriellen Gesellschaft.

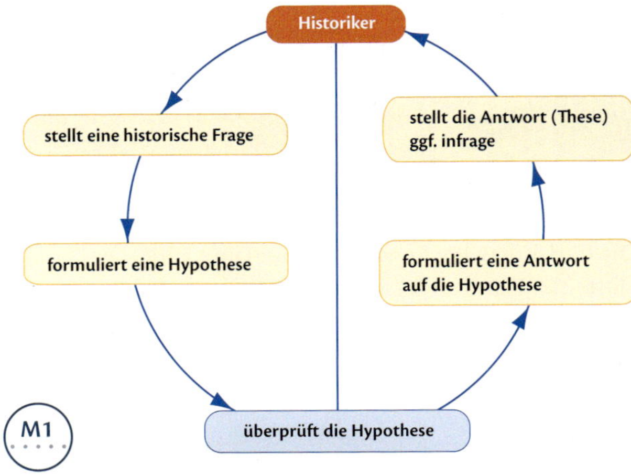

M1

„Kreislauf“ der Hypothesenbildung

Vorschlag für eine Gruppenarbeit

1 Formuliert und überprüft Hypothesen mithilfe des Darstellungstextes und M1 zum Thema „Leben in der frühindustriellen Gesellschaft“. Geht von folgendem Beispiel aus:

a) **Historische Frage:** Hat sich die Arbeit der Menschen im Übergang von der vorindustriellen zur frühindustriellen Gesellschaft verändert?

b) **Hypothese:** Die Arbeit der Menschen änderte sich gegenüber der vorindustriellen Zeit nicht wesentlich.

c) **Überprüfung:** Prüft die Hypothese, indem ihr das Unterkapitel sowie die Materialien auf der rechten Seite und S. 157–159 heranzieht.

d) **Antwort:** Formuliert eine Antwort zur Hypothese, indem ihr sie erweitert oder ganz neu fasst.

2 a) Formuliert historische Fragen und Hypothesen zu Sachverhalten aus den Kapiteln 1 und 2.

b) Überprüft eure Hypothesen, formuliert Antworten und vergleicht sie.

Beispiele für historische Fragen:

- Hatte die Französische Revolution positive Wirkungen für die Menschen?
- Welche Bedeutung hatte Bildung in der vorindustriellen und der frühindustriellen Gesellschaft?
- Hat der Buchdruck das Leben der Menschen verändert?

M2

Kinderarbeit in englischen Bergwerken um 1842, Zeichnungen

M3

Fabrikordnung

Konzept eines „Reglements für die Fabrikarbeiter" der Firma Krupp, 1838:

Jeder Arbeiter muss treu und unbedingt folgsam sein, sich in- und außerhalb der Fabrik anständig betragen, pünktlich die Arbeitsstunden halten und durch seinen Fleiß beweisen, dass er die Absicht hat, zum Nutzen der Fabrik zu arbeiten. Wer dies befolgt, hat zu erwarten, dass dem Wert der Arbeit nach auch sein Lohn erhöht wird. Wer aus Nachlässigkeit oder bösem Willen sich vergeht, wird bestraft. Branntweintrinken in der Fabrik wird nicht geduldet. Wer ein Stück Arbeit, ein Werkzeug und dergleichen verdirbt oder umkommen lässt, muss dasselbe vergüten. Wer fünf Minuten nach dem Läuten zur Arbeit kommt, verliert ¼ Tag, wer ¼ Tag eigenmächtig fortbleibt, verliert ½ Tag, für ½ Tag Fortbleiben wird ¾ Tag abgezogen.

Carl Jantke, Der Vierte Stand, Freiburg, 1955, S. 178.

M4

Der Wandel der Arbeit

Die Sozialwissenschaftler Orio Giarini und Patrick M. Liedtke schrieben 1999:

Im Agrarzeitalter wurden Umfang und Intensität der Arbeit von natürlichen Bedingungen bestimmt. Die Entkoppelung von Arbeit und Natur durch die Einführung von Produktionsprozessen, die nicht mehr von natürlichen Bedingungen abhängig waren, veränderte die Arbeitsweise. Künstliches Gaslicht ersetzte das Sonnenlicht, und überdachte Produktionsstätten, d. h. Fabriken, traten als Arbeitsplatz an die Stelle des Feldes. Dies erlaubte eine extreme Steigerung der Arbeitszeit ... Die Verlängerung der Arbeitszeit hatte direkten Einfluss auf die Arbeit in anderen Bereichen. Da sich die Handwerker scharfer Konkurrenz seitens der neuen industriellen Produzenten ausgesetzt sahen, mussten auch sie ihre Arbeitszeiten verlängern. Zugleich wuchs auch die Arbeitsintensität. Während die meisten Bauern und Handwerker bislang ihrem eigenen Rhythmus hatten folgen können, mussten sich die Industriearbeiter dem Takt der Maschine unterwerfen. Je verlässlicher die Maschinen wurden, welche die Produktionskette bildeten, desto seltener und kürzer wurden die Pausen der Arbeiter im Verlauf des Tages. Da der Wohlstand einer Gesellschaft von ihrer Fähigkeit abhing, eine große Menge Güter zu produzieren, musste sich die Wirtschaftspolitik, um den Wohlstand zu mehren, das Ziel setzen, Investitionen in der Industrie, d. h. in der Güterproduktion, zu stimulieren[1] oder zu begünstigen. Ziel dieser Politik war der volle Einsatz aller Ressourcen[2] ...

Die Industrielle Revolution hatte enorme Auswirkungen auf die Gesellschaft und veränderte die Lebensweise und die Wahrnehmung der Arbeit von Grund auf.

Orio Giarini, Patrick M. Liedtke, Wie wir arbeiten werden. Der neue Bericht an den Club of Rome, München (Heyne) 1999, S. 34–37. Zit. nach Martin Grohmann, Wolfgang Jäger, Industrielle Revolution und Moderne um 1900, Berlin (Cornelsen) 2001, S. 33 f.

[1] anreizen, reizen

[2] im engeren Sinne: Rohstoffe; im weiteren Sinne: die Produktionsfaktoren Arbeit, Boden, Kapital; heute auch: Wissen

Spuren der Industrialisierung in Europa und Deutschland

M1 **Erster Einsatz einer Dampfmaschine im englischen Kohlebergbau,** unbekannter Maler, 1792

M2 **Industriearbeiter auf dem Land**

Bericht der Mailänder Handelskammer von 1864:

Die Herstellung auch nur der einfachen und gängigen Stoffe kann in den Städten aufgrund der höheren Preise für alles, was zum täglichen Leben gehört, nicht ökonomisch erfolgen. In ihnen, wie in Mailand, kann die Seidenweberei untergehen, aber viel üppiger kann sie auf dem dichtbevölkerten Land und vor allem, für die Lombardei, in der Umgebung von Como und oberhalb Mailands ... wieder aufblühen, wo es eine dichte und intelligente, bereits an die Behandlung und Bearbeitung der Seide gewöhnte Bevölkerung gibt. Die in diesen Jahren von einigen Comasker Fabrikanten in den umliegenden Dörfern gemachten Versuche bestätigen dies voll; jene Einwohner, die sich mit einem mäßigen Verdienst ... zufrieden zeigten, lieferten in kurzer Zeit eine so vollendete und auch bessere Arbeit als die erprobten Arbeiter der Stadt, da sie geduldiger und fügsamer sind.

Zit. nach Volker Hunecke, Arbeiterschaft und Industrielle Revolution in Mailand 1859–1892, Göttingen (Vandenhoeck & Ruprecht) 1978, S. 123 f.

M3 **Industrialisierung in Italien**

Die Wirtschaftshistoriker Carlo Ponti und Giorgio Mori schrieben 1998:

Die Mechanisierung begann zuerst in den Getreidemühlen, gefolgt von der Produktion von Lokomotiven in Neapel, von stationären Dampfmaschinen in Genua (obwohl zwischen 1839 und 1860 immerhin 386 von 426 in Dienst stehenden Lokomotiven importiert wurden) und später Textilmaschinen, Druckerpressen und landwirtschaftliche Maschinen in Turin, Mailand und Neapel ... Auf der anderen Seite wurde in dieser frühen Phase beinahe die gesamte Förderung der zugegeben nicht sehr bedeutenden Erzvorkommen exportiert. Das Hüttenwesen war fast völlig veraltet und die chemische Industrie auf Werkstätten beschränkt, die Leuchtgas produzierten ...
Im Ganzen gesehen waren Italiens industrielle Ressourcen hoch konzentriert in einigen wenigen Regionen (Piemont, Lombardei, Ligurien und Kampanien) und lagen vom Entwicklungsstand her irgendwo zwischen denen industrialisierter Länder wie Frankreich, Belgien, Preußen und Großbritannien und denen des übrigen Europa.

Carlo Ponti/Giorgio Mori, Italien in der longue durée: Ein alter Primus kehrt zurück, in: Die Industrielle Revolution in England, Deutschland, Italien, hg. von Roy Porter/Mikulás Teich, Berlin (Wagenbach) 1998, S. 116.

M4 Einwohnerzahlen großer Städte in Schleswig-Holstein

	1845	1910
Altona	32 000	173 000
Wandsbek	4200	35 000
Lübeck	29 000	98 000
Neumünster	4700	35 000
Kiel	13 600	211 000
Flensburg	16 600	61 000

Zusammengestellt nach Urs J. Diederichs (Hg.), Schleswig-Holsteins Weg ins Industriezeitalter, Hamburg (Christians) 1986, S. 23.

M5 Dampfmaschineneinsatz in Gewerbe und Industrie in Schleswig-Holstein

	Zahl der Dampfmaschinen	
Gewerbe/Branche	**1847**	**1865**
Nahrungs- und Genussmittel	20	67
Textil, Bekleidung, Leder	15	50
Holz, Druck, Papier	3	24
Metall	8	33
Bau, Steine, Erden	–	14
Sonstige	–	12
Summe	46	200

Zusammengestellt nach Peter Danker-Carstensen, Gewerbeentwicklung und Industrialisierung, hg. von der Stadt Elmshorn, Elmshorn 2006, S. 41.

Überprüfe, was du kannst

Sachkompetenz

1 Nenne und erläutere die Faktoren, die zur Industrialisierung in England führten (S. 140–143).

2 Beschreibe den Wandel des Gewerbes von der vorindustriellen zur industriellen Zeit (S. 149, M13).

3 Kläre die folgenden Begriffe: Industrialisierung/Industrielle Revolution (S. 143), Deutscher Zollverein (S. 146).

4 a) Beschreibe am Beispiel Schleswig-Holsteins, wie sich in einem Agrarland die Industrialisierung entwickelte (S. 150–151).

5 Vergleiche die Industrieentstehung in Italien (M2, M3) mit der in Schleswig-Holstein, Deutschland und England. Lege eine Tabelle an.

Methodenkompetenz

6 Fertige zu M1 eine Bildanalyse an. Nimm die Seite 142 und die Methode „Bildanalyse" im Anhang zu Hilfe.

7 a) Formuliere mithilfe der Arbeitsschritte S. 144 Aussagen zu M4 und M5.
b) Stelle die Daten jeweils grafisch dar.
c) Bewerte deine Ergebnisse unter dem Gesichtspunkt der überzeugendsten Darstellung.

Urteilskompetenz

8 Überprüfe mithilfe der Methodenseiten 152/153 und des Unterkapitels die folgende Hypothese: Die Industrialisierung ist zufällig in England entstanden.

Kommunikations- und Handlungskompetenz

9 **Rollenspiel:** Am Rande einer ländlichen Kleinstadt, die an einem schiffbaren Fluss liegt, soll im Jahre 1880 eine Fabrik für Metallwerkzeuge und -geräte (Äxte, Hämmer, Sensen, Schaufeln usw.) gebaut werden. Bereitet ein Rollenspiel vor (siehe Methode im Anhang), in dem die folgenden Personen bzw. Gruppen auftreten: Unternehmer, Bürgermeister und Ratsherren, Kaufmannsgilde, Tagelöhner, Metallhandwerksmeister, Metallhandwerksgesellen, landwirtschaftliche Arbeiter aus den umliegenden Dörfern, Schiffergilde. Es geht um die Frage, ob diese Industrieansiedlung erwünscht ist.

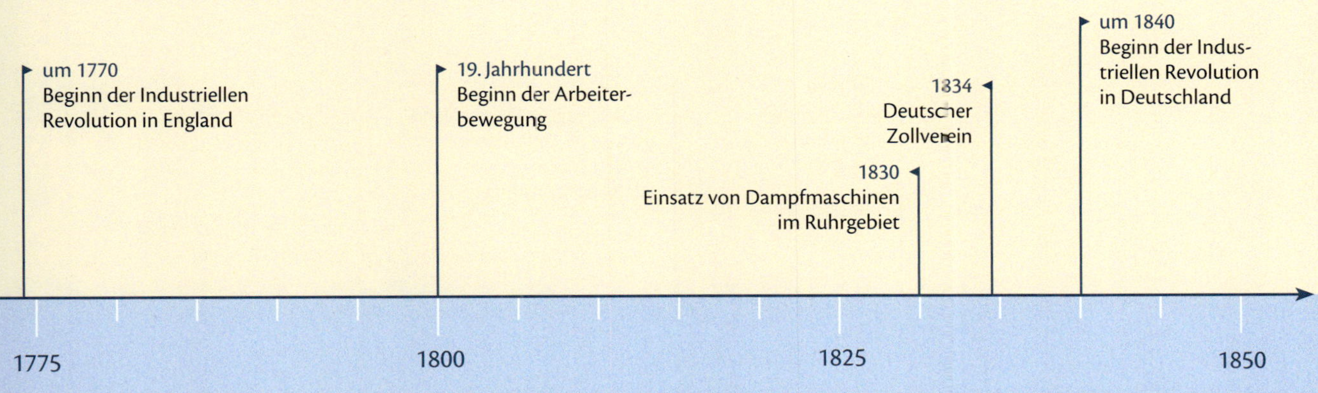

Wer löst die soziale Frage?

Wissen • Beurteilen und Handeln • Methoden anwenden

Am Ende dieses Unterkapitels kannst du

- die Bezeichnung „soziale Frage“ und ihre Entstehung erläutern
- Merkmale frühindustrieller Arbeits- und Lebensbedingungen nennen und beurteilen
- zeitgenössische Antworten auf die soziale Frage darstellen und bewerten
- die Industrialisierung als einen globalen Prozess erfassen und beurteilen
- **Methode** Fotos analysieren
- **Methode** Sozialbiografien auswerten

M1

Festblatt zum 1. Mai, Holzschnitt von Otto Marcus

um 1830
Verschärfung der Armut (Pauperismus)

um 1850
soziale Frage in Deutschland, politisches Bewusstsein von sozialer Not, Suche nach Lösungen

1800 — 1850 — 1900

Was war die soziale Frage?

Die Bevölkerung wächst und wird mobil

Wie im übrigen Europa stieg die Bevölkerungszahl in Deutschland seit etwa 1750 stark an. Ursache dafür war vor allem ein Rückgang der Sterblichkeit bei Kindern und Jugendlichen. Dadurch wuchs die Zahl junger Arbeitskräfte schnell. Sie kamen zunächst in der Landwirtschaft und im städtischen und ländlichen Gewerbe unter. Seit der Mitte der 1830er Jahre konnten diese Wirtschaftsbereiche jedoch nicht mehr alle Arbeitskräfte aufnehmen. Deshalb entstand ein Überschuss an Arbeitskräften auf dem Land. Mit der beginnenden Industrialisierung suchten die „freigewordenen" Arbeitskräfte Beschäftigung in den Fabriken. Nach 1850 begann eine Binnenwanderung – vor allem von Osten nach Westen. Die meisten Arbeitskräfte strömten nach Westfalen und Rheinpreußen.

Die soziale Frage

Armut hatte es auch in der vorindustriellen Gesellschaft gegeben. Doch seit den 1830er Jahren wurde Armut zu einem kollektiven Schicksal. In den vierziger Jahren kam es – verschärft durch Missernten – zu Hungerkrisen. Die Folge waren Protestaktionen gegen die zunehmende Armut (Pauperismus) in den unteren Schichten der Bevölkerung. Ursache der Verarmung war jedoch nicht die Industrie, sondern das Bevölkerungswachstum bei stagnierender Wirtschaft. Die Not war dort am größten, wo in den 1840er Jahren die Industrie fehlte.

Als in den 1850er Jahren der Pauperismus* durch die zunehmende Industriearbeit überwunden war, zeigten sich jedoch neue soziale Probleme: Der tief greifende Wandel der Lebens- und Arbeitsverhältnisse löste viele Menschen aus ihren traditionellen Bindungen in der Landwirtschaft, im Handwerk und im Heimgewerbe. Stärker als früher waren sie jetzt allein auf sich gestellt, wenn es darum ging, für Arbeitslosigkeit, Krankheit, Unfall und Alter vorzusorgen. Die harte Fabrikarbeit, die Abhängigkeit von der Lohnarbeit, die Unsicherheit des Arbeitsplatzes, die schlechten Wohnbedingungen, anhaltende Kinderarbeit und fehlende soziale Sicherheit führten zu öffentlichen Diskussionen über die sogenannte soziale Frage. Sie bezeichnete zusammenfassend die Folgen der Industrialisierung für die Arbeiterschaft.

M1

Zwölfjährige Arbeiterin in einer Spinnerei in Vermont (USA), Foto von Lewis W. Hine, um 1910

Begriffe und Daten

Soziale Frage

Unter sozialer Frage wird die wirtschaftliche und soziale Notlage der entstehenden Industriearbeiterschaft in der frühen Industrialisierung verstanden, vor allem: unsichere Arbeitsplätze, häufige Arbeitslosigkeit, niedrige Löhne, überlange Arbeitszeiten, fehlende soziale Sicherung, Kinderarbeit, Wohnungselend.

1 Schildere deinen Eindruck von M1. Beachte die Datierung des Fotos.

2 Kläre anhand des Darstellungstextes den Zusammenhang zwischen Bevölkerungswachstum, sozialer Frage und Industrialisierung.

3 Erörtere, inwiefern die Abbildung auf der linken Seite eine Antwort auf die soziale Frage sein konnte.

Webcode: FG642588-157

Frühindustrielle Arbeits- und Lebensbedingungen

Arbeit und Lebensweise verändern sich

Auch in der „alten" Wirtschaftsgesellschaft arbeiteten nicht nur die Männer, sondern auch Frauen und Kinder. Die Arbeitsbedingungen in der Landwirtschaft, im Heimgewerbe und in häuslichen Diensten waren hart, wurden jedoch durch die Arbeit in Familien oder familienähnlichen Verhältnissen gemildert. Wohnung und Arbeitsplatz befanden sich meistens unter einem Dach. Die eigentlich neue Erfahrung für die Beschäftigten in der Industrie war die Arbeit in der Fabrik, denn das bedeutete die Trennung von Arbeitsplatz und Wohnung. Durch den Bau von Arbeitersiedlungen für Großbetriebe wurde die Nähe zum Arbeitsplatz wieder hergestellt.

Erst die Industrialisierung machte das Arbeiten nach der Uhr verbindlich. Die Gewöhnung an feste Arbeitszeiten dürfte den Menschen jedoch schwer gefallen sein. Das kannten sie in dieser strengen Form noch nicht, als sie im Heimgewerbe, in der Landwirtschaft und im Handwerk arbeiteten. Durch Fabrikordnungen, Glocken, Sirenen und Strafkataloge wurde – nach englischem Vorbild – eine militärähnliche Disziplin in den Fabriken sichergestellt.

M1 **Kinderarbeit in einer englischen Baumwollspinnerei,** Stahlstich von Th. Onwyn, 1840

M2

Kinderarbeit um 1830

Aus dem Parlamentsbericht von 1833 über Kinderarbeit in englischen Fabriken. Aufgrund der Berichte erließ das Parlament das Fabrikgesetz von 1833, in dem die Beschäftigung von Kindern unter neun Jahren verboten wurde. Für Neun- bis Zwölfjährige wurde die Arbeitszeit auf neun Stunden, für 13- bis 18-Jährige auf zwölf Stunden täglich festgesetzt:

Bin 12 Jahre alt. Bin 12 Monate in der Spinnerei gewesen. Anfang um 6 und Feierabend um ½ 8. Durchschnittlich über 12 ½ Stunden Arbeit. Habe zwei oder drei Wochen hindurch Überstunden gemacht. Arbeitete während der Frühstücks- und Teepause und ging erst um 8 Uhr weg … Habe hier 2 Jahre gearbeitet, bin jetzt 14, arbeite 16 ½ Stunden am Tag. Kürzlich war ich krank und bat, um 8 Uhr aufhören zu dürfen, und man sagte mir, wenn ich ginge, brauche ich nicht zurückzukommen.

Zit. nach Wolfgang Köllmann, Die Industrielle Revolution, Stuttgart (Klett) 1970, S. 34.

M3

Kinder- und Jugendarbeitsschutz

Auswahl aus gesetzlichen Regelungen in Deutschland (tägliche Arbeitszeit):

1839 Preußisches Regulativ: Verbot unter 9 Jahren, ab 9 Jahren 10 Stunden (keine Beschränkung bei Heim- und Landarbeit)

1853 Ergänzungsgesetz: Verbot unter 12 Jahren, ab 12 Jahren 6 Stunden (keine Beschränkung bei Heim- und Landarbeit)

1891 Gewerbeordnungsnovelle: Verbot unter 13 Jahren, 6 Stunden ab 13 Jahren (keine Beschränkung bei Heim- und Landarbeit)

1903 Kinderschutzgesetz: wie 1891 (Heimarbeit: Verbot unter 10 Jahren, ab 10 Jahren 3 Stunden. Landarbeit: keine Beschränkung)

1976 Jugendarbeitsschutzgesetz: Verbot von Arbeit unter 15 Jahren (Ausnahme bei Landarbeit, Sport-, Musik-, Theaterveranstaltungen, Zeitungen austragen u. Ä.)

Zusammengestellt nach Jugendarbeitsschutzgesetz – eine Information für Jugendliche, Arbeitgeber, Lehrerinnen und Lehrer, hg. v. Sozialministerium Baden-Württemberg, 2004.

M4

In einer Baumwollspinnerei um 1850

Der Historiker Karl Emsbach schrieb 1982 über die Arbeitsbedingungen in einer rheinischen Baumwollspinnerei:

Auch der Geräuschpegel in den frühindustriellen Spinnereien war sehr hoch. Die rasselnden und kreischenden Maschinen verursachten einen Lärm, „der für den Neuling ganz unerträglich scheint“. In den Dämmerungs- und Nachtstunden machte sich die unzureichende Beleuchtung nachteilig bemerkbar. Wegen der großen Brandgefahr wurden Öllampen, die ohnehin ein mattes Licht abgaben, in möglichst geringer Zahl aufgestellt. – Die sanitären und hygienischen Verhältnisse spotteten jeder Beschreibung. An die Errichtung von Umkleide-, Wasch- oder Speiseräumen wurde kein Gedanke, erst recht kein Ziegelstein verwendet. – Bei diesen Arbeitsbedingungen nimmt es nicht wunder, dass man die Baumwollspinnerei … zu den gesundheitsgefährdendsten Berufen überhaupt zählte. Schwindsucht, Tuberkulose, Katarrhe der Augen, Nasen, des Kehlkopfes und der Lungen sowie Geschwüre an den Beinen waren häufige und typische Berufskrankheiten. Hauptursachen waren die starke Staubentwicklung, die schwüle Atmosphäre in den Sälen und die ständig stehende Arbeitsverrichtung … Die rohen, unverkleideten Maschinen … bildeten eine ständige Quelle der Unfallgefahr.

Zit. nach Jürgen Kocka, Arbeitsverhältnisse und Arbeiterexistenzen, Bonn (Dietz) 1990, S. 457.

M5

Mietskasernen, Foto, um 1900

M6

Umzug eines Arbeiterhaushaltes im Scheunenviertel, Berlin, Foto von Heinrich Zille, um 1901. Heinrich Zille (1858–1929), der als Maler und Fotograf das Leben der „kleinen Leute“ darstellte, fertigte Fotos meistens als Erinnerungsstützen für seine Skizzen an.

1 Notiere, welche Merkmale der Industriearbeit der Dartellungstext nennt, und grenze sie von der vorindustriellen Arbeit ab.

2 a) Beschreibe die Arbeitsbedingungen von Kindern in der Textilindustrie des 19. Jahrhunderts (M1, M2).
b) Nimm Stellung.

3 Untersuche M4:
a) Liste die Arbeitsbedingungen und die gesundheitlichen Folgen auf.
b) Benenne das Quellenmaterial, das dem Historiker zur Verfügung gestanden haben muss.

4 Zeige anhand von M3, wie der Kinder- und Jugendarbeitsschutz verändert wurde.

5 Verfasse eine Bildunterschrift, die Heinrich Zille zu seinem Foto M6 notiert haben könnte. Ziehe M5 mit heran.

6 **Recherche:** Erkundet, a) ob bzw. wo es Kinderarbeit heute noch gibt, b) wie sie bei uns gesetzlich geregelt ist.

Webcode: FG642588-159

Fotos analysieren

Fotografie als historische Quelle

Zeigt uns ein Foto wirklich, was zum Zeitpunkt der Aufnahme zu sehen war? Oder ist es vielleicht bearbeitet worden? Soll eine Fotografie als historische Quelle verwendet werden, dann ist es wichtig zu wissen, wie, wann und unter welchen Umständen das Foto entstanden ist. Wichtig ist auch das, was nicht auf dem Bild zu sehen ist. Möglicherweise ist es verändert (retuschiert, manipuliert) worden. All diese Fragen stellen sich, wenn Fotos als historische Quelle verwendet werden. Denn es geht um eine möglichst wirklichkeitsgetreue Wiedergabe historischer Ereignisse, Zustände und Verhältnisse.

Wie Fabriken, Häuser, Wohnungen, Einrichtungsgegenstände, Kleidung in einer bestimmten Zeit aussahen, das lässt sich an einzelnen Bildern meistens ganz gut erkennen. Allerdings reicht ein Foto nicht aus, um allgemeine Aussagen zu machen zum Beispiel zu Wohnverhältnissen in der Zeit der Industrialisierung. Dafür wären ganze Serien von Fotos notwendig, auch schriftliche Quellen, um gesicherte Aussagen formulieren zu können. Fotos geben also nie objektiv die Wirklichkeit wieder.

Den methodischen Umgang mit Fotos kannst du auf dieser Doppelseite mit Fotografien aus der Zeit der Industrialisierung am Beispiel „Wohnen" erarbeiten. Nicht alle Fragen lassen sich für jedes Foto und ohne weitere Informationen beantworten.

M1

Mietskaserne, Foto, um 1900

Arbeitsschritte

1. Schritt: Fragen zum Fotografen klären

- Wer hat das Foto angefertigt?
- Lässt sich ein bestimmer Anlass, ein Motiv für die Aufnahme feststellen?
- In wessen Auftrag wurde fotografiert?

2. Schritt: Fragen zum Foto

- Wann ist es entstanden?
- Was ist auf dem Bild dargestellt? Welche Details (Lupe!) könnten wichtig sein?
- Lässt sich ein bestimmtes „Thema" erkennen? Gibt die Bildunterschrift Hilfen?
- Welche Bildtechnik ist zu erkennen (Perspektive, Brennweite, Komposition, Entfernung, Ausschnitt)?
- Wurde das Bild bearbeitet (Montage, Beschnitt, Retusche)?
- Welche Informationen sind zur weiteren Analyse notwendig?

3. Schritt: Aussage und Deutung

- Wie ist der erste Eindruck?
- Welche Gesamtaussage (Deutung) lässt sich formulieren?
- Welche Fragen bleiben offen?

M2 **Die Familie von Bohlen und Halbach und Dienstboten in ihrer Villa in Badenweiler,** Foto, Anfang der 1880er Jahre

M3

Die Wohnverhältnisse in Mietskasernen

Aus einem Bericht über das Wohnungselend rheinisch-westfälischer Industriearbeiter von 1908:

Wir betreten eine der berüchtigten Mietskasernen, welche im hiesigen Industriegebiet in so großer Anzahl vorhanden sind und noch täglich allerorts wie Pilze aus der Erde hervorschießen, eine natürliche Folge tatsächlichen Wohnungsmangels und das Produkt wahnsinniger Bodenspekulation ... Fast 40–50 Prozent aller Arbeiterwohnungen bestehen aus 2 Zimmern, werden bewohnt von Familien, die 6–10 Köpfe stark sind und ... noch 2–3 Kostgänger beherbergen. In gesundheitlicher Beziehung jeder Beschreibung spottend, wie den elenden, krankhaft aussehenden Insassen unschwer anzusehen ist ... In einem Schlafraum mit zwei Bettgestellen ausgestattet, der nie gelüftet, noch seltener gereinigt wird und dessen Bettzeug daher einem Haufen stinkender Lumpen ähnlich ist, kampieren oft bis 10 Personen, vier Kinder in einem Bette, zwei am Kopf und zwei am Fußende, ohne Rücksicht auf Alter und Geschlecht. Wie viele Schlafräume gibt es außerdem, wo es sogar an diesem notwendigsten Hausrat völlig mangelt. Man schläft dann auf Dielen, auf ausgebreiteten Strohsäcken, die größtenteils durch allzu reichliche Benutzung und seltene Erneuerung, durch Ungeziefer weit eher einem Misthaufen ähneln denn einer Lagerstätte für Menschen.

Zit. nach Hermann de Buhr/Michael Regenbrecht, Industrielle Revolution und Industriegesellschaft, Frankfurt a. M. (Hirschgraben) 1987, S. 46.

1 Bearbeite mithilfe der Arbeitsschritte die Fotos auf dieser Doppelseite und fasse deine Ergebnisse unter der Überschrift „Wohnen um 1900“ zusammen. Beziehe auch die Fotos auf S. 159 in deine Überlegungen ein.

2 a) Stelle einen Zusammenhang zwischen M3 und den Fotos her.

b) Nimm Stellung zu der im Text vorgenommenen Bewertung der Wohnsituation.

3 **Recherche:** Sammelt Informationen (Lexika, Fachbücher, Internet) zur Geschichte der Fotografie und berichtet in der Klasse darüber. Versucht, etwas über den Begriff „Sozialfotografie“ herauszufinden.

Die Arbeiterbewegung – vom sozialen Protest zur Organisation

M1 **Der „Streik"**, Gemälde von Robert Koehler, 1886

Die Arbeiterbewegung

Die Selbstorganisierung der Arbeiterschaft spielte in der zweiten Hälfte des 19. Jahrhunderts in Deutschland eine wichtige Rolle. Als eine Vorform können Streiks gesehen werden. Schon vor der Industrialisierung wehrten sich Gesellen und Handwerker gegen niedrige Löhne und schlechte Arbeitsbedingungen: Sie legten ihre Arbeit nieder (streikten) oder veranstalteten Protestumzüge. Aber sie schlossen sich nicht dauerhaft zusammen.

Für die Industriearbeiter waren Streiks ein wirksames Mittel, um ihre Interessen gegenüber dem Fabrikbesitzer zu vertreten. Arbeitsniederlegungen stärkten das Zusammengehörigkeitsgefühl und führten schließlich zu dauerhaften Zusammenschlüssen. Die waren allerdings erst ab 1861 in einzelnen deutschen Staaten erlaubt und in ganz Deutschland (Kaiserreich) erst ab 1872.

Erst durch die Gewerkschaften wurde die Arbeiterbewegung* zu einer Massenbewegung. Als soziale Bewegung umfasste die Arbeiterbewegung nicht nur gewerkschaftliche, sozialdemokratische und sozialistisch-kommunistische Organisationen, sondern auch christlich-soziale Einrichtungen. Die Gewerkschaften entschieden sich für den Weg der Reformen. Das wird unterschiedlich erklärt: Einige beurteilen den gewerkschaftlichen Weg als bittere Konsequenz, nachdem die revolutionären Bestrebungen am Widerstand des monarchischen Staates gescheitert waren. Andere sehen in der Gewerkschaftsbewegung einen eigenständigen Weg, auf dem sie schrittweise die „Klassengegensätze" abbaute und den modernen Sozialstaat vorbereitete. Aus gewerkschaftlicher Sicht war der Weg der Reformen keine Schwäche, sondern eine Etappe zur Emanzipation* der Arbeiterschaft, die zu einer Verbesserung der rechtlichen und sozialen Situation beitrug.

Erste politische Aktivitäten von Frauen gab es in den 1840er Jahren des 19. Jahrhunderts. In „Frauenerwerbsvereinen" organisierten sich vor allem Dienstmädchen, Näherinnen und Arbeiterinnen. Sie setzten sich für höhere Löhne, eine geringere tägliche Arbeitszeit und eine Beseitigung der Nacht- und Sonntagsarbeit ein. Das preußische Vereinsgesetz von 1850 hatte den Frauen aber jede politische Betätigung verboten. Deshalb wurden viele Arbeiterinnenvereine von der Obrigkeit wieder aufgelöst. Erst 1903 fielen die Beschränkungen des Vereinsgesetzes von 1850. Noch um 1900 sahen die Männer-Gewerkschaften in den Frauen Konkurrentinnen, die den Lohn drückten.

Begriffe und Daten

Arbeiterbewegung

Gesamtheit der Organisationen der Industriearbeiter, die mit der Industrialisierung und dem kapitalistischen Wirtschaftssystem seit Beginn des 19. Jahrhunderts in Europa entstanden. Die Arbeiterbewegung entwickelte sich zu einer Massenbewegung mit Arbeiterparteien und Gewerkschaften. Hauptziele der Arbeiterbewegung waren die Verbesserung der wirtschaftlichen und sozialen Lage der Arbeiterschaft sowie die politische Mitsprache in einem demokratischen Staat.

Der Weg zur Arbeiterpartei

1863 Gründung des Allgemeinen Deutschen Arbeitervereins (ADAV) unter Führung des Journalisten Ferdinand Lassalle

Ziele und Grundsätze

- Wahlrecht für Arbeiter
- Verwaltung der Fabriken durch die Arbeiter
- kein Frauenwahlrecht
- keine Mitgliedschaft von Frauen

1869 Gründung der Sozialdemokratischen Arbeiterpartei (SDAP) durch August Bebel (1840–1913) und Wilhelm Liebknecht (1826–1900) in Eisenach

Ziele und Grundsätze

- Wahlrecht für alle Männer ab 20
- Vorschlags- und Verwerfungsrecht des Volkes bei der Gesetzgebung
- Schaffung eines demokratischen Staates

1875 Vereinigung von ADAV und SDAP in Gotha zur Sozialdemokratischen Arbeiterpartei Deutschlands; seit 1891 Sozialdemokratische Partei Deutschlands (SPD) genannt

Ziele und Grundsätze

- Wahlrecht für Männer und Frauen
- direkte Gesetzgebung durch das Volk
- Rechtsprechung und Entscheidung über Krieg und Frieden durch das Volk

Webcode: FG642588-163

Biografie

Ferdinand Lassalle (1825–1864)

Gründer der sozialdemokratischen Bewegung in Deutschland. Er forderte in seinen Schriften ein gleiches Recht für alle, das aber erst in einem künftigen demokratischen Staat erreichbar sei. Sein politisches Programm (1863) umfasste u. a. die Beteiligung der Arbeiter an der Produktion, ein allgemeines und gleiches Wahlrecht sowie die Vereinigung der Arbeiter.

M2

Lassalle und die soziale Frage

Ferdinand Lassalle schrieb 1863:

Die freie individuelle Assoziation [Vereinigung] der Arbeiter, ... ermöglicht durch die stützende Hand des Staates – das ist der einzige Weg aus der Wüste, der dem Arbeiterstand gegeben ist ... Wie aber den Staat zu dieser Intervention [Eingriff] vermögen? Und hier wird nun sofort sonnenhell die Anwort vor Ihrer aller Augen stehen: dies wird nur durch das allgemeine und direkte Wahlrecht möglich sein ... Das allgemeine und direkte Wahlrecht ist also, wie sich ergeben hat, nicht nur Ihr politisches, es ist auch Ihr soziales Grundprinzip, die Grundbedingung aller sozialen Hilfe. Es ist das einzige Mittel, um die materielle Lage des Arbeiterstandes zu verbessern ... Organisieren Sie sich als ein allgemeiner deutscher Arbeiterverein zu dem Zwecke einer gesetzlichen und friedlichen, aber unermüdlichen, unablässigen Agitation für die Einführung des allgemeinen und direkten Wahlrechts in allen deutschen Ländern. Von dem Augenblick an, wo dieser Verein auch nur 100 000 deutsche Arbeiter umfasst, wird er bereits eine Macht sein, mit welcher jeder rechnen muss.

Zit. nach Deutsche Politik 1803–1870, hg. v. Harry Pross, Frankfurt a. M. (Fischer) 1963, S. 274 f.

1 Werte den Darstellungstext aus:
a) Wie verlief die Selbstorganisierung der Arbeiterschaft?
b) Welche Bedeutung hatten Streiks für die Arbeiter?
c) Welchen Kurs nahm die gewerkschaftliche Bewegung?
d) Worin lagen die Schwierigkeiten einer Organisierung der Frauen? Ziehe die Kästen heran.

2 Analysiere M1. Gehe auf Anlass und Deutungsmöglichkeiten des Gemäldes ein (siehe Internettipp).

3 a) Erläutere die Position Lassalles (M2).
b) Stelle eine Bezug zur Gegenwart her.

Sozialismus und politische Praxis

Sozialismus – Lösung der sozialen Frage?

Einen der geschichtlich wirkungsvollsten und auch folgenreichsten Lösungsvorschläge für die soziale Frage formulierten der Philosoph und Nationalökonom Karl Marx und sein Mitstreiter, der Kaufmann, Philosoph und Politiker Friedrich Engels. Sie erklärten den Sozialismus zum politischen Ziel. Er sollte die bürgerliche Gesellschaft mit ihren kapitalistischen Produktionsbedingungen ablösen. Die Ursache des sozialen Elends der Industriearbeiterschaft – der Arbeiterklasse, wie sie formulierten – sahen sie im Kapitalismus mit seiner Garantie des Privateigentums an Produktionsmitteln wie Gebäuden, Maschinen und Werkzeugen.

Die Lösung der sozialen Frage bestand nach der Auffassung von Marx und Engels darin, das Privateigentum an Produktionsmitteln abzuschaffen und sie zu vergesellschaften. In einer sozialistischen Revolution sollten die Klassenunterschiede beseitigt und gleiche Eigentumsverhältnisse hergestellt werden. Ein anderes großes Ziel war, einen „neuen Menschen“ zu schaffen, der das Leitbild für die künftige – kommunistische – Gesellschaft werden sollte.

Die Sozialdemokratie: Reformen statt Revolution

Die Auffassungen von Marx und Engels waren von Anfang an in der Arbeiterbewegung umstritten. Hier standen sich Revolutionäre und Reformisten gegenüber. In der Sozialdemokratie, die sich im Laufe des 19. Jahrhundert entwickelte, setzte sich schließlich der sogenannte Reformismus durch: Zwar galt für ihn der Sozialismus weiterhin als Ziel. Doch entscheidend war die Idee, nur mit gesetzlichen Mitteln soziale Reformen für die Arbeiterschaft im monarchischen Staat durchzusetzen.

In den Bahnen gesetzlicher Reformen bewegten sich praktische Forderungen nach einem allgemeinen Wahlrecht, nach Vereinigungs- und Pressefreiheit, Einschränkung der Frauenarbeit, Verbot der Kinderarbeit und Arbeitszeitregelungen. Dabei blieb das Fernziel Sozialismus zwischen revolutionären und reformerischen Kräften umstritten, vor allem in der Zeit des Deutschen Kaiserreichs* ab 1871.

M1

Das Kommunistische Manifest

Aus dem Programm von Karl Marx und Friedrich Engels (1848):

Diese Arbeiter, die sich stückweise verkaufen müssen, sind eine Ware wie jeder andere Handelsartikel und daher ... allen Schwankungen des Marktes ausgesetzt. Die Arbeit der Proletarier hat durch die Ausdehnung der Maschinerie und die Teilung der Arbeit allen selbstständigen Charakter ... verloren ... Die Geschichte aller bisherigen Gesellschaften ist die Geschichte von Klassenkämpfen. Freier und Sklave, Patrizier und Plebejer, Baron und Leibeigener, Zunftbürger und Gesell, kurz, Unterdrücker und Unterdrückte standen in stetem Gegensatz zueinander, führten einen ununterbrochenen ... Kampf, der jedes Mal mit einer revolutionären Umgestaltung der ganzen Gesellschaft endete oder mit dem gemeinsamen Untergang der kämpfenden Klassen ... Unsere Epoche, die Epoche der Bourgeoisie*, zeichnet sich ... dadurch aus, dass sie die Klassengegensätze vereinfacht hat. Die ganze Gesellschaft spaltet sich mehr und mehr ... in zwei große, einander direkt gegenüberstehende Klassen: Bourgeoisie und Proletariat.

Dieter Dowe/Kurt Klotzbach (Hg.), Programmatische Dokumente der deutschen Sozialdemokratie, Berlin/Bonn (Dietz) 1973, S. 52 ff.

M2

Marx und Engels – vom Wandel überholt?

Eduard Bernstein (1850–1932), Schriftsteller und SPD-Politiker, 1899:

Die Zuspitzung der gesellschaftlichen Verhältnisse hat sich nicht in der Weise vollzogen, wie sie das „Manifest“ schildert ... [Die Bourgeoisie] weicht in allen vorangeschrittenen Ländern (Länder mit demokratischem System) Schritt für Schritt demokratischen Einrichtungen ... [Die] Fabrikgesetzgebung, die Demokratisierung der Gemeindeverwaltungen ..., die Befreiung des Gewerkschafts- und Genossenschaftswesens von allen gesetzlichen Hemmungen ... kennzeichnen diese Stufe der Entwicklung ... Je mehr aber die politischen Einrichtungen der modernen Nationen demokratisiert werden, umso mehr verringern sich die Notwendigkeiten und Gelegenheiten großer politischer Katastrophen.

Eduard Bernstein, Die Voraussetzungen des Sozialismus und die Aufgaben der Sozialdemokratie (1899), Nachdruck der 2. Aufl., 1921, Berlin, 1973, S. 6 ff.

M3

Erwachendes Selbstbewusstsein der Arbeiter?

Der politische Publizist Joseph Edmund Joerg, 1867:

Nur ein Beispiel möge hier die betreffende Anschauung der Arbeiterpartei erläutern. Ihrem Berliner Organ [der Zeitschrift „Social-Demokrat"] wurde ein Nachruf auf einen verstorbenen Großindustriellen eingesandt, der sich durch glänzende Wohltätigkeit gegen seine Arbeiter ausgezeichnet hatte. Der Nachruf enthält folgende Stelle: „Wären alle Fabrikanten von gleicher Menschlichkeit beseelt, wir fühlten uns nicht von einer sozialen Revolution bedroht." Die Redaktion des „Social-Demokrat" (vom 29. Januar 1865) machte hierzu folgende Bemerkung: … Humanität einzelner Fabrikanten gegen ihre Arbeiter ist ohne Zweifel eine höchst anerkennenswerte Sache, aber mit der sozialen Frage haben diese Dinge nichts zu tun. Hierfür ist es ganz gleichgültig, ob es edle Fabrikanten gibt oder nicht; denn es handelt sich nicht darum, im Kleinen, sondern im Großen andere Zustände herzustellen; und auch nicht darum, die Gnade oder den guten Willen einzelner Fabrikanten in Anspruch zu nehmen, sondern die Rechte – man verstehe wohl! – die Rechte der Arbeit zu erkämpfen.

Zit. nach Ursula Schulz (Hg.), Die Deutsche Arbeiterbewegung 1848–1919 in Augenzeugenberichten, 3. Aufl., München (dtv) 1981, S. 141.

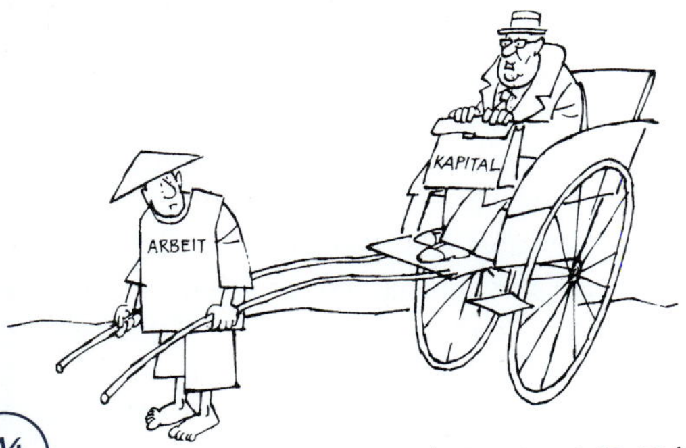

M4

Kapital und Arbeit, Karikatur von Jupp Wolter, 1967

Biografie

Karl Marx (1818–1883)

Philosoph und Ökonom, der in seinen Schriften den entstehenden „Industriekapitalismus" analysierte und die Arbeiterbewegung politisch beeinflusste.

Friedrich Engels (1820–1895)

Philosoph, Politiker und Kaufmann, der zusammen mit Karl Marx die Lehre vom wissenschaftlichen Sozialismus begründete und politisch die internationale Arbeiterbewegung unterstützte.

Begriffe und Daten

Sozialdemokratie

Aus der Arbeiterbewegung hervorgegangene politische Bewegung mit dem Ziel, eine gerechte und solidarische Gesellschaft zu schaffen. Zeitweise war die Entwicklung geprägt von der Auseinandersetzung zwischen revolutionären und reformerischen Kräften.

Sozialismus/Kommunismus/Marxismus

(lat. socius = Genosse) Sozialismus wurde im 19. Jh. als politisches Gegenmodell zum „bürgerlichen Liberalismus" entworfen und stellt die Interessen der Gesellschaft über die Rechte des Individuums. Als Kommunismus wurde die Endstufe der sozialistischen Gesellschaft verstanden. Marxismus bezeichnet die von Marx und Engels entwickelten philosophischen, politisch-sozialen und ökonomischen Lehren, ihre Interpretation und Weiterentwicklung.

1 a) Fasse die Vorstellungen von Marx und Engels (M1) mit eigenen Worten zusammen.
b) Vergleiche mit M2. Beachte die Datierungen der Quellentexte.

2 Ordne M1 und M2 den im Darstellungstext formulierten Aussagen über Sozialismus und Sozialdemokratie zu. Ziehe den Begriffskasten mit heran.

3 Beantworte die Überschrift zu M3. Begründe deine Antwort mit Textbelegen.

4 a) Entschlüssele M4. Beachte die Datierung.
b) Nenne Gründe für das in dieser Form dargestellte Verhältnis von Arbeit und Kapital.
c) Bewerte die inhaltliche Aussage der Karikatur. Nimm die Seiten 156 bis 165 zu Hilfe.

5 **Recherche:** Erkundet in Partnerarbeit, ob die Begriffe „Arbeiterbewegung", „Sozialdemokratie" und „Sozialismus" heute noch gebräuchlich sind. Nutzt Auskünfte von Parteien, Gewerkschaften sowie das Internet und Lexika.

Webcode: FG642588-165

Die christliche Sozialbewegung

Angebote der christlichen Kirchen

Die christlichen Kirchen versuchten, Not und Elend zu lindern. Doch es blieb zunächst bei Einzelaktionen: 1833 gründete der evangelische Geistliche Johann Hinrich Wichern in Hamburg das „Rauhe Haus“. Hier wohnten obdachlose Kinder, die in Lehrwerkstätten ausgebildet wurden. 1885 rief der evangelische Pfarrer Friedrich von Bodelschwingh (1831–1910) den „Verein Arbeiterheim“ ins Leben mit dem Ziel, eigentumslose Arbeiter beim Erwerb von Besitz zu unterstützen.
1846 gründete in Elberfeld der katholischen Priester Adolf Kolping (1813–1865) den ersten katholischen Gesellenverein. In den Häusern des „Kolpingwerks“ sollten unverheiratete Gesellen ein christliches Zuhause finden. 1864 umfasste das Kolpingwerk bereits 420 Vereine und 60 000 Mitglieder. Der Mainzer Erzbischof, Wilhelm Emmanuel von Ketteler, der „Arbeiterbischof“, trat für Sozialreform, Koalitions- und Streikrecht ein. Ketteler beeinflusste auch die päpstliche Sozial-Enzyklika „Rerum Novarum“ von 1891. In diesem Dokument forderte der Vatikan u. a. eine gerechte Eigentumsordnung im Rahmen der christlichen Morallehre und Maßnahmen, um die Arbeitsbedingungen für Arbeiter zu verbessern.

M1

Werkstatt des „Rauhen Hauses“, gegründet 1833, Darstellung von 1845

M2

Die evangelische Kirche

Der evangelische Geistliche Johann Hinrich Wichern (1808–1881) schrieb 1847:

Die Gestaltung der Hilfe, welche die freie christliche Liebe seit ihrem neuen Erwachen der Not bietet, konzentriert sich in der Assoziation [Vereinigung]; der Geist der rettenden, erbarmenden Liebe erträgt nicht mehr die Isolierung und bildet frei aus sich neue Gemeinschaften, in welchen sich das Gleiche zu Gleichen findet. Aus dieser Assoziation ergeben sich die materiellen und persönlichen Kräfte, deren Zusammenhalten und Zusammenwirken die Arbeit aller jener Institutionen ... möglich machen. ... Ein neuer Schritt, der noch getan werden muss, ist: christliche Assoziationen der Hilfsbedürftigen selbst für deren soziale (Familie, Besitz und Arbeit betreffende) Zwecke zu veranlassen.

M3

Die katholische Kirche

Der Mainzer Erzbischof Wilhelm Emmanuel von Ketteler (1811–1877) schrieb 1864:

Die von uns bisher besprochenen Ursachen der damaligen Lage der Arbeiter sowie die Bösartigkeit der aus diesen Ursachen hervorgegangenen Wirkungen und Folgen haben ihren wesentlichen und tiefsten Grund im Abfall vom Geiste des Christentums, der in den letzten Jahrhunderten stattgefunden hat ... Hier kann und wird daher die Heilung nur von innen heraus erfolgen ... Damit die Macht des Reichtums nicht die Armen erdrücke, dazu ist notwendig, dass die Reichen sich selbst beschränken und nicht alles, was einer rein egoistischen Ausbeutung aller den Reichen zustehenden Mittel möglich wäre, sich auch erlauben. [Als „Hilfsmittel“ nennt Ketteler im Folgenden: 1. Anstalten für arbeitsunfähige Arbeiter, 2. die christliche Familie und Ehe, 3. wahre Bildung durch das Christentum, 4. katholische Handwerker- und Gesellenvereine.]

M2 und M3 zit. nach Martin Grohmann/Wolfgang Jäger, Industrielle Revolution und Moderne um 1900, Berlin (Cornelsen) 2001, S. 112 f.

1 a) Liste anhand des Darstellungstextes die Maßnahmen der christlichen Kirchen auf.
b) Stelle fest, von welchen Motiven sich die christliche Sozialbewegung leiten ließ (M2, M3).

2 **Recherche:** Informiere dich genauer über das „Rauhe Haus“ (M1) und das „Kolpingwerk“. Berichte in der Klasse.

Sozialreform und staatliche Sozialpolitik

Liberalismus und monarchischer Staat

Sozialreformen: Das war die Antwort aus liberaler politischer Sicht auf die soziale Frage. Die Vertreter liberaler Politik wollten Arbeiterkindern bessere Bildungschancen bieten und Selbsthilfe-Einrichtungen schaffen wie Konsum- und Versicherungsvereine. In Einzelfällen ergriffen auch Unternehmer Maßnahmen zur Lösung der sozialen Frage: Sie richteten betriebliche Unterstützungskassen ein für den Krankheitsfall, bei Unfällen und Invalidität. Unternehmen gründeten und unterhielten Konsumvereine, Betriebswohnungen und Kindergärten, die die Lebensbedingungen der Arbeiter und ihrer Familien verbessern sollten. Als Gegenleistung verlangten die Unternehmer betriebliche Treue und Gehorsam.

Auch der monarchische Staat war gefordert, zur Lösung der sozialen Frage beizutragen. In den 1870er Jahren hatte der Staat die Arbeiterbewegung beschränkt und unterdrückt und damit die Spannungen verschärft. Nun wollte er mit Mitteln der Sozialpolitik*, also mit „Reformen von oben", den sozialen und politischen Druck mindern. Reichskanzler Otto von Bismarck (1815–1898) erließ deshalb zwischen 1883 und 1889 Sozialgesetze zur Kranken-, Unfall- und Rentenversicherung. Diese staatliche Sozialgesetzgebung* war als grundlegende Lösung der sozialen Frage gedacht. Doch sie konnte die soziale Notlage nicht beheben, sondern lediglich mildern. Mit einer geringen Altersrente ab 70 Jahren waren Arbeiter weiter auf Nebenverdienste oder auf andere Unterstützung angewiesen.

M1 **Die deutsche Sozialversicherung,** Plakat der Reichsregierung, 1913

1 a) Erläutere anhand des Darstellungstextes: Sozialreform und Sozialpolitik.
b) Nimm zu den Ansätzen Stellung.

2 Untersuche M1 unter folgenden Fragestellungen:
a) Was ist dargestellt und worin besteht die Kernaussage?
b) Welche Perspektive nimmt der Verfasser/Auftraggeber ein?
c) Welche Wirkung soll in der Öffentlichkeit erzielt werden?

3 **Recherche:** Berichte über Sozialpolitik heute.

Webcode: FG642588-167

Sozialbiografien auswerten

Erinnerte und erzählte Lebensgeschichte

Anders als in allgemeinen historischen Darstellungen, z. B. über die Industrialisierung, erfahren wir in Sozialbiografien etwas über einzelne Menschen und ihr Leben in bestimmten sozialen Gruppen, z. B. als Adlige oder Bauern, Unternehmer oder Fabrikarbeiter. Zu beachten ist dabei besonders, dass bei der erinnerten und erzählten Lebensgeschichte die Ereignisse eine ganz persönliche Bedeutung bekommen und manches anders dargestellt wird, als es in Wirklichkeit war. Da die tatsächliche Lebensgeschichte nicht rekonstruierbar ist, richtet sich die Auswertung auf den zu interpretierenden Sinn der Sozialbiografien.

Begriffe und Daten

Biografie/Sozialbiografie

Biografie: Darstellung der Lebensgeschichte eines Menschen. Autobiografie: eigene Darstellung seines Lebensweges. Die Biografieforschung, z. B. in der Sozial- und Geschichtswissenschaft, untersucht die Lebensläufe einzelner Menschen in ihrem lebensgeschichtlichen Umfeld. Quellen sind z. B. persönliche Erinnerungen (schriftlich oder mündlich) und persönliche Dokumente. **Sozialbiografie**: Darstellung der Lebenswelt einer Person innerhalb einer sozialen Gruppe, z. B. eines Hafenarbeiters oder einer Textilarbeiterin, deren Lebenslauf etwas über die Gruppe insgesamt aussagt.

M1

Aus dem Leben einer Bergmannsfrau

Eine Bergmannsfrau (geboren 1903) erzählte:

1923, ich war noch keine 20 Jahre, da habe ich geheiratet. Denn ich war in keiner Krankenversicherung, und wenn ich krank wurde, musste das bezahlt werden ... Und wir hatten kein Geld. Meinen Mann habe ich mit 17 kennen gelernt ... Nach 2 ½ Jahren haben wir dann geheiratet. Ich hatte einen Schwager ... Der hat uns die Möbel gemacht. Meine Schwester war schon verheiratet. Die hatte ein Zimmer – und ein Kind. Dann habe ich geheiratet – ich hatte das andere Zimmer. Da standen dann nur die Küchenmöbel drin und ein Bett. Das war bei meinen Eltern im Haus auf der Kohlenstraße. Meine Eltern waren dann unten, und wir haben dann auch im Sommer gekocht auf einem Herd ... Im Winter brauchten wir den Herd oben zum Heizen. Und alles musste durch die Küche. Es war schon sehr beengt. Meine Mutter bestand darauf, dass Hochzeit gefeiert wird. Ich habe gesagt, gib uns doch lieber das Geld, dass wir uns was anschaffen können. – „Nein, es wird Hochzeit gefeiert, du bist die Jüngste!" ... Die Eltern waren oft froh, wenn die Töchter geheiratet haben, damit sie versorgt waren, auch was die Versicherungen, wie eben z. B. die Krankenversicherung anging. Bei uns war das bestimmt so. Wir mussten ja auch das Geld, das wir verdienten, zu Hause abgeben.

Anke Schiller-Mertens, Frauen vor Ort, Essen (Klartext) 1990, S. 42 f.

Arbeitsschritte

1. Schritt: Fragen zum Autor (zur Autorin) und zur sozialen Gruppe

- Wer ist der Autor (die Autorin)? Welcher gesellschaftlichen Gruppe gehört er (sie) an?
- Über welchen Zeitabschnitt wird geschrieben? Wann wurden die Erinnerungen aufgeschrieben (veröffentlicht) bzw. geäußert?
- Lässt sich ein bestimmer Anlass, ein Motiv für die Veröffentlichung vermuten?

2. Schritt: Fragen zum Inhalt und zur Sprache

- Welches „Thema" ist zu erkennen? Was ist zu erfahren? Welche Einstellungen sind zu erkennen? Sind die Aussagen schlüssig/widersprüchlich; glaubwürdig/unglaubwürdig? Welche Absicht ist zu erkennen (Kritik, Rechtfertigung, Appell)?
- Wie ist die sprachliche Darstellung (Satzbau, sprachliche Mittel, Argumentation)?

3. Schritt: Aussage und Deutung

- Welche Aussage lässt sich zusammenfassend formulieren?
- Lassen sich am Beispiel der untersuchten Biografie Aussagen über die soziale Gruppe formulieren?
- Wo liegen Grenzen der Übertragung auf die Gruppe?
- Welche Fragen bleiben offen?
- Welche Informationen sind zur weiteren Analyse notwendig?

Lösungshilfe zu M1 (Schritt 3)

Aussage und Deutung des Textes

- frühe Heirat (auch) wegen sozialer (finanzieller) Absicherung (Krankenversicherung); Geldmangel
- frühe Bindung an den künftigen Ehemann (17 Jahre)
- sehr beengte Wohnverhältnisse
- Orientierung an der Tradition (Hochzeitsfeier musste sein); vielleicht auch soziale Kontrolle durch die Nachbarschaft, Verwandtschaft
- Ziel der Eltern für ihre Tochter: Versorgung des Kindes
- Bildung/Berufsausbildung der Tochter stand offensichtlich nicht im Vordergrund
- Übertragung auf soziale Gruppe (Bergarbeiterschaft) müsste an weiteren Informationen überprüft werden (mögliche Übereinstimmungen: finanzielle Verhältnisse, Wohnsituation, Mädchen- bzw. Frauenrolle)
- nüchterne Schilderung der Verhältnisse; keine Klagen oder Vorwürfe

M2

Bergarbeiterfrauen warten auf ihre Männer, Foto, 1931

1 Untersuche M1 mithilfe der Arbeitsschritte. Ziehe die Lösungshilfe im Kasten oben mit heran. Bedenke, dass nicht immer alle Fragen zu beantworten sind.

2 **Partnerarbeit:** Übt die Analyse von Sozialbiografien an M3. Zieht die S. 150/151 mit heran.

3 **Gruppenarbeit:** Erörtert – von M2 ausgehend –, in welcher Weise zeitgenössische Fotos zur Auswertung von Sozialbiografien beitragen können. Vermutet, welche Gedanken und Gefühle den Frauen gemeinsam sein könnten. Zieht weitere Fotos aus dem Kapitel heran. Beachtet die Methodenseiten 160/161.

M3

Aus dem Leben eines Zigarrenarbeiters

Julius Bruhns, 1860–1927, in Altona geboren, Sohn eines Zigarrenarbeiters, schloss sich als junger Mann der Sozialdemokratischen Partei und der Gewerkschaftsbewegung an. In seinen Erinnerungen schrieb er 1921:

Ich war noch nicht fünf Jahre alt, da musste ich schon in der Arbeitsstube meines Vaters fleißig mit zugreifen. Tag für Tag musste ich Tabak zurichten, d. h. mit den kleinen Fingern die feuchten zusammengefalteten Tabakblätter auseinanderbreiten, die dickeren Stengel entfernen und Blatt auf Blatt legen … Als ich zur Schule kam – ich war schon sieben Jahre alt –, wurden die wenigen freien Stunden, an welchen ich Kind sein, spielen durfte, noch knapper bemessen, denn nun nahm ja die Schule noch einen ganzen Teil meiner Arbeitszeit weg. Aber noch ein anderer Gegner meiner Tätigkeit in der Zigarrenmacherstube hatte sich, schon lange bevor ich Abc-Schütze wurde, eingestellt und nahm mich oft und öfter sowohl vom Tabaktisch wie dann auch von der Schulbank fort: Krankheit! Ungenügende Nahrung, feuchte, ungesunde Wohnung und mangelnde Bewegung in frischer Luft hatten mich skrofulös [Skrofulose: Haut- und Lymphknotenerkrankung] gemacht. Eine – nicht die einzige, aber doch die hässlichste – Wirkung dieser jammervollen Proletarierkrankheit war eine immer wiederkehrende heftige Augenentzündung … Die eigenartigen Arbeitsverhältnisse der Zigarrenmacher boten … besondere Gelegenheit zur Ausbreitung und Festigung der sozialdemokratischen Anschauungen. Hier zeigte sich gewissermaßen eine gute Seite jener sonst so bedauernswerten Verhältnisse. Hatten nämlich die Zigarrenmacher keine großen Fabriken mit hellen, gesunden Arbeitsräumen, geregelter Arbeitszeit und sicheren Löhnen, so hatten sie aber auch keine strengen Arbeitsordnungen, keine Aufpasser. Sie waren in gewissem Sinne frei, konnten in ihren Arbeitsstuben tun und reden, was sie wollten. Und von dieser Freiheit machten damals die Zigarrenmacher in meiner Heimatstadt ausgiebigen Gebrauch, begünstigt noch durch den Umstand, dass das Mechanische ihrer Hantierung ihrem Geist gewisse Bewegungsmöglichkeiten gab, die manch anderer Beruf seinen Angehörigen nicht bietet. Da wurde den ganzen Tag über debattiert und politisiert.

Julius Bruhns, Es klingt ein Lied im Sturm, Stuttgart/Berlin (Dietz) 1921, S. 9 u. 13 f.

Industrialisierung als globaler Prozess

Die Industrialisierung – Leistungen und Kosten

Der Prozess der Industrialisierung dauert seit mehr als zwei Jahrhunderten an. Die Epoche der politischen und gesellschaftlichen Veränderungen seit dem 19. Jahrhundert in Europa und Nordamerika wird als Epoche der „Modernisierung“ bezeichnet. Ihre Kennzeichen sind die Entstehung der industriekapitalistischen Wirtschaftsform, eine Demokratisierung politischer Herrschaft und Gesellschaft, der beschleunigte technisch-wissenschaftliche Fortschritt, die Rationalisierung der Arbeit und die Herausbildung einer modernen „Massengesellschaft“. Heute wird auch von „Globalisierung“ gesprochen. Dieser Begriff soll deutlich machen, dass es inzwischen um einen weltweiten Austausch von Gütern, Waren und Dienstleistungen, Wissen, Technologien, Lebens- und Kulturformen geht.
Diesen Prozess der Industrialisierung untersuchen die Geschichtsforscher, indem sie bestimmte Bereiche analysieren, z. B. die Entwicklung der Wirtschaft, der Technik, der sozialen Gruppen oder der Umwelt. Ziel ist auch, eine Bilanz der bisherigen Industrialisierung zu ziehen: Was hat sie geleistet? Was gekostet? Dazu bieten die Materialien auf den Seiten 170 bis 172 Anregungen.

Vorschlag für eine Gruppenarbeit

1 a) Klärt anhand des Darstellungstextes die Begriffe „Modernisierung“ und „Globalisierung“.

2 Analysiert in Kleingruppen die Materialien auf den Seiten 170 bis 172 unter der Fragestellung nach „Leistungen und Kosten“ der Industrialisierung bis heute. Zieht eure Kenntnisse aus dem Kapitel mit heran. Berichtet in der Klasse.

3 Erörtert gemeinsam, a) was sich kritisch gegen die Verwendung der Begriffe „Modernisierung“ und „Globalisierung“ einwenden lässt und b) ob sich die Industrialisierung mit den Begriffen „Leistungen und Kosten“ erfassen und bewerten lässt. c) Stellt eigene Überlegungen zur begrifflichen Beschreibung und Bewertung des historischen Industrialisierungsvorgangs an.

M1

Industriearbeit, franz. Karikatur, um 1910

M2

Computer – „Revolutionär“ der Arbeit?

Der Historiker Wolfgang Ruppert schrieb 2005:

Die Mechanisierung der Arbeit durch Maschinen bildet einen Grundtrend des Wandels der Industrieproduktion … In den 1970er Jahren begann zudem eine weitere … Industrialisierungsphase, die bis zur Gegenwart anhält. Sie beruht auf der Halbleitertechnik und der Herstellung von Chips, die die Grundlage der digitalen Revolution darstellen. Sie wurden zunächst in Konsumprodukte wie Taschenrechner, Uhren oder auch Waagen eingebaut, oder sie dienten der Steuerung von Maschinen. Der Bau von Computern als Massenprodukt beruht hierauf. Seither hat die Computerisierung der Technik die gesamte Arbeitswelt erfasst … Besonders deutlich ist die Revolution der Computerisierung am Einzug der „PCs“ als industrielles Massenprodukt an nahezu jedem Arbeitsplatz zu beobachten … Die Arbeit an Rechnern hat in den letzten Jahrzehnten große Teile der Arbeitswelt umstrukturiert. Mit der Etablierung des Internets als internationale Datenautobahn wurde Mitte der 1990er Jahre ein zusätzliches Kommunikations- und Informationsmedium mit neuen Formen der computerbezogenen Arbeit geschaffen … Beispielsweise können Journalisten ihre Texte am Rechner in ihrer Wohnung verfassen und per E-Mail an ihre Redaktion versenden.

Wolfgang Ruppert, Werkbank – Fließband – Roboter. Zum Wandel der Arbeit im Industriezeitalter, in: Praxis Geschichte, H. 5, 2005, S. 7 f.

M3 **Lebensstandard,** Karikatur von Gerd Mester, 1993

Die Kluft zwischen Arm und Reich

Länder mit niedrigem und mittlerem Einkommen	Kindersterblichkeit unter fünf Jahren (je 1 000 Kinder)	Staatliche Gesundheitsausgaben je Einwohner (in Dollar)	Zugang zu sanitären Einrichtungen (in % der Bevölkerung)	Analphabetenrate unter den Frauen (in %)	Zahl der Internet-Nutzer (in Millionen)
Südliches Afrika	162	41	55	47	3,7
Südasien	96	19	37	57	5,4
Naher Osten, Nordafrika	54	125	83	46	1,9
Ostasien, Pazifik	45	51	47	21	52
Lateinamerika, Karibik	37	264	78	13	19,1
Mitteleuropa, Zentralasien	25	126	k. A.	5	14,6
Länder mit hohem Einkommen (z.B. USA, Japan)	7	2733	k. A.	k. A.	270

Quelle: Weltbank Stand: 2000 © Globus 7971

M5 **Lebensbedingungen in verschiedenen Regionen der Erde,** 2000

M4 Auf dem Weg zur globalen Wirtschaft

Aus einem Artikel, den der Journalist Thomas Fischermann unter der Überschrift „Weltliga der Wirtschaft" für die Wochenzeitung „Die Zeit" verfasst hat (2000):

Die ersten „Weltkonzerne" waren die Ostindien-Gesellschaften der Kolonialmächte, die auch in die Verwaltung der Überseeterritorien mit eingespannt waren. Im 19. und frühen 20. Jahrhundert trieb die Suche nach Rohstoffen und preiswerten Nahrungsmitteln vor allem US-amerikanische Firmen in die weite Welt. Die Erschließung neuer Märkte war ein weiterer Grund. Investitionen flossen nach Lateinamerika, Asien, Afrika und in den Nahen Osten ... In der Ölbranche und im Agrobusiness entstanden Konzerngiganten wie der Plantagenmulti United Fruit Company ... Nach dem Zweiten Weltkrieg traten auch immer mehr europäische und japanische Konzerne auf die Weltbühne. Langsam begann, was viele als die jüngste Phase der „Globalisierung" bezeichnen: Transportpreise fielen drastisch, das Fernmeldewesen wurde immer besser, gesetzliche Schranken fielen – und so konnten die Konzerne das beginnen, was der US-Ökonom Paul Krugman die „Zersplitterung der Produktionskette" genannt hat. Produkte und Zwischenprodukte wurden um die ganze Welt verschifft und einzelne Arbeitsschritte dort erledigt, wo es besonders günstig erschien. Große US-Konzerne wie die Automobilbauer General Motors und Ford zogen nach Europa und Japan aus, rollten die dortigen Märkte auf und prägten Konsumgewohnheiten und wirtschaftliche Entwicklung mit.

Die Zeit vom 15.6.2000.

M6 Diebstahl der Kulturen?

Der Journalist Ulrich Schäfer schrieb 2001 über die indische Globalisierungskritikerin Vandana Shiva:

Shivas Geschichte handelt von den Reisbauern ihrer Heimat, von Männern und Frauen, deren Felder kaum Erträge abwerfen, weil die Dürre Teile der Ernte und der Weltmarkt die Preise verdorben hat. Sie handelt zugleich von amerikanischen Saatgutunternehmen wie RiceTec, einer Firma in Texas, die sich 1997 ein weitreichendes Patent auf Basmati-Reis gesichert hat, der in Indien seit Ewigkeiten angebaut wird. „Solche Bio-Piraten versuchen unsere Kultur zu stehlen", schimpft Shiva ... Wenn solche Beispiele Schule machen, dann, so fürchtet sie, werde die traditionelle Landwirtschaft noch schneller zurückgedrängt. Dann würden die Saatgutpreise weiter steigen und noch mehr Kleinbauern in den Ruin getrieben. „Die Globalisierung", seufzt sie, „hat uns wenig Gutes und viel Schlechtes gebracht." ... In ihrer Heimat ist die ... Physikerin der führende Kopf der Anti-Globalisierungs-Bewegung. Sie ist ähnlich populär wie in Frankreich der Bauer José Bové, der mit seinem Traktor ein halb fertiges McDonald's Restaurant verwüstete ... Sie kämpft gegen das Vordringen westlicher Multis – und für den naturverbundenen Ackerbau ... Und inzwischen hat Shiva einen ersten Erfolg errungen: In den USA musste RiceTec kürzlich den Großteil seiner einst 20 Patente aufgeben, nachdem Indiens Regierung geklagt hatte.

Der Spiegel vom 23. Juli 2001, S. 126.

M7

Triumph der Elektrizität, Postkarte zur Elektrotechnischen Ausstellung in Frankfurt am Main, 1891

M9

Lebensstandard, Karikatur von Horst Haitzinger, 1981

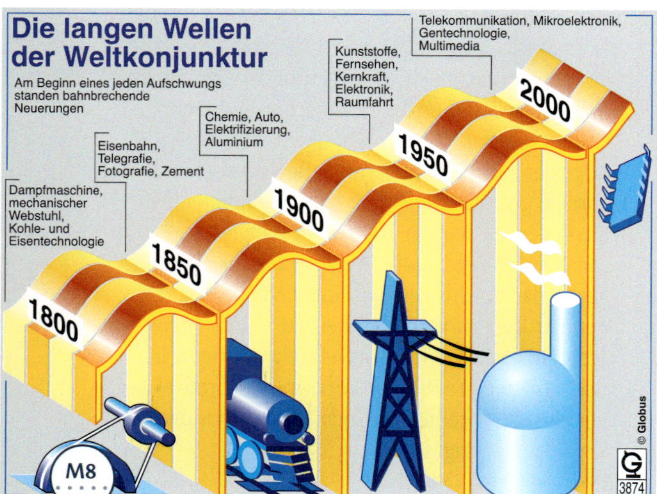

M8

Die langen Wellen der Weltkonjunktur

M10

Globale Erwärmung – und die Folgen?

Der Politikwissenschaftler Andreas Rechkemmer schrieb 2003:

Auch im Zeitalter der Globalisierung ist grundsätzlich zwischen drei Ebenen von Umweltproblemen zu unterscheiden, den lokalen, den regionalen und den globalen ... Nach heutigem Stand können wir als drängendste globale Umweltprobleme ... die folgenden ausmachen [genannt werden: Klimaveränderungen, Verlust der genetischen Vielfalt, Bodenerosion und Desertifikation, Belastung der Weltmeere, Verknappung der Süßwasserressourcen, Verbrauch nicht erneuerbarer Energien]:
... Klimaveränderungen: ... Die globale Erwärmung und ihre Steigerung, der sogenannte Treibhauseffekt, werden als Katastrophenszenarien derzeit noch erforscht. Nach Ansicht vieler Fachleute wird die Erwärmung verstärkt durch vermehrten, vor allem industrie- und verkehrsbedingten CO_2-Ausstoß und andere Treibhausgase wie Methan ... Eine gravierende Folge ist absehbar. Das Steigen des Meeres und dadurch große Flutkatastrophen einerseits, das Vorrücken von Trockenzonen und Wüsten und eine Verknappung der Süßwasserressourcen andererseits.

Andreas Rechkemmer, Lösungsansätze für globale Umweltprobleme, in: Informationen zur politischen Bildung, hg. von der Bundeszentrale für politische Bildung, H. 280, 2003, S. 45.

Eine „neue soziale Frage"? – Internet-Informationen bewerten

Internetadressen nach Qualitätsmerkmalen unterscheiden

Die „soziale Frage" war im 19. Jahrhundert in der Phase der frühen Industrialisierung entstanden und fand unterschiedliche Antworten. Im letzten Viertel des 20. Jahrhunderts und erneut in der Gegenwart wurde bzw. wird eine „neue soziale Frage" gestellt. Um den Ursprung, die Bedeutung und den Wandel dieses Begriffs zu klären, bietet sich eine Internetrecherche an. Sachgemäße und inhaltlich verlässliche Informationen erhältst du aber nur, wenn du die Qualität der Internetadressen prüfst und bewertest. Die Arbeitsanleitung unten soll dir helfen, zu der eingegrenzten Fragestellung „Was ist die neue soziale Frage?" Informationen auszuwählen und eine Antwort zu finden.

M1

Pfandflaschensammler, Foto, 2008

Arbeitsanleitung

Fragen zur Bewertung von Internet-Informationen

Fragen zum Urheber (Autor)

1 Ist der Urheber (Autor) der Information (des Materials) angegeben?
2 Steht eine bestimmte Institution (z. B. eine Universität) dahinter?
3 Lässt sich das Verhältnis des Autors zum Sachverhalt erkennen (z. B. eine wissenschaftliche Arbeit)?
4 Wird eine bestimmte Position vertreten?

Fragen zum Material

5 Ist ein Datum der Erstellung (Aktualisierung) angegeben?
6 Entspricht das Material fachlichen (wissenschaftlichen) Ansprüchen?
7 Ist die Information schlüssig oder widersprüchlich?
8 Enthält das Material Quellen als Belege für die Aussagen?
9 Gibt es weiterführende Hinweise (Quellen, Literatur, Links)?

Fragen zum User

10 Werden Empfänger oder Zielgruppen genannt?
11 Ist die wiederholte Erreichbarkeit des Servers, bei dem das Material liegt, mit einiger Sicherheit gewährleistet?

Vorschlag für eine Gruppenarbeit

1 Führt anhand der Arbeitsanleitung (Kasten) und der Themenvorschläge unten eine Internetrecherche zur „neuen sozialen Frage" durch. Zieht die Methode „Das Internet nutzen" im Anhang mit heran. Stellt eure Ergebnisse in der Klasse vor.
2 Bewertet – ausgehend von euren inhaltlichen Ergebnissen – beispielhaft einige Internetadressen anhand der Fragen in der Arbeitsanleitung.

Themenvorschläge:

a) Herkunft und Datierung des Begriffs „neue soziale Frage"
b) Bedeutung des Begriffs
c) Bedeutungswandel des Begriffs
d) Vergleich mit dem (historischen) Begriff „soziale Frage"
e) Bild-Darstellung der „neuen sozialen Frage" im Internet (z. B. ausgehend von M1)

Wer löst die soziale Frage?

M1

Arbeiterfamilie, Foto, 1907. Der Mann und das älteste Mädchen (14 Jahre) fehlen auf dieser Aufnahme. Mutter und Großmutter sind anwesend. Die Aufnahme entstand im Rahmen einer Wohnungsuntersuchung, die die Berliner Ortskrankenkasse von 1901 bis 1920 bei ihren Patienten durchgeführt hat. Ziel war es, durch wissenschaftlichen Nachweis und Veröffentlichung des längst erkannten Zusammenhangs zwischen Wohnen und Krankheit zu einer Veränderung der Verhältnisse beizutragen.

M2

„Vorwärts, mit Dampf!" Der Fortschritt ist nicht aufzuhalten, Karikatur aus dem „Wahren Jakob", 1892. Die Eisenbahnwagen tragen die Namen Deutschlands, Frankreichs und anderer Industriestaaten. Die Aufschrift auf der Vorderseite der Lokomotive lautet: „Acht Stunden Arbeit"; auf dem Stier: „Kapitalismus".

M3 Leben in der „Risikogesellschaft"?

Der Sozialwissenschaftler Ulrich Beck schrieb 1986:

In der Bundesrepublik stehen wir – das ist meine These – spätestens seit den siebziger Jahren [des 20. Jahrhunderts] am Beginn dieses Übergangs ... Wir leben noch nicht in einer Risikogesellschaft, aber auch nicht mehr nur in Verteilungskonflikten der Mangelgesellschaften ... Sind Risiken nicht gerade ein Kennzeichen der industriegesellschaftlichen Epoche, gegen die sie hier abgegrenzt werden sollen? Gewiss, Risiken sind keine Erfindung der Neuzeit. Wer – wie Kolumbus – auszog, um neue Länder und Erdteile zu entdecken, nahm „Risiken" in Kauf. Aber dies waren persönliche Risiken, keine globalen Gefährdungslagen, wie sie durch Kernspaltung oder die Lagerung von Atommüll für die ganze Menschheit entstehen ... Auch die Wälder sterben schon viele Jahrhunderte lang – zunächst durch ihre Verwandlung in Äcker, dann durch rücksichtslose Abholzungen. Aber das heutige Waldsterben erfolgt global... mit völlig anderen sozialen und politischen Konsequenzen ... Davon sind z. B. auch und gerade waldreiche Länder (wie Norwegen und Schweden) betroffen, die selbst kaum über schadstoffintensive Industrien verfügen, aber die Schadstoffbilanzen anderer hoch industrialisierter Länder mit sterbenden Wäldern, Pflanzen- und Tierarten bezahlen müssen ... Risiken, wie sie in der fortgeschrittensten Stufe der Produktivkraftentwicklung erzeugt werden – damit meine ich in erster Linie die sich dem unmittelbaren menschlichen Wahrnehmungsvermögen vollständig entziehende Radioaktivität, aber auch Schad- und Giftstoffe in Luft, Wasser, Nahrungsmitteln und damit einhergehende Kurz- und Langzeitfolgen bei Pflanze, Tier und Mensch –, unterscheiden sich wesentlich von Reichtümern ... Reichtümer kann man besitzen, von Risiken ist man betroffen.

Ulrich Beck, Risikogesellschaft, Frankfurt a. M. (Suhrkamp) 1986, S. 25 ff.

Überprüfe, was du kannst

Sachkompetenz

1 Erläutere: Soziale Frage im 19. Jahrhundert (S. 157).

2 a) Nenne Merkmale frühindustrieller Arbeits- und Lebensbedingungen (S. 158/159). b) Kläre, welche Quellenarten Aussagen über die Lebensumstände der Industriearbeiter und ihrer Familien ermöglichen.

3 Nenne zeitgenössische Antworten auf die soziale Frage.

Methodenkompetenz

4 Fertige zu M1 eine Bildanalyse an. Nimm das Unterkapitel und die Methoden „Fotos analysieren" (S. 160/161) und „Sozialbiografien auswerten" (S. 168/169) zu Hilfe.

5 Entschlüssele M2 mithilfe der Methode „Karikaturen entschlüsseln" (S. 108/109).

Urteilskompetenz

6 Beurteile die auf den Seiten 162 bis 167 dargestellten Ansätze zur Lösung der sozialen Frage unter der Fragestellung
a) ihrer Wirksamkeit und
b) ihrer Verwirklichungsmöglichkeit.

7 Prüfe und bewerte die These: Die Industrialisierung brachte mehr Kosten als Leistungen. Beachte die Ergebnisse aus Aufgabe 3b auf Seite 170.

Kommunikations- und Handlungskompetenz

8 Diskutiert in einer Gesprächsrunde die These: Die soziale Frage ist gelöst.

- 1848 K. Marx und F. Engels: „Kommunistisches Manifest"
- 1863 Gründung Allgemeiner Deutscher Arbeiterverein (ADAV)
- 1869 bis 1891 Entstehung der Arbeiterpartei
- 1869 Gründung Sozialdemokratische Arbeiterpartei (SDAP)
- 1875 Vereinigung ADAV und SDAP (Sozialdemokratische Arbeiterpartei Deutschlands)
- 1891 Gründung Sozialdemokratische Partei Deutschlands

1850 1860 1870 1880 1890 1900

Industrialisierung und gesellschaftlicher Wandel

Faktoren der Industrialisierung

Die Industrialisierung begann in England. Diese These ist in der Geschichtswissenschaft unumstritten. Sie erklärt jedoch nicht, warum ausgerechnet auf der britischen Insel eine Umwälzung der Arbeits- und Lebensbedingungen einsetzte. Vier Faktoren können als Erklärungen herangezogen werden:

1. Räumlich-klimatische Bedingungen und ein schnelles Wachstum der Bevölkerung begünstigten offensichtlich den Industrialisierungsprozess.
2. Marktwirtschaftliches Denken und Handeln sowie vorhandenes Kapital schufen eine „moderne" Landwirtschaft.
3. Technische und arbeitsorganisatorische Neuerungen trieben sich wechselseitig an – vor allem im Textilgewerbe, im Bergbau und in der Eisen- und Stahlproduktion. Die heimgewerbliche und handwerkliche Produktionsweise wurde ersetzt durch die arbeitsteilige Fertigung in zentralen Produktionsstätten, den Fabriken.
4. Verbesserte Bildungsmöglichkeiten im 18. und 19. Jahrhundert führten zu besser qualifizierten Arbeitskräften. Damit trugen sie zur Steigerung der Produktivität bei.

Industrielle Revolution und Industrialisierung

Mit dem Begriff „Industrielle Revolution" bezeichnet die Geschichtswissenschaft die Anfangsphase der Industrialisierung in England in der zweiten Hälfte des 18. Jahrhunderts. Dieser Begriff weist auf den stürmischen Verlauf hin und auf die grundlegende Veränderung der Arbeits- und Lebensweise vieler Menschen in kurzer Zeit.

Als Industrialisierung bezeichnet man den Wandel im übrigen Europa seit der ersten Hälfte des 19. Jahrhunderts. Die wichtigsten Merkmale waren:

- der Einsatz von Maschinen in den entstehenden Fabriken,
- die hochgradige Arbeitsteilung und die Massenproduktion,
- die Nutzung neuer Energieträger, wie Kohle, später Erdöl und Elektrizität und
- die Ansammlung und der Einsatz von Kapital mit der Gründung von Kapitalgesellschaften.

Industrialisierung im übrigen Europa

Im Vergleich zu England bezeichnet die Geschichtsforschung die Industrialisierung im übrigen Europa als „nachfolgende" oder auch „abgeleitete" Entwicklung. In der Technik und Arbeitsorganisation verlief der Wandel ähnlich wie in England. Unterschiede gab es jedoch im Tempo der Industrialisierung, bei der Herkunft der Unternehmer und des Kapitals und in der Wirtschaftspolitik. Entscheidend für den industriellen Wandel waren die Abkehr von der merkantilistischen Wirtschaftsform, die Abschaffung von Zollgrenzen, die Verbesserung der Infrastruktur und die freie Berufs- und Wohnsitzwahl der Arbeitsuchenden.

Für die Industrialisierung in Deutschland spielte das Ruhrgebiet wegen seiner Rohstoffvorkommen (Steinkohle) eine zentrale Rolle.

Schleswig-Holstein ist ein Beispiel für die „inselartige" Industrialisierung eines Agrarraumes. Hier kamen wichtige Anstöße vom Schiffbau, von der Textil- und Lederindustrie sowie vom Neubau von Fernstraßen, Kanälen und Bahnstrecken.

Folgen der Industrialisierung – die soziale Frage

In der vorindustriellen Gesellschaft gehörte Armut – oft verschärft durch Missernten und Hungerkrisen – zum Alltag. Die Grenzen der merkantilistischen Wirtschaftsweise ließen keine wesentliche Verbesserung der Lebensumstände zu. Gerade in den Regionen, wo es keine neuen Industrien gab, war der Pauperismus am größten. Der industrielle Wandel zog viele Menschen in die entstehenden Industriegebiete. Dort hofften sie auf bessere Einkommens- und Lebensbedingungen als auf dem Land. Die Industrialisierung veränderte die Arbeits-, Wohn- und Lebensbedingungen grundlegend: Das Arbeitsverhältnis wurde zu einem „reinen" Lohnarbeitsverhältnis, die Arbeitskraft zur „Ware". Die Fabrikarbeit trennte Wohnung und Arbeitsplatz. Weitere Probleme waren niedrige Löhne, lange Arbeitszeiten, neue Formen der Kinderarbeit, strenge Fabrikordnungen, große Wohnungsnot in den wachsenden Industriestädten und fehlende soziale Sicherung. Angesichts dieser Situation entbrannten politische Diskussionen in Staat und Gesellschaft über die soziale Frage.

Zur Lösung der sozialen Probleme gab es Vorschläge von verschiedenen Seiten: Die Arbeiterbewegung wollte in einer Art Doppelstrategie eine praktische Verbesserung der wirtschaftlichen und sozialen Lage der Arbeiterschaft herbeiführen und zugleich eine politische Mitsprache im Staat erreichen. Es kam zur Gründung von Gewerkschaften und politischen Parteien. Frauen organisierten sich zuerst in „Erwerbsvereinen“, bis Anfang des 20. Jahrhunderts oft gegen den Willen der Obrigkeit und der „Männer-Gewerkschaften“.
Die christliche Sozialbewegung, vertreten vor allem durch die katholische und die evangelische Kirche, engagierte sich für unmittelbare Hilfe, Ausbildungsmöglichkeiten, bessere Arbeitsbedingungen und eine gerechte Eigentumsordnung im Rahmen der christlichen Lehre. Von politisch liberal denkenden Sozialwissenschaftlern und von Unternehmern gab es Vorschläge und Maßnahmen zur Gründung von Selbsthilfe-Organisationen und zur Einrichtung von Betriebswohnungen und Kindergärten.

Auch der Staat versuchte im Deutschen Kaiserreich nach 1871, die soziale Frage durch Sozialreformen (Sozialgesetzgebung) zu entschärfen. Damit hoffte er, die Arbeiterschaft für den monarchischen Staat zu gewinnen.

Globale Industriegesellschaft

Die industrielle Wirtschaftsweise, auch „Industriekapitalismus“ genannt, hat inzwischen weite Teile der Erde erfasst. Dabei wird immer deutlicher, dass eine weitere ungehemmte Industrialisierung die natürlichen Lebensgrundlagen aller Lebewesen gefährdet. Noch ist nicht zu erkennen, ob die enger werdende Verbindung von Technik und Wissenschaft eine ökonomisch, ökologisch und ethisch verträgliche Entwicklung nehmen wird, z. B. in der Bio- und Gentechnik. Die Geschichtsforschung untersucht dieses Phänomen und nimmt dafür bestimmte „Dimensionen“ wie Umwelt, Technik und Wirtschaft in den Blick.

Geschichte der Industrialisierung – Dimensionen

Technik und Wirtschaft

Technische Veränderungen

- Dampfmaschinenbau und Einsatz im Bergbau (Thomas Newcomen)
- Verbesserung des Webstuhls (John Kay)
- Spinnmaschine für das gleichzeitige Spinnen vieler Fäden (James Hargreaves)
- weiterentwickelte Dampfmaschine (James Watt)
- wasser- und dampfkraftgetriebene Spinnmaschine (Richard Arkwright)
- neue Arbeitsorganisation und Produktionstechnik: Arbeitsteilung, Massenfertigung, Spezialisierung

Wirtschaftlicher Wandel

- Liberalismus und kapitalistische Wirtschaftsweise als Grundlage:
- Freiheit des Einzelnen, Zurückhaltung des Staates, Gewerbefreiheit, Privateigentum an Produktionsmitteln
- Einsatz von Kapital zur Investitition in Rohstoffe, Maschinen, Gebäude
- „freies Spiel“ der Marktkräfte

Gesellschaft und Politik

Gesellschaftlicher Wandel

- Entstehung der neuen gesellschaftlichen Schicht der Industriearbeiter und -arbeiterinnen
- Lohnarbeitsverhältnisse
- Disziplinierung in der industriellen Produktion
- neue Bildungsanforderungen, z. B. technische Qualifizierung
- anfangs fehlende soziale Sicherung
- neue Protest- und Organisationsformen der Arbeiterschaft
- Urbanisierung der Lebensweise

Politischer Wandel

- Herausforderung der politischen Herrschaft (Monarchie) durch eine nach Mitsprache strebende bzw. sich emanzipierende neue gesellschaftliche Schicht (Industriearbeiterschaft)
- soziale Frage als politische und soziale Herausforderung für Staat, Gesellschaft und Wirtschaft

Umwelt und Raum

Günstige Voraussetzungen

- klimatische Bedingungen, z. B. feuchtes Klima für die Baumwollindustrie
- entwickelte landwirtschaftliche Strukturen, z. B. im Ackerbau, in Viehzucht und Holzwirtschaft, dörflichem Handwerk
- Spezialisierung wie Schiffbau
- vorindustrielle Gewerberegionen als Ausgangspunkt für Industrialisierung (eisenverarbeitendes Gewerbe, Häfen)
- Rohstoffvorkommen, z. B. Kohle, Eisenerz
- Infrastruktur, z. B. Verkehrswege, wie schiffbare Flüsse, Kanäle, Straßen
- Menschen im Raum, z. B. Zuwachs an junger Bevölkerung, „freie“ landwirtschaftliche Arbeitskräfte, Zuwanderer

4. Deutschland und Europa zwischen Restauration und Revolution

„Einigkeit und Recht und Freiheit für das deutsche Vaterland!“ Mit diesen Worten beginnt die dritte Strophe des „Deutschlandliedes“, das August Heinrich Hoffmann von Fallersleben im Jahr 1841 dichtete. In dieser Zeit war ein einheitliches und freies Deutschland für viele Menschen ein Wunschtraum. Auch im übrigen Europa strebten die Menschen in den Jahrzehnten nach den napoleonischen Freiheitskriegen nach nationaler Unabhängigkeit, Einheit und Freiheit. Sie wandten sich gegen die Macht der monarchischen Herrscher und forderten eine „staatsbürgerliche Gesellschaft“ mit freien Wahlen, Parlamenten und Verfassungen. Das Jahr 1848 bildete den Höhepunkt der Auseinandersetzungen (kleines Bild). Diesen Aufbruch der Nationen gestaltete ein Künstler im Revolutionsjahr 1848 als „Völkerfrühling“ (großes Bild).

„Völkerfrühling“, Lithografie, 1848. Christus segnet aus der Sonne „Fraternité“ den „Völkerfrühling“. Zug der Nationen; im Vordergrund zerstörte Kronen, Wappen, Urkunden

Folgende Fragen leiten dich durch das Kapitel:

- ***Welche Ursachen hatten die revolutionären Bewegungen?***
- ***Wie verliefen die Konflikte?***
- ***Welche Ergebnisse hatten sie?***

1 Schildere deine Eindrücke, die beim Betrachten der Bilder entstehen.

2 Informiert euch über Hoffmann von Fallersleben und das „Deutschlandlied“. Berichtet in der Klasse.

Barrikadenkämpfe in Berlin, 18./19. März 1848. Aus der Bleiverglasung von Fenstern werden Kugeln gegossen, Farblithografie von F. C. Nordmann, 1848

Streben nach Freiheit und Einheit

Wissen • Beurteilen und Handeln • Methoden anwenden

Am Ende dieses Unterkapitels kannst du

- beschreiben, wie Europa nach dem Ende der napoleonischen Herrschaft neu geordnet wurde
- erklären, welche politischen Kräfte sich in Deutschland für Einheit und Freiheit einsetzten
- am Beispiel der Revolution von 1848/49 den Konflikt zwischen liberalen und republikanisch-demokratischen Kräften einerseits und monarchischen Kräften andererseits darstellen und bewerten
- das Scheitern der Reformkräfte 1848/49 erklären und begründen
- die historischen Schritte „Restauration und Revolution“ im Zusammenhang beurteilen
- **Methode** Politische Dichtung deuten und vergleichen
- **Methode** Historische Symbole deuten
- **Methode** Ein Kurzreferat verfassen und präsentieren

Staatsformen in Europa nach 1815

Restauration — seit 1815

Revolution — 1848/49

Die Neuordnung Europas

Die Niederlage Napoleons

Das Ende der napoleonischen Herrschaft in Europa zeichnete sich ab, als Russland Handelsbeziehungen mit England aufnahm. Napoleon, der England mit einer Handelssperre zu isolieren versucht hatte, marschierte daraufhin im Sommer 1812 in Russland ein. Die Folgen waren katastrophal: Von den 600 000 Soldaten seiner Armee kehrten nur 5000 in ihre Heimat zurück. Im Oktober 1813 besiegte eine Koalition aus mehreren europäischen Staaten das französische Heer endgültig in der „Völkerschlacht" bei Leipzig. Der Kampf gegen die Herrschaft Napoleons stärkte die Anhänger von Freiheit und nationaler Unabhängigkeit.

Wiener Kongress und Deutscher Bund

Nach dem Ende der napoleonischen Herrschaft tagte in Wien 1814/15 ein Kongress, bei dem europäische Herrscher eine Neuordnung Europas beschlossen. Drei Prinzipien bestimmten ihre Beschlüsse:

1. Restauration: Wiederherstellung der politischen Verhältnisse wie vor der Französischen Revolution.
2. Legitimität: Damit erklären die aristokratischen Herrscherhäuser ihren Herrschaftsanspruch für rechtmäßig.
3. Solidarität: Zusammenschluss der Fürsten, um gegen die neuen Ideen wie Freiheitsstreben und Nationalismus wirksam vorgehen zu können.

An diesen Entscheidungen hatte der österreichische Außenminister Fürst von Metternich maßgeblichen Anteil. Seine Politik der Restauration knüpfte an das Prinzip des Gleichgewichts zwischen den Großmächten an. Russland, Österreich und Preußen verbündeten sich zur „Heiligen Allianz". So wollten sie die neue Ordnung sichern und sich „bei jeder Gelegenheit Hilfe und Beistand" leisten.

Schwieriger war die Entscheidung, was mit den deutschen Staaten geschehen sollte. Das alte Reich wurde nicht wiederhergestellt. Stattdessen unterzeichneten die Vertreter der deutschen Könige, Fürsten und Städte am 8. Juni 1815 die „Deutsche Bundesakte". Diese Vereinbarung schuf nicht die nationalstaatliche Einheit, die viele erhofft hatten, sondern den Deutschen Bund: ein lockeres Bündnis von 37 souveränen Fürsten und vier Freien Städten ohne ein gemeinsames Oberhaupt.

Begriffe und Daten

1813 Völkerschlacht bei Leipzig

Bezeichnung für die Entscheidungsschlacht der Befreiungskriege gegen Napoleon (16.–19. 10. 1813).

Wiener Kongress 1814/15

Die Herrschaftsverhältnisse aus der Zeit vor der Französischen Revolution sollten so weit wie möglich wiederhergestellt werden.

Deutscher Bund 1815

Lockerer Zusammenschluss der deutschen Staaten. Es fehlte eine einheitliche Regierung und eine Verfassung. Zentrales Organ war die Bundesversammlung in Frankfurt (Gesandte aller Bundesstaaten), von der allerdings keine starke politische Wirksamkeit ausging.

Restauration

Die Zeit von 1815 bis um 1830, in der monarchische Kräfte in Europa versuchten, die politischen Verhältnisse in der Zeit vor der Französischen Revolution wiederherzustellen.

Biografie

Klemens Wenzel Fürst von Metternich (1773–1859)

Österreichischer Staatsmann; wurde nach der Niederlage Österreichs 1809 Außenminister; betrieb auf dem Wiener Kongress in führender Funktion die Restauration der vorrevolutionären Ordnung (Polizeiherrschaft) und strebte die Sicherung des Gleichgewichts der europäischen Großmächte an.

1 Erkläre, warum die Zeit nach 1815 „Zeitalter der Restauration" genannt wird (Darstellungstext, Kasten).

2 a) Erläutere die drei Prinzipien des Wiener Kongresses.
b) Bewerte die Verwendung des Begriffs „Solidarität" für das dritte Prinzip aus heutigem Verständnis.

3 Erläutere anhand der Karte S. 180, wie die „Verfassungsfrage" in den einzelnen europäischen Staaten nach 1815 „gelöst" war.

Webcode: FG642588-181

Demonstrationen für Einheit und Freiheit

Das Wartburgfest 1817

1815 schlossen sich Studenten unter dem Motto „Ehre, Freiheit, Vaterland“ zur „Allgemeinen Deutschen Burschenschaft“ zusammen. Ihre Ziele waren „Freiheit“ und „ein einiges Vaterland“. Als die Burschenschaft im Oktober 1817 alle deutschen Studenten auf die Wartburg bei Eisenach einlud, folgten etwa 500 Studenten und Professoren sowie andere Interessierte dem Aufruf. In Reden kritisierten sie die verhasste Fürstenherrschaft und verbrannten symbolisch Zöpfe, Uniformen und einen Polizeistock.

Die Karlsbader Beschlüsse 1819

Am 23. März 1819 erstach der Burschenschafter und Theologiestudent Karl Ludwig Sand in Mannheim den Schriftsteller August von Kotzebue. Er hatte nämlich die Ziele der Burschenschaften öffentlich in der Presse kritisiert. Auf das Verbrechen reagierten die Vertreter der Landesregierungen des Deutschen Bundes mit den „Karlsbader Beschlüssen“. Sie sahen eine strenge Überwachung aller Studenten und Professoren an den Universitäten vor. Kritiker wurden nun als sogenannte Demagogen (= Volksverführer) verfolgt. Eine strenge Zensur* kontrollierte die Presse. Manche Kritiker flüchteten ins Ausland, einige zogen sich in das Privatleben zurück. Andere setzten sich jedoch erst recht für ihre politischen Ziele ein.

Das Hambacher Fest 1832

Die Journalisten Johann Georg August Wirth und Philipp Jakob Siebenpfeiffer luden mit einigen Gleichgesinnten zu einem „deutschen Nationalfest“ ein. Es fand am 27. Mai 1832 auf der Schlossruine Hambach in der Pfalz statt. Diesem Aufruf folgten mehr als 25 000 Menschen: Studenten, Bauern aus der Umgebung, Arbeiter, Bürger aus allen deutschen Staaten und aus dem Elsass. Die Teilnehmer der Veranstaltung forderten ein national geeintes Deutschland und Freiheit und Gerechtigkeit für Männer und Frauen. Die Organisatoren des Festes wurden anschließend angeklagt. Vor Gericht durften sie sich jedoch nach französischem Recht verteidigen, das in der Pfalz seit der Herrschaft Napoleons galt. So bekamen Siebenpfeiffer und Wirth die Gelegenheit, den Geschworenen und applaudierenden Zuhörern ihre politischen Ideen in mehrstündigen Reden vorzutragen. Der Prozess endete mit einem Freispruch. Doch kurze Zeit später wurden beide wegen Beamtenbeleidigung angeklagt und vor Polizeigerichte gestellt. Dort erhielten sie die Höchststrafe: zwei Jahre Haft. Siebenpfeiffer gelang die Flucht in die Schweiz, während Wirth seine Strafe verbüßte. Er zog anschließend nach Frankreich, später in die Schweiz. 1847 kehrte er nach Deutschland zurück.

M1 **„Der Denkerclub“**, Karikatur, um 1820

M2 **Der Zug auf das Hambacher Schloss am 27. Mai 1832,** Radierung, 1832

M3 Zwei Reden auf dem Hambacher Fest

Aus der Rede Philipp Jakob Siebenpfeiffers:

3A Und es wird kommen der Tag, … wo der Deutsche vom Alpengebirg und der Nordsee, vom Rhein, der Donau und der Elbe den Bruder im Bruder umarmt, wo die Zollstöcke und die Schlagbäume, wo alle Hoheitszeichen der Trennung … und Bedrückung verschwinden samt den Konstitutiönchen, … wo der Beamte … mit der Volksbinde sich schmückt … Wo das deutsche Weib, nicht mehr die dienstpflichtige Magd des herrschenden Mannes, sondern die freie Genossin des freien Bürgers, unsern Söhnen und Töchtern schon als stammelnden Säuglingen die Freiheit einflößt … Wo der Bürger … dem Gesetze gehorcht und auf den Tafeln des Gesetzes den eigenen Willen liest und im Richter den frei erwählten Mann seines Vertrauens erblickt.

Aus der Rede Johann Georg August Wirths:

3B Wenn … die reinsten, fähigsten und muthigsten Patrioten über die zweckmäßigste Reform unsres Landes sich verständiget und zugleich sich verbunden haben, um durch eigene Journale die öffentliche Meinung des Gesammtvolkes … zu gewinnen, … wenn auch solche Männer den Nationalstolz, das Gefühl der Bürgerwürde und die Flamme der Freiheitsliebe durch die Gluth begeisternder Rede in allen deutschen Gauen erwecken, … wenn endlich die guten Bürger in den lichtern Gegenden unseres Landes das Wirken solcher Männer durch die Verbreitung deren Schriften öffentlich und im Stillen unterstützen; ja, fürwahr, dann wird, dann muss das große Werk gelingen, die verrätherische Gewalt wird vor der Weihe der Vaterlandsliebe und der Allmacht der öffentlichen Meinung in den Staub sinken, Deutschland wird die Freiheit und den Frieden sehen, es wird zur herrlichsten Macht und Größe emporblühen.

M3A und M3B zit. nach Johann Georg August Wirth, Das Nationalfest der Deutschen zu Hambach, Neustadt a. d. H., 1832, Nachdruck der Orig.-Ausg., Neustadt a. d. W. (Meininger) 1981, S. 34 f.

1 Liste anhand des Darstellungstextes auf, welche politischen Forderungen 1817 und 1832 erhoben wurden.

2 Untersuche M1 mithilfe der Methode „Karikaturen entschlüsseln“ (siehe S. 108/109).

3 a) Stelle anhand des Darstellungstextes und M2 den Verlauf des Festes dar. b) Beschreibe die Machtverhältnisse zwischen den Organisatoren der Veranstaltung und der bayerischen Regierung.

4 Analysiere M3A und M3B mithilfe der Methode „Schriftliche Quellen analysieren“ (siehe S. 120/121).

5 Verfasse eine Rede zum 180. Jahrestag des Hambacher Festes im Jahr 2012.

Webcode: FG642588-183

Politische Dichtung deuten und vergleichen

Politische Dichtung – eine historische Quelle?

Auch literarische Texte können für die Geschichtswissenschaft interessant sein neben schriftlichen Quellen wie Urkunden, Akten, Chroniken, Rechtssammlungen, Briefen und Lebenserinnerungen. Viele Schriftsteller wollen mit ihrer Arbeit die Öffentlichkeit nicht nur unterhalten. Sie wollen auch bestimmte Botschaften vermitteln. Häufig enthalten ihre Werke politische Aussagen über das Zusammenleben der Menschen, über Werte, die ihnen besonders wichtig sind. Sie äußern sich zu gesellschaftlichen Zuständen und kritisieren Entscheidungen und Maßnahmen der Regierungen. Deshalb gerieten Künstler in der Geschichte immer wieder in Konflikt mit den Herrschenden.

So kämpfte in der Zeit vor 1848/49 auch eine Gruppe junger Literaten mutig mit ihren Dichtungen gegen das herrschende System — trotz der strengen Zensur. Sie nannten sich das „Junge Deutschland" oder die „Jungdeutschen", weil sie das bestehende, das alte Deutschland ablehnten. Heinrich Heine und Georg Büchner waren herausragende Dichter dieser Zeit. Doch wegen ihrer kritischen Haltung mussten sie ins Exil gehen.

M1

Heinrich Heine, Gemälde von Moritz Daniel Oppenheim, 1831

Arbeitsschritte

1. Schritt: Text in den historischen Kontext einordnen

- Welche biografischen Hinweise zum Dichter könnten wichtig sein?
- In welcher gesellschaftlichen Stellung befand sich der Autor?
- Wodurch ist die Entstehungszeit gekennzeichnet? (Frage nach wichtigen politischen Ereignissen.)

2. Schritt: Textinhalt erschließen

- In welche Sinneinheiten kann man den Text gliedern?
- Werden allgemeine Probleme oder Einzelheiten angesprochen?
- Welche historischen Hintergründe oder Einzelheiten müssen zum Verständnis geklärt werden?

3. Schritt: Politische Zielrichtungen und Absichten klären

- Gegen wen richten sich die einzelnen Aussagen?
- Mit welchen (sprachlichen) Mitteln wird der Gegner attackiert?
- Welche Wirkung soll von dem Text ausgehen? Welche Adressaten sind angesprochen?

4. Schritt: Versuch einer kritischen Textbewertung

- Handelt es sich um einen typischen Text der Zeit bzw. des Autors?
- Sind die kritischen Vorwürfe berechtigt?
- Weist der Text über die Probleme in seiner Zeit hinaus?

M2 Die armen schlesischen Weber (1844)

Heinrich Heine (1797–1856) kritisierte in vielen Gedichten die Politik und Kleingeistigkeit seiner Zeit. 1831 ging er als Journalist nach Paris und blieb aus politischen Gründen dort bis zu seinem Tod. Das folgende Gedicht verfasste Heine für ein Flugblatt:

Im düstern Auge keine Träne,
Sie sitzen am Webstuhl und fletschen die Zähne:
Altdeutschland, wir weben dein Leichentuch,
Wir weben hinein den dreifachen Fluch –
Wir weben, wir weben!

Ein Fluch dem Gotte, dem blinden, dem tauben,
Zu dem wir gebeten mit kindlichem Glauben;
Wir haben vergebens gehofft und geharrt,
Er hat uns geäfft und gefoppt und genarrt –
Wir weben, wir weben!

Ein Fluch dem König, dem König der Reichen,
Den unser Elend nicht konnte erweichen,
Der uns den letzten Groschen erpresst,
Und uns wie Hunde erschießen lässt –
Wir weben, wir weben!

Ein Fluch dem falschen Vaterlande,
Wo nur gedeihen Schmach und Schande,
Wo nur Verwesung und Totengeruch –
Altdeutschland, wir weben dein Leichentuch,
Wir weben, wir weben!

Zit. nach Heinrich Heine, Sämtliche Gedichte in zeitlicher Folge, 5. Aufl., Frankfurt a. M. (Insel) 1997, S. 466 f.

M3 „Friede den Hütten! Krieg den Palästen!"

Georg Büchner (1813–1837) gilt als eines der größten Genies der deutschen Geistes- und Literaturgeschichte. Schonungslos geißelte er die Missstände seiner Zeit. 1835 verbreitete er mit Friedrich L. Weidig die Flugschrift „Der Hessische Landbote". Der Untertitel dieser Schrift lautet „Friede den Hütten! Krieg den Palästen!":

Das Leben der Vornehmen ist ein langer Sonntag, sie wohnen in schönen Häusern, sie tragen zierliche Kleider, sie haben feiste Gesichter und reden eine eigene Sprache; das Volk aber liegt vor ihnen wie Dünger auf dem Acker. Der Bauer geht hinter dem Pflug, der Vornehme aber geht hinter ihm und dem Pflug und treibt ihn mit dem Ochsen am Pflug; er nimmt das Korn und lässt ihm die Stoppeln. Das Leben der Bauern ist ein langer Werktag; Fremde verzehren seine Äcker vor seinen Augen, sein Leib ist eine Schwiele, sein Schweiß ist das Salz auf dem Tisch des Vornehmen … Wer sind denn die, welche diese Ordung gemacht haben, und die wachen, diese Ordnung zu erhalten? Das ist die Großherzogliche Regierung. Die Regierung wird gebildet von dem Großherzog und seinen obersten Beamten. Die anderen Beamten sind Männer, die von der Regierung berufen werden, um jene Ordnung in Kraft zu erhalten. Ihre Anzahl ist Legion: Staatsräte und Regierungsräte, Landräte und Kreisräte, Geistliche Räte und Schulräte, Finanzräte und Forsträte usw. mit ihrem Heer von Sekretären usw. Das Volk ist ihre Herde, sie sind sein Hirte, Melker und Schinder …

Sehet an das von Gott gezeichnete Scheusal, den König Ludwig von Baiern, den Gotteslästerer, der redliche Männer vor seinem Bild niederzuknien zwingt, und die, welche die Wahrheit bezeugen, durch meineidige Richter zum Kerker verurteilen lässt; das Schwein, das sich in allen Lasterpfützen von Italien wälzte, den Wolf, der sich für seinen Hofstaat für immer jährlich fünf Millionen durch meineidige Landstände verwilligen lässt, und fragt dann: „Ist das eine Obrigkeit von Gott zum Segen verordnet?"

Zit. nach Georg Büchner, Werke und Briefe, Münchner Ausgabe, München (Hanser) 1988, S. 39 ff.

1 a) Bearbeitet in Gruppen die Texte von Heine und Büchner (M2 und M3) nach den Arbeitsschritten. Zieht M4, S. 188 heran.
b) Vergleicht beide Texte.
c) Stellt eure Ergebnisse in der Klasse vor.

2 Geht in einer Diskussionsrunde der Frage nach, welcher der beiden Texte wohl eine größere Wirkung hervorrief. Begründet.

Webcode: FG642588-185

Die Krise des monarchischen Systems in Europa

Die politische Krise

In der ersten Hälfte des 19. Jahrhunderts mussten sich die monarchischen Herrscher in Europa mit zwei gegnerischen Bewegungen auseinandersetzen: dem Nationalismus und dem Liberalismus. Die nationalen Bewegungen forderten einen bürgerlich geprägten Nationalstaat, in seiner radikalen Form als Republik. In Deutschland richtete sich ihre Kritik gegen die Unfähigkeit der Einzelstaaten, die drängenden verfassungspolitischen, wirtschaftlichen und sozialen Probleme zu lösen.

Der Liberalismus, eine vielfältige europäische Strömung, war zunächst eine politische Verfassungsbewegung. Seine Anhänger forderten aber auch einen Umbau der Gesellschaft und der Wirtschaft. Ziel war eine „Eigentümergesellschaft“ mit freier Wirtschaft auf der Basis von Konkurrenz und einem Markt als Regulator. Der Mensch wurde als selbstständig handelndes Individuum gesehen. Politisch ging es jedoch nicht um die demokratische Beteiligung aller, sondern eher um eine „Elitenherrschaft“.

Die soziale und wirtschaftliche Krise

Zu Beginn der Industrialisierung verschärften sich die sozialen Gegensätze: Eine kleine Schicht von Fernhandelskaufleuten, Bankiers und Fabrikherren erzielte immer größere Gewinne. Dagegen mussten viele Handwerker ihre Werkstätten, oft sogar auch ihren Beruf aufgeben und als lohnabhängige Arbeiter in Fabriken oder als Heimarbeiter ihren Lebensunterhalt verdienen. Technische Erfindungen hatten es möglich gemacht, Waren maschinell in großer Stückzahl zu produzieren, die bisher von Handwerkern hergestellt wurden.

Auch auf dem Land gab es soziale Probleme: Wenigen wohlhabenden Großbauern standen viele Kleinbauern gegenüber, deren Höfe nicht genügend Erträge abwarfen, um eine Familie ernähren zu können. Außerdem gab es die Besitzlosen, die von Gelegenheitsarbeiten abhängig waren. Nach den Missernten in den Jahren 1845 und 1847 stiegen die Preise für Grundnahrungsmittel um ein Vielfaches. Ein großer Teil der Bevölkerung konnte sich nicht mehr mit dem Notwendigsten versorgen. Es herrschte eine Massenarmut, die man Pauperismus nennt.

Die Julirevolution in Frankreich 1830

Nach dem Ende der napoleonischen Herrschaft wurde wieder die Herrschaft der Bourbonen unter König Ludwig XVIII. (1814/15–1824) installiert. Sie gründete nicht auf einer Willenserklärung der Nation, sondern wie in der Zeit vor der Französischen Revolution auf der Herrschaftsberechtigung durch „Gottesgnadentum“. Diese „von oben“ durchgesetzte Restaurationspolitik bekämpften nationale und liberale Oppositionsgruppen. Karl X. (1824–1830), der dem 1824 verstorbenen Ludwig auf den Thron folgte, löste mit seiner Politik die Julirevolution aus: Er hatte verfassungswidrige Verordnungen (25. Juli 1830) unterzeichnet wie Aufhebung der Pressefreiheit, Einrichtung einer Zensur, Änderung des Wahlrechts. Dieses Vorgehen wertete die Opposition als Staatsstreich. In einem erbitterten dreitägigen Straßenkampf in Paris vom 29. bis 31. Juli 1830 wurde die Bourbonenmonarchie gestürzt. Das Ergebnis des Aufstandes war das „Bürgerkönigtum“ Louis Philippes. Er wurde von der Mehrheit der Abgeordnetenkammer gewählt. Damit endete die Rechtfertigung der Herrschaft durch „Gottesgnadentum“. Nun besetzten nicht mehr allein Adlige und hohe Geistliche die Schaltstellen der Macht, sondern Politiker bürgerlicher Herkunft. Die Lage blieb jedoch weiterhin unruhig: Enttäuscht von der Revolution, kam es in den sozialen Unterschichten, z. B. der wachsenden Fabrikarbeiterschaft, immer wieder zu Streiks und Aufständen.

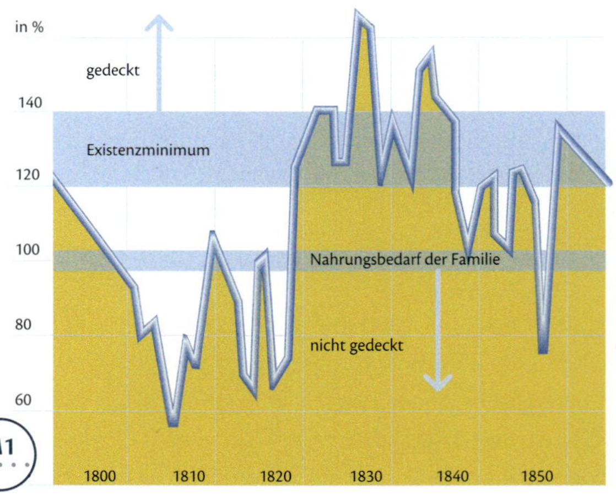

M1

Die Kaufkraft der Bauarbeiterlöhne in Leipzig 1800 bis 1850. Der Prozentsatz gibt an, in welcher Höhe der Jahreslohn eines Zimmergesellen den Nahrungsbedarf einer fünfköpfigen Familie deckte.

M2 **„Die Freiheit führt das Volk“,** Gemälde von Eugène Delacroix, 1830

M3 Die Lebenssituation der „untern Klassen“

Der Unternehmer Friedrich Harkort beschrieb 1844 Erscheinungsformen des Pauperismus:

Der Staat muss einschreiten, um fernerem Verderben zu wehren, damit der Strom des Pauperismus nicht unaufhaltsam wachsend die gesegneten Augen des Vaterlandes unheilbringend überschwemme … Vom Staate verlangen wir, dass er nicht alleingebietend, sondern auch helfend und fördernd einschreite.

Zunächst muss die Regierung mit aller Strenge das Gesetz hinstellen und handhaben: dass durchaus keine Kinder vor zurückgelegter Schulzeit in Fabriken angestellt werden dürfen. Den Eltern muss unerbittlich das Recht genommen sein, ihre Kinder als Sklaven an die Industrie zu verkaufen … So wie die Sachen jetzt stehen, werden die Kinder benutzt, um die Löhne der Erwachsenen zu drücken; lasst die Unmündigen ausscheiden aus dem Kreise der Dienstbarkeit, und die Älteren finden eine bessere Vergütung für die Arbeit ihrer Hände. Selbst gehöre ich zu den Leitern der Industrie, allein von Herzen verachte ich jede Schaffung von Werten und Reichtümern, die auf Kosten der Menschenwürde, auf Erniedrigung der arbeitenden Klassen begründet ist … Lasst die Kinder in die natürliche Stellung zurückkehren, gebt ihnen die von Gott verliehenen Rechte der Jugend, Freuden, Gespielen, Bewegung, Himmel und Erde zurück.

Zit. nach Ernst Schraepler, Quellen zur Geschichte der sozialen Frage in Deutschland 1800–1870, Bd. 1, Göttingen (Musterschmidt) 1960, S. 87 f.

1 a) Fasse zusammen, worin die Krise des monarchischen Systems vor 1848 bestand (Darstellungstext linke Spalte).
b) Erörtere, ob der Liberalismus mit seinen Zielen eine Lösung der sozialen Probleme anbieten konnte.

2 Werte M1 aus. Welche Entwicklung lässt sich ablesen? Welche Gründe könnten zu dieser Entwicklung geführt haben?

3 Untersuche anhand von M4, S. 188 und M2, S. 185, wie sich der Weberaufstand literarisch und künstlerisch in den Materialien spiegelt.

4 Erschließe und bewerte die Absichten Harkorts (M3) mithilfe der folgenden Fragen:
a) Wie sieht Harkort die Rolle des Staates?
b) Welche konkreten Schritte fordert er, um die Rechte der Kinder zu stärken?
c) Wie bewertet er das Verhältnis zwischen der Schaffung von Werten und Reichtümern einerseits und der Menschenwürde andererseits?
d) Wie definiert Harkort die Rechte der Kinder?

5 **Partnerarbeit:** a) Erarbeitet die Kernaussage Nipperdeys (M5, S. 188). b) Vergleicht eure Ergebnisse in der Klasse.

6 Stelle anhand des Darstellungstextes S. 186 rechte Spalte fest,
a) wie es zur Revolution 1830 in Frankreich kam,
b) was mit der Bezeichnung „Bürgerkönig“ ausgedrückt wurde und
c) warum sich die Lage nicht beruhigte.

7 Erschließe M2 mithilfe der Methode „Bildanalyse“ im Anhang.

M4

Das Elend in Schlesien, Karikatur aus der Münchener Zeitschrift „Fliegende Blätter“, 1848.
In Schlesien nutzten viele Unternehmer das Überangebot an Arbeitskräften und die Situation auf dem Warenmarkt, um immer niedrigere Preise für die handgewebten Waren zu zahlen. Im Juni 1844 brach ein Aufstand aus: Mehrere tausend Weber schlossen sich zusammen und gingen mit Gewalt gegen die Fabrikanten vor. Schließlich griff das preußische Militär ein. Viele Weber wurden verhaftet und zu langen Zuchthausstrafen verurteilt.

Das Elend in Schlesien.

Hunger und Verzweiflung.

Offizielle Abhülfe.

Begriffe und Daten

Nationale Erhebungen in Europa im 19. Jahrhundert

Streben nach nationaler Einheit und Unabhängigkeit. Das Bewusstsein von gemeinsamer Sprache, Kultur und Geschichte führte seit Beginn des 19. Jahrhunderts zur Entstehung eines Nationalbewusstseins mit dem Ziel, eine staatlich organisierte Nation zu bilden oder bilden zu wollen. Diese Bestrebungen wurden in den Befreiungskriegen gegen Napoleon verstärkt und zeigten sich z. B. in Demonstrationen und Bewegungen (Wartburgfest 1817, Hambacher Fest 1832).

Nationalismus

Politische Bewegung, die darauf beruht, dass sich die in einem bestimmten Gebiet zusammenlebenden Menschen ihrer Gemeinsamkeiten als Nation bewusst werden (z. B. durch ihre gemeinsame Sprache, Kultur, Geschichte). Nationalismus wird in unserer Zeit als Übertreibung des Nationalbewusstseins, oft verbunden mit der Abgrenzung oder Abwertung anderer Nationen, kritisiert. Der Begriff wurde im 19. Jahrhundert weniger negativ bewertet als heute.

1830 Julirevolution in Frankreich

Konflikt zwischen bourbonischer Restauration und liberaler Parlamentsmehrheit. Ergebnisse: u. a. Ablösung der Herrschaftsidee des Gottesgnadentums („Bürgerkönig“); Stärkung der Parlamentsrechte; politischer Aufstieg des Bürgertums.

Liberalismus

Politische Bewegung, die sich in Deutschland nach dem Wiener Kongress herausbildete. Zentrale Anliegen: a) die Sicherung der Freiheitsrechte des Einzelnen – gegen Bevormundung durch den Staat, b) eine Verfassung, in der die Grundrechte verbrieft sein sollten.

M5

Der Aufstieg des Bürgertums

Der Historiker Thomas Nipperdey schrieb 1991:

Nimmt man die Jahrzehnte seit 1815 im Ganzen ins Auge, so ist das eigentliche Tiefenphänomen [Phänomen = Erscheinung] doch zunächst der Aufstieg des Bürgertums: die Entfaltung einer bürgerlichen Kultur … Die Bürger herrschen nicht, aber sie bestimmen Stil und Richtung, ihre Werte und Normen setzen sich durch: Autonomie und Individualität, Leistung und Wettbewerb, Eigentum und Arbeit, Begabung und Bildung, Diskussion und Öffentlichkeit, Privatheit und Freiheit und ihre neue Form gemeinsamer Lebensbewältigung und Lebensfreude, der Verein. Das Bürgertum wird … die gesellschaftlich führende Kraft. Darum stellt es, je mehr sich seine Basis verbreitert, den Anspruch auf politische Herrschaft oder doch Mitherrschaft, gegen Adel und Militär, Bürokratie und monarchische Autokratie …

Thomas Nipperdey, Deutsche Geschichte 1800–1866, 5. Aufl., München (C. H. Beck) 1991, S. 400 f.

Webcode: FG642588-188

Historische Symbole deuten

Symbole – visuelle Signale mit Bedeutungen

Historische Symbole (griech.: symbolon = grafisches Zeichen) kennst du bereits aus dem Lehnswesen des Mittelalters. In den Konflikten des 19. Jahrhunderts spielten Symbole in Politik und Herrschaft eine wichtige Rolle. Sie sollten das Gemeinschaftsgefühl politischer Gruppen stärken und damit Identität (Übereinstimmung in gemeinsamen Merkmalen) stiften. So waren z. B. eine gemeinsame Fahne oder ein Wappentier Zeichen für die Einheit einer Gruppe.

Arbeitsschritte

1. Schritt: Bildelemente beschreiben
- Personen, Figuren, Gegenstände, Situation, Ereignisse identifizieren und beschreiben
- Auffälliges und Merkwürdiges festhalten

2. Schritt: Zusatzinformationen heranziehen
- Hinweise in der Bildunterschrift bzw. Schriftelemente auf der Abbildung beachten
- Lexika, z. B. für Symbole, Internet, Fachbücher, heranziehen

3. Schritt: Symbolische Bedeutung der Elemente entschlüsseln
- Aussagen der Einzelelemente notieren; Bedeutung für das Ganze einschätzen

4. Schritt: Gesamtaussage formulieren
- Formulieren der Aussage zur gesamten Abbildung aus den Einzelaussagen; ggf. mehrere Deutungen festhalten

Vorschlag für eine Gruppenarbeit

1 Erarbeitet zunächst gemeinsam M1 mithilfe der Arbeitsschritte. Formuliert eine Aussage zur Symbolik der Fahne der Jenaer Burschenschaft. Beachtet einen möglichen Gegenwartsbezug.

2 Analysiert in Gruppen M2 und M3 auf dieser Seite sowie M1, S. 182, M2, S. 183 und M2, S. 187.

3 Erörtert gemeinsam, welche identitätsstifter den Wirkungen von den Symbolen ausgehen sollten.

M1

Fahne der Jenaer Burschenschaft von 1816. Schwarz-Rot-Gold waren die Uniformfarben des „Lützowschen Freikorps" in den Freiheitskriegen gegen Napoleon. Zahlreiche Gründer der Jenaer Burschenschaft waren zuvor Mitglied dieses Freikorps.

M2

Freischärlerhut („Heckerhut"; siehe Biografiekasten S. 193)

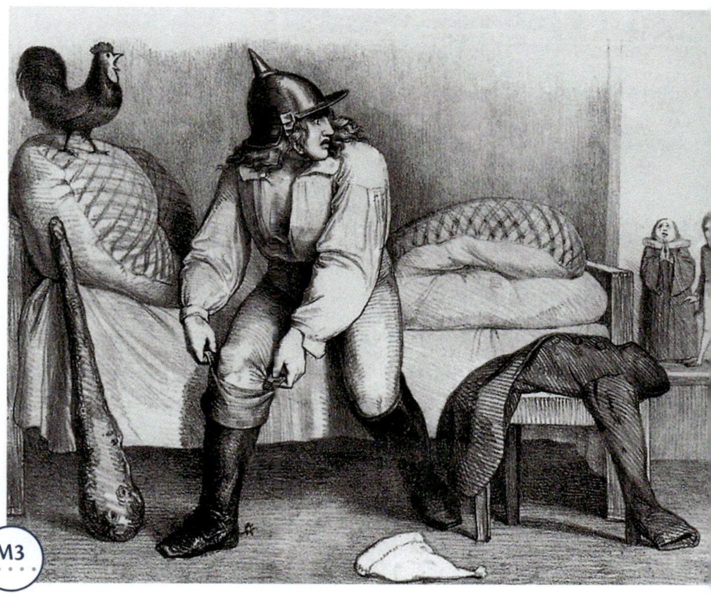

M3

Der „deutsche Michel", Kreidelithografie von Wilhelm Storck (1808–1850), 27 x 32,5 cm, Leipzig um 1847

1848 – die „Märzrevolution“

Die Revolution beginnt in Frankreich

Paris war der Ausgangspunkt der revolutionären Ereignisse des Jahres 1848 in Europa. Seit der Julirevolution in Frankreich 1830 hatte das Bürgertum wieder die Macht ergriffen. Es regierte der sogenannte Bürgerkönig Louis Philippe, der auf ein gewähltes Parlament Rücksicht nehmen musste. Wahlberechtigt waren allerdings nur die 0,8 Prozent der Bürger, die einen hohen Steuersatz zahlten. Als die geforderte Reform des Wahlrechts vom Parlament abgelehnt wurde, kam es Ende Februar 1848 zu Straßenschlachten. Die neue Losung hieß: „Es lebe die Republik!“ Nach dem Sturm des Regierungssitzes musste der König abdanken und ins Ausland fliehen. Es folgten allgemeine Wahlen, nach denen Frankreich zur Republik wurde.

„Auf die Barrikaden!“

Die Pariser Vorgänge wirkten wie Funken, die in ein Pulverfass fliegen: In Deutschland begannen Ende Februar die Liberalen, Versammlungen abzuhalten und trugen ihre Forderung nach einer freiheitlichen Verfassung für ganz Deutschland in die Öffentlichkeit. In vielen Staaten blieben gewaltsame Zusammenstöße die Ausnahme. In Österreich und Preußen jedoch verlief die Revolution gewaltsam. Am 13. März löste in Wien eine Demonstration von Studenten, liberalen Bürgern und notleidenden Menschen Straßenkämpfe aus und führte zum Rücktritt der Regierung: Staatskanzler Metternich floh verkleidet aus der Stadt.

Viele der süddeutschen Landesherren wichen nun dem Druck der Bevölkerung und erfüllten die wichtigsten Forderungen. Friedrich Wilhelm IV., der preußische König, blieb dagegen hart. Erst nachdem er erfahren hatte, dass Metternich geflohen war, stellte er eine Verfassung für Preußen in Aussicht. Doch als sich am 18. März etwa 10 000 Menschen vor dem Schloss in Berlin versammelten, um dem König dafür zu danken, fielen zwei Schüsse. Die Menge fühlte sich verraten und griff zu den Waffen. Es entbrannte ein Barrikadenkampf zwischen Bürgern und Soldaten, der zahlreiche Todesopfer forderte. Tags darauf lenkte der König ein. Er versprach Pressefreiheit und sagte zu, dass Preußen die Idee einer nationalen Einheit unterstützen werde. Außerdem berief er eine „preußische Nationalversammlung“ ein, die eine Verfassung ausarbeiten sollte.

M1

Barrikadenkämpfer 1848, zeitgenössische Frankfurter Farblithografie

M2

Der König und die Toten

Am 19. März musste Friedrich Wilhelm IV. sich dem Druck beugen und den toten Aufständischen die letzte Ehre erweisen. Ein Zeitzeuge erinnerte sich 1852:

Zuerst wurden sechs bis sieben Leichen von der Breiten Straße her nach dem Schloss angefahren. Die blutigen Wunden aufgedeckt, bekränzt mit Blumen und Laub. Die begleitende Volksmenge sang Lieder und schrie. Der König solle die Leichen sehen, hieß es. Auf den … Ruf erschien der König auf dem Altan [Balkon], der nach dem Schlossplatz hinausführt … Alles hatte den Kopf entblößt, nur der König die Mütze auf. Da hieß es gebieterisch: „Die Mütze herab!“, und er nahm sie ab. Die Leichen wurden dann durch das Schloss nach dem Dom gefahren. Alle folgenden ebenso, diese aber machten auf dem inneren Schlosshof Halt, und hier musste der König ebenfalls wiederholt auf der Galerie erscheinen, die Leichen grüßen und vieles anhören. Endlich wurde ein geistliches Lied angestimmt, … die ganze Volksmenge sang mit und schien versöhnt. Der König durfte sich erschöpft und vernichtet zurückziehen.

Zit. nach Hans Bentzien, Unterm roten und schwarzen Adler, Berlin (Volk und Welt) 1992, S. 225.

M3

Was die Arbeiter wollen

Viele Arbeiter und Handwerker kämpften auf den Barrikaden, aber ein politisches Programm hatten sie zu Beginn der Revolution nicht. Was sie motivierte, sich in die Kämpfe einzumischen, formulierte am 8. April 1848 die „Deutsche Arbeiter-Zeitung":

Was … die Arbeiter wollen, ist: Menschen sein – Menschen im wahren Sinne des Wortes, Menschen in geselliger und politischer Hinsicht, die arbeiten, aber auch genießen wollen. Schauet auf die Arbeiter und sehet, dass so viele von ihnen gedrückter und übler dran sind als die Negersklaven in den Kolonien. Arbeiten, schwer arbeiten, sechs Tage in der Woche, Woche für Woche, Monat für Monat, Jahr für Jahr, bis Körper und Seele verkümmert ist, und was dafür? – Dafür: Kaum Sattessen, kaum ordentliche Bekleidung, eine dürftige, ungesunde, elende Wohnung, keine ordentliche Erholung, wenig oder gar keine Mittel zur ordentlichen Kindererziehung – und wenn dann das Alter kommt, früher wie bei anderen Menschen durch Anstrengung, Sorge und Not herbeigeführt, oder wenn Siechtum oder sonst ein Unfall bei der Arbeit den Arbeiter zum Krüppel gemacht, dann keine Zuflucht, keinen Ort, wo der Abgequälte sein Haupt ruhig hinlegen kann – keine andere Lebensaussicht für Weib und Kind als elende Armenunterstützung.

Deutsche Arbeiter-Zeitung, Nr. 1 (8. April 1848), zit. nach Jürgen Bergmann, Wirtschaftskrise und Revolution, Stuttgart (Klett-Cotta) 1986, S. 74 f.

M4

Forderungen von Bauern im Odenwald

1847 verbreitete angeblich der Seifensieder Adam Stoll aus Mudau im Odenwald ein Flugblatt mit dem Wortlaut:

Darum hat Gott den Hunger unter die Menschen geschickt, damit das Volk aufwache und sich einander liebe wie Brüder und auch wie Brüder miteinander und einer für den anderen streite; wir wollen auch nur sagen, weswegen die Revolution entstehen soll:

1. Der Adel muss vernichtet werden.
2. Die Juden müssen aus Deutschland vertrieben werden.
3. Müssen alle Könige, Herzöge und Fürsten weg.
4. Müssen alle Beamten gemordet werden.

Dann wird es wieder gut in Deutschland.

Zit. nach Friedrich Lautenschlager, Die Agrarunruhen in den badischen Standes- und Grundherrschaften im Jahre 1848, Heidelberg, 1915, Nachdruck: Nendeln (Kraus) 1976, S. 37.

M5

Seine Majestät Friedrich Wilhelm IV., König von Preußen, verkündet in den Straßen seiner Hauptstadt die Einheit der deutschen Nation (21. März 1848), kolorierte Zeichnung, 1848

M6

Frauen fordern Rechte

Die Mitbegründerin der Frauenbewegung in Deutschland, Louise Otto (1819–1895), schrieb am 8. September 1849:

An dem ganzen Elend ist doch nur die ganze verkehrte Erziehung, die gänzliche rechtlose Stellung der Frauen schuld. Dürften sie mehr lernen und würden sie nicht nur auf die Ehe als ihre einzige Bestimmung hingewiesen, sondern würden sie vor allen Dingen gelehrt und würde ihnen Gelegenheit gegeben: sich selbst durchs Leben zu helfen und ihren Lebensunterhalt wenigstens so lange zu verdienen, bis ein geliebter Mann ihnen diese Sorge abnähme …, so würde die Ehe aufhören, zu einer „Versorgungsanstalt" herabgewürdigt zu werden.

Frauen-Zeitung, Nr. 21, 8. Sept. 1849, zit. nach Ute Gerhardt/Elisabeth Hannover-Drück/Romina Schmitter (Hg.), Dem Reich der Freiheit werb' ich Bürgerinnen. Die Frauen-Zeitung von Louise Otto, Frankfurt a. M., 1980, S. 143 f.

1 Schildere deine Eindrücke von M1 und M5.

2 a) Skizziere anhand des Darstellungstextes die Vorgänge in Paris, Wien und Berlin.
b) Halte die Ergebnisse in einer Tabelle fest (Ort / Beteiligte / Verlauf / Ziele / Ergebnisse).
c) Vergleiche die Haltung der verantwortlichen Regierungen und des Militärs.
d) Nimm Stellung.

3 a) Vergleiche Motive und Ziele von M3, M4 und M6. Lege eine Tabelle an.
b) Bewerte die Positionen der drei Gruppen.

Die Nationalversammlung arbeitet die Verfassung aus

Eine „Versammlung von Träumern"?

Die Fürsten aller deutschen Einzelstaaten hatten den Märzforderungen der Revolutionäre nachgegeben, Liberale in die Regierungen aufgenommen und Verfassungen versprochen. Doch eine Forderung, vielleicht die wichtigste, war noch offen: die nationale Einheit – repräsentiert durch ein gesamtdeutsches Parlament. Um die Wahl der Nationalversammlung vorzubereiten, kamen 500 angesehene Männer und Abgesandte der Volksvertretungen aller deutschen Staaten nach Frankfurt. Sie beschlossen, dass alle erwachsenen männlichen Deutschen, die eine selbstständige Tätigkeit ausübten, die Volksvertreter geheim und direkt wählen sollten. An diesen Beschluss hielten sich jedoch nur wenige Einzelstaaten. In Bayern z. B. war die Wahl nicht geheim. Parteien, wie wir sie heute kennen, gab es 1848 nicht. Deshalb war allein der gute Ruf oder die Bekanntheit der Kandidaten ausschlaggebend für ihre Wahl und nicht die Zugehörigkeit zu einer Partei.
Als „Professorenparlament" und eine „Versammlung von Träumern" bezeichneten Kritiker die Frankfurter Nationalversammlung, die im Mai 1848 zum ersten Mal zusammentrat.

Eine Verfassung für alle Deutschen

Die Ausarbeitung einer Verfassung war die zentrale Aufgabe der ersten deutschen Nationalversammlung. Sie tagte in der Frankfurter Paulskirche und wird deshalb auch „Paulskirchenparlament" genannt. Zunächst galt es zu klären: Sollte das geeinte Deutschland Monarchie bleiben oder Republik werden? Wer sollte in Zukunft das Recht haben zu wählen: Männer und Frauen? Nur Männer? Oder nur Bürger? Und wie sollten die Machtverhältnisse im künftigen Deutschen Reich geregelt werden? Welche Rechte blieben den Einzelstaaten, welche mussten sie der neuen Zentralregierung übertragen? Auch das Gebiet des neuen Staates war noch festzulegen: Sollten die deutschsprachigen Gebiete des Habsburgerreichs dazugehören (= „großdeutsche Lösung") oder nicht (= „kleindeutsche Lösung")?
Die Nationalversammlung verabschiedete nach langen Debatten am 28. März 1849 die Verfassung des Deutschen Reiches. Sie hatte sich für die „kleindeutsche Lösung" entschieden und wollte die Monarchie erhalten. Als Reichsoberhaupt wählte sie den preußischen König Friedrich Wilhelm IV. Er sollte Kaiser werden.

M2

Die Berufe der Abgeordneten

Die Abgeordneten der Frankfurter Nationalversammlung gehörten folgenden Berufsgruppen an:

173 Verwaltungsbeamte
124 Lehrer und Professoren
110 Richter und Staatsanwälte
106 Rechtsanwälte
56 Unternehmer und Kaufleute
43 adlige und bürgerliche Großgrundbesitzer
35 Akademiker ohne Berufsangabe („Schriftsteller")
29 Offiziere und Diplomaten
23 Ärzte
20 Journalisten
16 evangelische Pfarrer
4 Handwerkermeister
3 Bauern
(44 können nicht zugeordnet werden)

Nach Hans-Ulrich Wehler, Deutsche Gesellschaftsgeschichte, Bd. 2, 2. Aufl., München (C. H. Beck) 1989, S. 739 f.

M1

Einzug der Mitglieder des Vorparlaments in die Frankfurter Paulskirche, kolorierte Lithografie von Jean Nicolas Ventadour, 1848

M3

Die geplante Reichsverfassung 1849

In der Verfassung, die die Frankfurter Nationalversammlung am 28. März 1849 verabschiedete, die jedoch nie in Kraft trat, fanden sich u.a. folgende Regelungen:

1. Das deutsche Reich, für das die Verfassung gelten soll, besteht aus dem Gebiet des bisherigen Deutschen Bundes.
2. Das deutsche Reich soll ein Zoll- und Handelsgebiet bilden; alle Binnenzölle entfallen.
3. Reichsoberhaupt wird einer der regierenden deutschen Fürsten. Der Titel des Reichsoberhauptes lautet: Kaiser der Deutschen.
4. Der Reichstag besteht aus dem Staatenhaus und dem Volkshaus: Das Staatenhaus wird gebildet aus den Vertretern der deutschen Staaten, die durch die Regierung und die Volksvertretung der betreffenden Staaten ernannt werden. Das Volkshaus setzt sich aus gewählten Vertretern des deutschen Volkes zusammen.
5. Der Reichstag beschließt die Reichsgesetze und legt den Reichshaushalt fest.
6. Das Wahlrecht haben alle deutschen Männer über 25 Jahre, die einer selbstständigen Tätigkeit nachgehen. Ausgeschlossen sind Empfänger von Armenunterstützung, Dienstboten, Handwerksgehilfen, Fabrikarbeiter und Tagelöhner.

Grundrechte des deutschen Volkes:

Vor dem Gesetz gilt kein Unterschied der Stände. Der Adel als Stand ist aufgehoben. Alle Standesvorrechte sind abgeschafft … (§ 137)
Die Freiheit der Person ist unverletzlich … (§ 138)
Die Wohnung ist unverletzlich … (§ 140)
Jeder Deutsche hat das Recht, durch Wort, Schrift, Druck und bildliche Darstellung seine Meinung frei zu äußern. (§ 143)
Die Deutschen haben das Recht, sich friedlich und ohne Waffen zu versammeln; einer besonderen Erlaubnis bedarf es nicht. (§ 161)

Zusammengestellt nach www.dokumentarchiv.de

1. „Professorenparlament" – überprüfe, ob diese Kennzeichnung zutreffend ist (M2, Darstellungstext).
2. Nenne Bevölkerungsgruppen, die ihre Märzforderungen in der Verfassung von 1849 (M3) verwirklicht bzw. nicht erfüllt sahen. Ziehe M4 und M6 auf S. 191 hinzu.
3. **Partnerarbeit:** Recherchiert ausführlich zu den Biografien (Kasten) und berichtet in der Klasse.
4. Erschließe M1 mithilfe der Methode „Bildanalyse" im Anhang.

M4

Die verfassunggebende Nationalversammlung in Frankfurt, kolorierte Lithografie, 1848

Biografie

Stephan Born (1824–1898)

Begründer der politischen deutschen Arbeiterbewegung (Bund der Kommunisten um Karl Marx).

Wilhelm Heinrich von Gagern (1799–1880)

Liberaler; Präsident der Frankfurter Nationalversammlung; unterstützte später die preußische Politik.

Friedrich Karl Franz Hecker (1811–1881)

Anführer der radikalen Linken in der badischen Revolution; Flucht in die Schweiz und USA (1849).

Emma Herwegh (1817–1904)

Deutsche Revolutionärin und Ehefrau des Revolutionsdichters Georg Herwegh; radikal-demokratische, republikanische Einstellung.

Begriffe und Daten

Demokraten

Die Demokraten wollten die Mitbestimmung aller Staatsbürger an politischen Entscheidungen, und zwar radikaler als die Liberalen: Allein der Wille des Volkes sollte die Politik bestimmen – entweder direkt (z.B. durch Volksentscheide) oder indirekt, durch die Stimmen von Abgeordneten. Die meisten Demokraten waren Kleinbürger, Handwerker, Arbeiter, Dienstboten und andere Berufsgruppen mit geringem Einkommen.

Deutscher Hof
gemäßigte Demokraten
- Volkssouveränität
- Republik oder „demokratische Monarchie“
- allgemeines, freies Wahlrecht
- großdeutsche Einstellung
- alle Nationalitäten sollen gleichberechtigt sein
- politische Einflussnahme und Systemveränderung durch Massenbewegungen
- für grundlegenden politischen und sozialen Wandel

Württemberger Hof
demokratisch-parlamentarische Liberale/„linkes Zentrum“
- Volkssouveränität
- parlamentarische Republik
- allgemeines Wahlrecht
- geringere Macht für die Fürsten der Einzelstaaten
- überwiegend großdeutsche Einstellung, aber auch vermittelnde Positionen zwischen großdeutsch und kleindeutsch

Casino
konstitutionelle Liberale/„rechtes Zentrum“
- konstitutionelle Monarchie (Erbkaisertum)
- Wahlrecht für Männer mit Besitz und Bildung
- Rücksichtnahme auf die Wünsche der Einzelstaaten
- kleindeutsche Lösung oder vermittelnde Position
- Vetorecht des Staatsoberhauptes (Krone) gegen Beschlüsse des Parlaments

Café Milani
gemäßigte Konservative
- konstitutionelle Monarchie (Erbkaisertum) unter der Führung Preußens
- geringe Einschränkung der Macht der Einzelstaaten
- Gültigkeit der Verfassung nur mit Zustimmung der Einzelstaaten
- Wahlrecht für Besitzbürger
- beschränkte Macht für die Nationalversammlung
- kleindeutsche Lösung

M5

Programmpunkte der Fraktionen in der Nationalversammlung, 1848/49 (Auswahl). Die Fraktionen trugen ihre Namen nach den Gasthöfen, in denen sie tagten. Als „Donnersberg“ bezeichnete sich die Fraktion von Abgeordneten, die die Revolution weitertreiben wollten. Die Grenzen zwischen den Fraktionen waren zeitweise fließend, die Abgeordneten wechselten und es gab unterschiedliche Trennlinien bei bestimmten Fragen.

M6

Die Nationalversammlung im Urteil

Der Historiker Wolfram Siemann schrieb 1998 über die Nationalversammlung:

Hier trafen sich der Gutsbesitzer aus Hinterpommern, ... ein bekannter Prager Nationalökonom [Volkswirtschaftler], ein ... orienterfahrener Gelehrter sowie berühmte Repräsentanten der Literatur und Wissenschaft ... Alle Kontraste der Mentalität und des Temperaments, der Nationalität von den Deutschfranzosen bis zu den Deutschslawen waren hier aufgeboten, sich für ein künftiges Deutsches Reich auf eine gemeinsame Verfassung zu einigen ... Es gleicht einem Wunder, dass das Parlament angesichts schwerwiegender innerer und äußerer Zerreißproben mit seinem Verfassungswerk nicht scheiterte; die lang andauernden Verhandlungen stifteten zwar keineswegs nur Konsens [Übereinstimmung], wohl aber ein gemeinsames nationales Bewusstsein ...

Lange Zeit hat man übersehen, wie die Paulskirchenversammlung binnen kürzester Zeit eine hochentwickelte parlamentarische Praxis ausbildete: Fraktionen vom konservativ-liberalen bis zum demokratisch-republikanischen Flügel bündelten den Willen der vielen einzelnen Abgeordneten zu handlungsfähigen Mehrheiten.

Wolfram Siemann, Griff nach der Nation, in: ZEIT Punkte Nr. 1/1998, S. 53 f.

M7

Gedenkblatt an das Vorparlament in Frankfurt a. M., Lithografie von Franz Heister, um 1848. Das Blatt zeigt die „Germania“, die als Gemälde über der Rednertribüne des Paulskirchenparlaments hing.

5 Vergleiche die in M5 aufgeführten Programmpunkte der Fraktionen und halte unvereinbare bzw. schwer miteinander vereinbare Positionen fest.

6 Erörtert gemeinsam, welche symbolische Wirkung vom Bild der Germania (M7) ausging.

7 a) Hat die Nationalversammlung versagt? Untersuche, zu welchem Urteil der Autor von M6 kommt.
b) Nimm zur Position des Autors Stellung.

Ein Kurzreferat verfassen und präsentieren

Informationen knapp und anschaulich darstellen

Ein Kurzreferat informiert kompakt über ein historisches Ereignis, einen Vorgang oder einen Sachverhalt. Es sollte nicht länger als zehn Minuten dauern. Wichtig sind a) eine klare Themen-(Frage-)stellung, b) eine Gliederung und c) Medien zur Visualisierung der Informationen (z. B. Bilder, Tabellen oder Schaubilder). Zur Vorbereitung eines Kurzreferats bieten sich an: Stichwortkarten, eine Mindmap und für die Präsentation: Wandtafel, OHP-Folien oder Beamer.

Arbeitsschritte

1. Schritt: Thema und Ziel klären
- Formuliere Thema und Ziel des Kurzreferats.
- Beachte die Adressatengruppe.
- Beachte die zeitlichen und räumlichen Vorgaben.

2. Schritt: Vortrag vorbereiten
- Sammle Material zum Thema (Bücher, Internet).
- Ordne die Informationen so, dass sie leicht nachzuvollziehen sind (siehe Arbeitsanleitung I., II.).
- Gliedere nach: Einstieg, Themenentfaltung und Schluss.
- Einstieg: Frage, These, Zitat, die die Zuhörer neugierig machen sollen.
- Entfaltung des Themas: nur wesentliche Erkenntnisse vermitteln, klarer Aufbau, roter Faden.
- Schluss: soll das Kurzreferat abrunden; Raum für eigene Urteile und Wertungen.

3. Schritt: Kurzvortrag präsentieren
- Gestalte die Visualisierung so, dass deine Informationen leicht und schnell erfasst werden.
- Trage dein Kurzreferat ruhig und konzentriert vor (siehe Arbeitsanleitung III.).
- Gib deinem Publikum nach dem Vortrag Zeit für Fragen oder für eine Diskussion.

4. Schritt: Auswertung
- Gebt euch gegenseitig Rückmeldung über die Kurzreferate. Achtet auf die Gliederung des Vortrags, die Vortragsweise, Verständlichkeit und Visualisierung.

Arbeitsanleitung

I. Stichwortkarten erstellen
- Karteikarten, z. B. Größe DIN A6, verwenden
- Karten für die Gliederung (Redeteile) farbig unterscheiden
- Schwerpunkte des Referats, z. B. Schlüssel-(Fach-)begriffe, Kerngedanken, Zitate unterschiedlich farbig markieren
- Karteikarten inhaltlich sortieren (gruppieren)
- Gliederung fixieren, z. B. sortierte Karteikarten mit Kapitelüberschriften versehen
- deutlich schreiben, damit später alles lesbar ist

II. Mindmap anfertigen
- Sachverhalt mithilfe einer „Gedankenkarte“ ordnen
- Hauptthema (Hauptzweig) in der Mitte des Blattes notieren
- von Schlüsselbegriffen ausgehen, die in Haupt- und Nebenzweige gegliedert werden
- verschiedene Hauptäste zeichnen und benennen, Tipp: nur Stichworte notieren, eventuell farblich unterscheiden (z. B. für Haupt- und Unteräste)
- Detailinformationen den Unterästen zuordnen

III. Kurzreferat präsentieren
- Thema und Gliederung (Schritte) nennen
- Blickkontakt zu den Zuhörer/innen halten
- möglichst frei sprechen, Sprechpausen machen, Redetempo variieren, evtl. Gedankengang noch einmal präzisieren und veranschaulichen

1 Erarbeite mithilfe der Arbeitsschritte ein Kurzreferat. Gehe von den Informationen im Kapitel aus. Ergänze sie ggf. (Lexikon, Internet, Fachbücher).
Themenvorschläge:
– Warum geriet das monarchische System in eine Krise?
– Welche Forderungen gab es in der „Märzrevolution“?
– Was wollten die Fraktionen in der Nationalversammlung 1848/49?
– War die Nationalversammlung eine Versammlung von Träumern?

Ist die Revolution gescheitert?

Die Fürsten schlagen zurück

Während in der Frankfurter Paulskirche die Abgeordneten über die Ausgestaltung einer Verfassung stritten, fanden in den Straßen der Hauptstädte erbitterte Kämpfe statt. Die radikalen Kräfte wollten die Revolution vorantreiben, was den gemäßigten Kräften widerstrebte. Auch die bisherigen Machthaber demonstrierten Stärke und setzten das Militär ein.

In Wien kam die Gegenrevolution zuerst in Gang: Die Reaktionäre eroberten die Macht zurück. Mehrere tausend Tote sowie Verwüstungen in der Stadt waren die bitteren Begleiterscheinungen.

Auch in Berlin gewannen im Herbst 1848 die monarchischen Kräfte wieder die Oberhand. Wo sich revolutionäre Kräfte regten, da sorgten preußische Soldaten für „Kirchhofsruhe“: Aufständische Republikaner, die in Sachsen, in der Pfalz und in Baden mit Gewalt für die revolutionären Ideen eintraten, sahen sich preußischen Bajonetten gegenüber, die den „revolutionären Spuk“ schnell beendeten.

Der König will nicht Kaiser werden

Nach langem Ringen hatte sich die Mehrheit in der Paulskirche dafür entschieden, König Friedrich Wilhelm IV. von Preußen als künftiges Reichsoberhaupt zu ernennen und ihm die Kaiserkrone anzutragen. Doch der lehnte das Angebot ab, weil er nicht von seinesgleichen zum Kaiser ausersehen war, sondern nur von „revolutionären Parlamentariern“. Damit war die Katastrophe des Paulskirchenparlaments perfekt: Der mühsam errungene Kompromiss erwies sich als nicht tragfähig. Jetzt gaben die meisten Abgeordneten auf. Etwa 100 republikanisch denkende Männer flohen nach Stuttgart und bildeten dort ein „Rumpfparlament“. Doch das musste im Juni 1849 dem Militär weichen. Alle, die sich für Freiheit und Einheit eingesetzt hatten, waren nun harten Verfolgungen ausgesetzt. Viele landeten in Gefängnissen, Tausende wanderten in die Schweiz, nach England oder in die USA aus. 1850 vereinbarten die preußische und die österreichische Regierung, den alten Deutschen Bund wiederherzustellen.

M1

's ist wieder März geworden

Das Scheitern demokratischer Aufstände war das Thema vieler Volkslieder:

's ist wieder März geworden –
Vom Frühling keine Spur!
Ein kalter Hauch aus Norden
Erstarret rings die Flur.
…
Der März ist wohl erschienen.
Doch ward es Frühling? – nein!
Ein Lenz kann uns nur grünen
Im Freiheitssonnenschein.

Seht hier den „Wütrich“ thronen,
Beim „Tausendguldenkraut“,
Dort jene „Kaiserkronen“ –
Die „Königskerze“ schaut!

Wie zahlreich die „Mimosen“,
Das „Zittergras“, wie dicht. –
Doch freilich „rote Rosen“ –
Die kamen diesmal nicht.

Zit. nach Zupfgeigenhansel: Volkslieder 3, Dortmund (pläne) 1977, S. 26.

Friedrich Wilhelm lehnt die Krone ab.
Karikatur aus den „Satyrischen Zeitblättern“, 1849.
Die Unterschrift lautet: „Soll ich? – Soll ich nich? – Soll ich?! – Knöppe, ihr wollt! – Nu jerade nich!!“

M2

M3

Folgen der Revolution

Der Historiker Ernst Engelberg urteilte 1998 über die Revolution von 1848/49:

Die Niederlage von 1848/49 ließ viele demokratisch gesinnte Menschen resignieren oder emigrieren. Manche passten sich den alten Ordnungen wieder an und übernahmen geistige Leitbilder, die nichts gemein hatten mit dem Optimismus der Vormärzsituation … Doch trotz des politischen Sieges der traditionellen Mächte – so leicht war es nicht, den Geist der Heiligen Allianz wiederaufleben zu lassen … Immerhin hatte die Revolution so viele Kräfte in Bewegung gebracht, dass selbst nach dem politischen Rückschlag vieles, vor allem der ökonomische Fortschritt, nicht aufzuhalten war. Auch um seinetwillen musste das Testament der Revolution von 1848 verwirklicht werden: die nationale Einheit und die Befreiung von nationaler Unterdrückung. Diese Ziele erreichten Deutschland, Italien und Ungarn in den Jahren 1864 bis 1871 durch die von Preußen ausgehende Revolution von oben.

Ernst Engelberg, Sturm über Europa, in: ZEIT Punkte Nr. 1, 1998, S. 11.

Begriffe und Daten

1848/49 Revolution in Deutschland

Bei den revolutionären Unruhen im März 1848 in Wien und Berlin starben bei Barrikadenkämpfen zahlreiche Revolutionäre, die sich für Freiheit und nationale Einheit einsetzten. Der Versuch der Paulskirchenversammlung, eine Verfassung durchzusetzen und die Einzelstaaten zu einer Einheit zusammenzuführen, scheiterte. Der als Staatsoberhaupt für eine konstitutionelle Monarchie vorgesehene preußische König lehnte die ihm angetragene Kaiserkrone ab. Die alten Herrschaftsträger konnten durch den rücksichtslosen Einsatz des Militärs ihre Macht zurückerobern. Es gab aber keine Rückkehr zum starren Metternich-System. Vielmehr verstärkten die Revolutionsereignisse von 1848/49 den Druck zur Modernisierung in Politik, Gesellschaft und Wirtschaft. Die Opposition von Liberalen und Demokraten meldete sich in den folgenden Jahren zurück. Die Frage der nationalen Einheit und der politischen, rechtlichen und sozialen Gleichheit der Deutschen blieb ungelöst.

M4

Die gescheiterte Revolution

Der Historiker Thomas Nipperdey schrieb 1991 über die Revolution von 1848/49:

Und es stellte sich das Problem, wie der deutsche Nationalstaat und der Anspruch der Nation auf Einschluss der Deutschen Österreichs und die Existenz dieses übernationalen Staates zu vereinbaren wären. Das war die Doppelung. Anders gesagt: die nationale Revolution der Deutschen stieß auf die partikularen Staaten, auf die europäischen Mächte, die benachbarten revolutionären Nationen und auf das übernationale Österreich.
Deutsche Einheit, deutsche Grenzen, deutsche Freiheit und ein Stück sozialer Gerechtigkeit, das waren schon vier Probleme, die gleichzeitig anstanden und die doch ältere (und insofern glücklichere) Nationen nacheinander zu lösen hätten versuchen können. Aber das war kein Zufall: ohne nationale Einheit konnte es keine bürgerliche Herrschaft geben und auch nicht ohne bürgerliche Gesellschaft. Freiheit und Einheit waren nicht zu trennen.
Es ist die Vielzahl der Probleme und ihrer Unlösbarkeiten gewesen, die zum Scheitern der Revolution geführt hat. Man wollte einen Staat gründen und eine Verfassung durchsetzen, beides zugleich, und das angesichts gravierender sozialer Spannungen …
Das Ergebnis der Revolution ist nicht nur das Scheitern. Die Revolution hat über alle Eliten hinweg eine nationale Öffentlichkeit geschaffen, eine nationaldemokratische Nation. Die Revolution hat die Ära Metternichs, die Ära der Restauration beendet und auch die wesentlichen Bestände der feudalen Gesellschaft beseitigt. Trotz des Scheiterns – die Zeit seither ist bürgerlicher geworden.

Thomas Nipperdey, Deutsche Geschichte 1800–1866, 5. durchges. Aufl., München (C. H. Beck) 1991, S. 669 f.

1 a) Suche anhand des Darstellungstextes nach Gründen für die Reaktion Friedrich Wilhelms IV.
b) Analysiere M2 und setze die Aussage der Karikatur in einen Bezug zu deinen Ergebnissen aus a).

2 a) Analysiere M3 und M4.
b) Vergleiche beide Textaussagen zu 1848/49 und nimm Stellung.

3 Interpretiere M1. Ziehe die Methode „Politische Dichtung deuten und vergleichen" (siehe S. 184/185) heran.

Webcode: FG642588-197

Deutsch oder dänisch? – Der Konflikt um Schleswig-Holstein im 19. Jahrhundert

M1 Schleswig-Holstein 1815 bis 1864

Nationale Gegensätze entstehen

Jahrhundertelang hatte der Unterschied zwischen deutscher oder dänischer Herkunft für die Menschen und für die Politik in Schleswig-Holstein kaum eine Bedeutung gehabt. Dies änderte sich in der ersten Hälfte des 19. Jahrhunderts. Die Ideen der Französischen Revolution und die Erfahrungen der Befreiungskriege gegen Napoleon führten dazu, dass für viele Menschen in Europa die Frage der nationalen Zugehörigkeit immer wichtiger wurde. Dabei verband sich besonders in Deutschland das Ziel der nationalen Einheit mit den Forderungen der liberalen Opposition nach Verfassung, Menschenrechten und demokratischer Mitsprache. Auch die Bevölkerung in Schleswig und Holstein wurde jetzt von diesen Bestrebungen erfasst. Überall im Lande entstanden Vereine, die sich bewusst „deutsch" oder „dänisch" orientierten. Als äußere Zeichen der Zugehörigkeit galten vor allem Sprache und Kultur. Lieder, Flaggen, „Doppeleichen" und andere symbolische Ausdrucksformen der nationalen Gesinnung beherrschten zunehmend die Öffentlichkeit.

Bringen Revolution und Krieg die Lösung?

1847/48 spitzte sich der Konflikt zu. In Kopenhagen errang die liberale Partei der „Eiderdänen" die Macht. Diese wollten Schleswig bis zur Eider in den dänischen Staat direkt einbeziehen. Dagegen erhoben sich die Holsteiner und deutsch gesinnte Bewohner im Landesteil Schleswig, die jetzt die Aufnahme beider Landesteile in den Deutschen Bund forderten. Beide Seiten waren bereit, für ihre Sache in den Krieg zu ziehen. Dabei wurden die schleswig-holsteinischen Freiwilligenverbände von einem Bundesheer unter großer Beteiligung Preußens unterstützt. Nachdem sich Preußen auf Druck der europäischen Großmächte aus dem Krieg zurückzog, mussten die auf sich allein gestellten prodeutschen Schleswig-Holsteiner nach der Schlacht bei Idstedt ihre Niederlage eingestehen. Schleswig und Holstein gehörten wieder zum dänischen Gesamtstaat.

Schleswig-Holstein wird Teil des Deutschen Reiches

In den folgenden Jahren versuchte die dänische Regierung, ihre Herrschaft zu festigen. Sie führte im Landesteil Schleswig Dänisch als Amtssprache ein und wies zahlreiche deutsch gesinnte Bürger aus. Als die Regierung entgegen den Vereinbarungen des Londoner Vertrages anstrebte, Schleswig auch verfassungsrechtlich in das Königreich Dänemark einzugliedern, verbündeten sich Preußen und Österreich gegen dieses Vorhaben und marschierten im Januar 1864 in Schleswig-Holstein ein. Nach dem militärischen Sieg übernahm Österreich die Verwaltung in Holstein, Preußen regierte in Schleswig. Dänemark gab den Krieg verloren und verzichtete in der Folgezeit auf militärische Großmachtpolitik.

Die Einigkeit der beiden mächtigsten Einzelstaaten im Deutschen Bund hielt jedoch nicht lange an. Nach dem Sieg Preußens im Krieg gegen Österreich und der Eingliederung in Preußen war die Jahrhunderte andauernde politische Bindung Schleswig-Holsteins an Dänemark und Deutschland beendet. Aber nicht alle Menschen in Schleswig-Holstein stimmten der „Einverleibung" in das Deutsche Reich zu. Vor allem die neue Grenze bis zur Königsau sollte noch Jahrzehnte für Streitigkeiten sorgen, denn jetzt musste eine große dänische Minderheit, die in Nordschleswig sogar die Mehrheit stellte, in den Grenzen des Deutschen Reiches leben.

Begriffe und Daten

Schleswig und Holstein

1815 Wiener Kongress: Schleswig und Holstein gehören weiterhin zum Königreich Dänemark, zugleich werden Holstein und Lauenburg Mitglied des Deutschen Bundes

1843 Gründung des Vereins Samlingsvirke und erstes dänisches Volksfest in der Nähe von Kolding

1844 Schleswiger Sängerfest, bei dem erstmals das „Schleswig-Holstein-Lied" gesungen wird

1848 Proklamation der Provisorischen Regierung in Kiel (24.3.) – Beginn der schleswig-holsteinischen „Erhebung"

1848–1850 Militärische Auseinandersetzungen zwischen dänischen und deutschen Truppen u. a. bei Schleswig, Bov (Bau), Kolding, Eckernförde und Friedrichstadt. Nach dem Rückzug Preußens und der Schlacht bei Idstedt (25. 7. 1850) verbleibt Schleswig-Holstein bei Dänemark.

1852 Londoner Vertrag: Anerkennung der Gleichstellung der beiden Landesteile durch Dänemark

1864 Krieg zwischen Dänemark und Österreich/Preußen. Nach der Erstürmung der Düppeler Schanzen (18. 4.) endgültige Niederlage Dänemarks und Besetzung Schleswig-Holsteins durch Preußen und Österreich

1867 Eingliederung Schleswigs und Holsteins in Preußen

1871 Als preußische Provinz wird Schleswig-Holstein Teil des Deutschen Reiches.

1 Bereitet in Partnerarbeit einen kurzen Vortrag über den Verlauf des Konflikts um Schleswig-Holstein an einer Wandkarte vor.
a) Lest zunächst den Darstellungstext und die Zeittafel aufmerksam durch und sucht die genannten Orte in der Karte M1.
b) Schreibt anschließend die für euch wichtigsten Ereignisse und Vorgänge auf und tragt euren Bericht vor.

M2

Dänische Stimmen

2A Kommentar der „Haderslebener Zeitung" zum ersten Volksfest auf Skamlingsbanke am 18. Mai 1843:

Je mehr Hohn und Unterdrückung wir dänischen Schleswiger haben leiden müssen, je eifriger man sich bemüht hat, unsere nationale Eigenart, die Vorbedingung unserer geistigen Existenz, zunichte zu machen, je mehr man die Daseinsberechtigung unserer Sprache bestritten und sich geweigert hat, ihr natürliches und unvergängliches Recht zuzugestehen, desto mehr musste es auch das Bestreben der nordschleswigschen Bevölkerung sein, durch entschiedenes und öffentliches Auftreten nachzuweisen, dass das Dänische im Volk nach wie vor kräftig lebt und sich rührt, und dass es nicht länger mehr die Ungerechtigkeit und Verfolgung hinnehmen wird. Es gilt, sich durch engen Zusammenschluss auf die Fortsetzung eines Kampfes vorzubereiten, der nie enden wird, bevor nicht seine Ursachen beseitigt sind, bevor nicht das Dänische im Herzogtum (Schleswig) sichtbar und unangefochten dieselbe Stellung innehat wie das Deutsche.

2B Auszug aus der Rede von Laurids Skau, Wortführer der dänisch gesinnten Nordschleswiger, auf dem zweiten Volksfest am 4. Juli 1844:

Wenn jemand meine Muttersprache verhöhnt oder gering achtet, dann ist das dasselbe für mich, als wenn jemand meine Eltern, meine Geschwister und meine Familie verhöhnt, meine Freunde und Kameraden, alle Dorfeinwohner, das ganze Kirchspiel, die Nation als Ganzes: kurz, als ob er alle verhöhnte, an denen mein Herz hängt, denn es ist die Muttersprache, die mich mit allen verbindet ... Was ist Nationalität? ... Ich zumindest kann nichts finden, worin die Nationalität eher besteht, worin sie sich mehr äußert, woran man eher erkennen kann, zu welcher Nation man gehört, als die Sprache. Die Sprache ist also der Inhalt der Nationalität.

M2A und M2B: Flensburger Arbeitskreis für Stadt- und Regionalforschung (Hg.), Quellen zur Geschichte Schleswig-Holsteins II, IPTS-Beiträge für Unterricht und Lehrerbildung 14, Kiel, 1980, S. 24 f.

M3

Schleswig-Holsteiner auf der Flucht durch Flensburg, 9. April 1848, zeitgenössischer Druck

M4

Idstedt-Löwe, zeitgenössischer Kupferstich. Dargestellt ist die Bronzeplastik des dänischen Bildhauers H. W. Bissen, 1862. Der Löwe, das Wappentier des dänischen Königshauses, galt als Symbol für den dänischen Sieg über die Schleswig-Holsteiner in der Schlacht bei Idstedt. Nach der teilweisen Zerstörung am 28. Februar 1864 wurde der restaurierte Löwe nach Berlin gebracht. Seit dem Ende des Zweiten Weltkrieges steht er in Kopenhagen. Es ist geplant, ihn wieder in Flensburg an seinem alten Ort aufzustellen.

2 Vergleiche die Aussagen in den Quellen M2 und M5. Welche Stimmung wird jeweils deutlich?

3 a) Untersucht arbeitsteilig die Abbildungen M3, M4 und M6 nach der Methode „Ein Bild als Quelle" im Anhang. Achtet besonders darauf, auf welcher Seite Maler und Bildhauer jeweils stehen und mit welchen Symbolen die Aussageabsicht verstärkt wird.

b) Schreibe anhand der drei Abbildungen eine eigene Geschichte zum Verlauf des Konflikts.

M5

Deutsche Stimmen

Bericht des „Itzehoer Wochenblattes" über das schleswig-holsteinische Sängerfest zu Schleswig vom 23. bis 25. Juli 1844:

Sämtliche Einwohner der Stadt Schleswig, ohne Unterschied des Standes und der Person, bewiesen bei dieser Gelegenheit eine ebenso große Gastfreundlichkeit (wie) deutsch-patriotische Gesinnung und Liebe zu einem schön gestalteten Volksleben ... Besonders passend fanden wir es, dass sowohl bei der nördlichen (wie) südlichen Einfahrt die allgemeine Deutsche Fahne (schwarz-rot-gold) und die besondere Schleswig-Holsteinische nebeneinander wehten. Alle Ankommenden gerieten bei dem Anblick dieser festlich geschmückten Stadt in freudiges Erstaunen.

... Wir haben das Sängerfest zu Schleswig in der Überschrift ein Deutsches genannt, und das war es auch in jeder Beziehung; Beziehungen zu Dänemark kamen gar nicht vor, und die Dänen wurden gar nicht einmal erwähnt. Damit bildete das Fest dann zugleich den stärksten Kontrast zu dem Fest auf der Skamlingsbank, und möchten sich auch wohl alle Teilnehmer jede Vergleichung mit solchem Feste ernstlich verbitten ... Das Lied „Wanke nicht, mein Vaterland!", zum ersten Mal bei diesem Feste von der Schleswiger Liedertafel öffentlich vorgetragen, erregte ein so freudiges Bravo- und Da-capo-Rufen, dass es unter einer steigenden Teilnahme wiederholt vorgetragen werden musste, und von dem ganzen Volk mit einer Liebe aufgenommen ist, dass es schon jetzt allenthalben wieder klingt ... Sollte das Schleswiger Sängerfest der Geburtstag eines Deutschen Schleswig-Holsteinischen Nationalliedes sein, würde es schon deshalb unvergesslich bleiben.

Flensburger Arbeitskreis für Stadt- und Regionalforschung (Hg.), Quellen zur Geschichte Schleswig-Holsteins II, IPTS-Beiträge für Unterricht und Lehrerbildung 14, Kiel, 1980, S. 26.

M6

Proklamation der provisorischen Regierung in Kiel am 24. 3. 1848, Gemälde von Hans Olde (1855–1917), Anfang 20. Jahrhundert. Das Bild zeigt unter anderem die Mitglieder der provisorischen Regierung Theodor Olshausen, Wilhelm Beseler, Prinz von Noer und Graf Reventlou.

4 Für die in diesem Kapitel beschriebenen Vorgänge finden sich in deutschen und dänischen Geschichtsbüchern die unterschiedlichsten Bezeichnungen:
– *für die Ereignisse 1848–1851:* „Erhebung", „Aufruhr", „Revolution", „Bürgerkrieg", „Schleswig-Holsteinischer Krieg", „Dreijähriger Krieg", „1. Schleswigscher Krieg",
– *für die Ereignisse 1864–1867:* „Einigungskrieg", „2. Schleswigscher Krieg"; „Deutsch-Dänischer Krieg", „Eingliederung", „Einverleibung", „Befreiung", „Annexion".
a) Erläutert die unterschiedlichen Perspektiven, die jeweils hinter den Begriffen stecken. b) Erörtert, welche Bezeichnungen eurer Meinung nach am treffendsten sind.

5 **Partnerarbeit:**
a) Recherchiert Geschichte und Text des in M5 erwähnten Schleswig-Holstein-Liedes.
b) Ermittelt die Bedeutung des Symbols der im Lied erwähnten „Doppeleiche".
c) Schreibt eine moderne Fassung des „Schleswig-Holstein-Liedes".

6 Erörtert in einer Gesprächsrunde Ursachen, Verlauf und Ergebnis des deutsch-dänischen Konflikts im 19. Jahrhundert.

Webcode: FG642588-201

Streben nach Freiheit und Einheit

M1

Der „Antizeitgeist", kolorierte Radierung vom J. M. Voltz, 1819

M3

Das Lied der Deutschen

Nicht die erste, sondern die dritte Strophe des Deutschlandliedes, das Hoffmann von Fallersleben 1841 dichtete, ist seit 1952 die offizielle Hymne der Bundesrepublik Deutschland:

1. Deutschland, Deutschland über alles,
Über alles in der Welt,
Wenn es stets zu Schutz und Trutze
Brüderlich zusammenhält;
Von der Maas bis an die Memel,
Von der Etsch bis an den Belt:
Deutschland, Deutschland über alles,
Über alles in der Welt

2. Deutsche Frauen, deutsche Treue,
deutscher Wein und deutscher Sang,
sollen in der Welt behalten
ihren alten schönen Klang.
Uns zu edler Tat begeistern
unser ganzes Leben lang.
Deutsche Frauen, deutsche Treue,
deutscher Wein und deutscher Sang.

3. Einigkeit und Recht und Freiheit
Für das deutsche Vaterland!
Danach lasst uns alle streben
Brüderlich mit Herz und Hand!
Einigkeit und Recht und Freiheit
Sind des Glückes Unterpfand:
Blüh im Glanze dieses Glückes,
Blühe, deutsches Vaterland!

Zit. nach Theodor Echtermeyer, Deutsche Gedichte, hg. von Benno von Wiese, Düsseldorf (Schwann-Bagel) 1982.

M2

„Frühling" – „Sommer" – „Herbst". Die Revolution 1848/49 in der Karikatur

M4 „… wehe dem! der es ohne uns versucht“

Aus einem Brief König Friedrich Wilhelms IV. von Preußen vom 23. Dezember 1848 an Joseph von Radowitz, Abgeordneter der Nationalversammlung:

Jeder deutsche Edelmann, der ein Kreuz oder einen Strich im Wappen führt, ist hundertmal zu gut dazu, um solch ein Diadem! aus Dreck und Letten [Lehm, Ton] der Revolution, des Treubruchs und des Hochverrats geschmiedet, anzunehmen. Die alte, legitime, seit 1806 ruhende Krone deutscher Nation, das Diadem von Gottes Gnaden, das den, der es trägt, zur höchsten Obrigkeit Deutschlands macht, der man Gehorsam schuldet um des Gewissens willen, das kann man annehmen, wenn man in sich die Kraft dazu fühlt und die angeborenen Pflichten es zulassen. Die Krone aber vergibt keiner als Kaiser Franz Joseph, ich und unseresgleichen und wehe dem! der es ohne uns versucht und wehe dem! der sie annimmt, wenn ihr Preis der Verlust eines Drittels von Deutschland und der edelsten Stämme unseres deutschen Volkes ist. Gott helf uns! Amen

Wolfgang Lautemann/Manfred Schlenke (Hg.), Geschichte in Quellen. Das bürgerliche Zeitalter 1815–1914, München (bsv) 1980, S. 221 f.

Überprüfe, was du kannst

Sachkompetenz

1 Prüft in Partnerarbeit gegenseitig, ob ihr die folgenden Begriffe erläutern könnt: 1813 Völkerschlacht bei Leipzig (S. 181), Wiener Kongress (S. 181), Deutscher Bund (S. 181), Restauration (S. 181), Liberalismus (S. 188), Demokraten (S. 193), Revolution 1848/49 (S. 197).

2 Beschreibe die politischen Kräfte bzw. Bewegungen in Deutschland zur Zeit der Revolution 1848.

3 Nenne Gründe, die 1848 zu Revolutionen in den deutschen Staaten führten.

Methodenkompetenz

4 Analysiere M1. Prüfe zunächst, welche Methode(n) du zu Hilfe nehmen könntest.

5 **Partnerarbeit:**
a) Analysiert anhand der Methode „Historische Symbole deuten“ das große Bild auf den Auftaktseiten 178/179.
b) Präsentiert die Ergebnisse in einem Kurzvortrag.

Selbst-und Sozialkompetenz

6 a) Interpretiere die Karikatur (M2) vor dem Hintergrund des Revolutionsverlaufs 1848.
b) Bewerte zusammenfassend die Aussagekraft von M2.

7 a) Analysiere M3 mithilfe der Methode „Politische Dichtung deuten und vergleichen“ (S. 184/185).
b) Beurteile, warum die dritte und nicht die erste Strophe des Deutschlandliedes heute unsere Nationalhymne ist.

8 „Restauration“ – „Revolution“ – „Restauration“:
a) Erörtere, ob sich die Zeit zwischen 1815 und 1850 mit diesen Begriffen beschreiben lässt.
b) Schreibe auf der Grundlage der drei Begriffe einen historischen Sachtext. Ziehe die entsprechende Methode S. 130 heran.

9 **Partnerarbeit:** Entwerft einen Antwortbrief zu M4 aus der Sicht
a) eines Abgeordneten der Fraktion Café Milani,
b) der Fraktion Deutscher Hof.
Vergleicht eure Ergebnisse in der Klasse.

- 1813 Völkerschlacht bei Leipzig
- 1814/15 Wiener Kongress
- seit 1815 Restauration
- 1815 Deutscher Bund
- 1815 Liberalismus
- 1817 Wartburgfest
- 1819 Karlsbader Beschlüsse
- 1830 Julirevolution in Frankreich
- 1832 Hambacher Fest
- 1848/49 Revolution in Deutschland; Paulskirchenverfassung; Niederschlagung der Revolution
- 1850 Wiederherstellung des Deutschen Bundes

1810 – 1820 – 1830 – 1840 – 1850

Deutschland und Europa zwischen Restauration und Revolution

Die Nationalidee erwacht

Napoleon hatte Europa mit mehreren Kriegen überzogen. Dabei hatte er nicht nur französische Hegemonialpolitik betrieben, sondern auch neue Ideen in den Kontinent hineingetragen: die Ideen von Freiheit und nationaler Unabhängigkeit. Sie hatten bereits während der Französischen Revolution eine bedeutende Rolle gespielt.

Mit seiner Außenpolitik, die auf die Vormacht in Europa zielte, hatte Napoleon die Möglichkeiten Frankreichs überspannt. Die europäischen Staaten wurden sich ihrer eigenen Nationalität bewusst und versuchten, die napoleonische Fremdherrschaft abzuschütteln – zunächst in Spanien und in Tirol, aber bald auch in Deutschland. Dieser Kampf gegen die Vorherrschaft Napoleons auf dem Kontinent stärkte die Anhänger von Freiheit und nationaler Unabhängigkeit.

Die Zeit der Restauration

In Deutschland hatte die Beteiligung des Volkes am Sieg gegen Napoleon die Hoffnung geweckt, künftig ein geeintes und freies Deutschland schaffen zu können. Auf dem Wiener Kongress (1815) gründeten die deutschen Fürsten aber nur einen schwachen „Deutschen Bund“. Das war ein lockeres Staatenbündnis ohne eine gesamtdeutsche Verfassung. Doch der Wunsch nach Freiheit und Einheit blieb bestehen: Bereits beim Wartburgfest (1817) verbrannten Studenten die Symbole der Fürstenherrschaft. Die Reaktion erfolgte schon bald: Die Regierungen erließen 1819 die „Karlsbader Beschlüsse“. Das war eine gesetzliche Grundlage für die Verfolgung kritischer Geister. Mit ihren Maßnahmen versuchten die Fürsten, die politischen Verhältnisse aus der Zeit vor der Französischen Revolution wiederherzustellen (Restauration).

Der Vormärz

Aber die neuen Ideen ließen sich nicht einfach durch Beschränkungen und Verbote aus der Welt schaffen. Das Hambacher Fest im Jahre 1832 wurde zu einer spektakulären Demonstration für diese neuen Ideen. Sie lassen sich mit den Begriffen Liberalismus und Nationalismus beschreiben. Der Liberalismus war eine Verfassungsbewegung. Er trat aber auch für wirtschaftliche und soziale Reformen ein mit dem Ziel einer „Eigentümergesellschaft“. Dabei ging es allerdings nicht um eine demokratische Beteiligung aller.

Die Anhänger der nationalen Bewegungen forderten einen bürgerlich geprägten Nationalstaat.

In Frankreich entluden sich die Spannungen in der Julirevolution von 1830 im Konflikt zwischen bourbonischer Restauration und liberaler Parlamentsmehrheit. Hier gelang es, die Parlamentsrechte und das Bürgertum zu stärken.

Soziale Unruhen verschärften seit den 1830er Jahren die Krise des monarchischen Herrschaftssystems. Missernten, ausländische Konkurrenz und die beginnende Mechanisierung in einzelnen Bereichen vergrößerten die Not und führten zur Verarmung bei einem Großteil der Bevölkerung.

Der Weberaufstand von 1844 war eine Folge des Wandels von der handwerklichen zur maschinell-industriellen Produktion. Dieser Aufstand wurde gewaltsam niedergeschlagen. Er war ein Vorspiel für das, was 1848/49 folgte. Wie nie zuvor in der deutschen Geschichte mischten sich Literaten in die Politik ein. Mit spitzer Feder bekämpften die „Jungdeutschen“ das alte Deutschland. Heinrich Heine und Georg Büchner, die bedeutendsten Literaten des Vormärz, gingen für ihre Überzeugung in das Exil.

Die Revolution von 1848/49

Nach dem Sturz der französischen Monarchie im Februar 1848 spitzte sich die politische Lage in den deutschen Staaten zu. In Berlin und in anderen Residenzstädten kam es im März 1848 zu Barrikadenkämpfen. In Wien musste Fürst Metternich sein Amt niederlegen. Über Jahrzehnte hatte er die Geschicke Europas mitgestaltet und war zur Symbolfigur für Unterdrückung von Freiheit und Einheit geworden.

Zwei Monate nach den Märzaufständen trat in der Frankfurter Paulskirche das erste gesamtdeutsche Parlament zusammen. Es verabschiedete nach langen Diskussionen im März 1849 eine Verfassung auf der Grundlage der „kleindeutschen Lösung“. Dabei sollte die Monarchie als Staatsform beibehalten werden. Zum ersten Mal in Deutschland wurden damit die Grundrechte aller Bürger festgehalten und garantiert – nach dem Vorbild der amerikanischen und französischen Verfassungen.

Die Abgeordneten stritten heftig über die Frage, in welcher Form die deutsche Einheit hergestellt werden sollte. Schließlich einigten sie sich darauf, den preußischen König als Staatsoberhaupt zu bestimmen und ihm die Kaiserkrone anzubieten. Doch der lehnte es ab, die Krone aus der Hand von „Revolutionären" anzunehmen. Auch die Fürsten weigerten sich, die Beschlüsse der Abgeordneten zu akzeptieren. Damit war die monatelange Arbeit des Parlaments zunichte gemacht. Es wurde im Juni 1849 gewaltsam aufgelöst. Schon vorher hatten die reaktionären Kräfte begonnen, mit militärischer Unterstützung alle revolutionären Bestrebungen zu unterdrücken und radikal niederzuschlagen. Die Regierungen vereinbarten schließlich, den Deutschen Bund in der alten Form wiederherzustellen.

Die Ergebnisse der Revolution von 1848/49

Vordergründig kann von einem Scheitern der Revolution gesprochen werden: Die Ziele der Revolutionsbewegungen, wie die staatliche deutsche Einheit und die Herstellung von Freiheit und sozialer Gerechtigkeit, waren nicht gleichzeitig zu erreichen. Zu groß war der Gegensatz zwischen den Zielen der Revolutionäre und den Interessen der Herrscher in den monarchisch regierten deutschen Teilstaaten, im übernational strukturierten Österreich und in den anderen Ländern Europas. Zwar hatten die nationalen, liberalen und demokratischen Kräfte einen herben politischen Rückschlag erlitten, doch ließ sich der wirtschaftliche Wandel dadurch nicht aufhalten. Die Ideen von Einheit und Freiheit blieben lebendig und wirkten fort.

Die Revolutionen von 1789 und 1848 im Vergleich

	Französische Revolution 1789	Deutsche Revolution 1848/49
1. Wirtschaftliche und soziale Verhältnisse vor der Revolution	– Finanz- und Wirtschaftskrise des absolutistischen Staates – wirtschaftliches Erstarken des politisch einflusslosen Bürgertums durch Handel und Manufaktur-Gewerbe – schlechte wirtschaftliche Lage der Bauern; Abhängigkeit von Klerus und Adel – Verschärfung sozialer Gegensätze	– Krisen in der Legitimation (Rechtfertigung) der absoluten Herrschaft – Bürgertum erstarkt durch soziale und wirtschaftliche Reformen und die aufkommende Industrialisierung – aufkommende Konkurrenz zwischen Handwerk und Industrie: Abwandern von Arbeitskräften in die entstehende Industrie
2. Ideen und Ziele gesellschaftlicher Gruppen	– Forderungen des dritten Standes: Ideen der Aufklärung und Freiheitsrechte verwirklichen; mehr rechtliche und soziale Gleichheit; Entstehen politischer Gruppierungen	– Forderungen nach Freiheit – Aufkommen politischer Ideen und Strömungen: Liberalismus, Nationalismus, Demokratiebewegung, Kommunismus; Forderungen nach Rechten für Frauen
3. Anlässe für die Entstehung revolutionärer Situationen und Bewegungen	– Wirtschaftskrise seit etwa 1770 – Versorgungs- und Absatzkrisen in Stadt und Land durch Missernten (witterungsbedingte Katastrophen)	– Missernten, Hungersnöte in Teilen Deutschlands; Preisanstieg, Verarmung der unteren Schichten (Pauperismus) – Einfluss der frz. Julirevolution 1830
4. Revolutionsverlauf und Ergebnisse	– Revolutionen: 1. des Bürgertums, 2. der städtischen „Massen", 3. der Bauern – Bürgertum setzt seine Ziele durch (Abschaffung der Privilegien des ersten und zweiten Standes; Nationalversammlung, Verfassung von 1791); Ausschluss der Mehrheit der Bevölkerung von politischer Beteiligung; Radikalisierung (Jakobiner) und Gegenrevolution (von außen) scheitern; Entmachtung des Adels und des Königs; (Besitz-)Bürgertum übernimmt die politische Macht	– Bürgertum, Kleinbürgertum und Arbeiterschaft stellen sich gemeinsam gegen die monarchische Herrschaft (König, Fürsten, Adel); Einberufung (Wahl) einer Nationalversammlung; Problemlösung scheitert an Widerständen: Uneinigkeit über die „Staatsfrage" (großdeutsch, kleindeutsch); radikale Kräfte wollen die Revolution weitertreiben; „Gegenrevolution" der monarchischen Kräfte: König, Fürsten und Adel behalten ihre Macht; kein einheitlicher deutscher Staat

5. Das Deutsche Kaiserreich 1871 bis 1918

„Zwischen Tradition und Modernität" – so wird die Situation Deutschlands in der zweiten Hälfte des 19. Jahrhunderts von Geschichtswissenschaftlern beschrieben. Während in anderen westeuropäischen Staaten wie England und Frankreich die Bildung von Nationalstaaten weitgehend abgeschlossen war, scheiterte ein solcher Versuch in Deutschland mit der Revolution von 1848/49. Damit war zunächst auch der Traum von bürgerlicher Freiheit und Demokratie zu Ende. Monarchische (adlige) Herrschaft und territoriale Zersplitterung kennzeichneten weiterhin die politische Lage Deutschlands.
Schließlich waren es die Fürsten selbst, die 1871 unter der Führung Preußens das Deutsche Reich gründeten und den preußischen König zum deutschen Kaiser ausriefen. Vielen erschien das Kaiserreich als die Erfüllung nationaler Wünsche und als Vollendung der deutschen Geschichte. Innerhalb weniger Jahrzehnte veränderte sich die Lebens- und Arbeitswelt vieler Menschen: Aus der Agrargesellschaft wurde eine Industriegesellschaft.

Folgende Fragen leiten dich durch das Kapitel:

- ***Wie kam es zur Gründung des Deutschen Kaiserreiches?***
- ***Welche Kräfte beeinflussten den Wandel im Kaiserreich?***

1 Beschreibe deinen Eindruck von der Abbildung auf der Postkarte.

2 Erörtert, welcher Zusammenhang zwischen den vier Abbildungen bestehen könnte.

Der Kaiser kommt!
Laßt euere Häuser abwaschen
vom Glas- und Gebäude-Reinigungs-Institut
„Borussia"
J. Lehmacher, Bachstrasse 18.
Fernsprecher 1179.

Großes Bild: Postkarte aus dem Jahr 1909, abgebildet ist Kaiser Wilhelm II. bei einer Truppenparade.

Links: Anzeige einer Gebäudereiniger-Firma in Bonn, um 1910

Oben rechts: Kaiser Wilhelm II., Gemälde von 1890

Unten rechts: Der prassende Altersrentner, Farblithografie aus dem Wochenblatt „Der wahre Jakob", 1891

Herrschaft und Gesellschaft im Kaiserreich

Wissen • Beurteilen und Handeln • Methoden anwenden

Am Ende dieses Unterkapitels kannst du

- beschreiben, wie es zur Gründung des Deutschen Reiches 1871 kam
- erklären, wie im Reich die politische Macht verteilt war
- die Bismarck'sche Außenpolitik erläutern
- den Wandel in Gesellschaft und Wirtschaft zeigen
- darstellen, welche politischen Konflikte im Reich ausgetragen wurden
- beurteilen, ob das Deutsche Reich ein Obrigkeitsstaat war
- **Methode** Historiengemälde deuten

Nationalstaatsgründungen in Europa[1]

1870/71
Krieg der deutschen Staaten gegen Frankreich

1871
Gründung des Deutschen Reiches

[1] während des 19. und beginnenden 20. Jahrhunderts

1870 **1875** **1880**

Der Weg zum Nationalstaat

Konflikt zwischen Preußen und Österreich

Eine wichtige Rolle auf dem Weg zur Reichsgründung spielte Otto von Bismarck, der seit 1862 preußischer Ministerpräsident war. Neben Preußen war Österreich der zweite große Machtfaktor unter den deutschen Fürstenstaaten. Beim Streben nach der Vorherrschaft in Deutschland schien ein Konflikt der beiden Kontrahenten unausweichlich. Zunächst kämpften Österreich und Preußen 1864 noch gemeinsam in einem Krieg gegen Dänemark um den Besitz der Fürstentümer Schleswig und Holstein. Nicht ganz zwei Jahre später jedoch begann mit dem Vormarsch preußischer Truppen auf österreichisches Interessengebiet im Juni 1866 der Preußisch-Österreichische Krieg, aus dem Preußen nach nur wenigen Wochen als Sieger hervorging. Eine 1848 noch für möglich gehaltene „großdeutsche Lösung“ bei der Bildung eines deutschen Nationalstaates war durch diesen Krieg unmöglich geworden.

Im selben Sommer forderte Preußen die norddeutschen Staaten auf, einen neuen Bund zu schließen. Er sollte innere und äußere Sicherheit garantieren und eine Bundesverfassung als Grundlage erhalten. Das Bündnis trat am 1. Juli 1867 in Kraft (Norddeutscher Bund). Parallel dazu hatte sich der neue Zollverein gebildet: Zwischen den Staaten des Norddeutschen Bundes und den vier süddeutschen Staaten waren nun alle Zollgrenzen gefallen.

Biografie

Bismarck

Otto von Bismarck (1815–1898) entstammte einer alten preußischen Landadelfamilie und wurde im Sinne konservativer, monarchisch geprägter Werte erzogen. Als konservativer Abgeordneter im preußischen Landtag tat er sich dort als Kämpfer gegen die Revolution von 1848 hervor. 1862 berief ihn König Wilhelm I. zum preußischen Ministerpräsidenten. Bismarcks aggressive Kriegspolitik nach außen und seine geschickte Diplomatie gegenüber den deutschen Fürsten führten 1871 zur Gründung des Deutschen Kaiserreichs, dessen Politik er als Reichskanzler bis 1890 bestimmte.

Einheit durch Krieg

Im europäischen Ausland sprach sich besonders Frankreich gegen die Bildung eines deutschen Staates aus. Zu groß war die Angst vor einem so mächtigen Nachbarn im Osten. Als dann auch noch ein Verwandter des preußischen Königs aus dem Hause Hohenzollern König von Spanien werden sollte, erhob Frankreich Einspruch. Obwohl die Kandidatur daraufhin zurückgezogen wurde, verlangte Frankreich vom preußischen König die Zusage, nie wieder der Kandidatur eines Hohenzollernprinzen für den spanischen Thron zuzustimmen. König Wilhelm, der sich gerade zur Kur in Bad Ems aufhielt, lehnte diese Zusage ab. Daraufhin formulierte Bismarck eine Pressemitteilung, die Frankreich in der Öffentlichkeit zutiefst beleidigen musste. Diese Provokation genügte, um Frankreich zu einem militärischen Eingreifen zu verleiten. Am 19. Juli 1870 erklärte Frankreich Preußen den Krieg.

Auch dieser Krieg, der Deutsch-Französische Krieg, endete mit einem Sieg Preußens und der anderen deutschen Staaten. Noch während der militärischen Auseinandersetzung fand am 18. Januar 1871, unter dem Eindruck des sich abzeichnenden Sieges, die feierliche Gründung des Deutschen Reiches im Spiegelsaal von Versailles statt. König Wilhelm I. von Preußen wurde zum deutschen Kaiser ernannt. Frankreich musste hohe Kriegsentschädigungen an das Deutsche Reich zahlen und auch noch Elsass-Lothringen abtreten. Innerhalb der Grenzen des Deutschen Reiches (Kaiserreich 1871–1918) mit 22 monarchischen Staaten, drei republikanischen Stadtstaaten und dem Reichsland Elsass-Lothringen lebten etwa 42,5 Millionen Einwohner. Darunter waren 3 Millionen Polen, 0,2 Millionen Dänen und in Elsass-Lothringen 1,5 Millionen Franzosen.

1 Beschreibe anhand des Darstellungstextes die Phasen auf dem Weg zur Gründung des Deutschen Reiches und schätze die Handlungsspielräume der agierenden Politiker bzw. Staaten ein. Ziehe den Kasten heran.

2 Ordne anhand der Karte auf S. 208 die Gründung eines Nationalstaates (Deutsches Reich) von 1871 in den Vorgang der Nationalstaatsgründungen in Europa ein. Kläre dazu den Begriff „Nationalstaat“.

3 Formuliere Fragen zur Gründung eines einheitlichen Staates in Deutschland im 19. Jahrhundert.

M1 **Die Länder des Deutschen Reiches:**
A. politische Entwicklung 1864 bis 1871
B. Sprachen 1914
C. Konfessionen 1914

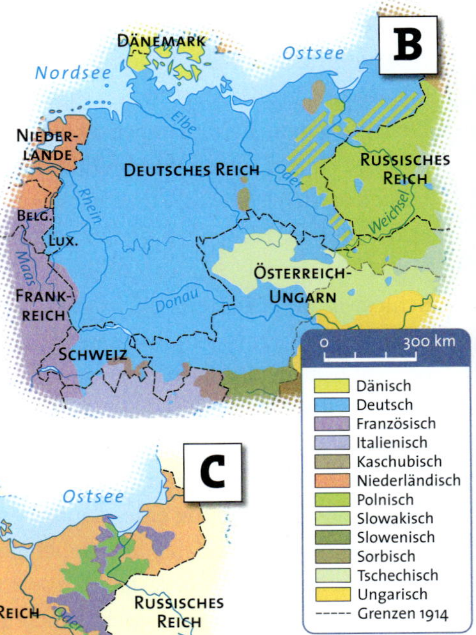

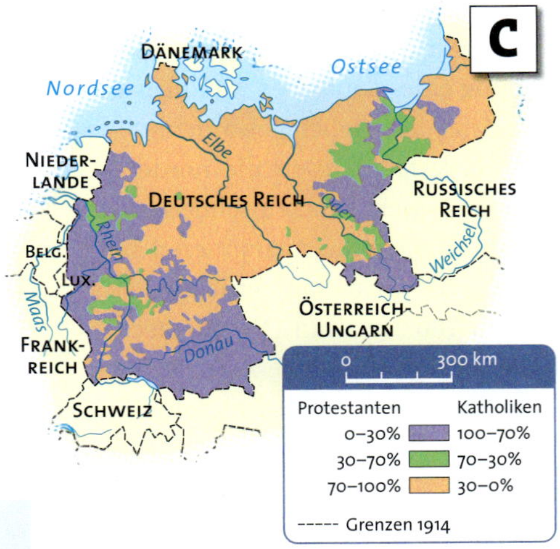

M2

Siegestaumel …

Tagebucheintrag der Baronin Spitzemberg über die Stimmung in Berlin, 3. März 1871:

Und was für ein Friede für uns Deutsche! Herrlicher und glorreicher, als wir je einen geschlossen! Vereint zu einem Reiche, dem größten, mächtigsten, gefürchtetsten in Europa, groß durch seine physische Macht nicht allein, größer noch durch seine Bildung und den Geist, der das Volk durchdringt! … Glücklich sind wir, … dass wir noch jung genug sind, … um die … reichen und segensvollen Früchte zu genießen, die aus dieser unter Blut und Tränen gesäten Saat hervorgehen. Möge Gott den Geist meines Volkes also lenken, dass seine Entwicklung eine friedliche und zivilisatorische bleibe, sein Reich ein Reich des Lichts, der Freiheit, der wahren, christlichen Gesinnung sei!

Zit. nach Geschichte in Quellen, Bd. 5, hg. von Wolfgang Lautemann u. a., München (bsv) 1980, S. 370.

M3

… und Kritik

Der Abgeordnete der Sozialdemokratischen Arbeiterpartei August Bebel schrieb 1874 in einer Wahlkampfbroschüre:

Als am 3. März 1871 unter dem Glockengeläute und Kanonendonner für den Versailler Frieden dieser Reichstag gewählt wurde, gab es wohl viele, die hoffnungsselig ihm entgegensahen. Aber das durch „Blut und Eisen“ mühsam zusammengeschweißte „Reich“ ist kein Boden für bürgerliche Freiheit, geschweige für die soziale Gleichheit. Staaten werden mit den Mitteln erhalten, durch die sie gegründet wurden. Der Säbel stand als Geburtshelfer dem „Reich“ zur Seite, der Säbel wird es ins Grab begleiten.

August Bebel, Die Sozialdemokratie im deutschen Reichstag, Bd. 1, Berlin (Vorwärts) 1909, S. 3 f.

M4 **Tschechische Karikatur auf die deutsche Expansionspolitik,** Humoristické listy, 1871.
Übersetzung der Unterschrift:
Bismarck: „Bitte, wohin soll ich den Grenzstein setzen?"
Wilhelm: „Setzen? Nirgendwohin! Wir stellen ihn auf ein Wägelchen und fahren ihn, wohin wir wollen!"

M5 Eisen und Blut statt Mehrheitsbeschlüsse

Vor der Budgetkommission des Abgeordnetenhauses machte Bismarck am 30. September 1862 folgende Bemerkung:

Nicht auf Preußens Liberalismus sieht Deutschland, sondern auf seine Macht: Bayern, Württemberg, Baden mögen den Liberalismus dulden, darum wird ihnen noch keiner Preußens Rolle anweisen; Preußen muss seine Kraft ... zusammenhalten auf den günstigen Augenblick, der schon einige Male verpasst ist; Preußens Grenzen nach den Wiener Verträgen sind zu einem gesunden Staatsleben nicht günstig; nicht durch Reden und Mehrheitsbeschlüsse werden die großen Fragen der Zeit entschieden – das ist der große Fehler von 1848 gewesen –, sondern durch Eisen und Blut.

Otto von Bismarck, Die gesammelten Werke, Bd. 10, Berlin (Stollberg) 1928, S. 140.

M6 Gab es Alternativen zur Reichsgründung?

Der Historiker Hans-Ulrich Wehler schrieb 1995:

[Es] drängt sich doch das Urteil auf, dass Preußen mit einer gewissen Folgerichtigkeit in den 1860er Jahren zur Vorherrschaft im deutschsprachigen Mitteleuropa aufstieg ... Die Industrielle Revolution verlieh Preußen den Vorsprung einer wirtschaftlich wahrhaft modernen Macht ... Die militärische Schlagkraft erwies sich in zwei Großmachtkriegen als gewaltig ... Bismarck übte ... die entscheidenden Führungsfunktionen aus ... Die Macht des liberalen Nationalismus, das Kriegsglück, der politische Genius Bismarck – nichts davon ließ sich um 1860 voraussagen, alles musste aber im folgenden Jahrzehnt zusammenschießen, um die eigentliche Erfolgsdynamik zu schaffen.

Hans-Ulrich Wehler, Deutsche Gesellschaftsgeschichte, Bd. 3, München (C. H. Beck) 1995, S. 334.

Begriffe und Daten

1871 Reichsgründung

Die Gründung des Deutschen Reiches im Januar 1871 erfolgte durch die Proklamation (amtliche Verkündigung, Ausrufung) des preußischen Königs Wilhelm I. zum deutschen Kaiser. Nach längeren Verhandlungen mit den süddeutschen Staaten gelang damit die Gründung eines Nationalstaates als „kleindeutsche" Lösung unter Führung Preußens.

4 a) Beschreibe an M1A–C die Struktur des Deutschen Reiches bis 1914.
b) Notiere Veränderungen.

5 a) Stelle die in M2 und M3 vertretenen Auffassungen dar. b) Schreibe einen kurzen Dialog zwischen der Baronin Spitzemberg und Bebel.

6 Beurteile die Rolle Bismarcks im Prozess der Reichsgründung (M5, Darstellungstext, Kasten Bismarck).

7 a) Untersuche, welche Position der Historiker Wehler zur Reichsgründung vertritt (M6).
b) Nimm Stellung.

8 Analysiere M4 mithilfe der Arbeitsschritte „Karikaturen entschlüsseln" S. 108/109.

Historiengemälde deuten

M1 **Die Proklamation des Deutschen Kaiserreichs im Spiegelsaal zu Versailles am 18. 1. 1871,** Gemälde von Anton von Werner, 1877. Der Künstler nahm im Auftrag des Hofes an der Zeremonie in Versailles teil. In den folgenden Jahrzehnten erarbeitete er vier Fassungen des Gemäldes. Das 430 × 730 cm große Bild (1. Fassung) schenkten die Fürsten Wilhelm I. zum 80. Geburtstag. Es wurde bei einem Angriff auf das Berliner Schloss im Zweiten Weltkrieg zerstört.

Bild, Absicht und Wirklichkeit

Historienbilder sind „Geschichtsbilder“. Oft stellen sie einen aufsehenerregenden Moment der Vergangenheit dar. Häufig handelt es sich dabei um Auftragsarbeiten, die ein bestimmtes Ziel verfolgen. Im Mittelpunkt stehen meistens eine große, handelnde Einzelpersönlichkeit oder ein historisches Ereignis, die in einem bestimmten Licht erscheinen sollen. Die Erinnerung an das Ereignis oder die Person soll Handlungen in der Gegenwart rechtfertigen. Historiengemälde verraten uns deshalb oft mehr über die Zeit, in der sie entstanden sind, als über das abgebildete Ereignis oder die Person selbst. Deshalb sind sie nicht als objektive Quelle anzusehen. Historienbilder sind vielmehr Darstellungen, die etwas Symbolhaftes, überzeitlich Bedeutsames zeigen wollen. Bildquellen sind daher wie andere Quellen auch kritisch zu betrachten.

Arbeitsschritte

1. Schritt: Das Bild beschreiben
- Welches Ereignis ist dargestellt?
- An welchem Ort spielt sich das Geschehen ab?
- Welche Personen sind zu sehen? Welche stehen im Mittelpunkt?

2. Schritt: Die Entstehung des Bildes untersuchen
- Wer hat es gemalt?
- Wer hat es in Auftrag gegeben?
- Für welchen Zweck wurde es geschaffen?
- Welcher Zeitraum liegt zwischen dem Ereignis und der Entstehung des Bildes?
- Hat der Maler das Geschehen selbst miterlebt?

3. Schritt: Bild und Wirklichkeit vergleichen
- Suche nach Abbildungen (Fotos, Gemälde, Zeichnungen usw.), die das gleiche Ereignis zeigen.
- Ziehe gegebenenfalls schriftliche Informationen und Quellen heran.

4. Schritt: Die Aussage des Bildes erschließen
- Was wollte der Maler dem Betrachter zeigen? Berücksichtige, ob es Abweichungen zwischen Bild- und weiteren Quellenaussagen gibt.
- Welche Wirkung wollte der Künstler beim Publikum erreichen?
- Welche Informationen erhalten wir über das zentrale Thema des Bildes hinaus, die z. B. Aufschluss geben über politische, gesellschaftliche Verhältnisse oder über die Kultur (zur Zeit des dargestellten Ereignisses bzw. des Künstlers)?

M2 **Die Proklamation des Deutschen Kaiserreichs im Spiegelsaal zu Versailles am 18.1. 1871,** Gemälde von Anton von Werner, 1885. Das 170 × 200 cm große Bild (3. Fassung) war ein Geschenk Kaiser Wilhelms I. an Bismarck zu dessen 70. Geburtstag. Es hängt heute im Bismarck-Museum in Friedrichsruh. Die weiße Uniform hat Bismarck am 18. Januar 1871 nicht getragen.

M3 Die Gefühle des Kaisers

Wilhelm I. schrieb am 18. Januar 1871 aus Versailles an seine Gemahlin:

Eben kehre ich vom Schlosse nach vollbrachtem Kaiserakt zurück! Ich kann Dir nicht sagen, in welcher morosen[1] Emotion ich in diesen letzten Tagen war, teils wegen der hohen Verantwortung, die ich nun zu übernehmen habe, teils und vor allem über den Schmerz, den preußischen Titel verdrängt zu sehen! In einer Konferenz gestern mit Fritz [dem Kronprinzen], Bismarck und Schleinitz [Minister des Königlichen Hauses] war ich zuletzt so moros, dass ich drauf und dran war, zurückzutreten und Fritz alles zu übertragen! Erst nachdem ich in inbrünstigem Gebet mich an Gott gewendet habe, habe ich Fassung und Kraft gewonnen!

Briefe Kaiser Wilhelms des Ersten, hg. von Erich Brandenburg, Leipzig (Insel) 1911, S. 254.

[1] mürrischen

M4 „Fälschungen"?

Der Historiker Michael Sauer schrieb 2000:

Bis in die jüngste Zeit hat man von Werners Gemälde als eine geradezu fotodokumentarische Wiedergabe des Geschehens aufgefasst … Gerade die Genauigkeit und Realität der Details indes täuscht darüber hinweg, dass es sich bei der „Kaiserproklamation" um eine Inszenierung und Stilisierung der Ereignisse handelt … Tatsächlich hat Werner ja den Krönungsakt miterlebt und ihn skizziert. Aber der Maler hat mit seinem Bild nicht einfach eine Wiedergabe des Ereignisses, sondern eine historische Deutung und Würdigung geliefert … [In Bild M1 erscheint die Reichsgründung – Verf.] als Werk der Fürsten, aber mehr noch der Militärs … [Bild M2 – Verf.] rückt … eine andere Perspektive in den Vordergrund, nämlich die preußische … Im Zentrum des Bildes stehen Wilhelm und seine drei Paladine[1] Bismarck, Moltke und Roon. … [Tatsächlich hat Bismarck – Verf.] in Versailles einen blauen Waffenrock getragen, … und Roon hatte wegen Krankheit an der Zeremonie gar nicht teilgenommen.

Michael Sauer, Bilder im Geschichtsunterricht, Seelze-Velber (Kallmeyer) 2000, S. 118 f.

[1] treue Gefolgsleute

1. Analysiere anhand der Arbeitsschritte jeweils eine Deutung für M1 und M2.
2. Vergleiche M1 mit M2 und stelle die Unterschiede fest. Konzentriere dich dabei auf die Hauptpersonen Wilhelm I. und Bismarck.
3. Suche nach Erklärungen für die von dir notierten Unterschiede. Berücksichtige dabei die Textquelle M3 und den Historikertext M4.
4. Diskutiert in der Klasse die Frage, ob man Historienbilder als „Fälschungen" bezeichnen kann.

Die Verfassung von 1871: Einheit vor Freiheit und Demokratie?

Die Verfassung des Kaiserreichs

Das Deutsche Reich von 1871 war nach dem Vertrag der Fürstentümer und Freien Reichsstädte ein Bundesstaat*. Die Verfassung des Reiches jedoch war unter der Regie des preußischen Ministerpräsidenten Bismarck entworfen worden. Sie sollte die Monarchie sichern, das demokratisch gewählte Parlament als Machtfaktor weitgehend ausschalten und einen liberalen Nationalstaat verhindern. Der preußische Teilstaat umfasste etwa zwei Drittel des Reichsgebietes, drei Fünftel der Reichsbevölkerung wohnten in Preußen. Im Reichsheer stellte es zwei Drittel der Soldaten. Im Bundesrat, der Vertretung der Regierungen aller Mitgliedsstaaten des Reiches, hatte Preußen 17 von 58 Stimmen. Überstimmt werden konnte es nur, wenn mehrere Mittelstaaten sich zusammenschlossen. Die Reichsverfassung war gegen den Willen Preußens nicht zu verändern.

Wenn auch die Einzelstaaten nicht mehr souverän waren, so besaßen sie doch eigene Hoheitsrechte im Justiz- und Schulwesen, in der Steuer- und Finanzpolitik sowie in Verfassungs- und Gesetzgebungsangelegenheiten. Als Preis für seinen Beitritt zum Deutschen Reich erhielt Bayern Sonderrechte. Im Bundesrat hatte Bayern sechs, die übrigen Königreiche hatten nur vier Stimmen. Da das Reich kein Staatenbund* mehr war, rangierte das Reichsrecht vor dem Landesrecht: Reichsrecht brach Landesrecht.

Anders als die Paulskirchenverfassung von 1848/49 enthielt die Reichsverfassung keine Grundrechte, die den Einzelnen vor staatlicher Willkür schützten. Grundrechte gab es nur in einzelnen Länderverfassungen. Weitere Schwachpunkte sahen Kritiker der Verfassung in der kaum kontrollierten Macht des Kaisers und dem Übergewicht Preußens.

M2 **Preußen und das Reich**

Freiherr von Mittnacht vor dem württembergischen Parlament am 7. Dezember 1899:

Preußen ist für sich allein eine Großmacht, der König von Preußen ist zugleich deutscher Kaiser, der preußische Ministerpräsident zugleich Reichskanzler. Preußen wird und kann niemals die politische Führung im Reiche in wichtigen Angelegenheiten, vielleicht in Lebensfragen der deutschen Nation aus der Hand geben. Wir leben ... in einem Bundesstaat, in welchem ein Einzelstaat eine ganz überwiegende Macht und Bedeutung hat, und diesem Staat die Führung und Initiative in Reichsangelegenheiten zu entwinden, das möge man sich nicht zu leicht vorstellen.

Verhandlungen der Württembergischen Kammer der Abgeordneten auf dem 34. Landtag in den Jahren 1899/1900. Protokoll-Band III, Stuttgart, 1900, S. 2141.

Die Verfassung des Deutschen Reiches von 1871

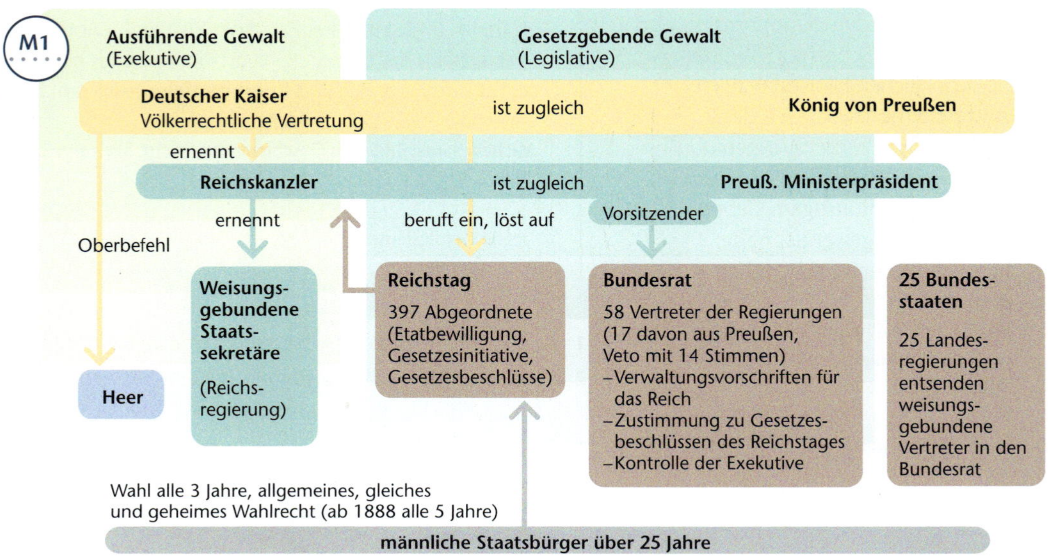

M3

Über den Reichstag

Bismarck in einem Brief an Ludwig II. von Bayern (12. August 1878):

Der Zweck des Deutschen Reiches ist der Rechtsschutz; die parlamentarische Tätigkeit ist, als der bestehende Bund der Fürsten und Städte gegründet wurde, als ein Mittel zur Erreichung des Bundeszweckes, aber nicht als Selbstzweck aufgefasst worden. Ich hoffe, dass das Verhalten des Reichstages die verbündeten Regierungen nicht zwingen wird, die Konsequenzen dieser Rechtslage jemals praktisch umzusetzen. Aber ich bin mir nicht sicher, ob die Mehrheit des jetzt gewählten Reichstages schon der richtige Ausdruck der … loyal und monarchisch gesinnten Mehrheit der deutschen Wähler ist. Sollte das nicht der Fall sein, so wird die Frage einer … Auflösung in die Tagesordnung treten.

Michael Stürmer (Hg.), Bismarck und die preußisch-deutsche Politik 1871–1890, 3. Aufl., München (dtv) 1978, S. 128 f., bearb. d. Verf.

M4

Ein „persönliches Regiment"

Der Politiker Heinrich von Sybel beschrieb 1871 in einer englischen Zeitschrift die Grundlagen des deutschen Regierungssystems:

Bleibe nicht die Regierung des Königs oder des Kaisers, wenngleich einsichtig, gemäßigt und erfolgreich, trotz alledem ein gouvernement personnel [persönliches Regiment]? Es würde nicht viel helfen … anzuführen, dass wir Parlamente haben, … ein deutsches und ein preußisches, dass wir für beide das allgemeine und wenigstens für jenes auch das gleiche, direkte und geheime Stimmrecht besitzen, … dass sie [die Regierung] … keine Gesetze ohne parlamentarische Zustimmung erlässt … Aber nicht minder gewiss ist es freilich, dass das neue Reich kein verantwortliches Ministerium und sein Parlament kein Recht zur Ministeranklage … besitzt. Bleibt ein ministerieller Antrag oder Gesetzentwurf in der Minorität [Minderheit], so ist der Antrag freilich beseitigt, aber kein Minister denkt deshalb daran, seine Entlassung zu nehmen oder seinem politischen Verfahren eine andere Richtung zu geben. Wir haben eine konstitutionelle Monarchie, aber wir haben keine parlamentarische Regierung.

Heinrich von Sybel, Das neue deutsche Reich, in: Vorträge und Aufsätze, 2. Aufl., Berlin (Hofmann) 1874, S. 322 ff.

M5

Bismarck und der Reichstag, Karikatur aus Ungarn, 1879

Begriffe und Daten

Reichstag

Der Reichstag von 1871 wurde als Volksvertretung nach dem gleichen, geheimen, direkten Mehrheitswahlrecht von Männern über 25 Jahre gewählt. Er hatte in der Verfassung gegenüber dem Kaiser und dem Bundesrat eine schwache Stellung. Alleiniger Inhaber der Souveränität blieb der Kaiser. Die Regierung war dem Parlament gegenüber nicht verantwortlich.

1 a) Untersuche M1. Siehe Arbeitsschritte S. 97.
b) Vergleiche mit der Revolution von 1848.

2 Kläre mithilfe des Darstellungstextes die Machtverhältnisse nach der Verfassung von 1871.

3 Vergleiche die in M2 und M3 vertretenen Positionen.

4 a) Erläutere, wie Sybel die Verantwortlichkeit der Minister gegenüber dem Reichstag beurteilt (M4).
b) Informiere dich über die heutige Stellung der Minister und des Bundeskanzlers gegenüber dem deutschen Parlament. Berichte.

5 Analysiere M5 und vergleiche mit M4, S. 211.

Webcode: FG642588-215

Die Bündnispolitik Bismarcks – Ziele und Zerfall

Machtpolitik und Friedenssicherung

Durch die Gründung des Deutschen Reiches 1871 war in der Mitte Europas ein starker Flächenstaat entstanden, der das System des Gleichgewichts zu gefährden schien. Bismarck befürchtete, die Nachbarn im Westen und Osten könnten sich verbünden, um eine weitere Ausdehnung des Deutschen Reiches zu verhindern. Im Falle eines Krieges müsste es sich nämlich an zwei Fronten mit zwei Gegnern auseinandersetzen. Um dies zu verhindern, versicherte die Reichsregierung den europäischen Großmächten wiederholt, dass das Deutsche Reich sein Gebiet nicht weiter ausdehnen würde.

Das europäische Gleichgewicht war durch die Gründung des deutschen Nationalstaats ins Wanken gekommen. Außer Kontrolle geriet es dann durch Kräfte und Konflikte in den Vielvölkerstaaten im Osten und Südosten: Dort forderten Minderheiten ihre Unabhängigkeit, um einen eigenen Nationalstaat zu gründen. Mit Russland fanden die auf dem Balkan lebenden Slawen eine Großmacht, die sie in diesem Bestreben unterstützte. Das Osmanische Reich, unter dessen Herrschaft sie bisher gelebt hatten, war zu schwach, um sich Russlands Druck zu widersetzen. Damit stieg die Gefahr eines Krieges, denn England und Österreich sahen eigene Interessen gefährdet, wenn Russland sich zum „starken Mann am Bosporus" erklärt hätte.

In dieser Situation trat Bismarck als Vermittler auf und berief 1878 eine internationale Konferenz nach Berlin. Hier und in den folgenden Jahren gelang es ihm, zwischen den europäischen Mächten ein relativ starkes Netz aus Verträgen zu knüpfen, sodass der Frieden gesichert schien.

Sicherheit ließ sich nur durch die Aufrechterhaltung der bestehenden Kräfteverhältnisse erreichen. Für das zumindest zeitweise Gelingen wird in der Geschichtsforschung das persönliche Geschick Bismarcks angeführt. Andererseits gibt es aber auch die These, dass das äußerst komplizierte Bündnissystem Bismarcks langfristig nicht funktionieren konnte. Ein Zerfall der Bismarck'schen Bündnis- und Gleichgewichtspolitik deutete sich bereits an, als Bismarck 1890 von Kaiser Wilhelm II. zum Rücktritt gezwungen wurde.

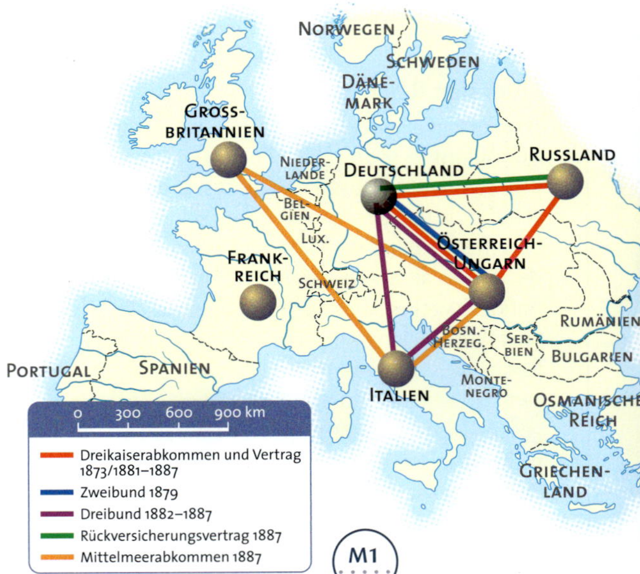

M1 Das europäische Bündnissystem zur Zeit Bismarcks

Begriffe und Daten

Europäische Verträge 1879 bis 1887

1879 Zweibund (Deutschland, Österreich-Ungarn); Verteidigungsbündnis gegen Russland.

1881 Dreikaiserbündnis (Deutschland, Österreich-Ungarn, Russland); Neutralitätsabkommen (bis 1887) für den Fall eines Angriffs durch eine vierte Macht.

1882 Dreibund (Deutschland, Österreich-Ungarn, Italien); Verteidigungsbündnis gegen Frankreich.

1887 Rückversicherungsvertrag (Deutschland, Russland); Neutralitätsabkommen für den Fall, dass einer von ihnen sich im Krieg mit einer dritten Großmacht befindet. Es gilt jedoch nicht, wenn einer von ihnen Österreich oder Frankreich angreift.

1887 Mittelmeer-Abkommen (Großbritannien, Italien, Österreich-Ungarn). Auf Vermittlung Bismarcks verpflichten sich die drei Partner, das Osmanische Reich bei einem russischen Angriff zu verteidigen.

1. Erarbeite anhand des Darstellungstextes, M1 und des Kastens die Grundsätze der Außenpolitik Bismarcks.
2. Bismarck nannte seine Außenpolitik das „Spiel mit den fünf Kugeln". Erläutere diesen Ausspruch.
3. Erörtert und skizziert in Gruppen, wie die deutsche Außenpolitik heute bezeichnet werden könnte.

Tradition und Modernisierung – Lernen an Stationen

Herrschaft und Gesellschaft

Das Deutsche Kaiserreich wird häufig mit den Begriffen „Rückständigkeit und Modernität“ oder auch „Tradition und Modernisierung“ bezeichnet. An sieben Stationen kannst du die Tragfähigkeit der Begriffspaare untersuchen.

Lernen an Stationen

1. Schritt: Vorbereitung und Planung
- Überblick über das Thema, Problemstellung
- Entscheidung über die Arbeitsform (z. B. Einzel-, Partner-, Gruppenarbeit)
- Aufbau der Stationen, evtl. von Zusatzstationen
- Vorbereiten der „Laufzettel“ (siehe Kasten)

2. Schritt: Durchführung
- selbstständige Arbeit an den Stationen
- eventuell Zwischenberichte oder -auswertungen
- Festhalten der Arbeitsergebnisse und Erfahrungen mit eigenen Worten

3. Schritt: Auswertung
- Ergebnisse zusammentragen, vergleichen, bewerten
- Erfahrungen vortragen, Probleme klären
- Erkenntnisse für die Weiterarbeit austauschen

„Laufzettel“ mit Arbeitsaufträgen

Station 1: Parteien und Verbände
- a) Notiere stichwortartig die Ziele der im Darstellungstext genannten Parteien und Verbände.
  b) Bewerte das Gewicht der Parteien im Reichstag 1871–1912 (M1).
- Kläre anhand von M2 und M5, wie der Begriff „Organisation“ begründet wird.
- a) Vergleiche M3 und M4.
  b) Schreibe eine kurze Stellungnahme zu Aussagen und Symbolik.

Station 2: Der „Kulturkampf“
- Prüfe anhand der Materialien, ob der Begriff „Kulturkampf“ den Konflikt zwischen Kirche und Staat treffend beschreibt.
- Schreibe einen Zeitungsbericht a) über die Gefangennahme des Kölner Erzbischofs für die dem Zentrum nahestehende „Kölnische Volkszeitung“ oder b) für die in Berlin erscheinende liberale „National-Zeitung“.

Station 3: Der Kampf gegen die Sozialdemokratie
- Stelle anhand des Darstellungstextes fest, warum die Sozialdemokratie von den herrschenden Kreisen als Gefahr gesehen wurde.
- Notiere Grundrechte, die durch das Sozialistengesetz verletzt wurden (M2, M4).
- Schreibe aus der Sicht Bismarcks und Bebels je ein kurzes Fazit des Konflikts um „Sozialistengesetz“ und Sozialgesetzgebung. Beachte die Spannung zwischen politischer Absicht und Wirkung.

Station 4: Frauen fordern Rechte
- Vergleiche die Ziele der bürgerlichen und der proletarischen Frauenbewegung (Darstellungstext, M1, M3, M5).
- Formuliere Aussagen zu M2.
- Gib dem Herrn in M4 eine Antwort aus der Sicht der abgebildeten Frau.

Station 5: Eine „militarisierte“ Gesellschaft?
- Untersuche M1 bis M5 und M7 unter dem Aspekt des „Militarismus“ in Staat und Gesellschaft.
- Analysiere, welche Erklärung M6 für Verbreitung und Akzeptanz des Militarismus bietet.
- Schreibe einen eigenen Darstellungstext zur Doppelseite: Eine „militarisierte“ Gesellschaft?

Station 6 (Wahlstation): Wissenschaft und Technik
- a) Analysiere M2, M5 und M6.
  b) Notiere Art und Aussageabsicht der Abbildungen.
- Erkläre die Zusammenhänge zwischen Erfindung, Forschung und Produktion (M1, M4).
- Zeige, wie technischer Wandel dargestellt wird (M3).
- „Fortschritt mit Schatten“: Notiere Probleme mit Technologien in der Gegenwart.

Station 7: Nationale Minderheiten im Kaiserreich
- a) Erarbeite die Situation der Dänen und der Polen im Deutschen Reich. b) Vergleiche.
- Schreibe aus der Sicht eines Historikers eine Bewertung der Minderheitenpolitik im Kaiserreich.

Station 1: Parteien und Verbände

Parteien – politischer Spiegel der Gesellschaft

Seit den 1860er Jahren kam es zur Gründung von politischen Parteien. Zu den wichtigsten Parteien im Reichstag gehörte die Nationalliberale Partei: Sie stand für Werte wie Demokratie, Rechtsgleichheit und nationale Einheit. Ihre Wähler fand sie größtenteils bei Industriellen und Bildungsbürgern. Die Anhänger der Linksliberalen waren vorwiegend Freiberufler und Angehörige des mittleren Bürgertums. Sie wollten u.a. dem Reichstag mehr Macht einräumen. Eine weitere große bürgerliche Partei war das Zentrum. Sie vertrat die Interessen der katholischen Bevölkerung. Die Konservativen standen für die Interessen des Adels und der Großgrundbesitzer auf der Grundlage der Monarchie. Die Freikonservativen unterstützten Bismarck. Die Deutsch-Konservativen, bei denen die Agrarier das Sagen hatten, standen ihm kritisch gegenüber. Zu den schärfsten Gegnern der Konservativen zählte die im Mai 1875 gegründete Sozialistische Arbeiterpartei Deutschlands, die spätere SPD. Sie forderte das allgemeine, gleiche und direkte Wahlrecht für Männer und Frauen, direkte Gesetzgebung, Entscheidung über Krieg und Frieden durch das Volk und ein Volksheer.

Verbände – organisierte Interessen

Mit der Aufhebung der Vereinigungsverbote Anfang der sechziger Jahre organisierten sich die Industriearbeiter in großer Zahl in den sogenannten Freien Gewerkschaften, in geringerer Zahl auch in christlichen und liberalen Arbeitervereinigungen. Das Ziel einer Anerkennung als Tarifpartner konnten die Gewerkschaften aber erst nach dem Ende des Kaiserreichs (1918) durchsetzen.

Interessenverbände wurden auch auf Unternehmerseite gegründet: 1876 der Centralverband Deutscher Industrieller, 1893 der konservative Bund der Landwirte und 1898 der rüstungspolitisch aktive Flottenverein. Bürgerliche Frauen organisierten sich 1894 im Bund Deutscher Frauenvereine. Seine Ziele waren, der Hausarbeit der Ehefrau und Mutter Achtung zu verschaffen und eine rechtliche Gleichstellung beim Zugang von Frauen zu Abitur und Studium.

Als Weg zur Gleichberechtigung forderte die proletarische Frauenbewegung vor allem das Frauenwahlrecht und die Anerkennung der Frauenarbeit.

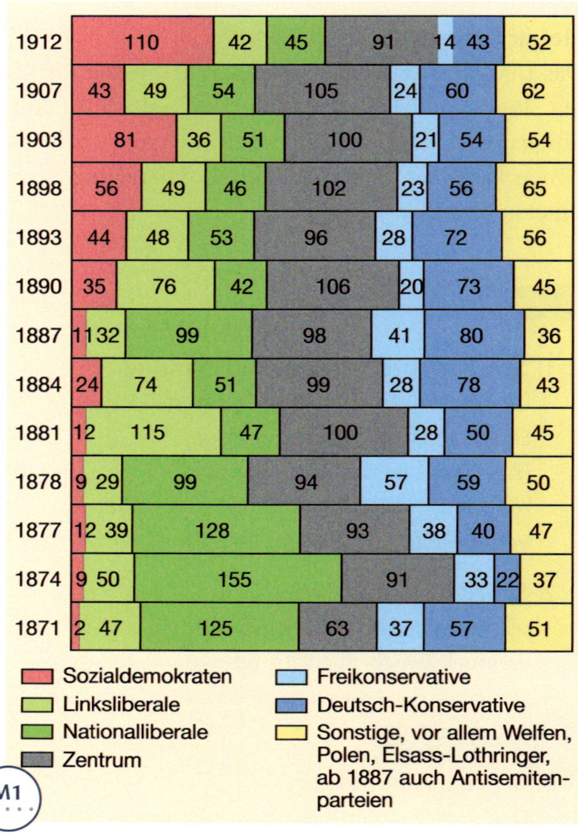

M1

Die Sitzverteilung der Parteien im Deutschen Reichstag 1871 bis 1912

Begriffe und Daten

Parteien

Der Zusammenschluss von Menschen mit gemeinsamen politischen Vorstellungen und Zielen. Merkmale einer Partei sind: 1. dauerhafte Organisation, 2. Parteiprogramme, 3. Wille zur Einflussnahme, z. B. durch Wahlen und Teilnahme an der Regierungsgewalt. Parteien im modernen Sinne entstanden mit dem Parlamentarismus seit der Mitte des 19. Jahrhunderts aus Wahlvereinen und politischen Klubs. Wegen ihrer zumeist einseitigen Fixierung auf ihre weltanschaulich, konfessionell oder regional gebundenen Interessen und Erwartungen waren Koalitionen oder Bündnisse mehrerer Parteien im Kaiserreich selten. Es fehlte an Kompromissfähigkeit.

M2

Organisation … „das Wachsen der Masse“

Der sozialliberale Politiker Friedrich Naumann (1860–1919) schrieb über die „Zeit der Organisation“ nach 1900:

Alle Verhältnisse werden vom Gedanken der Organisation, das ist der der Regelung der Menge, durchdrungen. Es wird ein Stolz des Menschen, in großen Betrieben zu stehen, in weite Verbindungen hineingezogen zu sein … Selbst der Landmann beginnt sich zu organisieren. Alle fühlen, dass sie gemeinsam ihre Geschäfte machen müssen, dass auf Vereinzelung wirtschaftliche Todesstrafe gesetzt ist. Diese Änderung der Gegenwart ist eines der interessantesten Erlebnisse. Es kommt uns allen unerwartet, denn die Parole der geistigen Bewegung, die der Gegenwart vorausging, war die Unabhängigkeit des Einzelmenschen … Und doch ist heute alles voll von Motiven anderer Art. Alle Teile des Volkes treten mit Forderungen an den Staat heran … Der Staat und die Verbände werden Wirtschaftsfaktoren … So wirkte das Wachsen der Masse.

Friedrich Naumann, Werke, Bd. III, Köln, 1966, S. 104 f.

M4

Organisierter Nationalismus, Werbepostkarte des Alldeutschen Verbandes, 1914

M3

„Der Sozialismus vertreibt den Vampir des Kapitalismus“, Titelabbildung einer Zeitung zum 1. Mai 1899

M5

Parteien im Kaiserreich

Der Soziologe Max Weber (1864–1920) schrieb 1918:

Bei den bürgerlichen Parteien …: Der aktive lokale Betrieb wird meist nebenamtlich von Honoratioren betrieben, nur in Großstädten von Beamten. Zeitungsredaktionen oder Anwälte stellen in den mittleren Orten die Büros … Wesentlich straffer …, dabei unter demokratischen Formen diszipliniert und zentralisiert, ist die … Organisation der sozialdemokratischen Partei. Lockerer, mehr an lokale Honoratiorenkreise anknüpfend, war diejenige der Partei der Rechten … In der Zentrumspartei ist formal der Zentralismus und die autoritative Leitung am stärksten entwickelt … So verschieden … die innere soziale Struktur der deutschen Parteien ist, so sind doch hier wie überall Bürokratisierung und rationale Finanzwirtschaft Begleiterscheinungen der Demokratisierung … Die Zahl der Wahlreden, die ein Kandidat heute … halten muss, seiner Besuche und Rechenschaftsberichte … steigert sich ständig.

G. A. Ritter (Hg.), Historisches Lesebuch, Frankfurt a. M., 1967, S. 105–107.

Webcode: FG642588-219

Station 2: Der „Kulturkampf“

Spannungen in der Gesellschaft

Das Deutsche Reich war keineswegs ein stabiler Nationalstaat. Es war vielmehr ein kompliziertes Gebilde aus Einzelstaaten mit unterschiedlichen politischen und konfessionellen Traditionen. Bismarck wollte das Deutsche Reich zu einer europäischen Großmacht festigen. Dieses Ziel wurde vor allem durch politische und gesellschaftliche Kräfte gefährdet, die ihre jeweiligen Interessen gegen den Willen der Regierung durchzusetzen versuchten, wie z. B. die Industriearbeiter, die sich politisch organisierten und das Großmachtstreben kritisierten.

Einer der gefährlichsten innenpolitischen Krisenherde jedoch entwickelte sich aus dem Gegensatz zwischen Protestantismus und Katholizismus: Der monarchische Staat und der protestantische Liberalismus standen den gesellschaftlichen Kräften gegenüber, die dem überstaatlich an Rom orientierten Katholizismus anhingen. Dieser grundlegende Konflikt erschütterte den Nationalstaat, der mit der Reichsgründung noch keineswegs gefestigt war. Der Konflikt betraf das Leben von vielen Millionen Menschen im Land und verschärfte sich vor allem deshalb, weil es um Grundüberzeugungen und höchste Werte ging.

M1

Der große Kampf des Jahrhunderts, Karikatur aus der in Barcelona erscheinenden Zeitung „La Madeja politica“, 1874. Der Papst mit dem Schild „Unfehlbarkeit“ kämpft gegen Preußen mit dem Schild „Moderne Weltanschauung“.

Der „Kulturkampf“

1871 lebten im Deutschen Reich 41 Millionen Reichsbürger. Ungefähr 62 Prozent waren Protestanten und 36 Prozent Katholiken. Traditionell akzeptierte die evangelische Kirche die Entscheidungen der Regierung. Dagegen machte die katholische Kirche ihre Stellungnahme von der Weisung des Papstes abhängig. Dieser „Staat im Staate“ störte Bismarcks Konzept, zumal die Zentrumspartei, die sich als politische Vertretung der Katholiken verstand, als zweitstärkste Partei aus den Reichstagswahlen 1871 hervorgegangen war. Eine politische Kraft, die nicht zu kalkulieren und schon gar nicht zu steuern war, musste nach Bismarcks Ansicht ausgeschaltet werden. Deshalb wurden zahlreiche Gesetze erlassen, um die Stellung des Staates gegenüber den Kirchen zu stärken.

Schließlich aber verlor Bismarck den sogenannten Kulturkampf. Es gelang ihm nicht, die Verbindung zwischen Kirche, Zentrumspartei und deutschen Katholiken zu zerstören. Formell wurde der Konflikt 1886/87 mit den „Friedensgesetzen“ beendet.

M2

Eine Mobilmachung gegen den Staat

Bismarck griff die Zentrumspartei am 30. Januar 1872 vor dem preußischen Abgeordnetenhaus an:

Wie ich gefunden habe, dass die Fraktion [Zentrumspartei], von der ich sprach, im Reichstage sich bereitwillig Elemente aneignete, deren fortdauernder prinzipieller … Widerspruch gegen den preußischen Staat und gegen das Deutsche Reich notorisch[1] war, … da bin ich mir immer klarer in der Besorgnis geworden, dass wir durch diese Partei zu der bedauerlichen Situation kommen würden, in der wir uns befinden … Aber wir können den dauernden Anspruch auf eine Ausübung eines Teiles der Staatsgewalt den geistlichen Behörden nicht einräumen, und soweit sie dieselbe besitzen, sehen wir im Interesse des Friedens uns genötigt, sie einzuschränken, damit wir nebeneinander Platz haben, damit wir in Ruhe miteinander leben können.

Stenographische Berichte über die Verhandlungen der durch die Allerhöchste Verordnung vom 16. 11. 1871 einberufenen beiden Häuser des Landtages. Haus der Abgeordneten, Bd. 1, Berlin, 1872, S. 535 ff.

[1] offenkundig, allbekannt

M3

„Kulturkampf" in Köln

Der Historiker Adolf Klein schrieb 1992 über das staatliche Vorgehen gegen den Kölner Erzbischof Paulus Melchers:

Er war in mehreren Strafverfahren zu Geldstrafen verurteilt worden, weil er geistliche Ämter ohne die jetzt vorgeschriebene Anzeige an den Oberpräsidenten besetzt hatte. Da er die Geldstrafen nicht zahlte ..., wurde er im Jahre 1874 für sechs Monate in der Kölner Strafanstalt „Klingelpütz" zur Vollstreckung der Ersatzfreiheitsstrafen inhaftiert. Das machte den Erzbischof zum Märtyrer, was dem Staat kaum erwünscht sein konnte ... Trotz allen Entgegenkommens der Gefängnisverwaltung geschahen Fehlgriffe ... Als Ministrant für die täglich zu lesende Messe wies man ihm einen Zuhälter an. Die Zentrumspresse schlachtete das weidlich aus ... 1876 erklärte der staatliche Gerichtshof für kirchliche Angelegenheiten den Kölner Erzbischof für abgesetzt. Die kirchlichen Stellen, die sich allein dem Kirchenrecht verpflichtet fühlten, nahmen das nicht zur Kenntnis. Der Erzbischof war nach Holland emigriert und leitete von dort die Diözese weiter. Unterdessen ließ der Staat die erzbischöflichen Vermögensverhältnisse durch einen königlichen Kommissar verwalten. Wie der Erzbischof, so wurden auch viele einfache Pfarrer wegen Verstoßes gegen die verschiedenen Kulturkampfgesetze strafrechtlich verfolgt. Nicht wenige Pfarren waren verwaist.

Adolf Klein, Köln im 19. Jahrhundert. Von der Reichsstadt zur Großstadt, Köln (Wienand) 1992, S. 246 f.

M4

Verhaftung des Kölner Erzbischofs, Holzstich, 1874

Begriffe und Daten

Gesetze gegen die Kirchen

1871 „Kanzelparagraf": Den Geistlichen im Reich wird es verboten, in ihren Predigten staatliche Angelegenheiten „in einer den öffentlichen Frieden gefährdenden Weise" zu behandeln.

1872 Schulaufsichtsgesetz: Alle Schulen in Preußen werden unter Staatsaufsicht gestellt.

1872 Jesuitengesetz: Verbot des Jesuitenordens

1873 „Maigesetze": Ausbildung und Anstellung der Geistlichen in Preußen werden staatlich kontrolliert.

1874 Expatriierungsgesetz: Die Geistlichen im Reich können auf einen bestimmten Aufenthaltsort beschränkt oder ausgebürgert werden.

1874 Zivilstandsgesetz: Geburten, Todesfälle und Trauungen können nur noch von neu geschaffenen Standesämtern rechtswirksam beurkundet werden.

1875 „Brotkorbgesetz": Preußen sperrt alle staatlichen Geldzuweisungen an die katholische Kirche.

1875 Klostergesetz: Verbot aller Orden in Preußen (Ausnahme: in der Krankenpflege tätige)

Begriffe und Daten

„Kulturkampf"

Bezeichnung für den grundlegenden Konflikt zwischen dem Deutschen Kaiserreich und der katholischen Kirche um die (Neu-)Bestimmung des Verhältnisses von Staat und Kirche. Mit einer Reihe von Gesetzen, z. B. zu politischen Äußerungen in Predigten, zur staatlichen Schulaufsicht und zur Einrichtung staatlicher Standesämter, wurden die Rechte der katholischen Kirche eingeschränkt bzw. beseitigt. Bismarck scheiterte am Widerstand der katholischen Kirche. Die meisten Gesetze wurden vollständig oder zum Teil aufgehoben.

Webcode: FG642588-221

Station 3: Der Kampf gegen die Sozialdemokratie

„Sozialistengesetz“ und Sozialgesetzgebung

Neben dem „Kulturkampf“ war die Auseinandersetzung zwischen der Reichsregierung unter Bismarck und der Sozialdemokratie der schärfste Konflikt im Kaiserreich. Bismarck lehnte grundsätzlich alle sozialen oder gar sozialrevolutionären Bewegungen ab. Diese Haltung war tief in seiner aristokratisch-konservativen Grundeinstellung verankert: „Man kann ein Land nicht von unten regieren“, lautete seine Position gegenüber Volkssouveränität und Demokratie. Es erfüllte ihn mit Misstrauen, dass die unteren sozialen Schichten, insbesondere die Industriearbeiterschaft, stetig anwuchsen und sich schließlich gewerkschaftlich und parteipolitisch zu organisieren begannen.

Deshalb ging Bismarck mit scharfen vorbeugenden Maßnahmen gegen führende Sozialdemokraten wie August Bebel und Karl Liebknecht vor. Einen günstigen Anlass für ein „Sozialistengesetz“ boten 1878 zwei Attentate auf Wilhelm I. Zwar war eine Verbindung der Attentäter zur Sozialdemokratie nicht nachzuweisen, dennoch gelang es Bismarck, im Reichstag das „Sozialistengesetz“ durchzubringen mit den Stimmen der Nationalliberalen und der Konservativen. Dieses Gesetz verbot alle „sozialdemokratischen, sozialistischen oder kommunistischen“ Vereine. Die sozialdemokratischen Abgeordneten im Reichstag ließ es dagegen unbehelligt. Bismarck erreichte sein Ziel jedoch nicht: Die Zahl der sozialdemokratischen Wähler verdreifachte sich von 493 000 (1877) auf 1 427 000 (1890). 1890 beschloss der Reichstag, das Sozialistengesetz nicht mehr zu verlängern. Im Reichstag von 1912 stellten die Sozialdemokraten bereits die stärkste Fraktion.

Einführung einer modernen Sozialgesetzgebung

Bismarck verfolgte eine doppelte Strategie: Einerseits wurde die Arbeiterbewegung unterdrückt, andererseits sollte der Staat den „berechtigten Wünschen der arbeitenden Klassen“ durch Gesetzgebung entgegenkommen. Um die Arbeiterschaft für den Staat zu gewinnen, führte er zwischen 1883 und 1889 die staatliche Kranken-, Unfall-, Alters- und Invalidenversicherung ein. Wenn auch ursprünglich ungewollt, schuf Bismarck damit das weltweit erste moderne System sozialer Sicherheit.

M1

Kontrolle der Kranzschleifen auf dem Friedhof der Märzgefallenen in Berlin, Foto, 1912. Am 18. März jeden Jahres erinnerten Arbeiter an die Opfer der Revolution von 1848. Polizisten kontrollierten die Texte auf den Kranzschleifen und schnitten missliebige Verse heraus.

M2

Das „Sozialistengesetz“

Auszüge aus dem „Gesetz gegen die gemeingefährlichen Bestrebungen der Sozialdemokratie“ vom 21. Oktober 1878:

§ 1. Vereine, welche durch sozialdemokratische, sozialistische oder kommunistische Bestrebungen den Umsturz der bestehenden Staats- oder Gesellschaftsordnung bezwecken, sind zu verbieten.

§ 9. Versammlungen, in denen sozialdemokratische, sozialistische oder kommunistische, auf den Umsturz der bestehenden Staats- oder Gesellschaftsordnung gerichtete Bestrebungen zu Tage treten, sind aufzulösen.

§ 11. Druckschriften, in welchen sozialdemokratische, sozialistische oder kommunistische, auf den Umsturz der bestehenden Staats- oder Gesellschaftsordnung gerichtete Bestrebungen in einer den öffentlichen Frieden, insbesondere die Eintracht der Bevölkerungsklassen gefährdenden Weise zu Tage treten, sind zu verbieten.

§ 17. Wer an einem verbotenen Vereine als Mitglied sich beteiligt oder eine Tätigkeit im Interesse eines solchen Vereins ausübt, wird mit Geldstrafe bis zu fünfhundert Mark oder mit Gefängnis bis zu drei Monaten bestraft.

Reichs-Gesetzblatt 1878, S. 351 ff.

M3 Die Sozialversicherungsgesetze 1883/1884/1889

	Krankenversicherung (1883)	Unfallversicherung (1884)	Invaliditäts- und Alterssicherung (1889)
Betroffene	Arbeiter (ohne Familienangehörige; seit 1900 einbezogen), ausgenommen Land- und Forstarbeiter	Arbeiter	Arbeiter Angestellte bis 2000 Mark Verdienst jährlich, Familienangehörige nicht mit einbezogen
Leistungen	Freie ärztliche Behandlung: Krankengeld in Höhe der Hälfte des ortsüblichen Tageslohnes bei Erwerbsunfähigkeit	Kosten für ein Heilverfahren Rente für Dauer einer Erwerbsunfähigkeit Rente in Höhe von ⅔ des Verdienstes bei völliger Erwerbsunfähigkeit	Invalidenrente bei dauernder oder länger als 1 Jahr währender Erwerbsunfähigkeit Altersrente ab 70. Lebensjahr Lohnklasse 1: 106 Mark jährl. Lohnklasse 4: 191 Mark jährl.
Dauer	Krankengeld für 13 Wochen	Heilverfahren und Rente ab 14. Woche	Wartezeit: Invalidenrente: 5 Beitragsjahre Altersrente: 30 Beitragsjahre
Beitrags-zahler	⅔ Versicherter ⅓ Arbeitgeber	Arbeitgeber	½ Arbeitnehmer ½ Arbeitgeber staatlicher Zuschuss von 50 Mark jährlich pro Rente
Träger	Ortskrankenkassen	Berufsgenossenschaften, gegliedert nach Gewerbegruppen	Landesversicherungsanstalten

Jost Cramer/G. Zollmann, Der Staat und die soziale Frage, in: Wirtschaft und Gesellschaft, Bd. 2, Stuttgart (Klett) o. J., M 102.

M4 Erinnerungen an das „Sozialistengesetz"

August Bebel, der Führer der Sozialdemokratie im Reichstag, berichtete 1913 in seinen Memoiren:

Sobald das Gesetz verkündet und in Kraft getreten war, fielen die Schläge hageldicht. Binnen weniger Tage war die gesamte Parteipresse mit Ausnahme des „Offenbacher Tageblatts" und der „Fränkischen Tagespost" in Nürnberg unterdrückt. Das gleiche Schicksal teilte die Gewerkschaftspresse mit Ausnahme des Organs des Buchdruckerverbandes, des „Korrespondenten" ... Ebenso verfielen der Auflösung die zahlreichen lokalen sozialdemokratischen Arbeitervereine, nicht minder die Bildungs-, Gesang- und Turnvereine ... Durch die Verfolgungen aufs Äußerste verbittert, zogen sie [die Sozialdemokraten] von Stadt zu Stadt, suchten überall die Parteigenossen auf, die sie mit offenen Armen aufnahmen, und übertrugen jetzt ihren Zorn und ihre Verbitterung auf ihre Gastgeber, die sie zum Zusammenschluss und zum Handeln anfeuerten. Dadurch wurde eine Menge örtlicher geheimer Verbindungen geschaffen ... Der Vorgang erinnert an die Verfolgung der Christen in den ersten Jahrhunderten unserer Zeitrechnung durch die römischen Cäsaren und ihre Werkzeuge.

August Bebel, Aus meinem Leben, bearb. v. Ursula Herrmann, Berlin (Dietz) 1983, S. 509 ff.

Begriffe und Daten

Sozialistengesetz

Von Reichskanzler Bismarck 1878 durchgesetztes „Sondergesetz" zur Unterdrückung der Sozialdemokratie (Auflösung von Vereinen, Ausweisungen, Druckverbote). Die sozialdemokratischen Reichstagsabgeordneten waren davon nicht betroffen. Das Gesetz wurde mehrfach verlängert und 1890 aufgehoben. Es führte nicht zu einer Schwächung, sondern eher zur Stärkung der Sozialdemokratie.

Sozialgesetzgebung

Von Bismarck 1883 bis 1889 als „Antwort" auf die „soziale Frage" und die Arbeiterbewegung eingeführte Gesetze zur Kranken-, Unfall- und Rentenversicherung. Die Leistungen der Sozialversicherungsgesetze waren – aus heutiger Sicht – bescheiden, legten aber den Grundstein für eine später auch in anderen Staaten nachgeahmte soziale Vorsorge. Die Bismarck'sche Sozialversicherung kann als Beginn moderner staatlicher Sozialpolitik angesehen werden.

Webcode: FG642588-223

Station 4: Frauen fordern Rechte

Bürgerliche Frauenbewegung

Seit der Aufklärung wandelten sich die Vorstellungen über die Familie und die Beziehungen zwischen Mann und Frau: Eigene Wünsche und die Erziehung und Bildung der Kinder wurden wichtige Werte. Mit der Industrialisierung veränderten sich auch die Lebensbedingungen: Arbeitsplatz und Wohnung wurden getrennt. Während der bürgerliche Mann z. B. ins Kontor (Büro) ging, kümmerten sich bürgerliche Frauen um Haushalt und Kinder. Seit der Revolution von 1848/49 begannen Frauen, sich verstärkt gegen ihre Abhängigkeit und Benachteiligung zu wehren. Es entstanden Frauenorganisationen, die Gleichberechtigung forderten, wie z. B. der Bund Deutscher Frauenvereine von 1894. Mit fast 500 000 Mitgliedern wurde er bis 1914 zum Mittelpunkt der bürgerlichen Frauenbewegung. Gegen viele Widerstände konnten die Frauen wichtige Forderungen durchsetzen: Im Jahr 1900 durften Frauen erstmals an einzelnen deutschen Universitäten studieren, seit 1908 konnten sie in politischen Parteien mitarbeiten. Das Wahlrecht erlangten sie im Januar 1919 nach dem Ende des Kaiserreichs (November 1918).

Proletarische Frauenbewegung

Die im Kaiserreich gegründete proletarische bzw. sozialdemokratische Frauenbewegung stützte sich vor allem auf das Buch „Die Frau und der Sozialismus“ von 1879. Geschrieben hatte es der Arbeiterführer August Bebel. Er sah die Frau in der kapitalistischen Gesellschaft doppelt unterdrückt: zum einen durch ihre soziale Abhängigkeit von den Männern im privaten Bereich und zum anderen durch ihre wirtschaftliche Abhängigkeit im Bereich des Arbeitslebens. Nach Bebel sollte diese Abhängigkeit durch eine Umgestaltung der kapitalistischen in eine sozialistische Wirtschafts- und Gesellschaftsordnung beseitigt werden. Folgerichtig verstanden die sozialdemokratischen Frauen ihr politisches Engagement als antikapitalistischen Kampf. Bis 1907 hatten sich 94 sozialdemokratische Frauenvereine mit etwa 10 000 Mitgliedern gebildet, obwohl der Staat durch ein rigides Vereinsrecht die Bewegung zu unterdrücken versuchte. Erst mit dem Reichsvereinsgesetz von 1908 eröffneten sich für Frauen neue Möglichkeiten politischer Arbeit.

M1 Plakat von Karl Maria Stadler

M2 Das Verhältnis von weiblicher zu männlicher Erwerbsbevölkerung im Jahre 1907

Wirtschaftssektor	Selbstständige insgesamt (in Tsd.)	Selbstständige davon weiblich (in %)	Unselbstständige insgesamt (in Tsd.)	Unselbstständige davon weiblich (in %)
Landwirtschaft	2501	13,1	7382	57,8
Industrie und Handwerk	1977	24,1	9279	17,5
Handel und Verkehr	1012	24,4	2466	27,8
Häusliche Dienste	–	–	1736	90,4
insgesamt	5490	19,0	20 863	39,1

M3

Ziele der Frauenbewegung

Aus dem Programm des „Allgemeinen Deutschen Frauenvereins" (1905):

Die Frauenbewegung setzt sich somit das Ziel: den Kultureinfluss der Frau zu voller innerer Entfaltung und freier sozialer Wirksamkeit zu bringen ...

I. Bildung ... a) obligatorische Fortbildungsschulen (Berufsschulen – Verf.) für alle aus der Volksschule entlassenen Mädchen; b) eine Reorganisation der höheren Mädchenschule, durch welche diese, unbeschadet ihrer dem Wirkungskreise der entsprechenden Besonderheit, den höheren Knabenschulen gleichwertig wird ... c) unbeschränkte Zulassung ordnungsgemäß vorgebildeter Frauen zu allen wissenschaftlichen, technischen und künstlerischen Hochschulen.

II. Berufstätigkeit. Die Frauenbewegung betrachtet für die verheiratete Frau den in der Ehe und Mutterschaft beschlossenen Pflichtenkreis als ersten und nächstliegenden Beruf ... In Anbetracht der großen Zahl von Frauen, die unverheiratet bleiben, und der weiteren Zahl derer, die in der Ehe keine ausreichende wirtschaftliche Versorgung finden können, ist die Berufsarbeit der Frau eine wirtschaftliche und sittliche Notwendigkeit ... In Bezug auf die wirtschaftliche Bewertung der beruflichen Frauenarbeit vertritt die Frauenbewegung den Grundsatz: Gleichen Lohn für gleiche Leistung ...

III. Ehe und Familie. Die Frauenbewegung sieht in der Heilighaltung der Ehe die wesentlichste Bürgschaft für das körperliche und geistige Wohl der Nachkommenschaft und die Grundbedingung sozialer Gesundheit ...

IV. Öffentliches Leben, Gemeinde und Staat ... a) Zulassung der Frauen zu verantwortlichen Ämtern in Gemeinde und Staat ... b) Zuziehung der Frauen zur Vertretung der Laien bei der Rechtspflege (weibliche Schöffen und Geschworene) ... d) Teilnahme der Frauen am kirchlichen Wahlrecht; e) Teilnahme der Frauen am kommunalen Wahlrecht; f) Teilnahme der Frauen am politischen Wahlrecht.

Deutsche Sozialgeschichte, Bd. 2, hg. von Gerhard A. Ritter und Jürgen Kocka, München (C. H. Beck), 1974, S. 422–424.

Webcode: FG642588-225

M4

Karikatur über das Studium von Frauen aus den „Fliegenden Blättern", 1908. Die Bildunterschrift lautet: „Wie, gnädiges Fräulein wollen sich dem ärztlichen Beruf widmen? ... Aber ich bitt' Sie, mit so einem lieben G'sichterl studiert man doch nicht!"

M5

„Absolutes Verbot der Nachtarbeit ..."

Ottilie Baader (1847–1927), ehemals Arbeiterin, gehörte als Sozialdemokratin zu den führenden Frauen der proletarischen Frauenbewegung. Sie schrieb 1921:

Die Forderungen, die wir bei unserer Agitation immer wieder in den Vordergrund stellten, waren die folgenden:

1. Absolutes Verbot der Nachtarbeit für Arbeiterinnen.
2. Verbot der Verwendung von Arbeiterinnen bei allen Beschäftigungsarten, welche dem weiblichen Organismus besonders schädlich sind.
3. Einführung des gesetzlichen Achtstundentags für Arbeiterinnen.
4. Freigabe des Sonnabendnachmittags für Arbeiterinnen.
5. Aufrechterhaltung der gesetzlich festgelegten Schutzzeit für erwerbstätige Schwangere und Wöchnerinnen.

Zit. nach Die Frauenfrage in Deutschland 1865–1915, hg. von Elke Friederiksen, Stuttgart (Reclam) 1981, S. 365.

Station 5: Eine „militarisierte“ Gesellschaft?

M1 **Vorbeimarsch von Reserveoffizieren bei einer Parade in Ulm,** Foto, um 1900. Spazierstöcke und Schirme dienten als Säbelersatz.

M3 **Kieler (Matrosen-)Anzug,** Foto, um 1910. Der marinebegeisterte Kaiser Wilhelm II. propagierte den Anzug als patriotisches Kleidungsstück.

M2

„Militärfrommheit“

Ein Medizinalrat erinnert sich an die Gymnasialzeit in den 1880er Jahren:

Der Offizier bildete ganz unbestritten den ersten Stand, das wurde uns sogar von den Gymnasiallehrern beigebracht, wenn es überhaupt noch nötig gewesen wäre. Ich glaube nicht, dass sich die heutige Generation noch einen Begriff von der damals fast überall herrschenden Militärfrommheit machen kann. Der Uniform kam jeder entgegen, machte jeder Platz, es war nahezu undenkbar, dass ein Leutnant sich bei irgendeinem Mädchen einen Korb holen konnte.

„Mein Gott, wie kann man nur einen Leutnant töten?!“, rief ein junges Mädchen, als es hörte, dass ein solcher im Kriege gefallen sei. Dann machten die unter uns, die ins Kadettenkorps kamen, einen starken Eindruck auf uns; sie gehörten in unseren Augen bereits der glänzenden, überall ausgezeichneten Welt an. Sie behielten hoffärtig die Mütze beim Grüßen auf, während wir demütig die unansehnlichen Hüte schwingen mussten. Jeder hatte etwas für sie übrig, die Mädchen guckten ihnen nach.

Zit. nach Gerhard A. Ritter und Jürgen Kocka (Hg.), Deutsche Sozialgeschichte, Bd. 2, München (C.H. Beck) 1977, S. 80.

Fortschritt im Schulwesen

An den preußischen Schulen soll jetzt als neues Unterrichtsfach Staatsbürgerkunde eingeführt werden. Es ist wohl selbstverständli[ch,] daß der Unterricht von Schutzleuten erteilt wird.

M4 **Schule im Kaiserreich. Karikatur von Th. Heine, 1910.** Bildunterschrift: An den preußischen Schulen soll jetzt als neues Unterrichtsfach Staatsbürgerkunde eingeführt werden. Es ist wohl selbstverständlich, dass der Unterricht von Schutzleuten erteilt wird.

M5

„... ein waffenfreudiges Volk"

Aus einer Rede Wilhelms II. anlässlich eines Manöverbesuchs in Karlsruhe am 11. September 1909:

Der heutige Tag gilt, wie Sie erwähnt haben, der Probe eines Teils unserer Wehrkraft. Wir Deutsche sind ein waffenfreudiges Volk und tragen unsere Rüstung leicht und gern, weil wir wissen, dass sie uns den Frieden bewahrt und erhält, in dem allein unsere Arbeit gedeihen kann ... Solange es Kriege gibt, bildet unser Heer den rocher de bronze [Sinnbild unerschütterlicher Macht], auf den sich der Friede gründet. Um ihn uns zu erhalten und um die Stellung in der Welt zu wahren, die uns zukommt, dazu dient unser Heer ... Dass es seine Probe im Falle der Not mit Gottes Hilfe und unter Gottes Schutz gut bestehen wird, davon bin ich überzeugt.

Die Reden Kaiser Wilhelms II. in den Jahren 1906 – Ende 1912, gesammelt und hg. von Bogdan Krieger, vierter Teil, Leipzig o. J., S. 1701. Zit. nach Praxis Geschichte, H. 6, 2010, S. 21.

M7

„Friedensballett", Karikatur aus der Zeitschrift „Der Wahre Jacob" vom 27. Oktober 1908. Die Bildunterschrift lautet: „Ich bin stark gerüstet. Ich kann dich schützen." / „Ach, bitte, bitte, ziehen Sie lieber die Kriegsrüstung aus."

M6

Militär und Gesellschaft

Der Historiker Hans-Ulrich Wehler schrieb 1995:

Aus ... der Epoche der Reichsgründung war das preußisch-deutsche Militär ... als Sieger hervorgegangen ... Die „Kommandogewalt" des preußischen Monarchen und Kaisers war erhalten geblieben ... In strahlendem Glanz stand das Militär nach seiner ununterbrochenen Serie von Siegen da ... Das Offizierkorps galt vielen uneingeschränkt als „Erster Stand im Staat", der sich bis zur Kastenbildung von der Gesellschaft elitär absonderte. ... Militärische Gewohnheiten drangen im Deutschen Kaiserreich immer tiefer in das tägliche Leben ein: der Kommandoton und das Strammstehen, die herablassende Behandlung des Bürgers durch den Offizier ... Im Verhaltensstil, in der Sprache und Denkweise wurde die Dominanz des Militärs bereitwillig akzeptiert, imitiert und verinnerlicht. Seine Werte und Normen rückten an die Spitze der Ansehensskala ... Für die herrschenden Klassen übernahm der Sozialmilitarismus [Denkweise, die militärische Prinzipien zur Grundlage in Staat und Gesellschaft macht] eine hochwillkommene Disziplinierungsfunktion ...

Für die liberalen Bürger garantierte das Heer einen festen Damm gegen die rote Revolution. Für die Mehrheit der Arbeiterklasse besaß es eine ... Attraktion, die auch durch die notorischen Fälle von Soldatenmisshandlung nicht aufgehoben wurde ...

Die Mehrheit aller Rekruten ... wurde aus der Monotonie des Dorflebens gewöhnlich zum ersten Mal drei Jahre lang in die fremde Welt des städtischen Garnisonslebens versetzt. In der nostalgischen Erinnerung trat die Eintönigkeit des Drills zurück ... Die Armee integrierte in ihren Einheiten Individuen aus allen Regionen des Reiches und aus allen Klassen der Bevölkerung. Sie machte die Nationsbildung konkret erfahrbar ... Außer dem Nationalismus und der Sozialisation in Familie und Schule gab es keine vergleichbar effektive Integrationsleistung.

Hans-Ulrich Wehler, Deutsche Gesellschaftsgeschichte, Bd. 3, München (C. H. Beck) 1995, S. 873 f. und S. 881–883.

Webcode: FG642588-227

Station 6 (Wahlstation): Wissenschaft und Technik

Fortschritt mit Schatten?

Maschinenbau, Großchemie und Elektrotechnik bildeten seit den 1890er Jahren die neuen industriellen Führungssektoren im Deutschen Reich. Die Entwicklung vom Agrarstaat zum Industriestaat beschleunigte sich: Es entstanden Großunternehmen mit mehreren tausend bzw. zehntausend Beschäftigten. Parallel zum wirtschaftlichen und technischen Wandel stiegen auch die Anforderungen an die Universitäten, Nachwuchs für die verschiedenen Bereiche in Wirtschaft und Technik, Forschung und Wissenschaft auszubilden. Neben die traditionellen Universitäten traten Technische Hochschulen. Die Zahl der Studenten stieg stark an. Benachteiligt blieben jedoch finanziell schwächere Schichten wie Industriearbeiterfamilien und vor allem Frauen, die erst nach 1900 – im Jahre 1908 dann reichsweit – zum Studium zugelassen wurden.

M1

Laborarbeit und Fabrikbetrieb

Der Chemiker Carl Engler (1842–1925) schrieb 1884:

Die Fabrikation der Farbstoffe aus den einzelnen Bestandteilen des Teers muss als einer der kompliziertesten technischen Betriebe bezeichnet werden. Es sind teilweise die subtilsten [feinsten] Arbeiten des chemischen Laboratoriums, übertragen auf den Großbetrieb einer Fabrik.
Was wir im Laboratorium mühsam im Porzellanmörser zu Pulver zerreiben, das geschieht in der Farbenfabrik in großen Zerkleinerungsmaschinen … Das Rühren mit dem Glasstabe ist durch große Rührwerke ersetzt … Statt der Handpresse finden wir große stehende und liegende, kalte und warme hydraulische und andere mechanische Pressen … Dass bei solcher Übertragung der Laboratoriumsarbeit auf den Fabrikbetrieb der Chemiker oftmals vor ihm unlösbar erscheinenden Aufgaben steht, liegt auf der Hand, und in der Tat ist es auch nur durch die tatkräftige Unterstützung der Maschinentechniker möglich geworden, unsere Farbentechnik auf die Höhe der ihr von der Wissenschaft vorgezeichneten Aufgabe zu heben.

Zit. nach Matthias Beimel/Harm Mögenburg, Industrialisierung – das deutsche Beispiel, Frankfurt a. M. (Diesterweg) 1987, S. 106.

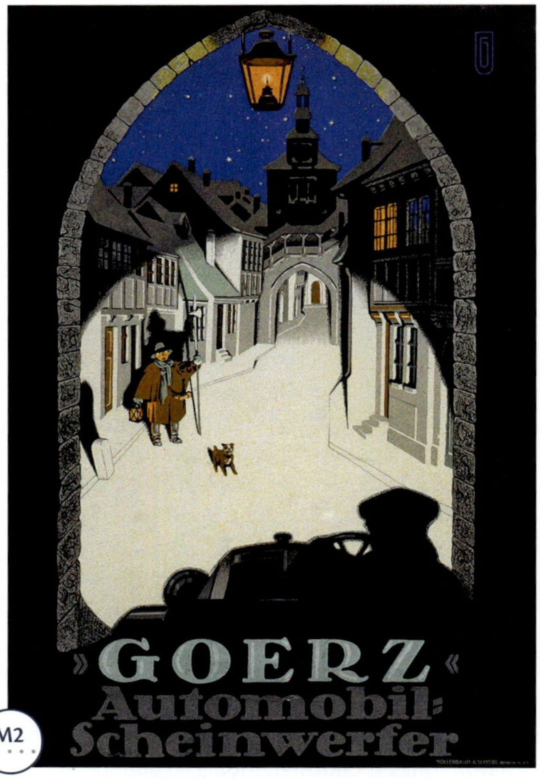

M2

Das Auto bringt die Moderne – Scheinwerfer erleuchten eine mittelalterliche Szenerie, Werbeplakat von Carl Otto Gadau, vor 1914

M3

Wird „Sklave Dampf“ verdrängt?

Aus einer Darstellung über die Bedeutung der Elektrizität von 1893:

Kaum ist aber „Sklave Dampf“ zu voller Kraft herangewachsen, da tritt eine junge Riesin in den Dienst der Menschheit, die dem Anschein nach mit Bruder Dampf zusammen für ihre Herren arbeiten will, in Wirklichkeit aber darauf ausgeht, ihn ganz zu verdrängen. Wir werden nämlich sehen, dass die Elektrizität eine Anzahl glänzender Eigenschaften in sich vereinigt, gegen welche diejenigen des Dampfes, der im Grunde genommen nur kräftig schieben kann, weit zurücktreten.
In erster Reihe ist es die viel größere Unabhängigkeit der Elektrizität von ihrer Erzeugungsstätte, vermöge der sie, weit von der letzteren entfernt, ihre Arbeit zu verrichten vermag, während der Dampf sich nur wenig weit von seinem Kessel fortwagen kann.

Zit. nach Matthias Beimel/Harm Mögenburg, Industrialisierung – das deutsche Beispiel, Frankfurt a. M. (Diesterweg) 1987, S. 107.

M4

Wie macht man eine Erfindung?

Der Ingenieur und Erfinder Rudolf Diesel (1858–1913) schrieb 1913:

Eine Erfindung besteht aus zwei Teilen: der Idee und der Ausführung. Wie entsteht die Idee: Mag sein, dass sie manchmal blitzartig auftaucht, meistens wird sie sich aber durch mühevolles Suchen aus zahllosen Irrtümern langsam herausschälen, sich allmählich durch Vergleiche, Ausscheiden des Wichtigen vom Unwichtigen mit immer größerer Deutlichkeit aus dem Bewusstsein aufdrängen ... Die Idee selbst entsteht dabei weder durch Theorie noch durch Deduktion[1], sondern intuitiv[2]. ... Aber selbst wenn die wissenschaftliche Nachprüfung die Richtigkeit des Gedankens erwiesen hat, ist die Erfindung noch nicht reif ... Als mein verehrter Lehrer, Professor Linde, ... 1878 seinen Zuhörern in der ... Vorlesung erklärte, dass die Dampfmaschine nur 6–10 Prozent der disponiblen[3] Wärme des Brennstoffs in effektive Arbeit umwandle ..., da schrieb ich an den Rand meines Kollegienheftes: „Studieren, ob es nicht möglich ist, die Isotherme[4] praktisch zu verwirklichen." Damals stellte ich mir die Aufgabe! Das war noch keine Erfindung, auch nicht die Idee dazu ... Der Gedanke verfolgte mich unausgesetzt ... Wie nun die Gedanken entstanden, ... ein wirkliches Gas [zu verwenden], nämlich ... hocherhitzte Luft zu ersetzen, in solche Luft allmählich fein verteilten Brennstoff einzuführen und sie gleichzeitig mit der Verbrennung der einzelnen Brennstoffpartikel ... expandieren zu lassen ..., das weiß ich nicht.

[1] Schließen vom Allgemeinen auf das Einzelne
[2] ahnend, unmittelbar erkennend
[3] verfügbar
[4] Vorgang, der ohne Wärmeverlust verläuft

Zit. nach Karl-Heinz Ludwig, Der Aufstieg der Technik im 19. Jahrhundert, Stuttgart (Klett) 1974, S. 24 f.

M5

Allgemeine Elektrizitätsgesellschaft Berlin, Plakat von Louis Schmidt (1816–1906), 1888

M6

Die Technik, Zeichnung von Ferdinand Hodler (1853–1918), 1903

Webcode: FG642588-229

Station 7: Nationale Minderheiten im Kaiserreich

Wer gehörte zur Nation?

Das Deutsche Reich von 1871 verstand sich als Nationalstaat, der alle Deutschen, d. h. die Menschen deutscher Sprache, Kultur und Geschichte, umfassen sollte. Tatsächlich wohnten in Deutschland auch Menschen mit einer anderen Muttersprache: Sie sprachen polnisch, dänisch, französisch, litauisch, kaschubisch oder sorbisch. Das war in Europa nichts Außergewöhnliches. Es gab Mischzonen, in denen die Grenzen nach Sprache und Kultur fließend waren, Grenzen, die über die Köpfe der Bevölkerung hinweggezogen worden waren. Wie verhielt sich der neue Nationalstaat gegenüber solchen Bevölkerungsgruppen, die nach ihrer Sprache, Kultur und Überzeugung keine Deutschen waren? Wie wurden z. B. die Minderheiten der Polen und Dänen im Deutschen Reich behandelt?

Die polnische Minderheit: Zwangsassimilation

Die polnisch sprechende Bevölkerungsgruppe, bei der Reichsgründung etwa 2,4 Millionen, war durch Preußen ins Reich gekommen. Mit den Teilungen Polens im 18. Jahrhundert hatte sich Preußen Gebiete angeeignet, in denen Polen lebten: In Westpreußen lebten sie vermischt mit deutscher Bevölkerung. In der Provinz Posen hatten sie eigene Siedlungsgebiete. Nach der Reichsgründung versuchte die Reichsregierung, die Polen zu assimilieren, d. h. den Deutschen anzugleichen. Dazu wurde 1873 verfügt, dass in allen Volksschulen der Provinzen Posen und Westpreußen Deutsch die allgemeine Unterrichtssprache sei. 1876 und 1877 wurde bestimmt, bei Behörden und Gerichten nur noch die deutsche Sprache zuzulassen. Damit begann ein Dauerkonflikt, der den polnischen Widerstand stärkte. Der deutsche Staat antwortete mit Einschüchterungsmaßnahmen, die Mitte der achtziger Jahre eine neue Stufe erreichten: 1885 bis 1887 wurden mehrere zehntausend Polen mit ungeklärter Staatsangehörigkeit ausgewiesen. Viele gehörten zu Familien aus Russisch-Polen, die seit Generationen in Preußen lebten. Mit dem preußischen Ansiedlungsgesetz von 1886 sollten mit Staatsgeldern polnische Güter aufgekauft und das Land an deutsche Bauern gegeben werden. Diese Politik war nicht erfolgreich, da die Polen einen eigenen Unterstützungsfonds gründeten. Deshalb wurde 1908 ein Enteignungsgesetz erlassen, das gegen den Gleichheitsgrundsatz der preußischen Verfassung verstieß. Obwohl es nur einmal angewandt wurde, erregte es die Polen aufs Äußerste.

Die dänische Minderheit: repressive Sprachenpolitik

1864 hatte Dänemark die beiden Herzogtümer Schleswig und Holstein verloren. Sie kamen 1871 zum Deutschen Reich. Der starke dänische Bevölkerungsanteil im Herzogtum Schleswig bzw. eine deutliche Mehrheit im nördlichen Teil empfanden weiterhin ein starkes Zugehörigkeitsgefühl zu Dänemark. Mit zunehmender Härte setzte der deutsche Staat über die Sprachenfrage sein Ziel einer „Eindeutschung“ der Dänen durch: Im Gerichtswesen und bei Behörden wurde die dänische Sprache verboten.

M1 **Ausweisung polnischer Landarbeiter aus Preußen 1886,** Gemälde von Wojciech Kossak, 1909

M2

Dänisch für Dänen?

Mit einer Regierungsverfügung von 1878 wurde Deutsch für einige Unterrichtsstunden als alleinige Sprache vorgeschrieben, ausgenommen war der Religionsunterricht. In dem Bestreben, Nordschleswig völlig einzudeutschen, ordnete die preußische Regierung am 18. Dezember 1888 an, das Dänische als Unterrichtssprache aus den Schulen zu beseitigen. Theodor Kaftan, ein hoher deutscher Kirchenbeamter, äußerte im Rückblick zu der Verfügung:

Das, dadurch diese Verfügung verletzend und erbitternd wirkte, war in erster Linie dies, dass jetzt zum Teil deutscher Religionsunterricht erteilt und damit die frühere Zurückhaltung gegenüber den religiösen und kirchlichen Interessen, die so wohltuend gewirkt hatte, aufgegeben war ... Das Zweite, was erbitterte, war die Beseitigung jeglichen dänischen Sprachunterrichts. Das schädigte ... den in dänischer Sprache erteilten Religionsunterricht ... Aber nicht nur religiöse, auch humane und wirtschaftliche Interessen wurden ... schwer verletzt. Es ist fast grausam, die Dinge so zu gestalten, dass das die Heimat verlassende Kind nicht in den Stand gesetzt wurde, einen Brief zu schreiben, den seine Mutter ohne fremde Hilfe lesen konnte ... Wundert man sich wirklich, dass hier Erbitterung Platz griff? ... Eine Staatsgrenze ist nicht eine chinesische Mauer, und erst recht nicht dann, wenn sie da gezogen ist, wo jahrhundertelang freier Verkehr stattgefunden hat. Fäden nicht nur verwandtschaftlicher, auch wirtschaftlicher Interessen verbanden das Hüben und Drüben ... „Früher", sagte ein nordschleswigscher Bauer einem Freunde von mir, „sandten wir unsere Kinder nach Angeln, damit sie Deutsch lernten, jetzt sind wir gezwungen, sie nach Dänemark zu schicken, damit sie Dänisch lernen."

Zit. nach Reinhard Wittram, Die Nationalitätenkämpfe in Europa und die Erschütterung des Europäischen Staatensystems 1848–1917, Stuttgart (Klett) 1969, S. 38.

Begriffe und Daten

Assimilation

(lat. das „Ähnlichmachen") In soziologischer Bedeutung die Verschmelzung ethnischer, sprachlicher, kultureller oder religiöser Minderheiten mit einer Mehrheitsgesellschaft. Die Assimilisation kann eigenständig oder mit staatlicher Förderung verlaufen, aber auch – wie im Kaiserreich – als zwangsweise angeordneter Vorgang.

M3

Achtung vor anderen Völkern?

Aus der Erklärung der polnischen Fraktion im Reichstag vom 1. April 1871:

Meine Herren, in der Thronrede sind folgende Worte ausdrücklich aufgenommen: Die Achtung, welche Deutschland für seine eigene Selbstständigkeit in Anspruch nimmt, zollt es bereitwillig der Unabhängigkeit aller anderen Staaten und Völker, der schwachen wie der starken.
In diesem erhabenen Wort erblicken wir nun, meine Herren, eine sichere Bürgschaft dafür, dass gleichzeitig mit der Neugestaltung des Deutschen Reiches auf nationalem Gebiete auch unsere gerechten nationalen Forderungen, namentlich die uns Deutschland gegenüber durch die Wiener Kongressakte feierlich gewährleistete nationale Sonderstellung, wieder zur Geltung gelangen werden ... Wir können uns daher unmöglich mit einem Verfassungsentwurf zufrieden erklären, welcher das Werk der nationalen Konstituierung Deutschlands damit beginnt, dass er den Polen die ihnen aufgrund internationaler Verträge unbestritten zustehenden Rechte verkennt.

Hans Fenske (Hg.), Im Bismarckschen Reich 1871–1890, Darmstadt (Wiss. Buchgesellschaft) 1978, S. 44 f.

M4 **Polnische Sprachgebiete im Deutschen Reich um 1900**

Webcode: FG642588-231

Herrschaft und Gesellschaft im Kaiserreich

M1

„Die Wiedererstehung des Reiches 1871", 1880–1882, Gemälde von Hermann Wislicenus (1825–1899), Caseinfarben auf Putz, 720 x 710 cm, Goslar, Kaisersaal in der Kaiserpfalz. Symbolische Darstellung der Gründung des Deutschen Reiches: Kaiser Wilhelm I. und sein Sohn, der spätere Kaiser Friedrich III., Reichskanzler Bismarck als Schmied des Reiches sowie Germania und „Vater Rhein".

M2

„Kommt es unter einen Hut? Ich glaube, 's kommt eher unter eine Pickelhaube!" Österreichische Karikatur, 1870. Die Pickelhaube gilt als Symbol für das preußische Militär im 19. Jahrhundert.

Überprüfe, was du kannst

Sachkompetenz

1 Prüft in Partnerarbeit gegenseitig, ob ihr die Begriffe Deutsch-Französischer Krieg (S. 209), Reichsgründung (S. 211), Reichstag (S. 215), Parteien (S. 218), „Kulturkampf" (S. 221), Sozialistengesetz (S. 223), Sozialgesetzgebung (S. 223) und Assimilation (S. 231) erläutern könnt.

2 Beschreibe: Ziele der Bündnispolitik Bismarcks.

3 Stelle an einem der Beispiele aus den Stationen 2, 3, 4 oder 7 die Politik des monarchischen Staates dar.

Methodenkompetenz

4 Analysiere M1 mithilfe der Methode „Historiengemälde deuten" (S. 212/213).

5 Analysiere M2 mithilfe der Methode „Karikaturen entschlüsseln" S. 108/109.

6 Vergleiche M1 mit M2 unter der Fragestellung nach den Bildern, die beide Darstellungen vom Kaiserreich entwerfen.

7 Schreibe eine Beurteilung der Abbildung M1 aus der Perspektive a) eines Anhängers und b) eines Kritikers des Kaiserreichs.

Selbst- und Sozialkompetenz

8 Beurteile die These: Das Kaiserreich hatte zwei Gesichter.

9 In historischen Darstellungen wird das Deutsche Reich zuweilen als „Obrigkeitsstaat" bezeichnet. Erörtere, ob diese Aussage zutrifft. Ziehe die Verfassung des Deutschen Reiches heran (S. 214).

10 „Männer machen Geschichte." Diskutiert diese These – auf Bismarck bezogen – in Gruppen und tauscht eure Ergebnisse aus.

1862 Ernennung Bismarcks zum preußischen Ministerpräsidenten

1864 Krieg Preußens und Österreichs gegen Dänemark

1866 Krieg Preußens gegen Österreich

1867 Norddeutscher Bund

1870/71 Krieg der deutschen Staaten gegen Frankreich

1871 Gründung des Deutschen Reiches

1872 bis 1878 „Kulturkampf"

1878 bis 1890 „Sozialistengesetz"

ab 1883 Sozialgesetze

1890 Entlassung Bismarcks durch Wilhelm II.

1860 1870 1880 1890

Das Deutsche Kaiserreich 1871 bis 1918

Der Weg zum Nationalstaat

„Am Anfang war Bismarck." So beginnt der Historiker Thomas Nipperdey sein Werk über die „Deutsche Geschichte 1866–1918" von 1992. Darin vertritt er die Meinung, dass der preußische Ministerpräsident Otto von Bismarck die Gründung des Deutschen Reiches 1871 wesentlich herbeigeführt habe. Die politische Einigung Deutschlands war auch nach der gescheiterten Revolution von 1848/49 das Hauptziel der politischen Bewegung des Bürgertums. An der Einigung von 1871 hingegen waren die bürgerlichen Kräfte nicht beteiligt. Sie war vielmehr das Ergebnis dreier Kriege, die die Machtverhältnisse in Deutschland und in Europa stark verschoben hatten. Zu den Faktoren, die die Einheit begünstigten, ist auch die Vorarbeit des Deutschen Zollvereins zu zählen, der 1834 gegründet wurde. Die Einigung Deutschlands war aber zugleich auch eine Teilung, denn sie schloss die deutschsprachigen Bewohner Österreichs aus. Die Alternative wäre eine „großdeutsche" Lösung gewesen. Sie hätte jedoch die Auflösung oder Zerschlagung der österreich-ungarischen Doppelmonarchie vorausgesetzt.

Während des Krieges gegen Frankreich 1870/71 verloren die Unterschiede zwischen den deutschen Staaten an Bedeutung. So stieß die Ausrufung des protestantischen preußischen Königs, Wilhelms I., zum Kaiser auf keinen größeren Widerstand. Damit war die Reichsgründung unter preußischer Führung und ohne Österreich besiegelt. Die Verfassung des Deutschen Reiches von 1871 war ein Kompromiss zwischen der mächtigen Monarchie Preußen und den anderen deutschen Staaten. Die Teilstaaten behielten zwar ihre Eigenständigkeit, aber sie waren nicht mehr in allen Bereichen souverän. Die politische Freiheit, die sich viele Menschen erhofft hatten, brachte die Einigung nicht. König, Adel und Militär besaßen weiterhin die Vorherrschaft. Im Unterschied zu 1848 waren die Grundrechte der Deutschen nicht in der Verfassung von 1871 verankert worden. Zwar galt bei den Wahlen zum Reichstag das allgemeine gleiche Wahlrecht (zumindest für die Männer). Doch fehlten dem Parlament wesentliche Rechte: So hatte es keinen Einfluss auf die Ernennung des Reichskanzlers und die Bildung der Regierung.

Parteien

Die Parteien spiegelten die großen politischen Differenzen in der Gesellschaft wider und waren vor allem „Weltanschauungsparteien": Sie orientierten sich nicht nur an praktischen, alltäglichen Zielen, sondern gründeten ihre Vorstellungen auf „politische Glaubensbekenntnisse".

Das führte zu Abgrenzungen zwischen den Parteianhängern und es bildeten sich feste Milieus. Durch das allgemeine Wahlrecht wurde zumindest der männliche Teil der Bevölkerung in die Politik einbezogen. Damit war Politik nicht mehr nur eine Angelegenheit kleiner elitärer Gruppen oder Einzelpersönlichkeiten (Honoratioren). Zu den wichtigsten Parteien gehörten:

- die Nationalliberalen,
- die Linksliberalen,
- das Zentrum,
- die Konservativen (Freikonservative und Deutsch-Konservative),
- die Sozialistische Arbeiterpartei Deutschlands, die spätere Sozialdemokratische Partei Deutschlands.

Verbände

Wirtschaftliche und gesellschaftliche Interessengruppen organisierten sich in Verbänden. Dazu gehörten vor allem:

- der Centralverband Deutscher Industrieller,
- der Bund der Landwirte,
- die Freien Gewerkschaften,
- christliche und liberale Arbeitervereinigungen.

Seit Mitte des 19. Jahrhunderts organisierten sich die Frauen in bürgerlichen und proletarischen Frauenvereinigungen.

Sie kämpften allgemein für eine verbesserte Stellung der Frauen in Staat, Gesellschaft, Wirtschaft und im Bildungswesen.

Erst nach dem Ende des Kaiserreichs erlangten sie im Zuge der Revolution 1918/19 und der Gründung der Weimarer Republik volle politische Rechte, wie z. B. das Wahlrecht.

Politik gegen Opposition und Minderheiten

Das Deutsche Reich war kein in sich geschlossener, einheitlicher Nationalstaat, sondern ein spannungsreiches Gefüge: Auf dem Gebiet des Reiches lebten ethnische Minderheiten mit verschiedenen Sprachen.

Der monarchische Staat versuchte mit Zwangsmaßnahmen, die nationalen Minderheiten in den Staat und die Gesellschaft einzufügen: Gegenüber der polnischen Minderheit wurden Maßnahmen einer Zwangsassimilation angewandt, gegenüber der dänischen Minderheit wurde eine repressive Sprachenpolitik betrieben.

Auch konfessionelle Spannungen stellten den Staat vor große Herausforderungen. Ein gefährlicher Krisenherd entstand aus dem Gegensatz zwischen dem monarchischen Staat preußisch-protestantischer Prägung und dem überstaatlich an der Institution des Papstes in Rom orientierten Katholizismus. Mit verschiedenen Gesetzen versuchte Bismarck, die Position der katholischen Kirche zu schwächen und mit ihr die Zentrumspartei, die sich als politische Vertreterin der Katholiken im Deutschen Reich verstand. Doch sein Kampf scheiterte letztendlich am Widerstand der katholischen Kräfte. Der Reichskanzler konnte die enge Verbindung zwischen katholischer Kirche, Zentrumspartei und katholischer Bevölkerung nicht zerstören.

Auch sein Vorgehen gegen die Sozialdemokratische Partei mithilfe des Sozialistengesetzes blieb letztendlich erfolglos. Trotz Zugeständnissen gegenüber der Arbeiterschaft durch Sozialgesetze konnte er nicht verhindern, dass die Sozialdemokratie bei den Reichstagswahlen zunehmend stärker wurde und im Reichstag von 1912 schließlich die stärkste Fraktion stellte.

Bismarck nutzte das Nationalgefühl, um sogenannte Reichsfeinde auszugrenzen. Unterstützt wurde diese Strategie durch die dominante Stellung des Militärs in Staat und Gesellschaft. Die von Historikern als „Militarismus“ oder „Sozialmilitarismus“ bezeichnete Entwicklung förderte in gewisser Weise die Integration der gesellschaftlichen Schichten im Kaiserreich. Tatsächlich diente sie jedoch einer staatlich gewollten Disziplinierung der Menschen. Die Dominanz des Militärischen in Denkweise und Sprache wirkte in alle gesellschaftlichen Bereiche hinein.

Nationalistische Einstellungen in der Gesellschaft, die Bismarck für eigene politische Zwecke nutzte, führten zu Fremdenhass und gefährdeten den sozialen Zusammenhalt im Staat.

Herrschaft und Gesellschaft im Deutschen Kaiserreich

Herrschaft

- durch Krieg (1870/71) zur Einheit
- Einigung „von oben“ (1871)
- Dominanz des preußischen Staates im Reich
- Bismarck als treibende Kraft der Einigung
- Einheit vor Freiheit und Demokratie
- Verfassung von 1871; stärkste Stellung: Kaiser und Reichskanzler; nicht demokratisch legitimiert
- Reichstag als gewählte Volksvertretung mit geringen Rechten
- Bundesrat als Vertretung der Landesregierungen
- Staatsform: konstitutionelle Monarchie

Gesellschaft

- Hauptströmungen politischer Parteien: Nationalliberale, Zentrum, Freikonservative, Deutsch-Konservative, Sozialisten/Sozialdemokraten
- Organisierung von Interessengruppen in Verbänden
- „Militarisierung“ von Denkweise und Sprache in Staat und Gesellschaft
- politisch-gesellschaftliche Konflikte der monarchischen Herrschaft mit demokratischen und liberalen Oppositionsbewegungen, der Arbeiterbewegung, der katholischen Kirche und nationalen Minderheiten
- Strategie der Regierung zur Konfliktbewältigung: Repressionen und Zugeständnisse

6. Imperialismus und Erster Weltkrieg

Die Zentrumspartei warnte auf der Rückseite der hier abgebildeten Postkarte: „Verzichtet Deutschland auf die Erweiterung seines Wirtschaftsgebietes, so heißt dies: Deutschland kann nicht nur als politisch maßgebendes Land abdanken, sondern es geht auch wirtschaftlich zurück.“ Die USA wie die europäischen Industriestaaten setzten sich jeweils zum Ziel, ein Weltreich (lat. imperium) zu errichten, und brachten deshalb Gebiete in Asien und Afrika unter ihre Herrschaft. Der Wettkampf um ein möglichst großes Stück vom „Kuchen“ verschärfte sich seit dem letzten Viertel des 19. Jahrhunderts. Dass dieser Wettlauf um die Vorherrschaft und die traditionellen Spannungen in Europa in den Ersten Weltkrieg (1914–1918) münden würden, war vorher nicht erkennbar und auch nicht zwangsläufig. Rivalitäten und Misstrauen zwischen den großen Mächten wuchsen jedoch bis 1914 so stark an, dass ein Funke das „Pulverfass“ zur Explosion bringen konnte. Genau das geschah im Sommer 1914.

Werbepostkarte der Zentrumspartei zur Reichstagswahl 1912. Die SPD-Politiker Liebknecht und Ledebour hindern Deutschland daran, an der „Aufteilung der Erde“ teilzunehmen.

Folgende Fragen leiten dich durch das Kapitel:

- ***Welche Motive und Ziele waren mit dem Imperialismus verbunden?***
- ***Welche Folgen hatte die imperialistische Politik?***
- ***Was bedeutete der Erste Weltkrieg für die Menschen und die Staaten?***

---

1 Beschreibe die Abbildungen und nenne mögliche Zusammenhänge.

Afrikanische Kolonial-Arbeiterinnen, Postkarte aus Deutsch-Ostafrika, 1906

Erster Weltkrieg, Schlacht um Verdun, Foto, 1916

Die Vorherrschaft Europas in der Welt

Wissen • Beurteilen und Handeln • Methoden anwenden

Am Ende dieses Unterkapitels kannst du

- Ziele, Motive und Methoden imperialistischer Politik an Beispielen darstellen und vergleichen
- Folgen des Kolonialismus beispielhaft erklären und bewerten
- Theorien zum Imperialismus erläutern
- **Methode** Darstellungen auf Feldpostkarten analysieren
- **Methode** Kriegerdenkmäler erkunden und deuten

Die Kolonialmächte der Welt um 1914

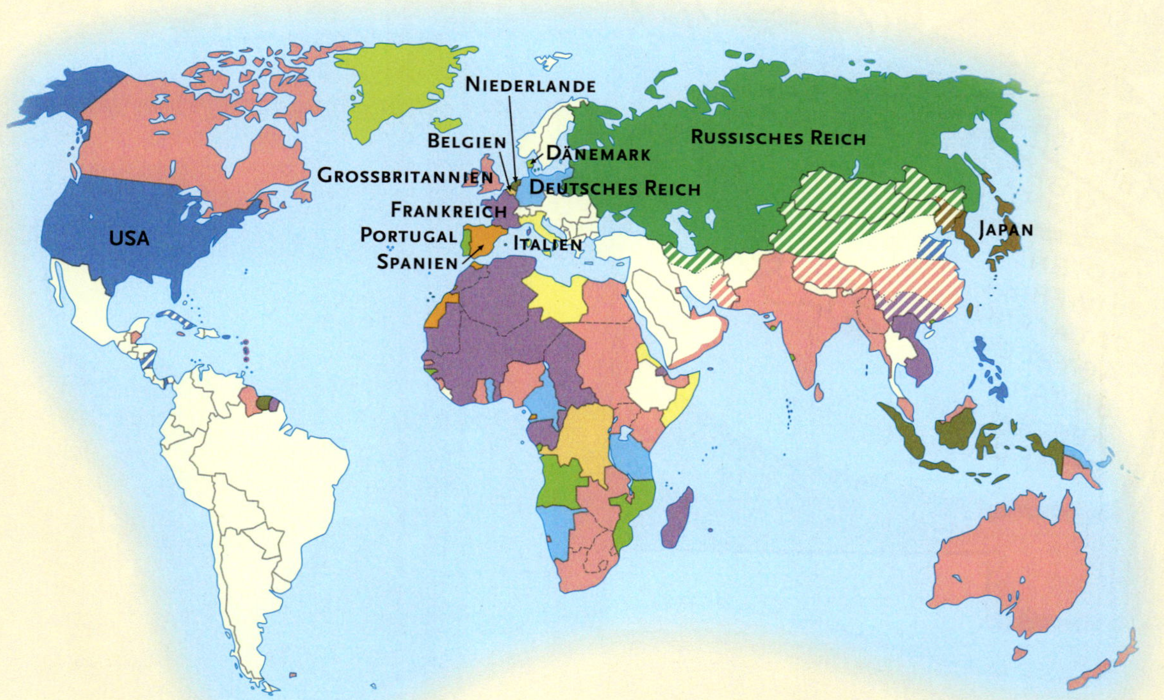

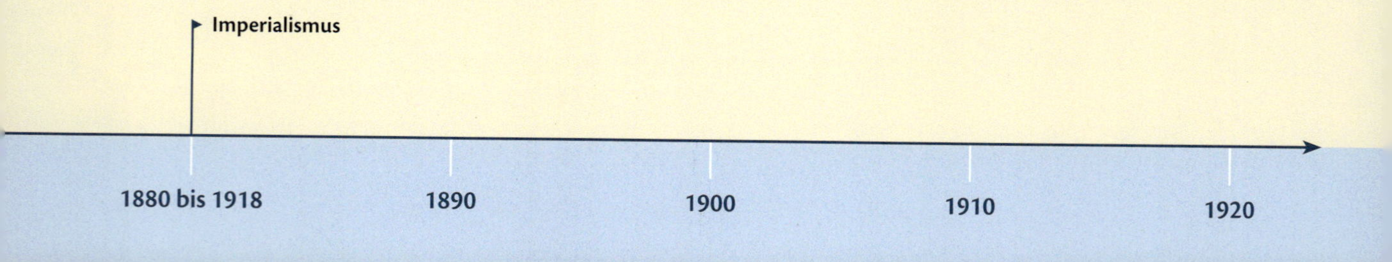

Die Zeit des Imperialismus – eine Epoche multikausal erklären

Der Imperialismus hat mehr als eine Ursache

Die frühen Kolonialmächte Spanien und Portugal waren vorrangig auf die Ausbeutung von Rohstoffen, Agrarprodukten und Edelmetallen ausgerichtet gewesen. Die seit der Mitte des 18. Jahrhunderts entstehenden Kolonialreiche Hollands, Frankreichs und Großbritanniens zielten dagegen stärker auf die politische Herrschaft über die Kolonien. Zu Beginn der 1880er Jahre erklärten die europäischen Staaten die Ausdehnung ihrer Kolonialgebiete zum politischen Ziel. Mit allen Mitteln konkurrierten sie um die scheinbar noch unverteilten Gebiete der Welt. Im Vergleich zum Kolonialismus* lag eine wesentliche Antriebskraft des Imperialismus in der Industrialisierung. Sie legte den Grund für eine dynamisch steigende Wirtschaftskraft sowie eine technische und militärische Überlegenheit der europäischen Staaten gegenüber den nicht industrialisierten Ländern.

Die Formen imperialer Herrschaft waren vielfältig. Die Frage, warum es zur imperialistischen Herrschaft kam, ist nicht einfach zu beantworten. So wäre es z. B. zu einseitig, den Imperialismus allein auf die Suche nach Rohstoffen für die wachsenden Industrien zurückzuführen. Auch die Erklärung, der Imperialismus sei ein Ventil für die Überbevölkerung in Europa gewesen, ist lediglich eine Ursache unter mehreren. In der Geschichtswissenschaft wird deshalb davon ausgegangen, dass Ereignisse, Entwicklungen und Sachverhalte nicht mit einer Ursache allein erklärt werden können. Dieses Prinzip wird auch als „Multikausalität" (lat. multi = viel; kausa = Ursache) bezeichnet.

Vorschlag für eine Gruppenarbeit

1. Erarbeitet die Seiten 240 bis 247 in arbeitsteiliger Gruppenarbeit. Jede Gruppe übernimmt die Bearbeitung eines Teilthemas mithilfe der Aufgaben.
2. Bereitet die Ergebnisse so auf, dass eine Präsentation möglich ist (z. B. Mindmap, Tafelskizze, Kurzreferat, Streitgespräch, Wandzeitung, Schaubild, Computer-Präsentation) und stellt eure Ergebnisse in der Klasse vor.

Aufgaben

Seite 240: Ziele und Kritik des Imperialismus
- Erarbeitet, welche Ziele und Triebkräfte die imperialistische Politik hatte.
- Nennt und bewertet die Kritik am Imperialismus.

Seite 241: Britische Kolonialherrschaft
- Beschreibt die britische Kolonialherrschaft.
- Beurteilt das Vorgehen der britischen Regierung.

Seite 242: Französische Kolonialherrschaft
- Erklärt: Kolonialismus als „Zivilisierung".
- Untersucht, welche Rolle das „Konkurrenzprinzip" spielte.

Seite 243: Russische Kolonialherrschaft
- Skizziert das „Modell" russischer Kolonialherrschaft.
- Nennt die Gründe, die die russische Regierung für ihr Auftreten in Kleinasien angab.
- Beurteilt die Motive der Regierung.

Seite 244: Kolonialherrschaft der USA
- Erklärt das „Prinzip der offenen Tür".
- Formuliert mögliche Probleme, die sich aus dieser Politik ergeben konnten.

Seite 245: Folgen der Kolonialherrschaft – Ruanda
- Vergleicht die Auffassungen in M1A und M1B.
- Schreibt eine Antwort auf die Frage nach der Bedeutung der Kolonialzeit als Ursache des Völkermordes in Ruanda.
- Schreibt eine kurze Erklärung zur Formulierung „Gegenwart des Vergangenen" am Beispiel Ruanda.

Seite 246: Konflikte in Kolonien – Beispiel China
- Beschreibt den territorialen Zustand Chinas vom 17. bis zum Anfang des 20. Jahrhunderts.
- Erörtert, inwiefern der „Boxer"-Aufstand den Grundkonflikt zwischen Kolonie und Kolonialmacht widerspiegeln könnte.
- Formuliert zur Rede Wilhelms II. eine Gegenrede.

Seite 247: Theorien zum Imperialismus
- Notiert wesentliche Merkmale der drei Imperialismustheorien.
- Analysiert M3 mithilfe der Methode „Karikaturen entschlüsseln" S. 108/109.
- Erörtert, welche der drei Theorien euch am besten überzeugt.

Ziele und Kritik imperialistischer Politik

Das „Imperium" als globales Ziel

Der Imperialismus im ausgehenden 19. und beginnenden 20. Jahrhundert unterschied sich vom „alten" Kolonialismus vor allem durch das Tempo seiner Ausdehnung und das aggressive Vorgehen. Der unerbittliche Konkurrenzkampf um die „Aufteilung der Welt" wurde bald auf der ganzen Erde ausgetragen. Das „nationale Ansehen" zu steigern, war ein vorrangiges Ziel dieser Politik. Die Weltwirtschaft wurde als ein System gesehen, in dem es galt, die eigene nationale Wirtschaft gegenüber den anderen zu schützen und notfalls abzuschotten. Rohstoffquellen und Absatzmärkte spielten eine bedeutende Rolle.

Ein weiterer Antrieb imperialistischer Politik war das Argument, Siedlungsräume für die Ansiedlung eines angeblichen Bevölkerungsüberschusses zu schaffen. Gegen diese imperialistische Politik gab es schon früh zeitgenössische Kritik.

Begriffe und Daten

Imperialismus

Die Epoche des Imperialismus umfasst den Zeitraum zwischen 1880 und 1918. Während dieser Zeit betrieben die Großmächte eine Politik des aggressiven Nationalismus und der Expansion. Als Imperialismus wird die Herrschaft eines weiterentwickelten, industrialisierten Staates über weniger entwickelte Länder bezeichnet. Imperiale Herrschaft wurde „direkt" (Besetzung und Einrichtung einer Kolonialregierung) oder „indirekt" (Kontrolle über die eingesetzte einheimische Regierung) ausgeübt.

Sozialdarwinismus

Der britische Naturforscher Charles Darwin (1809 bis 1882) lehrte, dass die natürliche Auslese im „Kampf um das Dasein" die Entstehung und Entwicklung der Arten verursacht (Evolutionstheorie). Die vereinfachte Übertragung dieser Theorie auf die menschliche Gesellschaft nennt man Sozialdarwinismus. Er wird dazu benutzt, um soziale Ungleichheit und Rassismus* zu rechtfertigen. Aus dieser Theorie wird auch abgeleitet, dass ein Volk untergehen müsse, wenn es nicht in der Lage sei, erfolgreich Kriege zu führen.

M1

Standpunkt eines Zeitgenossen

August Bebel, Führer der Sozialdemokraten im Kaiserreich, sagte am 28. Januar 1889 im Reichstag:

Im Grunde genommen ist das Wesen aller Kolonialpolitik die Ausbeutung einer fremden Bevölkerung in der höchsten Potenz. Wo immer wir die Geschichte der Kolonialpolitik in den letzten drei Jahrhunderten aufschlagen, überall begegnen wir Gewalttätigkeiten und der Unterdrückung der betreffenden Völkerschaften, die nicht selten schließlich mit deren vollständiger Ausrottung endet. Und das treibende Motiv ist immer, Gold, Gold und wieder nur Gold zu erwerben. Und um die Ausbeutung der afrikanischen Bevölkerung im vollen Umfange und möglichst ungestört betreiben zu können, sollen aus den Taschen des Reichs, aus den Taschen der Steuerzahler Millionen verwendet werden... Dass wir von unserm Standpunkt aus als Gegner jeder Unterdrückung nicht die Hand dazu bieten, werden Sie begreifen.

Zit. nach Horst Gründer, Der moderne Imperialismus, 5. A., Düsseldorf (Cornelsen/Schwann-Girardet) 1990, S. 98.

M2

Triebkräfte der imperialistischen Expansion

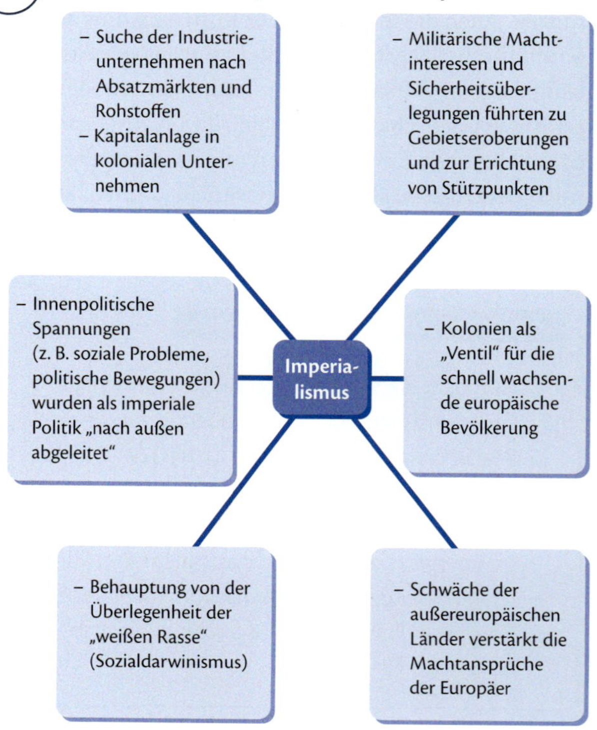

Großbritannien – Handel und indirekte Herrschaft

M1

Gründe für eine Kolonialpolitik Großbritanniens

Der konservative Politiker Benjamin Disraeli (britischer Premierminister 1874–1880) in einer Rede in London (1872):

1A Wenn ich „konservativ" sage, so gebrauche ich das Wort in seinem reinsten und erhabensten Sinn. Ich will damit sagen, dass das englische Volk und besonders die arbeitenden Schichten Englands stolz … sind, zu einem Imperium zu gehören, und entschlossen sind, ihr Imperium, wenn sie können, aufrechtzuerhalten – dass sie überhaupt glauben, dass die Größe und das Weltreich Englands den altehrwürdigen Institutionen des Landes zuzuschreiben sind.

Wenn es das erste Ziel ist, die Institutionen des Landes aufrechtzuerhalten, so ist es meiner Meinung nach das zweite, das englische Empire zu stützen. Wenn Sie auf die Geschichte dieses Landes seit dem Aufstieg des Liberalismus – vor vierzig Jahren – blicken, so werden Sie finden, dass keine Bemühung … von so viel Energie unterstützt und mit so viel Fähigkeit und Scharfsinn vorangetrieben worden ist, wie die Versuche des Liberalismus, die Desintegration [Auflösung] des englischen Empire zu erreichen …

Nun, was war das Ergebnis dieses Versuchs …? Er ist gänzlich gescheitert. Aber warum ist er gescheitert? Dank der Sympathien der Kolonien mit dem Mutterland. Sie haben entschieden, dass das Empire nicht zerstört werden soll, und meiner Meinung nach wird kein Minister in diesem Land seine Pflicht tun, der eine Gelegenheit versäumt, so weit wie möglich unser koloniales Weltreich wieder aufzubauen und jenen Sympathiebekundungen aus der Ferne zu entsprechen, die die Quelle unschätzbarer Stärke und Beglückung für dieses Land werden können.

Der britische Außenminister Lord Robert Salisbury wies den Generalkonsul von Ägypten folgendermaßen an (1879):

1B Das Hauptziel unserer ägyptischen Politik ist die Erhaltung der Neutralität dieses Landes, d. h. die Erhaltung einer Situation, in der dort keine Großmacht mächtiger sein kann als Großbritannien … Wir haben … keinen Anlass, eine formelle Änderung des Status und der politischen Institutionen Ägyptens zu wünschen … Unsere Repräsentanten in Ägypten sollen deshalb alles in ihrer Macht Stehende tun, um die einheimische Regierung … zu unterstützen … Es hat sich bereits zur Genüge gezeigt, dass die Muselmanen nicht bereit sind, einer Regierung zu gehorchen, die nominell europäisch ist bzw. deren maßgebende und herausragende Elemente europäisch sind … Es ist deshalb von besonderer Bedeutung, der einheimischen Regierung zum Erfolg zu verhelfen. Aus diesem Grund sollte sie in ihrem eigenen Interesse weitgehend Europäer beschäftigen bzw. dazu gezwungen werden, wenn sie in dieser Beziehung ihre eigenen Interessen verkennt. Allerdings sollten die Europäer so weit wie möglich im Hintergrund bleiben … Um die Stellungen, die den größten Einfluss ausüben und den geringsten Neid erwecken, sollten sich die Europäer bemühen.

M1A und M1B zit. nach Wolfgang Mommsen, Imperialismus, Hamburg (Hoffmann und Campe) 1977, S. 47 ff.

M2

„So kolonisiert der Engländer", Karikatur von Th. Th. Heine in der deutschen satirischen Zeitschrift „Simplicissimus", 1905

Frankreich – Kolonialismus als „Zivilisierung"

M1

Die Bedeutung von Kolonien für Frankreich

Jules Ferry (Ministerpräsident Frankreichs 1883–1885) äußerte sich 1882 folgendermaßen:

1A Wenn die Republik nicht darauf verzichten kann, in Europa, im Orient und im Mittelmeerraum politisch wirksam zu werden, dann bedarf sie auch ... einer Kolonialpolitik: Das bedeutet, dass man in dieser Hinsicht weder vergesslich noch unaufmerksam sein darf, sei es aus Geringschätzung oder aus Trägheit; man muss wachsam, aktiv und dazu bereit sein, alle notwendigen Opfer für die Bewahrung alter und neuer Besitzungen zu bringen, welche in unterschiedlichem Maße und in den verschiedenen Teilen der Erde dazu beitragen, den Namen Frankreichs in der Welt zu verbreiten ... Die Konkurrenz zwischen den europäischen Nationen wird immer heftiger im Streit um diese weit entfernten Absatzmärkte, diese Niederlassungen an den Toren zur Barbarei, welche ein sicherer Instinkt dem alten Europa als Brückenköpfe der Zivilisation und als Wege in die Zukunft anweist. Die Bedürfnisse einer ständig wachsenden industriellen Produktion, ... die Suche nach unerschlossenen Märkten, ... die durch das moderne Leben so rasch entwickelten Tendenzen, die einzelne Völker veranlassen, ihren Blick über die Heimat hinauszurichten; die Wissenschaft, welche die äußersten Enden der Erde in wenige Stunden Entfernung von London, Berlin oder Paris rückt; die sichtbaren Fortschritte der europäischen Gesellschaft und der Friedensidee; all dies drängt die zivilisierten Nationen dazu, ihre alten Rivalitäten auf das ausgedehntere und fruchtbare Feld weit entfernter Unternehmungen zu verlagern.

M1A und M1B zit. nach Wolfgang Mommsen, Imperialismus, Hamburg (Hoffmann und Campe) 1977, S. 84 ff.

Eugène Etienne, Vorsitzender der französischen „Kolonialpartei", auf einem Empfang der „Vereinigung französischer Industrieller in Indochina" in Rouen (1889):

1B Frankreich kann stolz darauf sein, dass es in der Vergangenheit seine Tore weit geöffnet hat, ... dass es den Reichtum seiner Nachbarn geschaffen hat. Heute aber darf es nicht ignorieren, was in seinem Umkreis geschieht ... Amerika, das seine Industrie hinter sorgsam verschlossenen Toren aufgebaut hat, plant nunmehr die Errichtung eines „Zollvereins", der allein für amerikanische Erzeugnisse geöffnet ist. Heute also muss Frankreich darum besorgt sein, sich seinen eigenen Markt zu bewahren ... Es gibt ein Land, das wir als Erste erforscht und kolonisiert haben, nämlich Afrika. Alle europäischen Nationen stürzen sich auf dieses Land, sogar diejenigen, die sich noch vor kurzer Zeit verachtungsvoll gegen koloniale Unternehmungen aussprachen ... Frankreich muss nach Afrika und nach Indien gehen ... Wir müssen von dort aus nach China vorstoßen und verhindern, dass uns ein Volk zuvorkommt, das niemals zögert und niemals pausiert, nämlich die Engländer, welche mit Siam und Burma über zwei Zugänge nach China verfügen.

M2

Frankreich wird Marokko Kultur, Wohlstand und Frieden bringen können,
Titelseite der französischen Zeitschrift „Le Petit Journal", 19. November 1911

Russland – Kolonialismus als kontinentale Expansion

M1

Russlands Rolle in Zentralasien

Der Außenminister Russlands, A. M. Gortschakow (1798–1883), schrieb über die Motive russischer Expansionspolitik am 3. Dezember 1864 an die europäischen Großmächte:

1A Die Situation Russlands in Zentralasien ist die aller zivilisierten Staaten, welche sich in Kontakt mit nomadisierenden, halbwilden Völkerschaften ohne feste Organisation befinden. Die Sicherheit der Grenzen und des Handels verlangt in solchem Falle, dass der zivilisierte Staat ein gewisses Übergewicht über seine Nachbarn ausübe. Zunächst sind ihre Einfälle und Plünderungen zurückzuweisen. Um denselben ein Ende zu machen, ist man genötigt, die Grenzbevölkerung zu einer mehr oder minder direkten Unterwerfung zu zwingen. Ist dies Resultat erreicht, so nehmen die Grenzbewohner ruhigere und sesshaftere Gewohnheiten an, dafür werden sie nunmehr von ferner lebenden Stämmen beunruhigt. Der Staat ist verpflichtet, jene zu schützen, diese zu züchtigen.

M1A und M1B zit. nach Peter Alter, Der Imperialismus, Stuttgart (Klett) 1989, S. 40 ff.

Motive russischer imperialer Politik

Der russische Politiker Sergej Witte (1849–1915), Finanzminister und Initiator der transsibirischen Eisenbahn, schrieb 1893 an Zar Alexander III. (1845 bis 1894):

1B Wenn Russland im Besitz der Länder zwischen den Ufern des Pazifik und des Himalaja ist, wird es nicht nur die Geschichte Asiens, sondern auch die Europas bestimmen. Russland steht am Rande dieser beiden so verschiedenen Welten und verkörpert deshalb eine Welt für sich ... Diese Entwicklung ist das Ergebnis der lebendigen gegenseitigen Beeinflussung und der harmonischen Verbindung von drei Elementen, die ihre volle schöpferische Kraft nur in Russland entfaltet haben. Diese Elemente sind: erstens, die Rechtgläubigkeit, die den wahren Geist des Christentums rein erhält und die Grundlage aller Erziehung ist; zweitens, die Autokratie[1] als die Grundlage des staatlichen Lebens; drittens, das russische Nationalgefühl als Grundlage für den inneren Zusammenhalt des Staates.

[1] Alleinherrschaft

M2

Das russische Imperium

USA – Kolonialismus als Prinzip der „offenen Tür"

M1

Welthandelsmacht USA?

Der amerikanische Politikwissenschaftler Albert J. Beveridge (1899–1911 US-Senator) sprach im April 1889 bei einer politischen Veranstaltung in Boston über die Zukunft der USA:

1A Amerikanische Fabriken stellen mehr her, als für die Versorgung des amerikanischen Volkes notwendig ist. Die amerikanische Erde erzeugt mehr, als es verzehren kann. Das Schicksal hat uns unsere Politik vorgeschrieben: Der Handel der Welt muss und wird unser sein. Und wir werden ihn bekommen, da unser Mutterland England uns den Weg dazu gewiesen hat. Wir werden in der ganzen Welt Handelsniederlassungen als Umschlagplätze für amerikanische Waren gründen. Unsere Handelsflotte wird bald über den ganzen Ozean fahren. Wir werden eine Kriegsmarine aufbauen, die unserer Größe entspricht. Aus unseren Handelsniederlassungen werden Kolonien erwachsen, die sich selbst regieren, unsere Flagge führen und mit uns Handel treiben … Und das amerikanische Recht, die amerikanische Ordnung, die amerikanische Zivilisation und die amerikanische Flagge werden an bis dahin blutigen und unkultivierten Ufern Fuß fassen, Ufern, die … von nun an schöner und zivilisierter werden … Im Pazifik liegt das eigentliche Feld unserer nächsten Aufgaben.

Nach der Eroberung Kubas, Puerto Ricos und der Philippinen im spanisch-amerikanischen Krieg schrieb der amerikanische Präsident Wilhelm McKinley 1898 den Gesandten, die die USA bei den Friedensverhandlungen in Paris vertreten sollten:

1B Der Verzicht Spaniens auf die westliche Hemisphäre war eine unerlässliche Notwendigkeit. Indem wir diese Forderung aufstellten, erfüllten wir nur eine allgemein anerkannte Pflicht … Mit den Philippinen verhält es sich jedoch anders … Wenn wir uns auch nach wie vor zu den Zielsetzungen bekennen, die unsere Bemühungen geleitet haben, … so dürfen wir dennoch nicht vergessen, dass der Krieg uns gegen unseren Wunsch und unsere Absichten neue Pflichten und Verantwortlichkeiten auferlegt hat, denen wir uns stellen müssen, wie es einer großen Nation geziemt … Zudem eröffnet der Besitz der Philippinen uns neue wirtschaftliche Möglichkeiten … Es ist nur billig, jedes legitime Mittel zur Erweiterung des amerikanischen Handels zu ergreifen; jedoch suchen wir im Fernen Osten keine Vorteile, die nicht allen Nationen gleichermaßen zugänglich sein sollen. Da wir für uns nur eine Politik der „offenen Tür" verlangen, sind wir auch bereit, diese anderen ebenfalls zuzugestehen.

M1A und M1B zit. nach Wolfgang Mommsen, Imperialismus, Hamburg (Hoffmann und Campe) 1977, S. 211 f.

M2

„Der Schutzmann der Welt", amerikanische Karikatur auf Theodor Roosevelts imperialistische Außenpolitik („Big-Stick-Policy"), 1905

Folgen der Kolonialherrschaft in Afrika – das Beispiel Ruanda

Die Gegenwart des Vergangenen

Ruanda (Rwanda), ein Binnenstaat in Ostafrika, stand von 1885 bis 1919 unter deutscher und belgischer Kolonialherrschaft und danach unter belgischem Völkerbundmandat. 1962 wurde es unabhängig. Nach dreijährigem Bürgerkrieg zwischen den Bevölkerungsgruppen der Hutu und der Tutsi verübten Hutu-Milizen 1994 unvorstellbare Massaker an den Tutsi. In der Folge kamen mehr als 800 000 Menschen auf beiden Seiten ums Leben. Die Hälfte der Bevölkerung war auf der Flucht. Heute verbietet ein Parlamentsgesetz, die Worte Tutsis und Hutus zu verwenden. Verstöße werden bestraft. Umstritten ist bis heute, welche Rolle die Kolonialzeit als „Wurzel" des Völkermordes spielt.

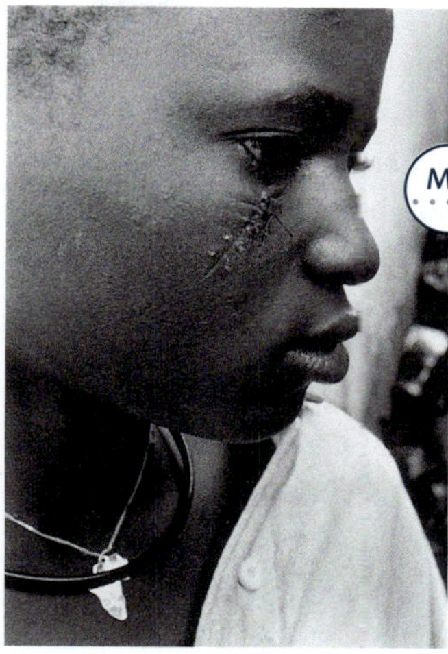

M2

Narben prägen die Menschen nach dem Krieg. Matias Costas Foto von einem etwa zehnjährigen Kriegswaisen in Kigali, der Hauptstadt Ruandas, wurde zum Unicef-Kinderfoto 2000 gewählt.

M1

War der Völkermord eine Folge der Kolonialzeit?

Der ruandische Historiker Célestin Muyombano (1995):

1A Vor der Kolonisation gab es keine ethnischen Konflikte in Ruanda. Die drei Volksgruppen – Hutu, Tutsi, Twa (Pygmäen) – verwalteten das Land gemeinsam, jede in dem wirtschaftlich-sozialen Bereich, in dem sie vorwiegend tätig war: in der Landwirtschaft, der Viehzucht, der Metallverarbeitung oder der Töpferei.
Die Keime des ruandischen Konflikts sind schon lange vor der Unabhängigkeit gesät worden. Maßgebend war der Einfluss des belgischen Kolonialherrn auf die politische Entwicklung des Landes. Die Deutschen hatten die vorgefundenen sozial-politischen Einrichtungen nicht angetastet. Um ihre Autorität zu behaupten, beeilten sich aber ihre Nachfolger, die Belgier, die dreifache Verwaltung aufzulösen, indem sie die ethnischen Gruppen gegeneinander ausspielten.
Die belgische Kolonialverwaltung betrachtete die Tutsi als Menschen mit großem Organisationstalent. Sie wurden als Instrument der belgischen Machthaber verwendet und dienten als Treibriemen zwischen dem Volk und den Kolonialherren, indem sie deren Befehle ausführten, Strafen verteilten etc.
Später trennte sich der belgische Kolonialherr von seinem „befehlsausführenden" Organisationstalent – den Tutsi – und erhob das „ausgebeutete Kind" – die Hutu – auf den Thron.

Célestin Muyombano, Ruanda. Die historischen Ursachen des Bürgerkriegs, Stuttgart (S. Naglschmid) 1995, S. 75 ff.

Die deutsche Völkerkundlerin Anna Kreuzer (1997):

1B Das Gemisch aus vermeintlich wissenschaftlichen Erkenntnissen, der ruandischen höfischen Geschichtsschreibung und der (gegen Ende des 19. Jahrhunderts) am Königshof herrschenden Machtverhältnisse führte dazu, den unterschiedlichen Gruppen auch unterschiedliche ... Eigenschaften zuzuschreiben. Dementsprechend galten die Tutsi als die „intelligentesten", Hutus galten als „arbeitswillig" und „mäßig intelligent". Auf unterster Stufe wurden die Twa, „eine alte, müde Menschenrasse, die dem baldigen Untergang entgegengeht ..." angesiedelt ...
In der Folgezeit wurden die angeblichen Unterschiede der Bevölkerungsgruppen durch den eingeschränkten Zugang zu Schulen, Verwaltungs- und Regierungsposten usw. verfestigt. Das in den ruandischen Schulen vermittelte Geschichtsbild entsprach der Betrachtungsweise der europäischen Kolonialmächte.
Dementsprechend fanden und finden sich von Ruandern geäußerte ethnische Vorurteile vor allem in Bevölkerungsschichten, die während der belgischen Kolonialzeit westliche Schulbildung erhalten haben ... Die Bezeichnungen „Hutu", „Tutsi" und „Twa" waren in vorkolonialer Zeit eher soziale denn ethnische Zuordnungen. So konnten Hutu durch Heirat, Viehbesitz usw. Tutsi werden und umgekehrt Tutsi zu Hutu. Die Twa waren am ehesten eine in sich geschlossene Gruppe.

Anna Kreuzer, Landwirtschaft und Sozialstruktur in Ruanda, Pfaffenweiler (Centaurus) 1997, S. 27 f., bearb. d. Verf.

Konflikte in Kolonien – das Beispiel China

Der „Boxer“-Aufstand

Seit Mitte des 19. Jahrhunderts hatte das chinesische Kaiserreich aufgrund seines Bevölkerungsreichtums, seiner Größe und seiner unsicheren politischen Lage das Interesse der europäischen Großmächte auf sich gezogen und Gebiete an sie verloren. Die Forderung der USA (1899), alle Mächte sollten das Recht haben, China wirtschaftlich zu nutzen (Politik der „offenen Tür“), führte zu heftigen Rivalitäten zwischen den Kolonialmächten. Dadurch wurde China – in einem Netz von Verträgen gefangen – auch politisch abhängig. Gegen Ende des Jahrhunderts versuchten politische Kräfte in China, durch eine Modernisierung einen höheren Wirtschaftsstandard zu erreichen. Ziel war, den Ansprüchen der Kolonialmächte Europas besser widerstehen zu können. In den politischen Wirren gewann der chinesische Geheimbund der „Boxer“ an Einfluss. Er forderte die Rückkehr zu alten Traditionen und wandte sich gegen die europäisch orientierte Modernisierung. Im Sommer 1900 kam es zu Mordanschlägen auf Europäer und auch zu Militäraktionen des Kaiserhofs. Die Großmächte schlugen gemeinsam – unter der selbst ernannten Führung Wilhelms II. – den Aufstand nieder und forderten von China hohe Entschädigungszahlungen.

M2

Die Haltung Kaiser Wilhelms II.

Im Juni wurde der deutsche Gesandte von Ketteler vom Geheimbund der „Boxer“ ermordet. Das Gesandtschaftsviertel in Peking wurde anschließend 55 Tage lang durch chinesische Aufständische belagert. Eine internationale Truppe sollte Peking befreien und „die Ordnung“ wiederherstellen. Kaiser Wilhelm II. verabschiedete am 27. Juli 1900 die Truppen, die nach China geschickt wurden:

Das Deutsche Reich hat seinem Charakter nach die Verpflichtung, seinen Bürgern, wofern diese im Ausland bedrängt werden, beizustehen ... Das Mittel, das ihm dies ermöglicht, ist unser Heer ... Eine große Aufgabe harrt eurer: Ihr sollt das schwere Unrecht, das geschehen ist, sühnen ... Pardon wird nicht gegeben, Gefangene werden nicht gemacht ... Wahrt die Manneszucht, der Segen Gottes sei mit euch, die Gebete eines ganzen Volkes, meine Wünsche begleiten euch, jeden Einzelnen: Öffnet der Kultur den Weg ein für alle Mal!

Zit. nach Michael Balfour, Kaiser Wilhelm II. und seine Zeit, Berlin (Ullstein) 1973, S. 240.

M1

China und Japan von der Mitte des 17. Jahrhunderts bis 1912

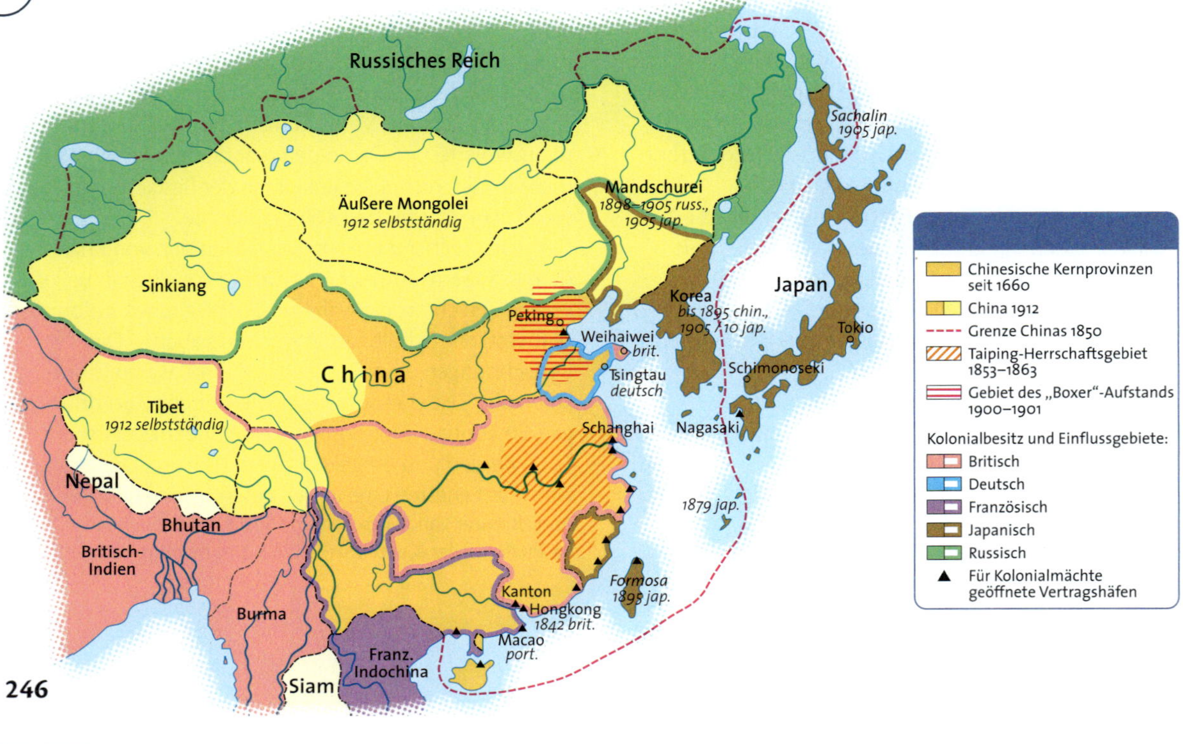

Theorien zum Imperialismus

M1

Eine ökonomische Theorie

Der englische Ökonom und Publizist John A. Hobson (1858–1940) formulierte seine Thesen 1902:

Der neue Imperialismus ist für die Nation ein schlechtes Geschäft; er ist aber ein gutes Geschäft für bestimmte Klassen und Gewerbe innerhalb der Nation. Die riesigen Rüstungsausgaben, die kostspieligen Kriege, die schweren Risiken und Störungen für unsere Außenpolitik, die Behinderung sozialer Reformen in Großbritannien selbst sind von großem Schaden für die Gesamtheit ... Die ökonomische Sachlage bildet die Hauptwurzel des Imperialismus. Doch wenn das konsumierende Publikum in unserem Lande seinen Konsumtionsstandard derartig steigern würde, dass er mit jeder Steigerung der Produktivkräfte Schritt hielte, dann könnte es gar keinen Überschuss an Waren, könnte es gar kein Kapital geben, das laut nach dem Imperialismus ruft, damit er ihm Absatzgebiete verschaffe ... Imperialismus ist das Bestreben der großen Industriekapitäne, ... für Waren und Kapitalien, die sie zu Hause nicht absetzen oder anlegen können, Märkte und Anlagemöglichkeiten im Ausland [zu] suchen.

John A. Hobson, Imperialism; dt.: Der Imperialismus, hg. v. Hans-Christian Schröder, Köln/Berlin, 1968, S. 67 ff.

M3

Französische Karikatur von Laurian, 1899. Auf dem Spruchband die französische Inschrift des englischen Hosenbandordens: „Ein Schuft, wer Böses dabei denkt."

M2

Eine politische Theorie

Der Historiker Wolfgang J. Mommsen (1930–2004) schrieb 1969:

Schon in den diplomatischen Krisensituationen der achtziger Jahre [des 19. Jh.] trat die explosive Kraft dieses Nationalismus deutlich zutage. Entscheidend für die geschichtliche Entwicklung Europas aber wurde es, dass sich dieser Nationalismus binnen weniger Jahre zum Imperialismus steigerte. Nationale Geltung nur im Rahmen des europäischen Staatensystems war den Völkern nun nicht mehr genug; man wollte auch in Übersee eine Macht werden ... Die politische und wirtschaftliche Durchdringung der noch unentwickelten Gebiete des Erdballs galt als die große nationale Aufgabe des Zeitalters.

Wolfgang J. Mommsen, Das Zeitalter des Imperialismus, Frankfurt a. M., 1969, S. 15 ff.

M4

Eine pluralistische[1] Theorie

Der englische Historiker James Joll (1918–1994) vertrat 1973 die folgende Auffassung:

Keine einzige der bekannten Imperialismustheorien vermag alle Fälle imperialistischer Expansion erklären, und allein mit wirtschaftlichen Faktoren lässt sich kein Beispiel ausreichend verständlich machen ... In der imperialistischen Expansion lassen sich neben den ökonomischen Motiven eine ganze Reihe anderer Motive nachweisen. Der Drang nach wissenschaftlichen Entdeckungen und der Erforschung unbekannter Länder trug zur Erschließung Afrikas bei. Der Wunsch christlicher Missionare, die Heiden zu bekehren, führte zur Errichtung von Stützpunkten ... Alle diese Motive vermischen sich miteinander und auch mit weniger ehrenwerten Motiven ... Handel, missionarische Tätigkeit und wissenschaftliche Erforschung waren untrennbar miteinander verquickt.

Zit. nach Peter Alter, Der Imperialismus, Stuttgart (Klett) 1989, S. 102 f.

[1] (lat. plures = mehrere), vielfältig

Die Vorherrschaft Europas in der Welt

M1 **Karikatur zu den Folgen des Imperialismus,** anonym, 1975

M2 **Europäische Kolonien und antikoloniale Aufstände in Afrika vor 1914**

M3

Widerstand – ein Akt der Selbsterhaltung

Der afrikanische Historiker Joseph Ki-Zerbo (geboren 1922 in Obervolta) schrieb über die Kolonisierung, 1979:

Abgesehen von einigen blutgierigen … (kleinen Fürsten), die die Afrikaner unterdrückten, haben diese die europäischen Eroberer mit offenen Armen oder zumindest fast ohne Widerstand empfangen. Seitdem aber die ersten Versuche unternommen wurden, ins Landesinnere vorzudringen, kam der afrikanische Nationalismus bis zur endgültigen Wiedererlangung der Freiheit immer wieder zum Ausbruch …

Unter der Asche des Kolonialismus schwelte eine Glut, die von Zeit zu Zeit hell aufloderte. Das Verhalten der Afrikaner war sehr unterschiedlich, als im 19. Jahrhundert die Europäer auf ihrem Kontinent eintrafen. Sicherlich waren seit Jahrhunderten Gerüchte bis in den letzten Winkel des Kontinents vorgedrungen, die davon erzählten, dass weiße Menschen … hin und wieder über das große Wasser kämen ….

Doch sehr schnell, schon Ende des 19. Jahrhunderts, wurde den Afrikanern bewusst, dass diese neuen weißen Fremden nicht wie die anderen waren. Das Bewusstwerden einer tödlichen Gefahr für die afrikanischen Gemeinschaften war der Ursprung des Widerstandes. Er entwickelte sich zunächst aus der Reaktion der Häuptlinge oder von Minderheiten, die in dem europäischen Eindringen eine Bedrohung ihrer Privilegien sahen. Es war gleichsam ein Akt der Selbsterhaltung. Später entstand angesichts des installierten Kolonialsystems mit seinen Schikanen und gelegentlichen Verbrechen ein allgemeiner Widerstand, der mehr aus dem Volk kam. Er … reichte von Flucht bis zum bewaffneten Aufstand. … Dieser Widerstand war überlegt, während der erste eher ein Reflex war. Überall verteidigten die Afrikaner ihr Land, nicht selten Meter für Meter. Sie kämpften Tausende von Schlachten, zu Tausenden brachten sie sich lieber mit ihren eigenen Händen um, als in Unfreiheit zu überleben. Die Zahl der Opfer stieg auf mehrere Hunderttausend. In der Regel nannten die Schwarzen die Kolonialzeit „die Zeit der Gewalt". Denn dieses System etablierte sich tatsächlich mit Gewaltakten, Zwängen und Macht.

Joseph Ki-Zerbo, Die Geschichte Schwarz-Afrikas, Wuppertal, 1979, S. 453 f., S. 466. Zit. nach Peter Alter, Der Imperialismus, Stuttgart (Klett) 1985, S. 65 f.

Überprüfe, was du kannst

Sachkompetenz

1 Kläre die folgenden Begriffe: Imperialismus (S. 240), Sozialdarwinismus (S. 240), Triebkräfte des Imperialismus (S. 240).

2 Unterscheide beispielhaft verschiedene Ziele und Methoden imperialistischer Politik (S. 240–247).

Methodenkompetenz

3 Untersuche M2 anhand der Methode „Mit Geschichtskarten arbeiten" im Anhang.

4 Analysiere M3 mithilfe der Methode „Einen Sachbuchtext erschließen" im Anhang.

Selbst- und Sozialkompetenz

5 a) Erschließe die Aussage der Karikatur M1.
b) Beurteile sie. Ziehe deine Kenntnisse aus dem Unterkapitel heran.

6 **Partnerarbeit:**
a) Zeichnet Karikaturen zum Thema „Imperialismus".
b) Organisiert eine kleine Ausstellung eurer Entwürfe.

7 **Recherche/Gruppenarbeit:**
Deutscher Kolonialismus:
a) Ermittelt, ausgehend von S. 246, inwiefern von einem deutschen Kolonialismus gesprochen werden kann. Nutzt Schulbücher, Sachbücher, Lexika und Internet.
b) Gestaltet eine Schulbuchdoppelseite zu diesem Teilthema des Imperialismus.

1880 bis 1918
Imperialismus

1884/85 bis 1890
Das Deutsche Reich erwirbt Kolonien.

1890
Beginn des Wettrüstens zwischen dem Deutschen Reich, Großbritannien und anderen europäischen Großmächten

1900
„Boxer"-Aufstand in China

1880 | 1890 | 1900 | 1910

Der Erste Weltkrieg

Wissen • Beurteilen und Handeln • Methoden anwenden

Am Ende dieses Unterkapitels kannst du

- Anlass und Ursachen für den Ausbruch des Ersten Weltkriegs nennen
- Auswirkungen des Krieges auf die Menschen an der Front und in der Heimat beschreiben und bewerten
- Gründe für das Ende des Ersten Weltkriegs erläutern
- den Ersten Weltkrieg als „Urkatastrophe" des 20. Jahrhunderts beurteilen
- **Methode** Darstellungen auf Feldpostkarten analysieren
- **Methode** Kriegerdenkmäler erkunden und deuten

Das europäische Bündnissystem vor dem Ersten Weltkrieg

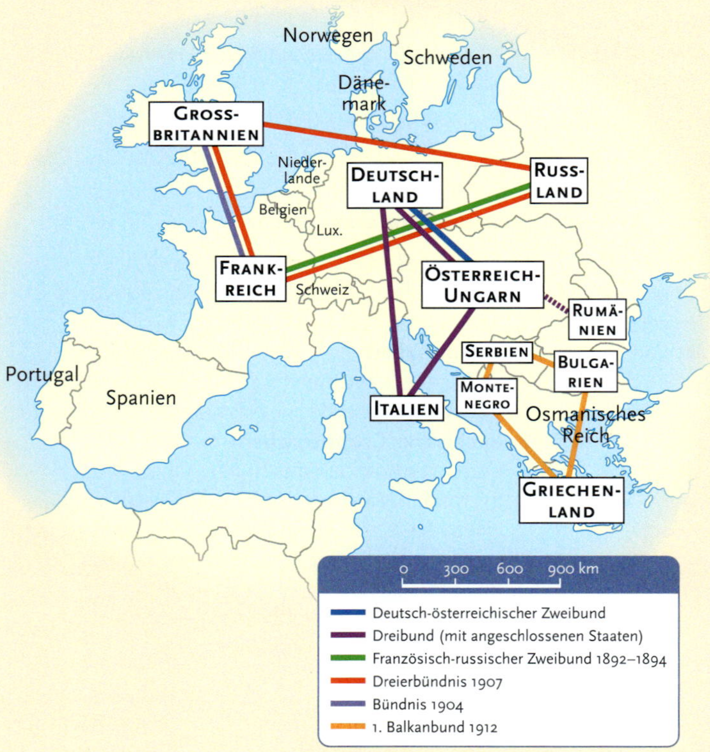

Erster Weltkrieg

1914 bis 1918

Europa – noch im Gleichgewicht?

Militärische Aufrüstung und politische Krise

Die Machtkämpfe der imperialistischen Staaten um Gebiete in Afrika und Asien belasteten das politische Klima in Europa. Die Finanzhaushalte der Staaten litten erheblich unter dem Wettrüsten. Vor allem zwischen dem Deutschen Reich und Großbritannien entwickelte sich ein erbitterter Rüstungswettlauf um die Vorherrschaft auf den Weltmeeren. 1913 hatte die deutsche Kriegsmarine das angestrebte Verhältnis von zwei Schiffen seiner Flotte zu drei Schiffen der britischen Flotte fast erreicht.

Großbritannien empfand den Aufbau der deutschen Seestreitmacht als direkte Bedrohung und Beweis für den Versuch, die britische Überlegenheit zur See infrage zu stellen. Tiefes Misstrauen gegenüber der deutschen Politik war die Folge. Auch die Stärke der Landstreitkräfte wurde im Wettrüsten zwischen den Ländern hochgeschraubt. Rüstungsprogramme und -ausgaben stießen in den Parlamenten auf keinen nennenswerten Widerstand. Allerdings gab es kritische Zeitgenossen, die den Rüstungswettlauf als gefährlich und sinnlos anprangerten. Als 1889 das Buch „Die Waffen nieder!“ der Österreicherin Bertha von Suttner erschien, verbreitete sich der Titel weltweit wie ein Lauffeuer. Offenbar fühlten viele Menschen, dass das Wettrüsten den Frieden gefährden könnte. Die Mehrheit der Politiker blieb jedoch dem von Nationalismus und Imperialismus bestimmten Denken verhaftet.

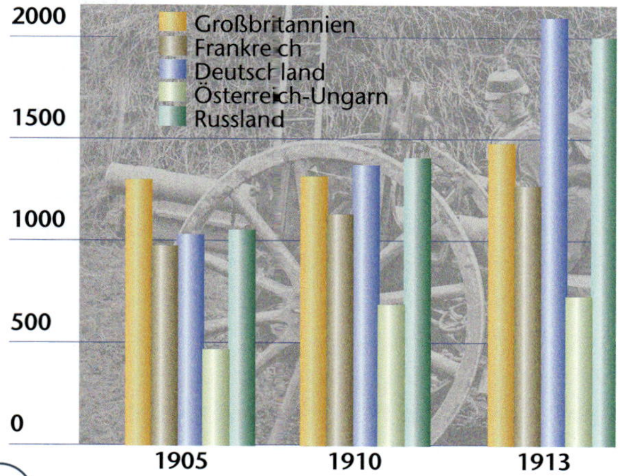

M1 **Rüstungsausgaben der Großmächte 1905 bis 1913**

1 a) Benenne anhand der Karte S. 250 die Bündnispartner Deutschlands und Großbritanniens um 1914 und weise sie den einzelnen Verträgen zu. b) Lege eine Liste an.

2 Formuliere Schlüsse, die sich aus der Analyse von M1 ergeben könnten.

3 Prüfe, welche Informationen der Darstellungstext zusätzlich zu den Materialien S. 250 f. enthält.

4 a) Bestimme die Quellenart von M2.
b) Beurteile den Aussagewert der Abbildung.

Webcode: FG642588-251

M2 **„Deutschland im europäischen Gleichgewicht“.** Die Postkarte von 1914 zeigt Personen, die jeweils ein Land vertreten: auf der linken Waagschale Österreich und Deutschland, auf der rechten Frankreich, England, Russland und Belgien, Japan und China (hängend), auf dem Balken Serbien, in der Mitte Türkei, USA und Italien.

Der Weg in den Weltkrieg

Der Balkan als „Pulverfass"

Nationalismus und Imperialismus in Europa führten auf dem Balkan zu großen Problemen: Erstens war in dieser Region eine einzigartige Vielzahl von Völkern und Sprachen anzutreffen. Zweitens herrschten hier drei Großmächte: Österreich-Ungarn, Russland und das Osmanische Reich. Als „Schutzpatrone" kleinerer Völker verfolgten sie ihre Machtinteressen. Außerdem waren Österreich und Russland in verschiedene Bündnissysteme eingebunden.

Die Lage spitzte sich zu mit der Nationalbewegung Serbiens, die seit dem 19. Jahrhundert unter dem Schlagwort „Großserbien" auftrat. Sie richtete sich auf der einen Seite gegen Österreich-Ungarn und das Osmanische Reich und wurde auf der anderen Seite von Russland unterstützt. Zwei Balkankriege, 1912/13 und 1913, zeigten deutlich die Gefahren in diesem Spannungsfeld.

Der Anlass des Ersten Weltkrieges

Als am 28. Juni 1914 das österreichische Thronfolgerpaar, Erzherzog Ferdinand und seine Frau, Sarajewo besuchten, wurden sie bei einem Anschlag ermordet. Österreich verdächtigte sofort serbische Nationalisten als Täter, da Sarajewo die Hauptstadt von Bosnien-Herzegowina war, das sich die Österreicher 1908 gewaltsam angeeignet hatten. Der deutsche Kaiser Wilhelm II. schrieb an den Rand des ersten offiziellen Berichts aus Wien vom 30. Juni 1914: „Mit den Serben muss aufgeräumt werden, und zwar bald."

Deutschland sicherte Österreich-Ungarn bedingungslose Unterstützung zu, Russland dagegen stellte sich hinter Serbien, und Frankreich stand zu seinem Bündnispartner Russland. Zwar erfüllte Serbien weitgehend die Forderungen Österreichs, sodass in Europa viele überzeugt waren, der Kriegsgrund sei damit entfallen. Doch Österreich hielt an seiner kriegerischen Absicht fest und erklärte Serbien am 28. Juli 1914 den Krieg. Als Russland seine Truppen mobil machte, griffen die Bündnisverpflichtungen und es gab kein Halten mehr: Am 1. August erklärte Deutschland Russland den Krieg, am 3. August Frankreich. Großbritannien folgte am 4. August mit Kriegserklärungen an Deutschland und Österreich. Aus der „Balkankrise" wurde ein „europäischer Krieg".

M1

Attentat auf den österreichischen Erzherzog Franz Ferdinand, Lithografie vom Juni 1914, Collage mit Zeitungsschlagzeilen. Täter waren serbische Nationalisten; die serbische Regierung wusste von den Plänen.

M2

Die Haltung Deutschlands

Graf von Szögyényi, 1892 bis 1914 österreichisch-ungarischer Gesandter in Berlin, telegrafierte am 5. Juli 1914 an seinen Außenminister über eine Unterredung mit Wilhelm II.:

Als ich nochmals den Ernst der Situation mit großem Nachdruck betonte, ermächtigte mich Seine Majestät, unserem Allergnädigsten Herrn zu melden, dass wir … auf die volle Unterstützung Deutschlands rechnen können … Russlands Haltung werde jedenfalls feindselig sein, doch sei er hierauf schon seit Jahren vorbereitet, und sollte es sogar zu einem Krieg zwischen Österreich-Ungarn und Russland kommen, so könnten wir davon überzeugt sein, dass Deutschland in gewohnter Bündnistreue an unserer Seite stehen werde. Russland sei übrigens … noch keineswegs kriegsbereit und werde sich noch sehr überlegen, an die Waffen zu appellieren. Doch werde es bei den anderen Mächten der Triple Entente[1] gegen uns hetzen … Er begreife sehr gut, dass es Seiner Majestät bei seiner bekannten Friedensliebe schwerfallen würde, in Serbien einzumarschieren; wenn wir aber die Notwendigkeit einer kriegerischen Aktion gegen Serbien erkannt hätten, so würde er es bedauern, wenn wir den jetzigen, für uns so günstigen Moment unbenützt ließen.

Zit. nach Asmut Brückmann, Die europäische Expansion, Stuttgart (Klett) 1993, S. 143.

[1] Großbritannien, Frankreich, Russland

M3

Mächtegruppen im Ersten Weltkrieg

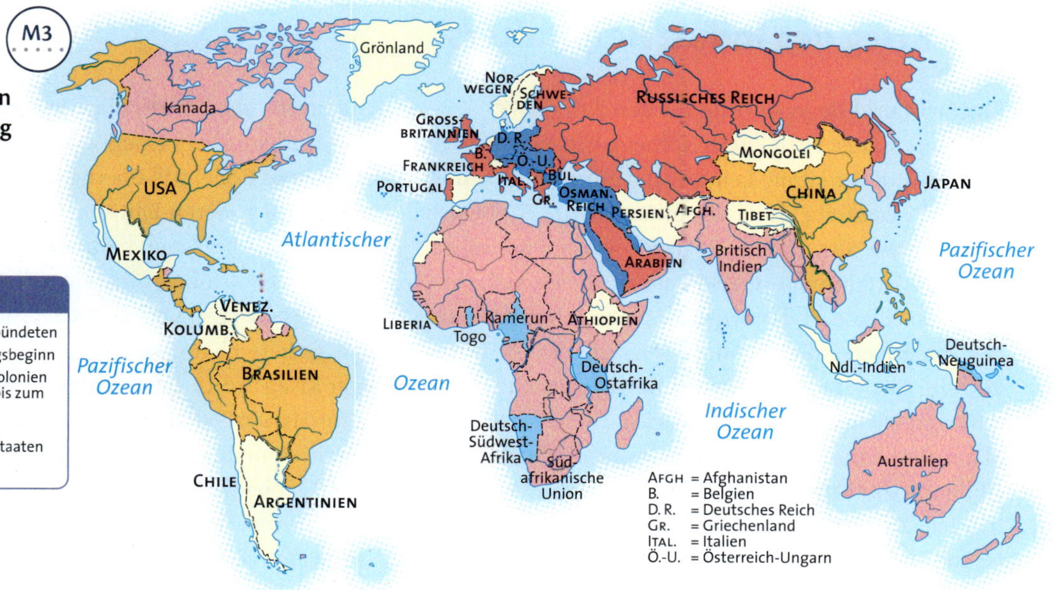

M4

Die Haltung Großbritanniens

Der britische Staatssekretär im Außenministerium, E. A. Crowe, schrieb im Juli 1914:

Worauf es ankommt, ist, ob Deutschland zu diesem Krieg jetzt absolut entschlossen ist oder nicht … Wenn Seiner Majestät Regierung in dem Augenblick, wo entweder Österreich oder Russland zu mobilisieren beginnen, Befehl erteilt, unsere ganze Flotte unverzüglich auf Kriegsfuß zu setzen, so mag dies … Deutschland die Augen über den Ernst der Gefahr öffnen, der es ausgesetzt wäre, wenn England am Kriege teilnähme … Sollte der Krieg ausbrechen und England unbeteiligt bleiben, dann muss sich Folgendes ergeben: a.) Entweder siegen Deutschland und Österreich, sie erdrücken Frankreich und demütigen Russland. b.) Oder Frankreich und Russland siegen. Wie werden sie sich dann gegen England verhalten? … In diesem Kampf, der nicht um den Besitz Serbiens geht, sondern bei dem es sich um das Ziel Deutschlands, seine politische Vorherrschaft in Europa zu errichten, und um den Wunsch der Mächte handelt, ihre individuelle Freiheit zu erhalten – in diesem Kampf sind unsere Interessen mit denen Frankreichs und Russlands verknüpft. Wenn wir dazu beitragen können, den Konflikt zu verhüten, … dann wäre es falsch, diesen Versuch nicht zu machen.

Zit. nach Asmut Brückmann, Die europäische Expansion, Stuttgart (Klett) 1993, S. 147.

Begriffe und Daten

Kriegsziele (September 1914)

Deutschland

- Sicherung des Reiches nach Ost und West
- Schwächung Frankreichs durch Gebietsabtretungen
- Belgien wird „Vasallenstaat" (d. h.: abhängig); militärische Nutzung von Hafenplätzen

Frankreich und Verbündete

- Herrschaft Deutschlands brechen
- territoriale Veränderungen nach Nationalitäten
- Gebietsabtretungen Polens an Russland, Entschädigung Polens mit deutschen Gebieten
- Elsass-Lothringen und eventuell weitere Teile des Reiches an Frankreich, Gebietszuwachs für Belgien
- Kriegsentschädigung von Deutschland und Österreich

1 **Partnerarbeit:** Erarbeitet anhand der Informationen auf dieser Doppelseite: a) Ursachen, Anlass und Folgen des Attentats von Sarajewo, b) die deutsche und die britische Position zur Krise, c) die Mächtegruppen und deren Kriegsziele am Beispiel Deutschlands und Großbritanniens, d) eine schriftliche Stellungnahme zur Frage, ob Ansätze für eine Konfliktlösung erkennbar sind und woran sie offensichtlich scheiterten.

Webcode: FG642588-253

Der Krieg des Industriezeitalters

Eintracht und Begeisterung für den Krieg?

Als am 1. August 1914 Kaiser Wilhelm mit der Aussage zitiert wurde, er kenne keine Parteien mehr, er kenne nur noch Deutsche, löste das in Berlin eine Welle der Begeisterung aus. Nationale Lieder wurden gesungen und hunderttausende Freiwilliger meldeten sich, um für Deutschland in den Krieg zu ziehen. Nationalflaggen schmückten die Straßen – sogar in den Arbeitervierteln. Am 4. August stimmte die SPD, die noch kurz zuvor in vielen Städten Antikriegsdemonstrationen organisiert hatte, im Reichstag fast geschlossen der Bewilligung von Kriegskrediten zu. Deutschland erschien in jenen Augusttagen national geeint und die Idee der Nation verwirklicht.

Neuere Forschungen zeigen jedoch, dass der Jubel keineswegs so ungeteilt war, wie die Propaganda für den Krieg und die nachträglichen Lobgesänge auf das „Augusterlebnis“ glauben machen wollten. Während in großen Teilen des Bildungsbürgertums eine wahre Kriegseuphorie ausbrach, herrschten in der städtischen Lohnarbeiterschaft ganz überwiegend Angst, Niedergeschlagenheit und Verzweiflung, wie z. B. die Polizeiberichte in den Berliner Arbeitervierteln festhielten. Ähnliches zeigen auch die Untersuchungen über die Stimmung in der bäuerlichen Bevölkerung.

Die Front – Materialschlachten prägen den Krieg

„Ein merkwürdiger Krieg: ... Flieger, Autos spielen eine ungeahnte Rolle, wie überhaupt die Technik, Brücken und Tunnels, deren Bau sonst Jahre gedauert hat, werden in vierzehn Tagen hergestellt.“ Diese Beobachtungen schrieb Großadmiral von Tirpitz am 11. Oktober 1914 in sein Tagebuch. Der Krieg, der erst gut zwei Monate gedauert hatte, war ein ganz neuer, so nicht erwarteter Krieg. Im 19. Jahrhundert hatten selten Heere von mehr als 500 000 Mann gegeneinander gekämpft, nun waren es mehrere Millionen. Mit modernen Waffen, Maschinengewehren, Hand- und Giftgasgranaten, Flammenwerfern, Minen, Panzern und Flugzeugen setzte eine beispiellose Materialschlacht ein. Sie wurde möglich durch die Industrie, die nahezu ununterbrochen Waffen produzierte.

Die „Hölle von Verdun“ wurde zum Inbegriff dieses Materialkrieges. Bei der französischen Festung Verdun sollte nach den Plänen der deutschen Obersten Heeresleitung die Hauptmacht des französischen Heeres vernichtet werden. Die Schlacht wurde mit gewaltigen Opfern bezahlt: 275 000 Franzosen und 240 000 Deutsche sind vom Februar bis Juni 1916 hier gefallen, wurden verwundet oder blieben vermisst. Der Krieg wurde mit dieser Schlacht nicht entschieden.

M1 **Aufbruch zur Front,**
Foto, August 1914

M2

Schweigend in den Krieg

Tagebucheintrag einer Augenzeugin vom 6. August 1914 in Freiburg:

Es war nach 6 Uhr, ein feiner Regen rieselte herunter, hinter dem Münster stand ein fahles Morgenrot – war da wohl keiner in dem langen Zuge, der nicht gedacht hätte: „Morgenrot, Morgenrot, leuchtest mir zum frühen Tod?" Alle Soldaten waren mit Blumen geschmückt, aber sie zogen schweigend, ohne zu singen, dahin und die Offiziere ritten stumm und ernst vor ihnen her ... Dann war alles wie ein Traum verschwunden, und schweren Herzens fragte sich wohl jeder ...: „Wer von diesen allen kommt einst wieder zurück?"

Zit. nach Christian Geinitz, Kriegsfurcht und Kampfbereitschaft, Essen (Klartext) 1998, S. 151.

M3

„Wettlauf der Ingenieure"

Der Journalist Christian Habbe schrieb 2004:

Fliegereinheiten ... wuchsen binnen Monaten zu straff organisierten Luftstreitkräften. Neu entwickelte Torpedoboote und Zerstörer brachten auf See die Aufmärsche von Linienschiffen und Panzerkreuzern durcheinander, an Land sprengte ein Ferngeschütz von Krupp mit 120 Kilometer Reichweite die gegnerischen Linien. Dazu etablierte sich ein Horror völlig neuer Art – der Panzerkrieg ... Nun waberte auch das berüchtigte Senfgas („Gelbkreuz") über die Schützengräben. Beide Seiten benutzten es mit schrecklichem Resultat. Zahllose Soldaten wurden schwer geschädigt, 90 000 starben im Gas – davon allein 56 000 Russen ... Der Krieg der Ingenieure ... brachte völlig neue Industriezweige hervor.

Christian Habbe, Wettlauf der Ingenieure, in: Die Ur-Katastrophe des 20. Jahrhunderts, Spiegel special, Nr. 1, 2004, S. 52 f.

M4

Das Maschinengewehr, Gemälde von Christopher R. W. Nevison, Öl auf Leinwand, 1915

M5

Kriegsverletzte des Ersten Weltkrieges, Foto, um 1918. Zur erschütternden Bilanz des Krieges gehören Millionen von Verwundeten und Kriegskrüppeln, deren Verletzungen meist durch Granatsplitter verursacht wurden.

1 a) Analysiere M1, indem du besonders auf die erkennbaren Einstellungen der Soldaten und ihre Stimmungslage eingehst.
b) Prüfe, ob der Darstellungstext linke Spalte weitere Informationen anbietet.
c) Setze M2 und M5 in Bezug zu M1 und zum Darstellungstext.

2 Prüfe anhand des Darstellungstextes rechte Spalte und M4 die These vom „Krieg des Industriezeitalters".

3 Zeige mithilfe von M3 und M5 das unmenschliche Gesicht des Krieges.

4 Erörtert in einer Gesprächsrunde die folgende These: Über Sieg und Niederlage entschieden nicht mehr die Generäle, sondern allein moderne Waffentechnik und neue Produktionsmethoden.

Webcode: FG642588-255

Darstellungen auf Feldpostkarten analysieren

Post im Krieg

Historiker schätzen, dass mehr als 28 Milliarden Postsendungen aller Art in den Jahren 1914 bis 1918 zwischen Front und Heimat befördert wurden. Durch die Feldpost hielten Angehörige Kontakt zu den kämpfenden Soldaten. Kaiserliche Regierung und Oberste Heeresleitung waren sich der Bedeutung der Feldpost bewusst. Zensur, Kontrolle (Postüberwachungsstellen) wurden – nicht immer erfolgreich – eingesetzt, um die Informationen über die Lage an der Front zu filtern. Für die „mediale Kriegsführung" waren Bilder von nicht zu unterschätzender Bedeutung: Wer über das Kriegsbild bestimmte, beeinflusste auch die Deutungshoheit über den Krieg.

Arbeitsschritte

1. Schritt: Einzelheiten erfassen

- Welche Personen, Gegenstände sind dargestellt? In welcher räumlichen Beziehung stehen sie zueinander?
- Was für ein Hintergrund wurde gewählt (Landschaft, Innenraum, „Kulisse" usw.)?
- Welche Bildelemente verweisen auf das Thema „Krieg"?
- Welche Aussagen werden schriftlich vermittelt?

2. Schritt: Bildelemente in einen Zusammenhang bringen

- Lassen sich die Einzelheiten in einen Zusammenhang bringen?
- Welche Aussage – über das Bildmotiv und das Thema Krieg – ergibt sich vorläufig?
- Welche Fragen sind noch offen?

3. Schritt: Zusätzliche Informationen nutzen

- Welche Informationen enthält die Bildunterschrift?
- Gibt es Hinweise auf Adressat und Zielsetzung der Abbildung?

4. Schritt: Aussage und Absicht des Bildes erschließen und kritisch werten

- Wie lassen sich die Ergebnisse zusammenführen und in einer Aussage formulieren? Welche Botschaften soll die Darstellung dem Betrachter vermitteln? Achte auf Einzelheiten.
- Welche Absicht sollte mit der Darstellung und dem Medium Feldpostkarte verbunden werden?
- Meinst du, dass die Botschaft bei den Adressaten ankam? Begründe.

M1

Artillerie in Beobachtung des Feindes, Feldpostkarte 1916

M2

„Als mich mein Kaiser rief!", Feldpostkarte, o. J.

Vorschlag für eine Gruppenarbeit

1 a) Analysiert M1 bis M7 arbeitsteilig mithilfe der Arbeitsschritte.
b) Berichtet in der Klasse.

2 Vergleicht in einer gemeinsamen Gesprächsrunde die Feldpostkarten. Stellt Übereinstimmungen und Unterschiede in Bezug auf Aussage und Absicht der Darstellungen fest.

3 Entwerft in Gruppen – ausgehend von euren Kenntnissen aus dem Kapitel – „Anti-Feldpostkarten" und stellt eure Ergebnisse vor.

4 „Feldpostkarten zeigten die Welt, wie sie gesehen werden sollte." Diskutiert diese These in der Klasse. Zieht eure Kenntnisse über Kriegsberichterstattung in der Gegenwart heran.

M3

„Innere Stärke und einheitlicher nationaler Wille", Feldpostkarte, 1915

M5

„Ein treuer deutscher Gruß", Feldpostkarte, 1916

M6

„Die Fahne ruft!", Feldpostkarte, 1915

M4

„Sie sollen ihn nicht haben", Feldpostkarte, 1915

M7

„Seifenblasen", Feldpostkarte, 1916

Geschichte der Gefühle: Soldatische Angst im Krieg

Angst als Gegenstand der Geschichtsforschung

Die tatsächlichen Erfahrungen mit dem Grauen des „neuen“ Krieges spiegeln sich in vielfältigen Überlieferungen wider: Fotos, Feldpostkarten, Feldpostbriefe, Tagebücher und Romane beschreiben die „Gesichter“ des Krieges. Sie alle sind Teil einer „Geschichte der Gefühle“ von Menschen, die den Ersten Weltkrieg erlebt haben. Die Geschichtsforschung untersucht zum Beispiel, wie Menschen Angst empfunden haben und wie sie und andere damit umgegangen sind.

M2 **Feldpostkarte,** 1915

1 Beschreibe anhand von M2 und M4, wie die Abbildungen auf dich wirken.
2 Untersuche, wie Dominik Richert den Krieg erlebte (M1).
3 Vergleiche die Darstellungen des Krieges in M3A und B.
4 Erarbeite anhand von M5, wie mit „Angst im Krieg“ von den Kriegspsychiatern umgegangen wurde.

M1

Der Tod des besten Kameraden

Aus den Erinnerungen des Soldaten Dominik Richert (1893–1977), die er in den ersten Jahren nach dem Krieg verfasste:

Nur noch zahlreiche Schrapnells [Artilleriegeschosse] kleiner Kaliber kamen hier und da angeflogen. Da sagte der Student: „Ich muss mal austreten“ und ging hinter einen in der Nähe stehenden Busch. Da kam ein Schrapnell, platzte über ihm. Eine Kugel drang ihm an der Schläfe in den Kopf. Er war sofort tot. Ich holte ihn mithilfe meiner Kameraden und legte ihn in das Granatloch, das die große Granate geschlagen hatte. … Nun hatte ich den letzten meiner besten Kameraden verloren. Es war mir so verleidet, dass ich mir bald nicht mehr zu helfen wusste. … „Den Heldentod fürs Vaterland gefallen!“ Heldentod! Welche Lüge ist doch dieses Wort. Ich habe so viel erlebt und durchgemacht. Aber ich habe unter 1000 kaum einen Helden entdecken können.

Dominik Richert, Beste Gelegenheit zum Sterben. Meine Erlebnisse im Kriege 1914–1918, hg. v. Angelika Tramitz u. Bernd Ulrich, München, 1989, S. 175 f. Zit. nach Meint Agena, „Habe unter Tausend kaum einen Helden entdecken können“, in: Geschichte lernen, H. 108, 2005, S. 31.

M3

Literarische Verarbeitung des Krieges

3A Aus dem Tagebuch eines Stoßtruppführers (1920):

Mein erstes Opfer war ein Engländer, den ich auf 150 Meter zwischen zwei Deutschen herausschoss. Er klappte wie ein Messer zusammen und blieb liegen. … Der Erfolg hatte Angriffsgeist und Draufgängertum jedes Einzelnen zur Weißglut entfacht. Von der Führung einheitlicher Verbände war keine Rede mehr. Trotzdem kannte jeder nur noch die Parole: „Vor!“ Jeder rannte geradeaus los … Der Kämpfer, dem während des Anlaufs ein blutiger Schleier vor den Augen wallte, kann seine Gefühle nicht mehr umstellen. Er will nicht gefangennehmen; er will töten. Er hat jedes Ziel aus den Augen verloren und steht im Banne gewaltiger Urtriebe. Erst, wenn Blut geflossen ist, weichen die Nebel aus seinem Hirn; er sieht sich um wie aus schwerem Traum erwachend. Erst dann ist er wieder moderner Soldat, imstande, eine neue taktische Aufgabe zu lösen.

Ernst Jünger, In Stahlgewittern, Berlin, 1922, S. 200 ff. Abdruck mit freundlicher Genehmigung des Verlages Klett-Cotta, Stuttgart.

M4

Schwerstverwundeter des Ersten Weltkrieges, zeitgenössisches Foto

M3

3B In dem Roman „Im Westen nichts Neues“ schilderte der Schriftsteller und Kriegsfreiwillige Erich Maria Remarque 1929 die Situation in den Schützengräben:

Unsere Gesichter sind verkrustet, unser Denken ist verwüstet, wir sind todmüde: Wenn der Angriff kommt, müssen manche mit den Fäusten geschlagen werden, damit sie erwachen und mitgehen: Die Augen sind entzündet, die Hände zerrissen, die Knie bluten, die Ellbogen sind zerschlagen. Vergehen Wochen – Monate – Jahre? Es sind nur Tage …

Haie Westhus wird mit abgerissenem Rücken fortgeschleppt; bei jedem Atemzug pulst die Lunge durch die Wunde. Ich kann ihm noch die Hand drücken: „Is alle, Paul“, stöhnt er und beißt sich vor Schmerz in die Arme. Wir sehen Menschen leben, denen der Schädel fehlt; wir sehen Soldaten laufen, denen beide Füße weggefetzt sind; sie stolpern auf den splitternden Stümpfen bis zum nächsten Loch.

Erich Maria Remarque, Im Westen nichts Neues, Berlin (Ullstein) 1972, S. 98 ff.

M5

Angst im Krieg

Die Historikerin Susanne Michl und der Historiker Jan Plamper schrieben 2009:

Der Erste Weltkrieg versehrte [verletzte] nicht nur die Körper der Soldaten, sondern auch jene Dimension des Selbst, die damals mit Begriffen wie „Seele“, „Psyche“, „Nerven“ und „Geist“ umschrieben wurden. Bereits kurz nach Kriegsbeginn wurden in die Lazarette Soldaten eingeliefert, die permanent zitterten, stotterten oder weinten, die (taub-)stumm geworden waren und die Essensaufnahme verweigerten, deren Gliedmaßen gelähmt waren, die Selbstgespräche führten oder unter Halluzinationen litten … Insgesamt kann von 800 000 bis zu mehr als einer Million Soldaten in den kriegführenden Nationen ausgegangen werden, bei denen eine Trauma-Diagnose gestellt wurde. Diese psychisch Versehrten wurden von Militärpsychiatern behandelt sowie von Psychiatern, die für den Kriegseinsatz mobilisiert worden waren … Für deutsche Kriegspsychiater waren Angst und männliche Tapferkeit nicht miteinander vereinbar. Im Gegenteil: Soldaten mit Angststörungen wurden als Schwächlinge, Feiglinge und moralisch verwerfliche Individuen stigmatisiert. Außerdem wurden sie verdächtigt, dem Krieg ablehnend gegenüberzustehen und unpatriotisch zu sein. Angst galt gemeinhin als unehrenhaft, als Kampfgeist, Kameradschaft und Disziplin zersetzend. … In Frankreich hingegen wurden mit der „Kriegsangst“ und den „Kriegsemotionen“ Konzepte geschaffen, die es ermöglichten, Gefühle von Angst und Feigheit in das Männlichkeitsbild zu integrieren. Männliche Tapferkeit, so die Argumentation, habe ihre Grenzen. Die „Invaliden der Tapferkeit“ seien bis an die Grenzen ihres Muts gegangen, sodass ihnen, wie den körperlich Versehrten, Respekt gebühre.

Susanne Michl/Jan Plamper, Soldatische Angst im Ersten Weltkrieg, in: Geschichte und Gesellschaft, 35. Jg., 2009, H. 2, S. 209, 213 u. 241 f.

5 Partnerarbeit/Recherche: Informiert euch über psychische Folgen von Auslandseinsätzen der Bundeswehrsoldaten(-soldatinnen), z. B. in Afghanistan, und berichtet.

Webcode: FG642588-259

Die „Heimatfront“

Der Krieg bestimmt den Alltag

Während die deutsche Regierung noch die nationale Kriegsbegeisterung schürte, war ihr längst klar, dass in einem langen Krieg die Ernährung der Bevölkerung nicht gesichert war. Als die deutschen Truppen nach ersten Siegen in Belgien und Frankreich von der französischen und englischen Armee gestoppt wurden, kam es zu einem Stellungskrieg. Damit traten Versorgungsprobleme in zweifacher Hinsicht auf: Zum einen musste der Nachschub für die Truppen an den Fronten bewerkstelligt werden, zum anderen verschärfte die „Hungerblockade“ (Blockade der Nordsee durch Großbritannien) die Notsituation der Zivilbevölkerung. Mit der propagandistischen Formel vom Aufbau einer „Heimatfront“ konnte man dieses Problem nicht lösen. Seit 1915 beschränkte die Regierung den freien Lebensmittelverkauf und regelte vor allem die Brot- und Getreideversorgung über Lebensmittelkarten. Da die Mengenzuweisungen nicht ausreichten, versuchten die Menschen, sich selbst zu versorgen: Viele Städter legten sich Kleingärten oder „Fensterplantagen“ zu, hielten Hühner, Kaninchen oder Schweine – sogar in Wohnungen!

Auch die Versorgung der Truppen mit Waffen bereitete zunehmend Schwierigkeiten, da in den Rüstungsbetrieben Arbeitskräfte fehlten. Um dieses Problem zu lösen, wurden Arbeiterinnen eingestellt. Viele Frauen waren auf solche Verdienstmöglichkeiten angewiesen. Sie mussten ihre Familien allein ernähren, da ihre Männer an der Front kämpften. Klagen über die Doppelbelastung von Beruf und Familie trafen auf wenig Verständnis: Für die Reichsregierung zählte nur der Rüstungsnachschub und für die Industriellen der finanzielle Gewinn.

Auch die Frauenverbände orientierten ihr Engagement stärker am Wohl „des Vaterlandes“ als an dem der einzelnen Frau. Es kam zwar immer wieder zu Protestaktionen, aber ohne politische Wirkung, da Frauen noch kein Wahlrecht besaßen. Die Versorgungsprobleme sollten mit nationalen Durchhalteparolen überdeckt werden. Seit 1915 verschlechterte sich die Versorgungslage stetig: Im „Kohlrübenwinter“ 1916/17 verhungerten in Deutschland Hunderttausende. 1917 betrug die Getreideernte nur noch 50 Prozent der Vorkriegsjahre. Dennoch hielten alle kriegführenden Staaten an ihren Kriegszielen fest.

M1 **Schlange stehen vor einer Verteilungsstelle für Lebensmittel,** Foto, um 1917

M2 **Frauen müssen ihren Lebensunterhalt verdienen,** Postkarte, 1917

M3

Männerarbeit – Frauenarbeit

Nach dem „Notgesetz“ vom August 1914 konnten z. B. Arbeitsschutzbestimmungen den jeweiligen Bedürfnissen der Kriegswirtschaft angepasst werden. Für die in Rüstungsbetrieben tätigen Frauen legte deshalb die Militärführung in Hannover im Dezember 1916 fest:

Durch übertriebene Vorsicht dürfen die dringenden Aufgaben der Kriegswirtschaft nicht gefährdet werden. Wo jeweils die richtige Grenze liegt zwischen den Bedürfnissen der Industrie einerseits und guter Sitte andererseits, ist im Einzelfalle von der zuständigen Gewerbeaufsichtsbehörde zu prüfen … In besonderen Notfällen kann die Frauenarbeit, deren Verwendung möglichst zu fördern ist – auch vor dem Dampfkessel, im Fuhrbetrieb, bei der Montage und Installation –, vorübergehend noch weiter [über elf Stunden hinaus] ausgedehnt werden. Ausreichende Sitzgelegenheit ist für Frauen besonders wichtig. Arbeit in Arbeitshose ist zu gestatten.

Zit. nach Amrei Stupperich, „Arbeit in Arbeitshose ist zu gestatten“, in: Praxis Geschichte, H. 3, 1995, S. 40.

M4

„Die Not wird schlimmer …“

Obwohl Militär- und Zivilbehörden den „nationalen Geist“ beschworen, konnten sie Briefe wie diesen, den eine Frau aus Sachsen am 5. 3. 1917 ihrem kriegsgefangenen Mann schickte, nicht verhindern:

Die Not wird immer schlimmer, weil es hier bei uns nichts mehr gibt … Schlecht stehts mit uns, da wir nichts mehr zu essen haben … Seit 14 Tagen habe ich das Mittagessen von der Volksküche [zentrale Essenausgabe, die der Gemeindeverwaltung unterstand] und zwar zwei Portionen und da essen fünf Mann davon. Bei mir ist gerade wie wenn mir in Hals geschissen ist so hungert mich den ganzen Tag. Sollte nun der Mist nicht bald ein Ende nehmen oder muss man selbst noch Waffe in der Hand nehmen, damit die Kinder wenigstens aus der Welt kommen, denn das Elend kann ich nicht mehr ertragen. Mich dauern blos die armen Kinder, die sehen mich nur egal an und kann ihnen nicht helfen.

Zit. nach Ute Daniel, Arbeiterfrauen in der Kriegsgesellschaft, Göttingen (Vandenhoeck & Ruprecht) 1989, S. 149 f.

1 Überlege, welche gesellschaftlichen Gruppen unter den Auswirkungen des Krieges besonders schwer litten (Darstellungstext, M1, M4).

2 Erster Weltkrieg – „Schrittmacher der Frauenemanzipation“? Setze dich kritisch mit dieser These auseinander. Ziehe dafür M2, M3 und M4 heran.

3 a) Erarbeite, welche Bedingungen die „Siegpropaganda“ von 1914 in den folgenden Kriegsjahren infrage stellten.
b) Stelle Vermutungen über die Folgen für die Lage Deutschlands an.

Webcode: FG642588-261

Das Ende des Ersten Weltkrieges

Kriegseintritt der USA

Die Vereinigten Staaten von Amerika hatten sich bei Kriegsbeginn für militärisch neutral erklärt. Sie lieferten jedoch kriegswichtige Güter an die Alliierten Großbritannien und Frankreich. Um den amerikanischen Nachschub zu unterbinden, setzte die deutsche Militärführung eine neuartige Waffe ein: U-Boote. Nach scharfem Protest der USA wurden die U-Boot-Angriffe 1916 aber beendet. Als der Landkrieg stagnierte und die Skagerrak-Schlacht fehlschlug, wurde am 1. Februar 1917 – durch Entscheidung der Obersten Heeresleitung (OHL) – der „uneingeschränkte" U-Boot-Krieg wieder aufgenommen. Die USA brachen daraufhin am 3. Februar ihre diplomatischen Beziehungen zum Reich ab und erklärten am 6. April Deutschland den Krieg. Als Motive für das Verhalten der US-Regierung sieht die Geschichtsforschung:

- die Verletzung des Völkerrechts und der militärischen Neutralität der USA durch Deutschland,
- die Gefahr einer deutschen Hegemonie in Europa,
- die Vermeidung einer Niederlage der Alliierten, um die Kriegskredite später wiederzubekommen, und
- die Durchsetzung der amerikanischen Grundüberzeugung, für Freiheit und Demokratie zu kämpfen.

Alliierte Überlegenheit und Waffenstillstand

Der Kriegseintritt der USA und die Panzer („Tanks"), die die Briten einsetzten, verschoben die Gewichte eindeutig zugunsten der Alliierten. Die neue weltpolitische Rolle der USA zeigte sich, als der amerikanische Präsident Wilson im Januar 1918 ein 14-Punkte-Programm verkündete, das künftig den Weltfrieden sichern sollte. Gefordert wurden u. a.: Demokratie, Achtung des Selbstbestimmungsrechtes der Völker und ein Völkerbund, der zugleich Schlichter in Konflikten zwischen den Nationen sein sollte.

Angesichts des bevorstehenden militärischen Zusammenbruchs forderte die OHL am 29. September 1918 sofortige Waffenstillstandsverhandlungen. Die deutsche Regierung setzte große Hoffnungen in die Initiative Wilsons, der einen gegenseitigen Verzicht auf Gebietsabtretungen und Kriegskostenentschädigungen vorgeschlagen hatte. Wilson wollte damit für die Zukunft gewaltsame, durch Rache motivierte Auseinandersetzungen verhindern.

Misserfolge an der Front und Forderungen des US-Präsidenten führten im Oktober 1918 im Deutschen Reich zur Änderung der Verfassung. Auch die OHL befürwortete eine Regierung, die nicht dem Kaiser, sondern dem Parlament verantwortlich sein sollte. Der Regierung gehörten der neue Reichskanzler Max von Baden und Vertreter mehrerer Parteien an.

Als am 11. November 1918 die Vertreter der deutschen Übergangsregierung in Nordfrankreich das Waffenstillstandsabkommen unterschrieben, wurden die harten Bedingungen der Alliierten bereits erkennbar: sofortige Räumung der besetzten Gebiete, Abgabe des größten Teils der Kriegswaffen und der gesamten Hochseeflotte. Dass man den Waffenstillstand als Atempause nutzen könnte, um die Kämpfe wieder aufzunehmen, erwies sich schnell als Illusion. Enttäuschung und Selbstzweifel bestimmten das Klima in Deutschland. Im Herbst 1918 war klar: Deutschland und seine Verbündeten hatten den Krieg verloren. Das Kaiserreich war am Ende.

M1

Allegorie* auf den gemeinsamen Kampf der Alliierten gegen Deutschland, Zeichnung, 1917

M2

Die Beweggründe der USA

Aus der Rede des US-Präsidenten Wilson vor dem Kongress am 2. April 1917:

Der gegenwärtige deutsche Unterseebootkrieg gegen den Handelsverkehr ist ein Krieg gegen die Menschheit. Er ist ein Krieg gegen alle Nationen ... Unser Beweggrund soll nicht Rachsucht ... sein, sondern allein die Vertretung des Menschenrechtes, für das wir nur ein einzelner Streiter sind ... Unser Ziel ist, die Grundsätze des Friedens und der Gerechtigkeit im Leben der Welt gegen selbstsüchtige und autokratische Macht zu verteidigen ... Wir haben keinen Streit mit dem deutschen Volke. Wir haben gegen dieses nur ein Gefühl der Sympathie und der Freundschaft. Seine Regierung hat nicht auf sein Betreiben gehandelt, als sie in den Krieg eintrat ... [Wir werden kämpfen] ... für Demokratie, für das Recht derer, die einer Obrigkeit untertan sind, ... für die Rechte und Freiheiten der kleinen Nationen.

Zit. nach Geschichte in Quellen, Bd. 6, bearb. v. Günter Schönbrunn, München (bsv) 1961, S. 57 f.

M3

Die sogenannte Friedensresolution

Am 19. Juli 1917 verabschiedete der Reichstag mit 212 gegen 126 Stimmen bei 17 Enthaltungen die sogenannte Friedensresolution. Dafür stimmten Zentrum, Mehrheitssozialdemokratie, Fortschrittliche Volkspartei, dagegen waren Konservative, Nationalliberale, Unabhängige Sozialdemokratie.

Wie am 4. August 1914 gilt für das deutsche Volk auch an der Schwelle des vierten Kriegsjahres das Wort der Thronrede: „Uns treibt nicht Eroberungssucht." Zur Verteidigung seiner Freiheit und Selbstständigkeit, für die Unversehrtheit seines territorialen Besitzstandes hat Deutschland die Waffen ergriffen. Der Reichstag erstrebt einen Frieden der Verständigung und der dauernden Versöhnung der Völker. Mit einem solchen Frieden sind erzwungene Gebietserwerbungen und politische, wirtschaftliche oder finanzielle Vergewaltigungen unvereinbar ... Der Reichstag wird die Schaffung internationaler Rechtsorganisationen tatkräftig fördern ... Solange jedoch die feindlichen Regierungen auf einen solchen Frieden nicht eingehen, solange sie Deutschland und seine Verbündeten mit Eroberung und Vergewaltigung bedrohen, wird das deutsche Volk wie ein Mann zusammenstehen.

Zit. nach Geschichte in Quellen, Bd. 5, bearb. v. Günter Schönbrunn, München (bsv) 1961, S. 93 f.

M4

Der Moloch spuckt Kriegsmaterial aus,
Karikatur aus dem „Simplicissimus", 1917

Begriffe und Daten

Erster Weltkrieg 1914 bis 1918

Der Erste Weltkrieg unterschied sich grundlegend von bisherigen Kriegen durch: die Zahl seiner Opfer (etwa 10 Millionen Tote, 20 Millionen Verwundete und Invaliden), das Ausmaß der Zerstörung, die militärisch-territoriale Ausdehnung, den Einsatz von Millionenheeren und einer gewaltigen Militärmaschinerie. Unmittelbarer Kriegsanlass war das Attentat von Sarajewo. Ursachen des Krieges liegen in machtpolitischen Gegensätzen und Interessenkonflikten im europäischen Staatensystem und Rivalitäten, die sich aus der imperialistischen Politik jener Zeit ergaben. Der Eintritt der USA in den Krieg (1917) veränderte die Kräfteverhältnisse zuungunsten Deutschlands.

1 Erarbeite die Bildaussage von M1.

2 Skizziere anhand des Darstellungstextes stichwortartig den Eintritt der USA in den Krieg.

3 Nimm zu den Motiven der USA für den Kriegseintritt Stellung. Ziehe M2 und M4 mit heran.

4 Bewerte die Aussage von M4. Berücksichtige deine bisherigen Ergebnisse zur Rolle der USA in der Zeit des Imperialismus (siehe S. 244).

5 a) Untersuche M3. Ziehe die Methode S. 120 f. heran.
b) Beurteile die Ziele und die Argumentation der Resolution.

Webcode: FG642588-263

Kriegerdenkmäler erkunden und deuten

An Opfer erinnern

Ausdruck des ungeheuren Schocks, den der Erste Weltkrieg für alle Beteiligten bedeutete, ist die große Zahl der Denkmäler, die in allen Ländern nach Kriegsende errichtet wurden. Allein in Frankreich entstanden 30 000 Kriegerdenkmäler. Neben großen Gedenkstätten, wie z. B. in Verdun, sind es vor allem kleinere dörfliche Erinnerungsstätten, die zumeist auf Initiative der Gemeindevertretungen errichtet wurden.

1 Beschreibt in Gruppen arbeitsteilig M1 bis M4 und formuliert, welche Gesamtaussage mit dem Kriegerdenkmal verbunden sein könnte. Zieht die Arbeitsschritte heran.

2 Findet heraus, ob es in eurer Heimatstadt oder in der Nähe ein Kriegerdenkmal gibt und untersucht es mithilfe der Arbeitsschritte. Präsentiert eure Ergebnisse in der Klasse.

M1 **Kriegsgefangenen-Ehrenmal in Bremen,** Foto, 2007. Die Inschrift lautet: Deutsche Frontsoldaten starben in Kriegsgefangenschaft für ihr Vaterland 1911–1920

Arbeitsschritte

1. Schritt: Die Bedeutung klären und Einzelheiten beschreiben

- Stellt fest, warum das Denkmal errichtet wurde: zur Mahnung, als Aufforderung zur Nachahmung, zur Verherrlichung der „Kriegshelden"?
- Schreibt dazu die Inschriften auf dem Denkmal ab oder fotografiert sie. Beachtet, aus welchem Material das Denkmal ist und welche Symbole verwendet wurden (Adler, Stahlhelme, Waffen, Ölzweig, Taube etc.).
- Beachtet ferner, wie die Figuren dargestellt wurden: sterbend, in aufrechter Haltung usw.
- Klärt, ob das Denkmal nach seiner Aufstellung verändert wurde (Restaurierung, Umsetzung, Verunstaltung usw.).
- In welchem Zustand befindet sich das Denkmal? Wird die unmittelbare Umgebung gepflegt oder bepflanzt? Wenn ja, durch wen?

2. Schritt: Details festhalten

- Häufig findet sich auf diesen Denkmälern auch ein Verzeichnis aller Gefallenen dieses Ortes. Dann könnt ihr zusätzlich noch folgende Fragen beantworten:
- Wie viele Männer dieses Ortes starben als Soldaten im Krieg?
- Wie alt war der Jüngste, wie alt der Älteste?
- Wenn auf dem Denkmal angegeben ist, wo die Soldaten gefallen sind, fertigt eine Karte an und tragt die Orte ein.

M2

Ehrenmal in Hamburg, Foto, 2004. Das 1930–1932 errichtete Denkmal mit dem Relief der trauernden Mutter mit Kind von Ernst Barlach erinnert heute an die Gefallenen des Ersten und Zweiten Weltkrieges.

M4

Kriegerdenkmal in Lübeck-Krempelsdorf, Foto, 2010. Behauener Findling auf Sockel. Im Relief Stahlhelm mit Eichenlaub, darunter Inschrift: „1914–1918 starben für uns (… Namen) Gemeinde Krempelsdorf".

M3

Seesoldaten-Ehrenmal in Kiel, Foto, 2005. Erbaut 1931 von Hermann Suhr. Stele aus Ostseegranitquadern, gestaltet von Alwin A. R. Blaue.
Ausschnitt: Der sterbende Fahnenträger. Originalinschrift zum Denkmal: „6000 Seesoldaten gaben ihr Leben für Euch." Die zweite Inschrift bezieht sich auf den Zweiten Weltkrieg: „… zum Gedenken an …" Die dritte Inschrift aus dem Jahre 1954 (!): „… starben für Deutschland …"

Der Erste Weltkrieg

M1

„Die vier Kreuze“, Ansichtskarte aus dem Ersten Weltkrieg

M3

In Gedenken an den 4. August 1914

1917 fand im Reichstag eine Gedenkveranstaltung statt, bei der Reichskanzler Georg Michaelis eine Rede hielt:

Wir stehen unter dem Eindruck der Größe des Tages, an dem vor drei Jahren das Volk aufstand, um in begeisterter Einmütigkeit den Riesenkampf aufzunehmen, der uns aufgezwungen worden war. Der 4. August wird in der Geschichte des deutschen Volkes zu allen Zeiten sein der Tag höchster vaterländischer, todesmutiger und siegesgewisser, entschlussfreudiger Bereitwilligkeit gegenüber der größten Gefahr, die je auf ein Volk hereinbrach … Heute kommt es darauf an, die Leuchtfeuer hell auflodern zu lassen, ein Ziel, ein Wille, ein Vaterland! Und dieses Vaterland ist größer und wichtiger als unser Einzelleben! Je größer die Opfer, desto herrlicher der Lohn. Wir geloben dem Kaiser und dem Reiche die Treue und was uns das Herz frei macht, das rufen wir aus: Vaterland, Kaiser und Reich hurra, hurra, hurra!

Zit. nach Jeffrey Verhey, Der „Geist von 1914“, Hamburg (Hamburger Edition HIS) 2000, S. 287, übers. v. J. Bauer/E. Nerke.

M2

Pressemeldungen über die Stimmung zu Kriegsbeginn

Die „Norddeutsche Allgemeine Zeitung“, das „Sprachrohr“ der Reichsregierung, schilderte die Vorgänge in der ersten Augustwoche 1914 folgendermaßen:

2A Was sich vom 30. Juli bis heute in Berlin abspielte, ist eine Offenbarung des starken nationalen Empfindens, das in unserm Volke lebt … Man war brüderlich: der Arbeiter, der in der Bluse barhäuptig die Fahne trug, der Akademiker, der neben ihm schritt, Kaufleute, Wandervogelscharen[1], Studenten mit Verbindungsband auf der Brust, Soldaten, die, zum Teil schon in der grauen Felduniform, sich singend in die Reihen der Marschierenden eingegliedert hatten. Oft ging man Arm in Arm, in Reihen zu 30 und 40 Menschen.

Zit. nach Jeffrey Verhey, Der „Geist von 1914“, Hamburg (Hamburger Edition HIS) 2000, S. 121, übers. v. J. Bauer/E. Nerke.

[1] Um 1895 gegründete Jugendbewegung, deren Begeisterung für ein ursprüngliches, naturnahes Leben 1914 teilweise in Kriegsbegeisterung umschlug.

Der sozialdemokratische „Volksfreund Braunschweig“ stellte am 3. August 1914 fest:

2B Ernste Stimmung trifft man überall nur in den Straßen, nichts von Fröhlichkeit, nichts von Abend-Bierbegeisterung der Halbstarken. Wer die Stimmung des Volkes kennen lernen will, der gehe dahin, wo das Volk sich bewegt. Wer die Szenen gestern Nachmittag auf dem kleinen Exerzierplatz[1], dem Sammelpunkt der Einberufenen, und vor der Kaserne wie auf dem Bahnhof beobachtet hat, dem krampfte sich das Herz zusammen vor Weh.

Zit. nach Wolfgang Kruse, Krieg und nationale Integration, Essen (Klartext) 1993, S. 58.

[1] Truppenübungsplatz

M4

Der Krieg als Subjekt – „Der Roboter“, Federzeichnung von L. J. Jordan, 1917

M5

Wilhelm II. auf einer Postkarte des Jahres 1914

Überprüfe, was du kannst

Sachkompetenz

1 Kläre die folgenden Begriffe: Erster Weltkrieg 1914 bis 1918 (S. 252), Kriegsziele, (S. 253), Verdun (S. 254).

2 Notiere in Stichworten: Anlass/Ursachen/Verlauf/Ende des Ersten Weltkrieges/Folgen für die Menschen.

3 a) Stelle fest, wie sich in 2A und 2B die Stimmung bei Kriegsbeginn widerspiegelt.
b) Ziehe Schlüsse daraus.

Methodenkompetenz

4 a) Analysiere M1 mithilfe der Methode „Darstellungen auf Feldpostkarten analysieren“ (S. 256/257).
b) Formuliere eine schriftliche Stellungnahme zur Bild-Text-Komposition.

Selbst- und Sozialkompetenz

5 Setze dich kritisch mit M3 auseinander. Belege deine Bewertungen am Text.

6 Analysiere und beurteile M5 auf der Grundlage deiner Kenntnisse aus dem Kapitel.

7 Beurteile die Formulierung, den Ersten Weltkrieg als „Urkatastrophe des 20. Jahrhunderts“ zu bezeichnen.

8 a) Entschlüssele M4.
b) Zeichne – ausgehend von M4 – eine eigene Karikatur zum Thema „Erster Weltkrieg“.
c) Gestaltet eine kleine Ausstellung eurer Entwürfe.

1914 bis 1918
Erster Weltkrieg

1914
Attentat auf das österreichische Thronfolgerpaar in Sarajewo

1916
Schlacht von Verdun

1917
Kriegseintritt der USA

11. November 1918
Waffenstillstandsabkommen

1900 1910 1920 1930

Imperialismus und Erster Weltkrieg

In der Geschichtsforschung wird die Industrialisierung als wesentliche Grundlage für eine imperialistische Politik gesehen, die seit der zweiten Hälfte des 19. Jahrhunderts bis zum Ersten Weltkrieg 1914 die Politik der Großmächte bestimmte. Ideologische, politische, militärische und wirtschaftliche Interessen trieben den Imperialismus an.

Triebkräfte des Imperialismus

Als „Antrieb“ des Imperialismus gelten folgende Faktoren:

- Industrieunternehmen suchten nach Rohstoffen und Absatzmärkten.
- Die Kolonien boten Siedlungsraum für die schnell wachsende Bevölkerung in Europa.
- Militärische Interessen und Sicherheitsbedürfnisse gegenüber den anderen Großmächten verstärkten den Eroberungsdrang.
- Innenpolitische Spannungen wurden in nationalistische und imperiale Ziele „nach außen“ abgeleitet.
- Die Behauptung von der Überlegenheit der „weißen Rasse“ verstärkte die Einstellung der Europäer, die „armen Wilden“ religiös missionieren und von der „Höherwertigkeit“ der Kultur der Europäer überzeugen zu müssen.
- Staatliche, militärische und wirtschaftliche Schwächen der außereuropäischen Länder bzw. Völker verstärkten die Herrschaftsansprüche der Europäer.

Herrschaft in den Kolonien

Die Grenzen der eroberten Gebiete wurden zumeist nicht mit den Einheimischen abgestimmt, sondern in Verhandlungen der Kolonialmächte untereinander festgelegt. Traditionelle Rechte, Besitzungen von Volksgruppen und Großfamilien sowie kulturelle Bindungen blieben unberücksichtigt. Aufstände, z. B. der „Boxer“-Aufstand, wurden mit militärischer Gewalt niedergeschlagen. Sowohl Formen direkter als auch indirekter Herrschaft zielten auf eine effektive Nutzung der Kolonien und ihrer Bewohner ab. Verwaltungsapparate wurden von europäischen Beamten geleitet, die zum Teil von Einheimischen, die Achtung und Ansehen in der Bevölkerung genossen, unterstützt wurden.

Die Folgen der massiven Eingriffe in Gesellschaft, Kultur, Wirtschaft, Lebens- und Naturräume waren so schwerwiegend, dass sie die ehemaligen Kolonien teilweise noch heute prägen, z. B. durch Bürgerkriege infolge „künstlicher“ Grenzziehungen.

Konflikt- und Schlachtfeld Europa

Die Rivalitäten der imperialistischen Staaten um Gebiete in Afrika und Asien verstärkten die Spannungen in Europa. Vor allem Großbritannien und das Deutsche Reich sahen sich als direkte Konkurrenten und begannen einen erbitterten Rüstungswettlauf. Dazu kam das durch den Krieg von 1870/71 schwer belastete deutsch-französische Verhältnis. Die Politik Kaiser Wilhelms II. führte Deutschland immer mehr in die Isolation und die anderen Großmächte enger zusammen.

Die Lage in Europa verschärfte sich außerdem durch die Nationalitätenkonflikte auf dem Balkan. Als im Juni 1914 das österreichisch-ungarische Thronfolgerehepaar in Sarajewo einem Attentat zum Opfer fiel und Österreich Serbien am 28. Juli den Krieg erklärte, schloss sich sein Bündnispartner, das Deutsche Reich, an. Machtpolitische Gegensätze und Interessenkonflikte im europäischen Staatensystem führten im August 1914 zum Ersten Weltkrieg.

Der Krieg verändert die Welt

Bald zeichnete sich ab, dass der Krieg zu einer langwierigen, mörderischen Materialschlacht werden würde, die keiner schnell gewinnen konnte. Auch die verlustreichen Schlachten im Westen (1916) brachten kaum Geländegewinne und keine militärische Entscheidung. An der „Heimatfront" forderte die katastrophale Versorgungslage große Opfer.

Der Kriegseintritt der USA am 6. April 1917 veränderte die Kräfteverhältnisse in Europa grundlegend. Die USA, durch deren wirtschaftliche und militärische Überlegenheit der Krieg entschieden wurde, beanspruchten nun, bei politischen Entscheidungen in Europa mitzubestimmen. Bereits im Januar 1918 hatte der amerikanische Präsident Wilson in 14 Punkten ein Programm verkündet, das nach Kriegsende verwirklicht werden sollte. Es sah einen Verständigungsfrieden auf der Basis des Selbstbestimmungsrechts der Völker vor. Ein „Völkerbund" sollte zur Befriedung der Beziehungen zwischen den Staaten beitragen.

Im November 1918 musste Deutschland, das der militärischen Übermacht der Kriegsgegner im Westen nicht mehr widerstehen konnte, die Kapitulationsurkunde unterschreiben.

Imperialismus und Erster Weltkrieg

Imperialismus

Triebkräfte
- Ideologische, politische, militärische und wirtschaftliche Motive und Interessen liegen dem Imperialismus zugrunde.

Methoden der Kolonialherrschaft
- Formen direkter und indirekter Herrschaft
- europäische Verwaltungs- und Leitungstrukturen in den Kolonialgebieten
- folgenreiche Eingriffe der Europäer in die Lebensbedingungen und Lebensräume der einheimischen Völker

Folgen des Imperialismus
- Bürgerkriege, u. a. durch künstliche Grenzziehungen der Kolonialmächte
- Eingriffe in kulturelle und politische Traditionen und wirtschaftliche Lebensbedingungen

Erster Weltkrieg

Ursachen
- äußerer Anlass: Attentat auf das österreichisch-ungarische Thronfolgerehepaar (Juni 1914)
- globale Rivalitäten der imperialistischen Großmächte
- verschärfte Spannungen in Europa (z. B. Nationalitätenkonflikte)
- Rüstungswettlauf

Verlauf
- erster „industrieller Krieg"
- Materialschlacht ohne schnelle militärische Enscheidung
- negative Auswirkungen auf die „Heimatfront"
- Auswirkungen auf den Kriegsverlauf und das Ende des Krieges durch den Kriegseintritt der USA

Ergebnisse und Folgen
- Große Menschenverluste und hohe Kriegskosten für alle Beteiligten
- Niederlage Deutschlands und seiner Verbündeten (November 1918)

Informationen beschaffen

Informationen sammeln in einer Bibliothek (Bd. 1)

1. Schritt: Besuch vereinbaren
Am besten sprecht ihr eine Führung ab. Dabei werden häufig auch Übungen zur Benutzung der Kataloge und Ausleihe der Bücher angeboten.

2. Schritt: Katalog suchen
Der „Katalog" ist ein Verzeichnis, in dem alle Bücher der Bibliothek aufgezeichnet sind. Manchmal sind es noch Schränke, in denen in vielen Schubladen Tausende von Karteikarten stecken. Sie enthalten alle Angaben zu den Büchern, die auch zur Ausleihe nötig sind. Inzwischen ist die Suche nach Buchtiteln in den meisten Bibliotheken auch mit dem Computer möglich.

3. Schritt: Katalog benutzen
Es gibt immer einen Autoren- und einen Schlagwortkatalog. Der Autorenkatalog hilft, wenn euch der Autor des Buches bekannt ist. Der Schlagwortkatalog erleichtert den Einstieg in ein Thema – zum Beispiel Geschichte der Eisenbahn, Familie, Alltagsleben.

4. Schritt: Informationen festhalten
Bücher müsst ihr nach einer bestimmten Zeit zurückgeben. Notizen aus den Büchern, Fotokopien, Skizzen usw. solltet ihr deshalb nach Stichwörtern ordnen und zum Beispiel in einem Hefter sammeln.

Das Internet nutzen (Bd. 1)

1. Schritt: Suche durchführen
Du lässt zunächst eine Internet-Suchmaschine nach einem Stichwort suchen. Solche Suchmaschinen sind zum Beispiel Google (www.google.de), Altavista (www.altavista.com) oder die spezielle Kinder-Suchmaschine www.blinde-kuh.de. Wenn du die Internetadresse eingibst, erscheint eine Startseite mit einem Suchfeld, in das du den Begriff schreibst, über den du dich informieren möchtest.

2. Schritt: Suchabsicht festlegen, Überblick über das Suchergebnis bekommen
Damit du nicht planlos im Internet surfst, solltest du vorher genau festlegen, worüber du Informationen finden möchtest. Du erhältst mithilfe der Suchmaschine eine Auswahl von Internetadressen. Meist ist aber die Zahl der „Treffer" sehr hoch, sodass du zuerst einmal einen Überblick bekommen musst, welche Internetseiten für dich Interessantes bieten.
Lies also zuerst die Überschriften und die Kurzerläuterungen in der Liste und überlege, welche Adressen für dich brauchbar sind.

3. Schritt: Ergebnisse ordnen
Wenn du entschieden hast, dass eine Webseite für dich interessant sein könnte, liest du dort die angebotenen Informationen. Achte dabei aber nicht nur auf die Bilder und Texte, sondern prüfe auch, wer die Seite verfasst hat. Handelt es sich um ein Unternehmen, das nur ein Produkt verkaufen will? Stehen die Informationen auf einer privaten Homepage oder sind es Veröffentlichungen einer Gemeinde, einer staatlichen Einrichtung (z. B. Museum, Universität)?

4. Schritt: Informationen speichern
Wenn du über das Wissen, das du durch deine Internetsuche neu erworben hast, länger verfügen willst, musst du die Informationen in geeigneter Weise speichern: Du kannst z. B. auf deinem Computer die Adressen interessanter Webseiten als Favoriten sammeln, Texte und Bilder als Dateien speichern oder ausdrucken. Manchmal ist es auch sinnvoll, sich handschriftliche Notizen zu machen.

Orte erkunden

Eine Erkundung durchführen (Bd. 1)

1. Schritt: Erkundung vorbereiten
- Anschriften ermitteln und telefonisch oder persönlich Kontakt aufnehmen.
- Termin für den Besuch vereinbaren.
- Arbeitsmittel zusammenstellen (z. B. Fotoapparat, Kassettenrekorder, Notizblock).
- Fragen sammeln, ordnen und einen Fragebogen erstellen.
- Aufgaben verteilen.

2. Schritt: Erkundung durchführen
- Begrüßung und Vorstellen eurer Erkundungsziele.
- Alle notierten Fragen stellen.
- Antworten und weitere Beobachtungen notieren.
- Skizzen oder Fotos machen; eventuell Fotokopien erbitten.

3. Schritt: Antworten auswerten und Ergebnisse präsentieren
- Fragebogen (Antworten) in Gruppen auswerten.
- Ergebnisse dokumentieren, z. B. Antworten ordnen und – mit Fotos ergänzt – als Wandzeitung gestalten.
- Die Ergebnisse mit weiteren Bildern, Grafiken und Texten ergänzen und zu einem Beitrag für die Schülerzeitung oder die Lokalzeitung eures Wohnortes ausarbeiten.
- Tipp: Ein Exemplar an eure „Informationsquelle" (Museum, Archiv, „Heimatexperte") schicken!

Ein Museum besuchen (Bd. 1)

1. Schritt: Informationen beschaffen
Besorgt euch zunächst Übersichtspläne und Informationsmaterial von der Verwaltung des Museums.

2. Schritt: Organisation
Klärt, welcher Termin infrage kommt und ermittelt Fahrzeiten und Fahrpreise der günstigsten Verkehrsmittel. Stellt vor der endgültigen Entscheidung fest, was die Fahrt wohl insgesamt kosten wird.

3. Schritt: Themen in der Schule vorbereiten
Sichtet das Informationsmaterial, entscheidet über die Arbeitsschwerpunkte, teilt euch in Gruppen ein. Jede Gruppe bereitet ein Teilthema vor und bearbeitet es im Museum. Hinweise auf Einzelthemen gibt der Kasten auf dieser Seite. Formuliert Einzelfragen, die ihr bearbeiten wollt. Bleibt aber auch offen für Unbekanntes.

4. Schritt: Orientierung und Entdeckungen im Museum
Verschafft euch vor Ort gemeinsam bei einem Rundgang einen ersten Überblick. Die einzelnen Gruppen können als Experten schon Informationen geben.
Anschließend gehen die Gruppen an die Arbeit: Notizen, Skizzen, Fotos (Video?) anfertigen, vielleicht auch ein Interview mit einem Museumsmitarbeiter.

5. Schritt: Befunde auswerten und dokumentieren
Wertet eure Arbeitsergebnisse in der Schule aus. Jede Gruppe berichtet. Entscheidet, wie ihr eure Ergebnisse dokumentieren wollt. Einige Anregungen: ein Exkursionsbuch anlegen, eine Wandzeitung erstellen, Spielszenen/Hörspiel produzieren, eine Reportage für die Schülerzeitung schreiben.

Texte, Bilder, Karten, Kunstwerke untersuchen

Methoden aus diesem Band:

Einen Sachbuchtext erschließen (Bd. 1)

1. Schritt: Thema des Textes
- Worüber berichtet der Text? (a)
- Wie lässt sich das Thema kurz formulieren (Überschrift)? (b)

2. Schritt: Inhalt des Textes
- Welche unbekannten Wörter muss ich klären? (c)
- Welche Textstellen verstehe ich nicht? (d)
- Welche Schlüsselwörter enthält der Text? (e)
- Wie lautet die Kernaussage? (f)
- Welche Einzelinformationen liefert der Text? (g)

3. Schritt: Aufbau des Textes
- Wie lässt sich der Text gliedern? (h)
- Welche Überschriften lassen sich für die Abschnitte finden? (i)
- Wie können die Abschnitte in Stichworten zusammengefasst werden? (j)

4. Schritt: Inhalt zusammenfassen
- Wie kann der Inhalt knapp und treffend zusammengefasst werden? (k)

Ein Bild als Quelle (Bd. 1)

1. Schritt: Die Einzelheiten des Bildes erfassen
Beschreibe die Einzelheiten des Bildes, indem du folgende Fragen beantwortest:
- Welche Personen sind dargestellt?
- Wie sind sie gekleidet?
- Welche weiteren Gegenstände oder Tiere sind zu sehen?
- Wo befinden sich die Personen und Gegenstände?

2. Schritt: Die Zusammenhänge erklären
Überlege, in welcher Beziehung die abgebildeten Personen, Tiere oder Gegenstände zueinander stehen. Findest du Merkmale, die auf bestimmte Eigenschaften, Beruf, gesellschaftliche Stellung der dargestellten Personen hinweisen?

3. Schritt: Zusätzliche Informationen über das Bild heranziehen
In der Bildlegende findest du wichtige Hinweise. Sie gibt dir Auskunft darüber, wer wann für wen warum ein Bild gemalt hat. Manchmal hat das Bild auch einen Titel.
Weitere Fragen lassen sich oft durch eine zusätzliche Textquelle klären.

Mit Geschichtskarten arbeiten (Bd. 1)

1. Schritt: Das Thema einer Karte ermitteln und Fragen stellen
In der Regel haben Karten eine Überschrift, die das Thema der Karte angibt. Die Überschrift enthält fast immer eine Angabe über den dargestellten Zeitpunkt oder Zeitraum. Manche Karten zeigen zum Beispiel, wie die Landschaft ausgesehen hat, andere geben Auskunft über Städtegründungen, die Landwirtschaft oder die Bevölkerung eines Gebietes.
Wenn du dich über das Thema und die Zeitangabe orientiert hast, stellst du Fragen, die du mit der Karte beantworten möchtest. Zum Beispiel: Was bedeutet die Unterscheidung Mutterstädte – Tochterstädte? Wo haben die Griechen Kolonien gegründet? Gibt es Regionen, in denen gehäuft Kolonien zu finden sind?
Welche Gründe könnten dafür ausschlaggebend gewesen sein?

2. Schritt: Die Kartenlegende deuten
In der Kartenlegende werden alle Farben, Schattierungen und Zeichen erklärt, die auf der Karte zu sehen sind. Kartenlegenden sind nicht immer gleich ausführlich. Einige erklären sämtliche Kartenelemente, andere nur die Besonderheiten der gerade abgebildeten Karte.

3. Schritt: Den Maßstab feststellen
Wichtig für den Umgang mit Karten ist eine genaue Vorstellung von den dargestellten Entfernungen. Hier hilft die Maßstabsleiste weiter. Mit diesem Kartenelement kannst du zum Beispiel ermitteln, wie groß die Entfernung zwischen zwei Städten ist. Bei Geschichtskarten ist der Maßstab oft in Form einer Entfernungsleiste mit Kilometerangaben dargestellt.

4. Schritt: Die Aussagen der Karte zusammenfassen und die Fragen beantworten
Beschreibe die Zeichen und die Farbgebung der Karte. Damit erhältst du eine Vorstellung von den Bedingungen in dem abgebildeten Gebiet.
Stelle fest, wie die Geschichtskarte deine Fragen aus dem 1. Schritt beantwortet. In unserem Beispiel kannst du Aussagen über Verbindungen zwischen den Mutter- und Tochterstädten, die Entfernungen und die Häufung der Gründungen in bestimmten Regionen des Mittelmeerraumes machen.

5. Schritt: Weitere Informationen beschaffen
Um beispielsweise genaueres Wissen über die Art der Kolonisation und deren Folgen in den eroberten Gebieten zu erhalten, kannst du dich in Reiseführern z. B. aus deiner Stadtbibliothek und im Internet informieren.

Kunstwerke entschlüsseln (Bd. 1)

1. Schritt: Künstlerische Auswertung
- Was ist dargestellt? Aus welchem Material wurde das Kunstwerk geschaffen?
- Wie wirkt das Dargestellte auf mich? Warum gefällt es mir (nicht)? Was wirkt fremd, was kommt mir bekannt vor?
- Wie bildet der Künstler die Personen ab? Achte auf Einzelheiten des menschlichen Körpers und der abgebildeten Gegenstände.

2. Schritt: Historische Auswertung
- Wann, wo und für welchen Zweck ist das Kunstwerk entstanden? Beachte die Bildlegende.
- Welche Informationen vermittelt das Dargestellte über den Alltag der damaligen Zeit? Beachte z. B. die Kleidung, Frisur und Einrichtungsgegenstände.
- In welcher Beziehung stehen die dargestellten Personen zueinander?

Schriftliche Quellen analysieren I (Bd. 1)

1. Schritt: Aufbau und Inhalt des Textes

- Wovon berichtet der Text? Stelle „W-Fragen“: Wer? Wo? Wann? Was?
- Notiere die unbekannten Wörter. Schlage ggf. im Lexikon nach.
- Wie ist der Text gegliedert (z. B. Absätze)? Suche bei längeren Texten nach treffenden Überschriften für die einzelnen Abschnitte.
- Wie lautet die Gesamtaussage des Textes?

2. Schritt: Verfasser/-in

- Welche Informationen besitzen wir über den/die Verfasser/-in?
- Hat der/die Verfasser/-in selbst erlebt, was er/sie aufgeschrieben hat?
- Ergreift er/sie Partei?
- Welche Absicht verfolgte der/die Verfasser/-in? Wollte er/sie etwas für die Nachwelt festhalten?
- Hat der Inhalt des Textes auch für die Gegenwart noch eine Bedeutung?

Schriftliche Quellen vergleichen (Bd. 1)

1. Schritt: Jede Quelle einzeln erschließen

Nimm dazu die Arbeitsschritte „Schriftliche Quellen analysieren I“ oben auf dieser Seite zu Hilfe.

2. Schritt: Glaubwürdigkeit der Texte überprüfen

- Wann sind die Texte geschrieben worden? Wie groß ist der zeitliche Abstand zwischen Ereignis und Bericht? Waren die Autoren Augenzeugen? Wenn nicht: Wen geben sie als Informanten an?
- Ist eine Wertung (durch die Autoren oder deren Informanten) zu erkennen?

3. Schritt: Inhalte vergleichen

- Welche Informationen stimmen überein?
- Gibt es Einzelheiten, die nicht in allen Texten erscheinen bzw. unterschiedlich genau oder ausführlich wiedergegeben werden?
- Was wird berichtet, ist es logisch oder enthält es Unstimmigkeiten?

4. Schritt: Weitere Informationen sammeln

Um die Aussagen der Texte zu überprüfen bzw. Fragen zu klären, musst du weitere Quellen und wissenschaftliche Informationen (z. B. Lexika, Sachbücher) heranziehen.

5. Schritt: Ergebnisse formulieren

Vergleiche die Notizen aus den einzelnen Arbeitsschritten miteinander. Ergänze dann die Ergebnisse durch Sachinformationen. Nenne die Widersprüche und Unklarheiten, die du bei der Textarbeit festgestellt hast und nicht beseitigen konntest.

Eine Sachquelle untersuchen (Bd. 1)

1. Schritt: Die Sachquelle beschreiben

- Aus welchen Teilen (Elementen) besteht das Objekt?
- Wie sind sie miteinander verbunden?
- Aus welchen Materialien ist es hergestellt?
- Welchen Gesamteindruck macht das Objekt auf dich?

2. Schritt: Die Funktion der Sachquelle erkunden

- Wozu wurde das Objekt genutzt?
- Welche Hinweise ergeben sich aus ihm selbst?
- Welche liefert die Bildlegende (bzw. die Beschriftung im Museum)?
- Welche weiteren Informationen erhältst du (z. B. im Museum, aus Sachbüchern, Internet)?

3. Schritt: Die Sachquelle geschichtlich einordnen

- Welche Rückschlüsse lässt die Sachquelle zu, z. B. auf ihre Verbreitung und das Leben, Arbeiten, Wohnen der Menschen in jener Zeit?
- Wie ist sie zeitlich einzuordnen?
- Welche Bedeutung hat sie für die weitere Entwicklung, z. B. der Technik, Wirtschaft und Kunst?

Symbole und Gesten deuten (Bd. 1)

1. Schritt: Einzelne Elemente beschreiben
- Was ist dargestellt (Personen, Gegenstände)? In welchen Positionen (Haltungen), in welchen Bewegungen sind sie zu sehen?
- Wie lässt sich die Situation beschreiben?
- Was erscheint merkwürdig?

2. Schritt: Zusätzliche Informationen heranziehen
- Welche Hinweise gibt die Bildunterschrift?
- Welche Abbildungen gibt es, die Vergleichbares, Ähnliches zeigen? Welche Aussagen werden ihnen zugeschrieben?
- Welche Bedeutung würdest du der entsprechenden Geste, Gebärde, Handlung oder auch dem Gegenstand heute zuordnen?

3. Schritt: Bedeutung der Bildelemente entschlüsseln
- Welche Gegenstände oder Handlungen „sprechen für sich selbst", kannst du also ohne Probleme erschließen? Was „sagen" sie aus?
- Welche scheinen wichtig zu sein für die Aussage des Bildes? Woran erkennst du es?
- Inwiefern passen sie zu der Gesamtsituation oder wirken sie eher künstlich, aufgesetzt?

4. Schritt: Eine Gesamtdeutung formulieren
- Welche Einzelaussagen ergeben sich aus den Symbolen und Gesten?
- Welche Gesamtaussage lässt sich formulieren? Gibt es mehrere Deutungen?

Einen erzählenden Text schreiben (Bd. 1)

1. Schritt: Einen geschichtlichen Erzählkern finden
- Ideen sammeln, Ablauf der Geschichte überlegen
- den Erzählkern daraufhin prüfen, ob er von einem ungewöhnlichen Ereignis oder einer auffälligen Person oder Personengruppe handelt
- klären, ob der Erzählkern wichtige Elemente enthält, z. B. was? (Ereignis), wo? (Ort, Schauplatz) und wer? (Personen, Figuren)

2. Schritt: Die Erzählung vorbereiten
- den Erzählkern in einem Netz von Ideen erweitern
- einen Erzählplan formulieren: Handlungsschritte notieren, Reihenfolge prüfen, Unwichtiges weglassen
- die Erzählperspektive wählen, z. B. Ich-Form

3. Schritt: Die Erzählung ausarbeiten
- einzelne Personen oder Gruppen auftreten lassen (personifizieren)
- Situationen und Ereignisse an einen bestimmten Ort oder an bestimmte Orte verlegen (lokalisieren)
- Spannung aufbauen (dramatisieren)
- unterschiedliche Meinungen, Positionen, Interessen darstellen
- historische Figuren, Ereignisse und Situationen sachgerecht darstellen und nicht verfälschen

4. Schritt: Die Erzählung beurteilen und überarbeiten
- Inhalt/Aufbau, Sprache/Sprachrichtigkeit und Erzählstil bewerten (Tabelle anlegen), z. B.: Ist die Überschrift passend gewählt? Ist die Handlung klar aufgebaut, verständlich, spannend? Ist die Wortwahl passend? Stimmen die geschichtlichen Elemente der Erzählung? Sind Abenteuer und Aktion nicht übertrieben dargestellt?

Informationen auswerten und darstellen

Methoden aus diesem Band:

Schaubilder verstehen (Bd. 1)

1. Schritt: Elemente der Abbildung erfassen
- Welche Fachbegriffe werden verwendet und sind zu klären?
- Welche Zeichen sind zu erschließen (z. B. Pfeile, Farben)?

2. Schritt: Den Aufbau untersuchen
- Wie ist das Schaubild zu lesen (z. B. von unten nach oben, von links nach rechts, von der Mitte)?
- Wo ist der beste „Einstieg" in die Beschreibung des Schaubildes?

3. Schritt: Den Inhalt erschließen und bewerten
- Welche Informationen geben die einzelnen Elemente zur Machtverteilung, z. B.: Wer kann mitbestimmen, wer nicht?
- Sind die Elemente gleichgestellt; gibt es ein „Oben" und „Unten"?
- Lassen sich Grundaussagen, „Stärken" und „Schwächen", z. B. der Verfassung, formulieren?

4. Schritt: Den historischen Zusammenhang einbeziehen
- Welche weiteren Informationen zur Einordnung und Bedeutung des Schaubildes sind notwendig?

„Mit den Augen des anderen sehen" – Perspektivwechsel (Bd. 1)

1. Schritt: Die Perspektive feststellen
- Wie beschreibt und beurteilt der Verfasser das Ereignis (die Person)?
- Welche Perspektive nimmt der Verfasser ein?
- Wie ist meine spontane Stellungnahme dazu?
- Kann ich die Perspektive des Verfassers verstehen?

2. Schritt: Die Perspektive des anderen übernehmen
- Welche Unterschiede ergeben sich durch die Perspektive der anderen Seite?
- Fällt es mir schwer, die andere Perspektive zu übernehmen? Warum?

3. Schritt: Einsichten aus der Perspektivübernahme festhalten und umsetzen
- Was habe ich aus der Perspektivübernahme über das Ereignis oder die Person gelernt?
- Wie lässt sich der Perspektivwechsel in anderer Form üben (z. B. Rollenspiel, Streitgespräch)?

Informationen präsentieren (Bd. 1)

1. Schritt: Thema, Ziel und Form klären
- Kläre Thema und Ziel des Vortrags/Referats.
- Beachte, für wen (welche Gruppe) präsentiert werden soll.
- Beachte die Zeitvorgabe für den Vortrag.

2. Schritt: Vortrag vorbereiten
- Sammle Material zum Thema (Bücher, Internet).
- Ordne die Informationen so, dass sie leicht nachzuvollziehen sind.
- Bilde Themenblöcke mit Behauptungen oder Fragen als Überschriften.
- Gliedere nach: Einleitung, Hauptteil und Schluss.

3. Schritt: Aussagen visualisieren
- Notiere die wichtigsten Aussagen deines Vortrags.
- Überlege, welches Medium sich zur Visualisierung eignet.
- Gestalte die Visualisierung so, dass der Inhalt schnell erfasst wird.

4. Schritt: Präsentation vorbereiten
- Entscheide, an welchen Stellen du visualisieren möchtest.
- Übe die Präsentation, bevor du an die Öffentlichkeit trittst.
- Sorge dafür, dass alle Materialien bereitstehen.

5. Schritt: Präsentation
- Prüfe, ob alle Medien und Materialien richtig geordnet sind.
- Trage deinen Vortrag möglichst ruhig vor und halte Blickkontakt mit den Zuhörern.
- Gib deinem Publikum nach dem Vortrag Zeit für Fragen oder für eine Diskussion.

Im Lexikon werden Fremdwörter, historische Begriffe und Ereignisse erläutert, die in den Darstellungstexten dieses Buches vorkommen und mit einem * versehen sind. Die Begriffe, die auf den Themenseiten in Kästen erklärt sind, haben einen Verweis auf die jeweilige Seite.

A

Absolutismus siehe S. 75
Allegorie Bildliche Darstellung eines ganzen Gedankenganges.
Arbeiterbewegung Gesamtheit der Organisationen der Industriearbeiter, die mit der Industrialisierung und dem kapitalistischen Wirtschaftssystem seit Beginn des 19. Jahrhunderts in Europa entstanden. Die Arbeiterbewegung entwickelte sich zu einer Massenbewegung mit Arbeiterparteien und Gewerkschaften. Sie verstand sich als „Klassenbewegung", war in sich jedoch stark differenziert, mit z. B. traditionellen Handwerkern und „modernen" Industriearbeitern. Hauptziele der Arbeiterbewegung waren die Verbesserung der wirtschaftlichen und sozialen Lage der Arbeiterschaft sowie die politische Mitsprache in einem demokratischen Staat.
Assimilation siehe S. 231
Aufklärung siehe S. 85

B

Bill of Rights Das Gesetz über die Rechte des englischen Parlaments von 1689, das bis heute als Staatsgrundgesetz und Grundlage der parlamentarischen Demokratie in Großbritannien gilt.
Biografie/Sozialbiografie siehe S. 168
Bismarck siehe S. 209
Bourgeoisie Im Mittelalter und in der Frühen Neuzeit vor allem die freien und vollberechtigten Stadtbewohner; im Wesentlichen die städtischen Kaufleute und Handwerker. Im 19. und 20. Jh. die Angehörigen einer durch Besitz, Bildung und Einstellungen gekennzeichneten Bevölkerungsschicht, die sich von Adel und Klerus, Bauern und Unterschichten (einschließlich der Arbeiter) unterscheidet. Zu ihr gehören Besitz- und Wirtschaftsbürger (= Bourgeoisie, also größere Kaufleute, Unternehmer, Bankiers, Manager), Bildungsbürger (Angehörige freier Berufe, höhere Beamte und Angestellte zumeist mit akademischer Bildung), am Rande auch die Kleinbürger (kleinere Handwerker, Kleinhändler, Wirte).
Bundesstaat bezeichnet den Zusammenschluss mehrerer Staaten zu einem übergeordneten Gesamtstaat.

C

Code civil Französisches Gesetzbuch von 1804, nach dem Auftraggeber auch „Code Napoléon" genannt. Der Code civil garantierte wichtige Errungenschaften der Französischen Revolution, wie die persönliche Freiheit und die Gleichheit vor dem Gesetz, und beeinflusste viele bis heute gültige Gesetzbücher, z. B. das Bürgerliche Gesetzbuch der Bundesrepublik Deutschland.

D

Demokraten siehe S. 193
Deutscher Bund siehe S. 181
Deutscher Zollverein siehe S. 146
Deutsches Kaiserreich Unter dem amtlichen Namen „Deutsches Reich" wurde mit der Gründung eines deutschen Staates 1871 an die Tradition des „alten" (deutschen) Reiches vom Mittelalter bis 1806 angeknüpft. Innerhalb der Grenzen des Deutschen Reiches („Kaiserreich" 1871–1918) lebten etwa 42,5 Millionen Einwohner. Das Kaiserreich, unter der Dominanz des preußischen Staates (Bismarck) begründet, war schon zur Zeit seiner Gründung politisch umstritten.

E

Emanzipation Der Begriff bezeichnet die Befreiung von Gruppen, die aufgrund ihrer Rasse, Ethnie, Geschlecht, Klassenzugehörigkeit usw. diskriminiert und vom politischen Entscheidungsprozessen ausgeschlossen waren.
Entdeckungen siehe S. 33
Erbuntertänigkeit Völlige Abhängigkeit der Bauern von ihren Grundherren. In Preußen wurde die Erbuntertänigkeit 1807, in Österreich erst 1848 abgeschafft.

F

Fabrik (lat. fabrica = Werkstätte) Zentralisierte Produktion von Waren in Gebäuden mit Kraftmaschinen (z. B. Dampfmaschinen) als Antrieb und Arbeitsmaschinen (z. B. Drehmaschinen) zur Bearbeitung der Rohstoffe. Weitere Merkmale sind: Arbeitszerlegung in spezialisierte Tätigkeiten, eine größere Anzahl von Arbeitskräften als im Handwerksbetrieb und die Produktion in größeren Stückzahlen.
Französische Revolution siehe S. 113
Frühkapitalismus siehe S. 21

G

Generalstände In Frankreich vor 1789 die ständige Vertretung des Königreichs durch Geistliche, Lehnsfürsten und Abgeordnete königlicher Städte. Die wichtigsten Aufgaben waren Steuerbewilligung und Vorlage von Beschwerden. Nach 1614 wurden sie erst wieder 1789 einberufen.
Gesetze gegen die Kirchen siehe S. 221
Gewaltenteilung siehe S. 85
Gewerbefreiheit bedeutet, dass jeder grundsätzlich jeden Gewerbebetrieb, in welchem Umfang und mit welchen Produktionsmethoden auch immer, betreiben kann. In vorindustrieller Zeit wurde die gewerbliche Produktion vor allem durch das Zunftwesen stark reguliert. Die Gewerbefreiheit wurde in Europa im 18. und 19. Jh. schrittweise eingeführt. Wichtigste Maßnahme war die Aufhebung der Zünfte.

H

Hambacher Fest Das Hambacher Fest erlangte als „deutsches Nationalfest" und politische Demonstration einen beachtlichen Zulauf. Die Verbindung der Forderungen nach einem starken Nationalstaat und nach Zusicherung weitreichender Freiheitsrechte erwies sich als eine Klammer für alle oppositionellen Kräfte. Auch in der Ablehnung der Fürstenmacht waren sich die Teilnehmer einig, was die alten Herrschaftsträger in Unruhe versetzte.
Historische Fallanalyse siehe S. 150
Humanismus siehe S. 25

I

Ideologie Das Wort Ideologie ist eine Prägung des ausgehenden 18. Jh. Wertfrei versteht man darunter ein System von Vorstellungen und Meinungen über Staat und Gesellschaft, das eine größere Gruppe von Menschen als richtig und bestimmend für ihr politisches Handeln anerkennt. Abwertend bezeichnet man als Ideologie ein weltfremdes, rein theoretisches Denken über politische Fragen. Als Ideologie bezeichnet man auch eine Lehre oder Theorie, die im Gewand objektiver Erkenntnis auftritt, tatsächlich aber bestimmte soziale Gegebenheiten, zum Beispiel die Interessen einer Gesellschaftsschicht, rechtfertigen soll.
Imperialismus siehe S. 240
Industrielle Revolution/Industrialisierung siehe S. 143

K

Ketzer Das Wort Ketzer stammt von dem Wort „Katharer" (griech. katharós = rein). So nannte sich eine Glaubensgemeinschaft, die im 12. Jahrhundert in Oberitalien und im Gebiet um die südfranzösische Stadt Albi (dort: „Albigenser") entstand. Die Grundsätze der Katharer widersprachen der Kirchenlehre und beruhten auf einem eigenen Bibelverständnis. In Mitteleuropa wurde aus dem Wort Katharer das Wort Ketzer. „Ketzer" bezeichnete seit dem 12. Jahrhundert alle Personen, die nicht die offizielle Lehre der Kirche glaubten und dafür verfolgt und bestraft wurden.
Kolonialismus Errichtung von Handelsstützpunkten und Siedlungskolonien in militärisch und politisch schwächeren Ländern (vor allem Asien, Afrika und Amerika) sowie die Inbesitznahme durch überlegene Staaten (insbesondere Europas) seit dem 16. Jahrhundert.
Konfession siehe S. 51
Konstitutionelle Monarchie siehe S. 93
Kontinentalsperre siehe S. 125
Konzil von Trient siehe S. 53
„Kulturkampf" siehe S. 221

L

Liberalismus siehe S. 188

M

Manufaktur siehe S. 79
Martin Luther siehe S. 50
Menschen- und Bürgerrechte siehe S. 114
Merkantilismus siehe S. 79

N

Nationalismus siehe S. 188
Nationalversammlung Bezeichnung für eine gewählte Volksvertretung, die eine Verfassung für den Staat erarbeiten soll.

P

Parlament siehe S. 93
Parteien siehe S. 218
Pauperismus (von lat. pauper = arm) Bezeichnung für Massenarmut, insbesondere in der ersten Hälfte des 19. Jh. Der Pauperismus wurde hervorgerufen durch das schnelle Bevölkerungswachstum, dem eine zunächst nur langsam steigende Nahrungsmittelproduktion und ein Mangel an Arbeitsplätzen bzw. Verdienstmöglichkeiten gegenüberstanden. Er endete mit der Industriellen Revolution.
Polnische Teilungen siehe S. 101
Privilegien Sonderrechte, die ein Herrscher Einzelnen oder Gruppen verlieh. Dazu gehörten z. B. die vollständige oder teilweise Befreiung von Steuern und Zöllen oder die Besetzung hoher Posten in Heer, Verwaltung oder Wirtschaft. Privilegien galten als Auszeichnung und wurden mit der Zeit erblich.
Proletariat (von lat. proles = Nachkomme) Im Römischen Reich Angehörige der unteren (rechtlosen) Schicht, deren Aufgabe es war, Nachkommen zu zeugen, z. B. für den Militärdienst. Im 19. Jahrhundert (nach Marx und Engels) die Klasse der Lohnarbeiter in einer auf dem Privateigentum an Produktionsmitteln (Fabriken, Maschinen usw.) begründeten industriellen Gesellschaft. Das Proletariat besaß keine Produktionsmittel und lebte vom Verkauf seiner Arbeitskraft.

R

Rassismus Der Rassismus teilt die Menschheit in Gruppen oder Rassen ein, die als gleichartig betrachtet werden, und unterstellt diesen unveränderliche Merkmale. Anhand dieser Einteilung bewertet der Rassismus die Menschen, stellt sie als miteinander unvereinbar und konkurrierend dar. Die Menschen werden nicht als Individuen beurteilt und behandelt, sondern als Stellvertreter der Gruppe. Dabei werden die jeweiligen Eigenschaften ihnen zugeschrieben. Rassistische Theorien dienen der Rechtfertigung von Ausgrenzung und Feindseligkeit. Sie fördern das Überlegenheitsgefühl von Mitgliedern einer Gruppe.
Reformation siehe S. 51
Reichstag siehe S. 215
Reichsunmittelbar bzw. reichsfrei hießen im Deutschen Reich des Mittelalters und bis 1806 die Reichsfürsten, Reichsritter und Städte oder Dörfer, die keinem Territorialfürsten unterstanden, sondern nur dem Kaiser.
Renaissance siehe S. 11
Restauration siehe S. 181

S

Säkularisierung siehe S. 125
Schleswig und Holstein siehe S. 199
Sklave Ein rechtlich und wirtschaftlich völlig unfreier Mensch, der Eigentum eines anderen Menschen ist und wie eine Sache verkauft, verliehen und vermietet werden kann. Sklaven wurden aus Afrika nach Amerika gebracht und dort als Arbeitskräfte, vor allem auf Plantagen, eingesetzt. Sklavenhandel und -wirtschaft wurden 1815 auf dem Wiener Kongress verboten. In den Südstaaten der USA wurde die Sklaverei erst mit dem Bürgerkrieg 1861–1865 abgeschafft, in einigen südamerikanischen und arabischen Ländern noch später.
Sozialdarwinismus siehe S. 240
Sozialdemokratie siehe S. 165
Soziale Frage siehe S. 157
Sozialgesetzgebung siehe S. 223
Sozialismus/Kommunismus/Marxismus siehe S. 165
Sozialistengesetz siehe S. 223
Sozialpolitik Maßnahmen des Staates, um die soziale Lage bestimmter gesellschaftlicher Gruppen zu verbessern. Staatliche Sozialpolitik begann mit der Industrialisierung, zuerst in England, im ersten Drittel des 19. Jahrhunderts auch in Deutschland, mit Kinderschutzgesetzen und Sozialgesetzen (Krankenversicherung,

Unfallversicherung, Alters- und Invalidenversicherung). Sozialpolitik gilt als reformerisches Gegenmodell zu den revolutionären Zielen einer Umwälzung der Herrschaft nach Marx und Engels.

Staatenbund Zusammenschluss souveräner Staaten (Mitgliedsstaaten, Bundesglieder) mit eigener Organisation auf Bundesebene.

Stände Im Mittelalter und in der Frühen Neuzeit bestimmte die Geburt, zu welchem gesellschaftlichen Stand ein Mensch gehörte. Während sich im frühen Mittelalter die Gesellschaft in Adlige sowie Freie und Unfreie teilte, setzte sich die Kirche seit dem 11. Jahrhundert mit ihrer „Dreiständelehre" (Klerus, Adel und Bauern) durch. Im Laufe des Mittelalters kamen die Bürger in den entstehenden Städten zum dritten Stand hinzu. Zu keinem Stand gehörten z. B. Arme, Tagelöhner und die Minderheit der Juden. Die Zugehörigkeit zu einem Stand galt als gottgewollt. Sie bestimmte den Zugang zu Berufen, Rechten und Bildungsmöglichkeiten, aber auch die Möglichkeiten politischer Macht. Nur in seltenen Ausnahmefällen konnte man in einen anderen Stand wechseln. Ein wichtiges Merkmal einer ständischen Gesellschaft ist die große politische und soziale Ungleichheit zwischen den einzelnen Ständen.

Stehendes Heer siehe S. 75

T

Toleranz Forderung, die politischen, religiösen und moralischen Meinungen und Handlungen Andersdenkender anzuerkennen, soweit sie nicht die verfassungsmäßigen Rechte anderer einschränken. Toleranz setzte sich seit der Reformation zunächst in religiösen Fragen durch und wurde in der Aufklärung zum Prinzip in politischen und gesellschaftlichen Auseinandersetzungen erklärt.

V

Verfassung siehe S. 96

Verleger Im Verlag leitet ein Händler (Verleger) oder eine Handelsgesellschaft die Herstellung eines Produkts und dessen Verkauf. Er „legt" die Materialien und Arbeitsgeräte „vor", die für die Produktion einer Ware notwendig sind, und beauftragt Handwerker oder Heimarbeiter (oft ganze Familien) mit der Anfertigung der Waren. Für ihre Arbeit bekommen die Familien nur sehr wenig Geld.

Volkssouveränität siehe S. 96

W

Wahlrecht Recht des Volkes, in regelmäßigen Abständen durch Wahl von Abgeordneten an der staatlichen Herrschaftsausübung teilzunehmen und diese zu kontrollieren. Unter passivem Wahlrecht versteht man das Recht, als Abgeordneter wählbar zu sein, unter aktivem Wahlrecht das Recht zu wählen. Beim direkten Wahlrecht bestimmt der Wähler unmittelbar den zu Wählenden, etwa den Abgeordneten des Wahlkreises, beim indirekten Wahlrecht werden Wahlmänner gewählt, die dann erst den zu Wählenden bestimmen, etwa bei der Wahl des amerikanischen Präsidenten. Der Kampf um die Ausweitung des Wahlrechts auf alle erwachsenen Bürger, unabhängig von Geschlecht, Rasse oder Einkommen, bestimmte das 19. Jahrhundert, da das Wahlrecht meistens an eine bestimmte Steuerleistung gebunden (Zensus) und auf die Männer beschränkt war. Das allgemeine und gleiche Wahlrecht für Männer und Frauen wurde in vielen Ländern erst nach 1918 eingeführt.

Westfälischer Friede siehe S. 56

Wiener Kongress Nach dem Ende der napoleonischen Herrschaft wurde eine Neuordnung Europas erforderlich. Diese bewerkstelligten führende Staatsmänner Europas auf dem Wiener Kongress (1814/15). Drei Prinzipien bestimmten die Beschlüsse: 1. Restauration: Damit ist die Wiederherstellung der politischen Verhältnisse gemeint, wie sie vor der Französischen Revolution herrschten. 2. Legitimität: Damit versuchten die ehemaligen aristokratischen Herrscherhäuser, ihren Herrschaftsanspruch zu begründen. 3. Solidarität: Um gegen die neuen Ideen (Freiheitsstreben und Nationalismus) wirksam vorgehen zu können, schlossen sich die Fürsten zusammen („Heilige Allianz").

Wilhelm II. (1859–1941) Deutscher Kaiser und König von Preußen (1888–1918), ältester Sohn Kaiser Friedrichs III. (1888), Enkel von Wilhelm I., deutscher Kaiser 1871–1888. Wilhelm II. geriet nach seiner Thronbesteigung rasch in Konflikt mit Bismarck. Forsches Auftreten nach außen („Säbelrasseln") und äußerer Pomp überspielten die inneren Spannungen und Konflikte der deutschen Gesellschaft. Wilhelm II. wurde nach Auffassungen in der Geschichtsforschung seinem selbst auferlegten Führungsanspruch nicht gerecht; seine Politik führte in den Ersten Weltkrieg. Nach dem Sturz der Monarchie 1918 ging er ins Exil in die Niederlande.

Z

Zensur/Zensor Historisch leitet sich der Begriff „Zensur" vom Amt des römischen Zensors ab. Der Zensor überprüfte im Auftrag des Staates oder der Kirche, ob eine Druckschrift den politischen oder moralischen Vorstellungen derer entsprach, die die Macht ausübten. Aufgrund der Zensur wurden missliebige Bücher verboten oder ihre Verbreitung eingeschränkt. Die Zensur steht im Gegensatz zur Pressefreiheit. Ihre Beseitigung war ein wichtiges Ziel der liberalen, demokratischen und sozialistischen Kräfte seit der Aufklärung.

Zensuswahlrecht siehe Wahlrecht

1618–1648: Dreißigjähriger Krieg siehe S. 54
1709–1769: Technische Entwicklungen in England siehe S. 142
1776: Unabhängigkeitserklärung der USA siehe S. 96
14.7.1789: Sturm auf die Bastille siehe S. 111
1791: Verfassung Frankreichs siehe S. 117
1806: Ende des Heiligen Römischen Reiches siehe S. 125
1807–1816: Preußische Reformen siehe S. 129
1813: Völkerschlacht bei Leipzig siehe S. 181
1814/15: Wiener Kongress siehe S. 181
1830: Julirevolution in Frankreich siehe S. 188
1848/49: Revolution in Deutschland siehe S. 197
1879–1887: Europäische Verträge siehe S. 216
19. Jh.: Nationale Erhebungen in Europa siehe S. 188
1871: Reichsgründung siehe S. 211
1914: Kriegsziele Erster Weltkrieg siehe S. 253
1914–1918: Erster Weltkrieg siehe S. 263

Lösungshilfen zu den Kompetenz-Checkseiten

Kapitel 1 Neue Welten – neue Horizonte

1. Renaissance und Humanismus (S. 27)

1 Vergleiche die Seitenverweise.

2 Harvey konnte durch genaues Beobachten und Experimentieren bei Tieren den Blutkreislauf nachweisen. Das Herz diente als Pumpe. Ohne empirisches Vorgehen wäre er nicht zu diesen Erkenntnissen gekommen.

3 Heranziehen der Arbeitsschritte. Merkmale, wie Darstellung der Menschen in der realen Welt, räumliche und körperliche statt flächiger Gestaltung, perspektivisches Sehen, Tiefe des Raumes, sind erfüllt.

4 Ausgehend von der umfassenden Bedeutung des Begriffs Humanismus könnten genannt werden: alte Sprachen (Griechisch, Latein, Hebräisch), Mathematik, Astronomie, Biologie, Geologie, Chemie, Physik, Musik; aber auch Sport, Darstellendes Spiel, Bildhauerei, Malen, Zeichnen; für eine umfassende Bildung heute auch z. B. moderne Fremdsprachen, Informatik.

5 Diskussion der These: Klären, was „Zwänge" bedeutet; im Sinne von Verstehen und Erklären: Distanz Mensch – Natur; Nutzen der Naturkräfte; Abhängigkeit z. B. durch „Naturgesetze" blieb jedoch bestehen: Beispiel: Prinzipien des Fliegens.

2. Forschung, Entdeckung und Eroberung (S. 47)

1 Beispiele für Erfindungen: Teleskop, Nocturnum, Quadrant, Globus, Kompass; Entdeckungen: empirische Forschungsmethode, heliozentrisches Weltbild, Schwerkraft- und Pendelgesetze, geografische Entdeckungen.

2 Siehe Erläuterungen Aufgabe 2, S. 27.

3 Gegenüberstellung Europäer – Völker Lateinamerikas; Wohlstand – Armut; Wahrheitsgehalt: Abhängigkeit der Entwicklungsländer vom Weltmarkt, Dominanz westlicher Kultur; Übertreibung: statische Darstellung, starke Vereinfachung.

4 a) Siehe Erläuterungen zu M2.
b) Große Bedeutung, um die Herrschaft durchzusetzen und aufrechtzuerhalten.

5 Dienstleistungen im Rahmen des Encomienda-Systems für die europäische Herrschaftsschicht (unterschiedliche Größe der Figuren!): Hierarchie. Abb. zeigt nicht die einzelnen Arbeitsbedingungen.

6 Erziehungsziel: Kämpfer (Jungen); „Abhärtung" durch grausame, lebensgefährliche Strafen. Kontrast zu Erziehungszielen in unserer Zeit.

7 Frühes Motiv: Seeweg nach Indien finden; Verschiebung des Motivs mit der Entdeckung des neuen Kontinents und Einrichtung der Herrschaft: Ausbeutung von Rohstoffen, vor allem Gold. Kolumbus' Motive: Mischung aus Neugier und Abenteuerlust, aber auch Macht, Gold und Missionierung.

8 Schriftliche Stellungnahme.

9 „Kultur der Neugier": Erfindungen und Entdeckungen; kritisch zu sehen: eher „Kultur der Gier" – nach Macht und Gold. Respektloser Umgang mit den Einheimischen, Unterdrückung, soziale und wirtschaftliche Ausbeutung. Zerstörung der Kultur, Ausrottung.

3. Reformation: Glaubensstreit und Machtkampf (S. 65)

1 Vergleiche die Seitenverweise.

2 Augsburger Religionsfriede: Kompromiss; Gleichstellung der Glaubensbekenntnisse, Landesherr bestimmt Konfession seiner Untertanen, Ausweisung der Verweigerer. Konzil von Trient: siehe S. 53. Rückbesinnung auf katholische Glaubensgrundsätze.

3 Beide Bewegungen richteten sich gegen die herrschenden Mächte (Adel/katholische Kirche); Bauern hofften auf Hilfe durch Reformation; Thomas Müntzer als geistlicher Anführer im Bauernkrieg; Entzweiung an der Gewaltfrage (Luther).

4 Verfolgung nach kirchlichem und weltlichem Recht; vielfältige Ursachen: angebliche Magie und Zauberei, mehrheitlich Frauen betroffen; Krise der Agrargesellschaft: Hungerkrisen, Überbevölkerung, Epidemien; Hexen als Verantwortliche für Unglück.

5 M1: Teufel als gestalterische Waffe, Dudelsack als Symbol für den Teufel und den Rausch; M2: sittenlose Lebensführung und Ämterkauf als Vorwurf gegen den Papst, Darstellung als Teufel.

6 Ende der Glaubenskriege, religiöse Toleranz; Vorrang der Territorialgewalten vor der Reichsgewalt; Kaiser und Papst verloren ihre zentrale Machtstellung in Europa. Bedeutendes Ergebnis.

7 Vorrang des Wortes vor dem Bild in Glaubensfragen.

8 Luther These (siehe Aufgabe 7) spiegelt sich in der Gestaltung des Kircheninneren wider, bei den Calvinisten in noch strengerer Form.

9 „Reformation von oben"; Bugenhagen als Fachmann; aber auch Bewegungen an der Basis.

10 Beide Seiten könnten auf ihren Machtgewinn gegenüber dem Kaiser (Reich) hinweisen; Bevölkerung konnte ihre Konfession behalten, wenn Landesherr wechselte. Betonung des Trienter Konzils von katholischer, des Augsburger Religionsfriedens von protestantischer Seite. Begriffe: Rückschritt – Fortschritt?

Kapitel 2 Der Durchbruch des modernen Staates: „Absolutismus", Aufklärung und Französische Revolution

1. „Absolutismus" als Herrschaftsform – das Beispiel Frankreich (S. 81)

1 Vergleiche die Seitenverweise.

2 Ziele: Uneingeschränkte Herrschaft ohne Mitwirkung der Stände, Herrschaft durch personale Bindung (Wurzeln im mittelalterlichen Lehnswesen), Schaffung eines „Staates" mit den Merkmalen: Territorium, starke Zentralgewalt, Einschränkung der feudalen Macht (Adel), Aufbau einer Infrastruktur (Verwaltung, Heer, Finanzen usw.); Methoden: Ausbau der Macht mithilfe der „Säulen" des Absolutismus wie zentrale Verwaltung, Heer, Kirche usw., Unterdrückung von Opposition, Entmachtung des Adels.

3 Bezüge ergeben sich in der Struktur der beiden Herrschaftsformen: staatliche Einrichtungen, die im Absolutismus entstehen; entscheidende Unterschiede liegen in der Rechtfertigung der Herrschaft (Absolutismus: Alleinherrschaft göttlichen Ursprungs; Demokratie: Herrschaft des Volkes). Absolutistischer Staat kann trotz anderer Herrschaftslegitimation als Vorläufer des modernen Staates gelten.

4 Positives Bild der Sonne (Lichtspenderin, Glanz, Ruhe, Unveränderlichkeit) wird zur Rechtfertigung der Macht genutzt; willenloser Gehorsam der Untertanen. Sonne wird als Symbol

für die eigene Macht funktionalisiert. Herrschaftssymbol: Sonne („Sonnenkönig"), Könige als „Stellvertreter" Gottes, absoluter Machtanspruch gegenüber den Untertanen.

5 „Idealmodell" der Machtdarstellung; Hof: Bindung Adliger durch Nähe zum Hof, zentrale Verwaltung soll „Durchgriff von oben nach unten" sichern; stehendes Heer garantiert permanente Sicherheit bei innerer und äußerer Bedrohung; Merkantilismus sichert Staatseinnahmen und Einfluss auf wirtschaftliche Entwicklung; Nationalkirche stützt die Bindung der Bevölkerung an die Herrschaft des Königs. Das Modell zeigt nicht Einflüsse durch Provinzialstände, Stadträte, Dorfversammlungen, Geld- und Kreditgeber.

6 Modell (M3) zeigt anschaulich die Säulen der Macht, nicht aber die Machtverhältnisse zwischen den Elementen. Einflüsse auf unterer Ebene (vgl. Arbeitsaufgabe 5) sind nicht dargestellt.

7 Berücksichtigt werden könnten beim Modellentwurf
a) Bezüge zwischen den sechs Elementen,
b) Einflüsse der in Arbeitsaufgabe 5 genannten gesellschaftlichen Gruppen.

8 Analyse anhand der Arbeitsschritte. Bezug zur Antike: Jupiter als römischer Gott, Herr des lichten Himmels, des Blitzes und Donners, Regenspender, Tempel auf dem Kapitol in Rom als Wahrzeichen römischer Macht.

2. Aufklärung – Überwindung absolutistischer Herrschaft? (S. 102)

1 Vergleiche die angegebenen Seitenhinweise.

2 Kriterien des Vergleichs könnten sein: Aufbau (Organe) des Staates, Staatsidee (absolute Herrschaft; durch die Ideen der Aufklärung beeinflusste absolute Herrschaft des Monarchen; durch ein Parlament des Adels und der Bürger eingeschränkte Herrschaft des Monarchen: konstitutionelle Monarchie), Gewaltenteilung. Grundlegende Entwicklung: Einschränkung der Macht des Monarchen zugunsten gesellschaftlicher Gruppen (Adel, Besitzbürger).

3 Umsetzung der Ideen der Volkssouveränität (Wahlrecht, zunächst an Eigentum gebunden) und der Gewaltenteilung, z. B. in den Beziehungen zwischen Bund und Einzelstaaten.

4 Preußen: Herrschaftsverständnis nicht mehr „von Gottes Gnaden", sondern aus vernunftgeleiteter Orientierung am Wohl des Staates und seiner Untertanen; „erster Diener" des Staates; Ansätze zur Unabhängigkeit der Justiz und der Gleichheit vor dem Gesetz.

5 Messias: der von Gott verheißene Erlöser (christliche Sicht: Jesus, der am Kreuz starb); im übertragenen Sinne: Polen als Leid tragender Staat (ständige Bedrohung, Teilungen).

6 Dem König wird durch die Verfassung die (alleinige) Macht genommen. Übertreibung der Karikatur: Eindruck der Handlungsunfähigkeit des Königs.

7 Analyse anhand der Arbeitsschritte „Bildanalyse". Bildhafte Darstellung (Sinnbild) des Kampfes Josephs II. gegen den Einfluss des Klerus. Das Netz symbolisiert die Klosteraufhebung.

8 Auf den ersten Blick eine einleuchtende These, die jedoch durch die Entwicklung eines „aufgeklärten" Absolutismus relativiert werden muss.

9 Rollenspiel. Zu beachten ist, dass nicht Grundsätze unserer Zeit in die Vergangenheit projiziert werden, z. B. die Vorstellung, dass allgemein ein Bewusstsein von der Gleichberechtigung der Frauen verbreitet war. M1 gibt Hinweise auf die offensichtlich verbreitete Einstellung von der Frau als Konkurrenz für die Männer.

3. Die Französische Revolution und ihre Folgen (S. 133)

1 Vergleiche die angegebenen Seitenhinweise.

2, 3 Siehe Abbildungen und Hinweise im Kapitel 2.

4 Analyse anhand der Arbeitsschritte. Merkmale einer Karikatur lassen sich finden, z. B. aktuelles (politisches) Problem, bildhafte Darstellung, Hinweis auf die Betonung der eigenen „Rechte" (Staatsinteressen?), fehlend: bissige Kritik usw.

5 Zunächst plausible Feststellung. Die Formulierung „Ursache" (Singular!) verengt jedoch den Blick, der weitere ursächliche Faktoren beachten müsste, wie die Entwicklungen in England und in den USA in der zweiten Hälfte des 18. Jh., ebenso den Einfluss der Aufklärung.

6 a) Merkmale der Aufklärung sind erkennbar: Freiheit von Geburt an auch für Frauen, Rechtsgleichheit, Eigentumsrecht, Widerstandsrecht, (Rechts-)Sicherheit; Berufung auf Gesetze der Natur und der Vernunft; Zulassung zu allen Ämtern.
b) Menschen- bzw. Frauenrechte sind gegenwärtig weltweit ein wichtiges politisches Thema; ihre Verwirklichung bzw. Einhaltung in den verschiedenen Staaten ist jedoch sehr unterschiedlich.

7 Bedeutende Wirkungen bis in die Gegenwart: z. B. Menschenrechte, Demokratiebildung, Parteienentstehung, Freiheits- und Gleichheitsbegriff, Solidarität.

8 Rechercheaufgabe.

9 Rollenspiel. Deutlich werden sollten unterschiedliche Perspektiven und Bewertungen durch die Figuren.

Kapitel 3 Industrialisierung und gesellschaftlicher Wandel

1. Spuren der Industrialisierung in Europa und Deutschland (S. 155)

1, 2, 3 Vergleiche die Seitenhinweise.

4 „Industrie-Inseln"; Ergebnisse der Fallanalyse verwenden.

5 Norditalien: Weiterentwicklung einer vorhandenen Textilherstellung. Qualifizierte, an geringen Lohn gewöhnte, in großer Zahl vorhandene, disziplinierte Arbeitskräfte bieten einen „Wettbewerbsvorteil" gegenüber den großen Städten, in denen vergleichbar mit anderen Ländern Europas sich der Maschinenbau in verschiedener Ausprägung entwickelte. Schleswig-Holstein: Schiffbau, Verkehrswege, örtliche bzw. regionale Produktion (Textil, Leder) entsteht neu. Deutschland: Schwerindustrie; England: Textil- und Eisenindustrie, Schrittmacherfunktion.

6 Analyse anhand der Arbeitsschritte.

7 Bearbeitung mithilfe der Arbeitsschritte.

8 Die Überprüfung der Hypothese sollte zu dem Ergebnis führen, dass die Behauptung nicht haltbar ist. Ein Fehlen aller oder bestimmter Faktoren hätte den Industrialisierungsvorgang nicht bzw. erst später ausgelöst. Denkbar ist jedoch auch, dass die Industrialisierung in einem anderen europäischen Land zu einem späteren Zeitpunkt ausgelöst worden wäre.

9 Rollenspiel

2. Wer löst die soziale Frage? (S. 175)

1 Mehr als traditionelle Armut: neue Arbeits- und Lebensbedingungen mit Folgeproblemen (vgl. den Seitenhinweis).

2 a) Vergleiche den Seitenhinweis.
b) Quellenarten: z. B. frühe Fotografien, künstlerische Darstellungen, Dokumente aus dem politischen Bereich (Parlamentsberichte), Gesetze und Verordnungen.

3 Antworten aus der Arbeiterbewegung, von Kirchen, vom Staat, von einzelnen Unternehmern; von revolutionären Forderungen bis kleinen Reformschritten bzw. individuellen Hilfen.
4 Analyse anhand der Arbeitsschritte der Methodenseiten.
5 „Der Wahre Jakob", eine satirische Wochenzeitschrift aus dem Umfeld der Arbeiterbewegung; vereinfacht und überzeichnet dargestellter Gegensatz zwischen „Kapital und Arbeit"; Eindruck der Übermacht der Kraft „Arbeit".
6 Bewertung aufgrund der Informationen aus dem Kapitel.
7 Gegenüberstellung der „Kosten" und „Leistungen"; differenzierte Antwort. Begriffskritik: Lassen sich „Kosten" bzw. „Leistungen" überhaupt verlässlich bestimmen? Abhängigkeit der Antwort von den Kriterien, die angelegt werden, z. B.: individuelle Sicht, Betroffenheit von Gruppen (Industriearbeiter, Arbeiterinnen), globale Sichtweise: Ressourcen-, Umweltaspekte. Auch Abweisung der These wegen zu pauschaler Aussage wäre denkbar.
8 Diskussionsrunde. Historisches Denken: ähnliche Zustände, Probleme können wiederholt auftreten, jedoch unter anderen Bedingungen mit ähnlichen Folgen. Keine Wiederholung des Gleichen.

Kapitel 4 Deutschland und Europa zwischen Restauration und Revolution

1. Streben nach Freiheit und Einheit (S. 202)

1 Vergleiche die angegebenen Seitenhinweise.
2 Nationale bzw. nationalistische, liberale und demokratische Bewegungen. Beispiele aus dem Kapitel.
3 In der Folge der Französischen Revolution 1789 und der Revolution 1830 in Frankreich sowie der Aufstände Ende Februar 1848: Forderungen nach Menschen-(Grund-)rechten, Verfassungen, soziale Ziele, z. B. von Arbeitern; soziale und wirtschaftliche Krise.
4 Arbeitsschritte der Bild- und Karikaturanalyse (siehe Anhang und S. 108). Hinweise auf die Symbolik siehe Lexika, Internet.
5 Analyse anhand der Arbeitsschritte S. 189.
6 a) Darstellung der Revolutionsphasen, gespiegelt in den Gesichtern.
b) Bewertung des historischen Kerns.
7 a) Analyse anhand der Arbeitsschritte.
b) Verständnis der ersten Strophe in der Zeit (1841) mit dem Ziel eines einheitlichen deutschen Staates; spätere Sicht: die erste Strophe enthalte eine nationalistische Tendenz im Sinne eines „Großdeutschen Reiches", vgl. die geografische Ausdehnung.
8 a) Begriffsreihe zeigt vereinfacht diese Entwicklung, doch kam es nicht zum Zustand vor 1848: Modernisierungsdruck in Politik (nationale Einheit), Gesellschaft (soziale Gleichheit) und Wirtschaft (beginnende Industrialisierung) blieb bestehen.
b) Sachtext, ausgehend von den Begriffserläuterungen, schreiben.
9 Anwortbrief auf der Grundlage der Kapitel-Informationen: gegensätzliche Positionen Deutscher Hof – Café Milani (S. 194). Vergleich.

Kapitel 5 Das Deutsche Kaiserreich 1871 bis 1918

1. Herrschaft und Gesellschaft im Kaiserreich (S. 233)

1 Vergleiche die Seitenhinweise.
2 Ziele: Verzicht Bismarcks auf weitere Ausdehnung des Reiches nach 1871; Beschwichtigung der anderen Großmächte; Auftritt als Vermittler; Aufbau eines komplizierten Bündnissystems.
3 Auswahl eines Beispiels: Kampf gegen die Sozialdemokratie: Bismarck lehnte die Prinzipien der Volkssouveränität und der Demokratie ab; Furcht vor sozialrevolutionären Bewegungen; „Doppelstrategie": Verbote und Strafen (Sozialistengesetz) und soziale Reformen (Sozialgesetzgebung). Ziel einer Eindämmung wurde nicht erreicht.
4 Analyse anhand der Arbeitsschritte.
5 Analyse anhand der Arbeitsschritte. Beachten: Hut und Pickelhaube als Symbole; österreichische Perspektive.
6 Vergleich mithilfe der Arbeitsschritte zu den Methoden „Historiengemälde deuten" (S. 212) und „Karikaturen entschlüsseln" (S. 108); unterschiedliche Quellengattungen beachten; M1: historische Deutung und Glorifizierung des Reiches von 1871; M2: kritische Bewertung der Reichseinheit als obrigkeitsstaatliche, militaristische Lösung. Entwurf zweier sehr unterschiedlicher „Bilder".
7 Übung zum Perspektivwechsel: Anhänger der Monarchie: gelungene Reichseinigung, Stärkung des Reiches, führende Rolle Preußens. Gegner (z. B. Demokraten): Einigung von oben, Obrigkeitsstaat nicht demokratisiert, schwacher Reichstag, militaristischer Eindruck. Symbolik der deutschen Geschichte wird von den Anhängern der Monarchie „vereinnahmt".
8 Argumente für die These: einerseits obrigkeitsstaatliche Struktur, konservative Eliten blieben an der Macht, Unterdrückung von Minderheiten, demokratischen und sozialen Bewegungen; andererseits Modernisierung in wirtschaftlichen und technischen Bereichen (Industrialisierung); eingeschränkte Wahlmöglichkeiten über den Reichstag mit bestimmten Haushaltsrechten, Initiativen zur Gesetzgebung; Organisierung politischer, gesellschaftlicher, sozialer und wirtschaftlicher Interessen in Parteien und Verbänden (Ansätze von Pluralisierung). Die These sagt jedoch nichts über die Gewichtung der beiden „Gesichter" aus bei einer Gesamtbewertung des Kaiserreiches. Weiterführende Überlegung: Das Kaiserreich hatte viele Gesichter.
9 Stützung der These durch die Faktoren: innen- und außenpolitische Souveränität in der Hand des Kaisers; Bundesstaat der Fürstentümer und Freien Reichsstädte; Übergewicht des mächtigsten Einzelstaates Preußen; keine Grundrechte für den Einzelnen; schwacher Reichstag als Vertretung des Volkes; konstitutionelle Monarchie, keine parlamentarische Regierung.
Gegen die These könnte die pauschale Begriffsverwendung „Obrigkeitsstaat" sprechen, die bürgerliche und proletarische Ansätze von Beteiligung und Demokratie in der Gesellschaft (Parteien, Verbände, Vereine) nicht erfasst: Organisierung von Interessen unterhalb der staatlichen Ebene.
10 Diskussion der These in Gruppen: denkbare Positionen von voller Zustimmung bis radikale Ablehnung. Unterschieden werden könnte zwischen verschiedenen Ebenen, auf denen Entscheidungen getroffen werden, z. B. Tagespolitik, Einzelentscheidungen des Kanzlers; Auseinandersetzungen zwischen „politischen Lagern", bei denen Entscheidungen nicht allein von Einzelpersonen getroffen bzw. durchgesetzt werden können; geringere Einflüsse Einzelner bei langfristigen wirtschaftlichen, technischen Entwicklungen wie der Industrialisierung

in Deutschland und Europa. Bedenkt man zusätzlich die Problematik des Begriffs „Geschichte“ in diesem Zusammenhang, so dürfte die These als sehr pauschal zu bewerten sein (Frauen werden hier gar nicht einbezogen, die in der Geschichte durchaus politisch Einfluss hatten). Die These steht der ebenso einseitigen Behauptung gegenüber, Geschichte nehme einen zwangsläufigen Verlauf.

Kapitel 6: Imperialismus und Erster Weltkrieg

1. Die Vorherrschaft Europas in der Welt (S. 249)

1 Vergleiche die Seitenhinweise.
2 Beispielhafte Darstellung; Großbritannien: indirekte Herrschaft, z. B. in Ägypten; Russland: Unterwerfung der „Grenzvölker“.
3 Kartenanalyse mithilfe der Arbeitsschritte.
4 Bearbeitung mithilfe der Arbeitsschritte.
5 a) Arbeitsschritte „Karikaturen entschlüsseln“(S. 108) mit heranziehen.
b) Reduzierung der Epoche des Kolonialismus auf die Personifizierung „schwarzer Mann“ – „weißer Mann“ (z. B. Industrieller); im Kern wird die Abhängigkeit und Unterwerfung der Kolonisierten unter die Kolonisierenden dargestellt. Datierung der Zeichnung: 1960er/1970er Jahre: Hauptphase der Befreiung der Kolonialländer aus der Abhängigkeit, Erreichen staatlicher Unabhängigkeit. In der Gegenwart: Problem der weiteren Entwicklung dieser Länder, die Stufe des reinen Rohstofflieferanten zu überwinden. Gefahr ökonomischer Abhängigkeit und damit auch politischer Einflussnahme von außen.
6 Eigene Entwürfe und Präsentation.
7 Recherche- und Gestaltungsaufgabe.

2. Der Erste Weltkrieg (S. 267)

1 Vergleiche die Seitenhinweise.
2 Anlass: Ermordung des österreichischen Thronfolgerpaars am 28. Juli 1914 durch serbische Nationalisten; Ursachen: Belastung des europäischen Gleichgewichts durch die Machtkämpfe der imperialistischen Staaten um Kolonien in Afrika und Asien; Rüstungswettlauf, vor allem zwischen dem Deutschen Reich und Großbritannien; Balkankrise, Balkankriege 1912/13 und 1913; Nationalismus und Imperialismus als wesentliche Ursachen; Verlauf und Ende vgl. S. 254 bis 263; schwere Folgen für die Menschen durch die „Industrialisierung“ des Krieges: Materialschlachten, Millionen von Opfern, Hunger und Verarmung; Orientierungslosigkeit; psychische Folgen für die Soldaten.
3 Wiedergabe der Stimmung als Kontrastdarstellung; Hinweis auf die Position der beiden Zeitungen; mögliche Schlüsse: perspektivische Sichtweise, keine eindeutig positive Stimmung, wie sie in vielen Darstellungen über den Beginn des Ersten Weltkrieges zu finden sind; Abhängigkeit der Darstellung von der Sichtweise des Reporters.
4 Analyse mithilfe der Arbeitsschritte „Darstellungen auf Feldpostkarten analysieren“ (S. 256); Aspekte einer Stellungnahme: geschickte Verknüpfung der „Kreuzarten“ in propagandistischer Absicht, Verbindung bzw. Vermischung staatlich-nationalistischer und religiös-christlicher Motive.
5 Arbeitsschritte „Schriftliche Quellen vergleichen“ im Anhang mit heranziehen; Propaganda-Rede mit falschen Aussagen (z. B. „in begeisterter Einmütigkeit“, Krieg „der uns aufgezwungen worden war“) ; Appell an die Einheit von Reichsführung und Volk („ein Ziel, ein Wille, ein Vaterland“; „Vaterland, Kaiser und Reich“) und die Aufforderung, sein Leben zu opfern (Vaterland steht über dem Einzelnen); „Durchhalte-Rede“.
6 Analyse anhand der Arbeitsschritte zur „Bildanalyse“ im Anhang, historisch nicht haltbare Aussage zur Auslösung des Krieges; Widersprüchlichkeit der Darstellung: Friedensbeteuerung in militärischer Uniform Rechtfertigungsposition. Funktionalisierung des Religiösen und des Historischen („Vor Gott und der Geschichte“).
7 Stellungnahme; „Urkatastrophe“ im Sinne von „erster, grundlegender Katastrophe“; im Rückblick plausibel, wenn die folgenden Ereignisse in den Blick genommen werden, wie die Herrschaft des Nationalsozialismus, Faschismus in Italien, Zweiter Weltkrieg und Spaltung der Welt in zwei Machtblöcke Ost und West. Problematisch wäre es aber, eine Zwangsläufigkeit der späteren Ereignisse aus dem Ersten Weltkrieg zu folgern. Mit dem Begriff „Urkatastrophe“ wird in der Geschichtswissenschaft im Rückblick ein Zusammenhang mit der Zwischenkriegszeit (1919–1938) und dem Zweiten Weltkrieg (1939–1945) hergestellt: Der Erste Weltkrieg sei Auftakt und Vorbild für den Zweiten Weltkrieg gewesen. Deshalb wird auch von einem zweiten Dreißigjährigen Krieg gesprochen.
8 a) Analyse mithilfe der Arbeitsschritte „Karikaturen entschlüsseln“ (S. 108); zeitgenössische Zeichnung, die den Krieg „als Subjekt“, d. h. als handelnde Figur darstellt; Betonung der Eigendynamik des „industriellen“ Krieges; Problem: die eigentlich handelnden bzw. entscheidenden Subjekte, die Herrscher der Krieg führenden Staaten, treten hier zurück.
b) und c) eigene Entwürfe und Präsentation.

Die mit einem * versehenen Begriffe werden im Lexikon näher erklärt.

Bildquellen

Abbeville Press, New York, © 1984 Cross River Press Ltd.: 267/M4; ACO Severin Ahlmann GmbH & Co. KG: 151/M2; akg-images: 9 o., u., 12, 14 o., M1, 17/M5, 21, 29/M1, 30, 31/M5, 33, 62, 64/M2, 65/M4 (Erich Lessing), 68 u. (Erich Lessing), 69 u. r., 71, 76, 77, 85/M6 o. l., o. r., u. l., 87, 91, 103, 113, 114 (Erich Lessing), 118, 119 u. l. (Erich Lessing), 122, 126, 128, 137 o., 154, 157, 179 o., 182, 184, 187, 202/M1, M2, 219/M4, 227, 244, 252; © Allen Memorial Art Museum, Oberlon College, Ohio, Mrs. F. F. Prentiss Fund: 56; Archiv der sozialen Demokratie der Friedrich-Ebert-Stiftung, Bonn: 167; Arkivet ved Dansk Centralbibliothek for Sydslesvig, Flensburg: 200/M3; Foto: Arnold & Domnick: 23; Artothek: 131/M3; Bibliothek für Zeitgeschichte in der Württembergischen Landesbibliothek, Stuttgart: 258; Alexander Bock: 264; Bodeleian Library, Oxford: 46/M1; bpk: 8/9, 24, 25, 29 o., 31/M4, 35 (Foto Dietmar Katz, 1999), 38, 40, 41, 49, 65/M5, 83, 85/M6 M. l., M. r., u. r., 92/M1, 98, 105, 111, 131/M2, 136/137, 156, 166, 174/M2, 191, 207 o., u., 209, 212, 213, 219/M3, 225, 226/M4, 228, 233, 247, 262, 263; Bridgemanart.com: 123; Bridgeman Berlin: 73/M3, 81, 102, 109, 110, 112, 115, 116, 119/M3; Cliché Bibliothèque nationale de France; Paris: 74, 109/M2, 132, 242; Corel Library: 96; Deutsches Museum, München: 22/M2, 140 (Hintergrund), 158; DHM, Berlin: 162, 189/M3, 220, 229/M5, 241 (© VG Bild-Kunst, Bonn 2011), 261; Flickr/Dylan Kereluk, Canada: 44/M2; Friedrich Verlag, Velber: 47; aus: F. Schiller, Die Geschichte des Dreißigjährigen Krieges, Gütersloh: 55; FU Berlin, Kennedy-Institut: 211; Fürstlich und Gräflich Fuggersches Familien- und Stiftungs-Archiv, Privatbesitz: 13; aus: Gerhard Paul u. a., Geschichtsumschlungenes sozial- und kulturgeschichtliches Lesebuch Schleswig-Holstein 1848. Dietz, Bonn 1996: 200/M4; Germanisches Nationalmuseum, Nürnberg: 194, 215; Getty Images: 45/M5; Franz Hafner, Berlin: 130; Haitzinger/CCC,www.c5.net: 137 M., 172/M9; Haus der Geschichte, Bonn/Jupp Wolter: 165; Dieter Hecht, Aschaffenburg: 192; Heinemann Education, Oxford: 142; Historisches Archiv der MAN AG, Augsburg: 148; Historisches Archiv Krupp: 161; Historisches Museum, Frankfurt a. M.: 172/M7, 183, 193, 196; Imperial War Museum, London: 255/M5; Industriemuseum Elmshorn: 151/M3, M6; Karl Johaentges/LOOK-foto: 19/M4 u.; Foto: Günter Kaufmann: 265/M3; Prof. Dr. Peter Kaupp: 189/M1; Kunstsammlungen der Veste Coburg: 54; Foto: Ingo Laabs: 61/M4; Landesbibliothek Mecklenburg-Vorpommern, Schwerin: 51; Landesmuseum Dithmarschen: 60/M2 3.; Langewiesche-Brandt, Ebenhausen: 224; aus: Leonardo da Vinci, Belzer, Stuttgart 1985: 14/M2; Mairie de Paris: 108; aus: Manuel Salmoral 1492, Südwest Verlag, München 1990: 26/M2; Mary Evans Picture Library, London: 267/M5; Mester/CCC,www.c5.net: 171/M3; aus: Meyers Illustrierte Weltgeschichte, Band 14, Bibliographisches Institut: 46/M3; Museo Naval, Madrid: 34; Museum Okrogowe, Thorn: 230; Nationalmuseum Stockholm: 50; Navy Look, Hamburg: 226/M3; © NFP teleart: 58, 59 (Foto Rolf von der Heydt); Opera della Metropolitana – Foto Lensini, Archivio di Opere d'Arte: 26; Photo Scala, Florenz: 15; picture-alliance/akg-images: 17/M260/M2 1., 90, 151/M4, 153/M2 o.; picture-alliance/Bildagentur Huber: 19/M4 o.; picture-alliance/Bildagentur-online: 69 u. l.; picture-alliance/dpa: 245; picture-alliance/dpa/© dpa-Report: 27/M4, 68/69, 137 u.; picture-alliance/Frank May: 73/M4; picture-alliance/IMAGNO/Austrian Archives: 226/M1; picture-alliance/KPA/Aquila: 173; picture-alliance/Wire: 92/M2; Privatarchiv: 256/M1; public domain: 19/M6; Rheinisches Bildarchiv, Köln: 221; Sächsische Landesbibliothek – Staats- und Universitätsbibliothek, Dresden, Abt. Deutsche Fotothek: 222; Volker Schadach, Fotostudio Goslar: 232; Foto Uwe Schärff: 265/M4; Schirmer & Moser, München: 159/M6; Schleswig-Holsteinische Landesbibliothek: 201; Foto: Schloss Glücksburg: 19/M5; Fotos: Schloss Gottorf: 88/M4, M5; Sebastian Seibel/pz-news: Titelbild (l.); Staatsarchiv Hamburg: 127; Stadtarchiv Karlsruhe/Pfinzgaumuseum UIII 118: 189/M2; Karl Stehle, München: 251/M2; Wilhelm Stöckle, Filderstadt: 206/207, 236/237, 237 o., 266; SZ-Photo: 237 u.; Terra Vista/Look-foto: Titelbild (Hintergrund); Tate Gallery London: 255/M4; Textilmuseum Neumünster: 151/M5; The Bridgeman Art Library: 16, 79; ullstein bild: 159/M5, 160, 174/M1, 254, 260; ullstein bild – Archiv Gerstenberg: 169, 190, 259; ullstein bild – Granger Collection: 53, 64/M1, 178/179, 188; Universität Osnabrück, Sammlung Prof. Dr. Sabine Giesbrecht: 256/M2, 257/M3-M7; Verlagsarchiv: 153/M2 u.

Nicht in allen Fällen war es uns möglich, die Rechteinhaber der Abbildungen ausfindig zu machen. Für eventuell entstandene Fehler oder Auslassungen bitten wir um Verständnis. Berechtigte Ansprüche werden selbstverständlich im Rahmen der üblichen Vereinbarungen abgegolten.

Hier findest du Anregungen und Hilfen, wie du bei der Bearbeitung der Arbeitsaufträge historische Sachverhalte angemessen darstellen kannst.

Beschreiben/Darstellen eines Vorgangs

- Die Sprache ist knapp und sachlich. Die einzelnen Schritte werden in ihrer Reihenfolge genau wiedergegeben.
- Das Tempus ist bei Vorgängen in der Vergangenheit das Präteritum.

Sprachliche Hilfen

Präteritum:

z. B.

- Er trug ein Gewand aus Samt und saß auf einem Thron.
- Sie überlegten lange, bevor sie sich entschieden.

Konjunktionen:

Sie leiten einen Nebensatz ein, der

- einen Grund formuliert: weil; da; zumal
- eine Absicht formuliert: damit; auf dass
- eine Folge formuliert: sodass; so ..., dass; als dass
- eine Art und Weise formuliert: indem; wie; (anders) als; ohne dass; als ob; je ..., desto
- eine zeitliche Abfolge formuliert: als; während; nachdem; bevor; ehe; seitdem; sobald; wenn; bis

Berichten

- Beim Berichten gibt man Antworten auf die W-Fragen: Wer? Was? Wo? Wann? Wie? Warum? Welche Folgen?
- Man gibt nur Tatsachen wieder, keine Vermutungen.
- Tempus ist meist das Präteritum.
- Persönliche Berichte, die an einen bestimmten Adressaten gerichtet sind, können auch Eindrücke und Reaktionen einbeziehen.

Sprachliche Hilfen

Präteritum:

z. B.

- Ich zeichnete die Figur ab und übertrug den Text in meinen Hefter.
- Sie recherchierten in der Bibliothek und fanden mehrere Bücher über die Französische Revolution.

Konjunktionen:

Sie leiten einen Nebensatz ein, der

- einen Grund formuliert: weil; da; zumal
- eine Absicht formuliert: damit; auf dass
- eine Folge formuliert: sodass; so ..., dass; als dass
- eine Art und Weise formuliert: indem; wie; (anders) als; ohne dass; als ob; je ..., desto
- eine zeitliche Abfolge formuliert: als; während; nachdem; bevor; ehe; seitdem; sobald; wenn; bis

Eindrücke und Reaktionen schildern:

- Unser Eindruck war ...
- Meiner Ansicht / Meinung nach ...
- Es schien, als ob ...
- Wir waren überrascht / verwundert / beeindruckt / enttäuscht ...

Wiedergeben direkter Rede in indirekter Rede

Eine direkte Rede kann in der indirekten Rede wiedergegeben werden als:

- indirekte Rede im Konjunktiv: „Der Kaiser sagte, dass er die Steuern anheben werde, weil die Ausgaben höher seien als geplant."
- geraffte Redewiedergabe (der Inhalt wird in eigenen Worten zusammengefasst): „Der Kaiser wollte die Steuern anheben."
- Umschreibung (Paraphrase): „Nach Aussage des Kaisers werden die Steuern angehoben."
- dass-Satz im Indikativ oder Konjunktiv: „Der Kaiser teilte mit, dass er die Steuern anheben werde / wird."

Sprachliche Hilfen

Indikativ:

- Befehlen – Er schrie, dass er den Angriff befehlen werde.
- Raten – Er sagte, dass du ihm dazu rätst.

Konjunktiv:

- Befehlen – Er schrie, dass er den Angriff befehle.
- Raten – Er sagte, dass du ihm dazu rietest.

Vor- und Frühgeschichte (2 Mio. bis 3000 v. Chr.)

150 000 v. Chr.	Jetztzeitmensch in Afrika
40 000 v. Chr.	Jetztzeitmensch in Europa
9000 v. Chr.	Neolithische Revolution: Beginn der Sesshaftigkeit

Antike (um 3000 v. Chr. bis 500 n. Chr.)

seit 3000 v. Chr.	Hochkultur in Ägypten
753 v. Chr.	sagenhafte Gründung Roms
510 v. Chr.	Rom wird Republik
5. Jh. v. Chr.	Blütezeit der Demokratie in Athen
336 bis 323 v. Chr.	Regierungszeit Alexanders des Großen
27 v. Chr. bis 14 n. Chr.	Alleinherrschaft des Augustus, Beginn der römischen Kaiserzeit
391	Christentum wird römische Staatsreligion

Mittelalter (um 500 bis 1500)

7. Jh.	Ausbreitung des Islam
800	Frankenreich: Karl der Große wird Kaiser
962	Heiliges Römisches Reich: Otto I. wird Kaiser
seit 12. Jh.	Städtegründungen in Europa
1075 bis 1122	Investiturstreit zwischen Papst und Kaiser
1095 bis 1291	Kreuzzüge
1455	Gutenberg erfindet den Buchdruck

Frühe Neuzeit (um 1500 bis um 1800)

um 1300 bis 1600	Renaissance und Humanismus
1492	Kolumbus entdeckt Amerika
1517	95 Thesen Luthers: Beginn der Reformation
1618 bis 1648	Dreißigjähriger Krieg
17. und 18. Jh.	Absolutismus und Aufklärung
1688/89	England: Glorious Revolution und Bill of Rights

Neueste Zeit (um 1800 bis zur Gegenwart)

1776	Amerikanische Revolution
1789	Französische Revolution
1806	Ende des Heiligen Römischen Reiches
1814/15	Wiener Kongress
1835	erste Eisenbahn in deutschen Ländern
seit 1840	Industrielle Revolution in deutschen Ländern
1848/49	Revolutionen in Europa
1871 bis 1918	Deutsches Kaiserreich
1880 bis 1918	Imperialismus
1914 bis 1918	Erster Weltkrieg
1917	Russische Revolution
1919 bis 1933	Weimarer Republik
1933 bis 1945	Nationalsozialismus
1939 bis 1945	Zweiter Weltkrieg
1945	Gründung der Vereinten Nationen (UNO)
1947 bis 1991	Kalter Krieg
1949	Gründung der Bundesrepublik und der DDR
1958	Europäische Wirtschaftsgemeinschaft (EWG)
um 1990	Globalisierung, digitale Revolution
1990	Deutsche Einheit
2001	Terroranschläge in New York und Washington

OPERATOREN	ERLÄUTERUNGEN	BEISPIELE
Anforderungsbereich II (Reorganisation und Transfer: erschließen, einordnen, übertragen usw.)		
gegenüberstellen	wie skizzieren, aber zusätzlich argumentierend gewichten	– Stelle die Einstellungen von Menschen in der frühindustriellen Gesellschaft den Einstellungen von Menschen in unserer Zeit gegenüber (Auswahl der Kriterien, z. B. politische, gewerkschaftliche Aktivitäten; Einstellungen zu Arbeit, Beruf, Familie, zu zentralen Ereignissen im Leben wie Taufe, Hochzeit usw.; zur Rollenverteilung).
vergleichen	Aussagen, Sachverhalte und Probleme erkennen und im einfachen Vergleich Übereinstimmungen und Unterschiede feststellen	– Vergleiche die Industrialisierung in England mit der in Deutschland. England: originäre Industrialisierung; Bildung, Technik, Wirtschaft (Textil-, Eisenindustrie); Arbeitskräfte aus der Landwirtschaft. Deutschland: „abgeleitete" Industrialisierung; Schwerindustrie; Zuwanderung im großen Umfang.
Anforderungsbereich III (Reflexion und Problemlösung: beurteilen, bewerten, Lösungen zeigen usw.)		
beurteilen	ein Sachurteil zu geschichtlichen Sachverhalten formulieren – ohne persönliches Werturteil	– Beurteile die Bedeutung Napoleons in Frankreich und in Europa (innen: „Beender" der Revolution, Gesetzes- und Staatsreformen, keine Demokratisierung; außen: Hegemonieanspruch über Europa mit insgesamt negativen Folgen; umstrittenes Urteil im Rückblick je nach Position des Betrachters).
bewerten **Stellung nehmen**	wie beurteilen (s. o.), zusätzlich wird aber ein persönliches Werturteil formuliert	– Bewerte den Anspruch und das Verhalten Ludwigs XVI. nach seinen eigenen Aussagen (Wohl der Untertanen über dem eigenen – widerspricht der tatsächlichen Politik; Streben nach dem Titel „Vater" der Untertanen – tatsächlich scheint das Streben nach Ruhm und Ehre durch; eigene Bewertung könnte zur kritischen Bewertung des Verschleierns der eigenen Machtansprüche Ludwigs und zur Ablehnung dieser Art von Rechtfertigung der Macht über Menschen führen).
diskutieren **sich auseinandersetzen**	zu einer These oder einem Problem Argumente entwickeln und zu einer begründeten Bewertung gelangen	– Diskutiert in einer Gesprächsrunde die These: Die soziale Frage ist gelöst. (Begriff „soziale Frage" historisch klären: soziale und wirtschaftliche Notlage der frühen Industriearbeiterschaft und ihrer Familien, zu unterscheiden von Armut in anderen Epochen; in der Gegenwart: [neue] soziale Frage mit Hinweis auf anhaltend hohe Arbeitslosigkeit, soziale Gerechtigkeit in der Gesellschaft und zwischen den Generationen, Folgen der Globalisierung)
prüfen **überprüfen**	Aussagen wie Vermutungen, Behauptungen, Urteile daraufhin überprüfen, ob sie zutreffend oder einsichtig sind	– Prüfe, welche der in M… genannten Faktoren auf den „absolutistischen" Staat zutreffen (erkennbar: Territorium mit Landesgrenzen; Zentralgewalt, die sich gegenüber den Ständen durchsetzen kann; Einschränkung des Adels, aber fraglich, ob Landstände, Stadträte usw. ihre Macht verloren; Verwaltung, Heer, Finanzen; Prüfung ergibt zutreffende Faktoren).
erörtern[1]	zu einer These oder einem Problem Für-und-gegen- bzw. Sowohl-als-auch-Argumente finden und eine eigene Stellungnahme formulieren	– Erörtere die These, dass die soziale Frage gelöst sei (Argumente dafür, z. B. Arbeitsbedingungen/Einkommen nicht mehr vergleichbar mit früher, soziale Absicherung; Argumente dagegen, z. B. soziale Probleme auch heute, jedoch in anderer Form; Frage der Inhalte und der Begrifflichkeit, z. B. neue soziale Frage).

[1] verlangt auch Leistungen aus den Anforderungsbereichen I und II